太平天国

李滨 校注

中国文史出版社

图书在版编目（CIP）数据

老子大学／李滨校注. —北京：中国文史出版社，
2018.7
ISBN 978-7-5205-0406-5

Ⅰ. ①老… Ⅱ. ①李… Ⅲ. ①道家－研究
Ⅳ. ①B223.05

中国版本图书馆 CIP 数据核字 (2018) 第 153384 号

责任编辑：方云虎
封面设计：三味书屋

出版发行：中国文史出版社
社　　　址：北京市海淀区西八里庄路 69 号　　　邮编：100412
电　　　话：010-81136630
传　　　真：010-81136666
印　　　装：廊坊市海涛印刷有限公司
经　　　销：全国新华书店
开　　　本：787 毫米×1092 毫米　1/16
印　　　张：25.25
字　　　数：410 千字
版　　　次：2019 年 8 月北京第 1 版
印　　　次：2019 年 8 月第 1 次印刷
印　　　数：3000 册
定　　　价：78.00 元

散　序

简帛老子，骇世惊俗。通览点校，讲析研究。
老子学说，国家起源。适者生存，回归自然。
生先天地，虫成有她。为天下母，字道名大。
曰大曰消，曰逝曰反。天地道王，得一乃安。
绝智弃扚，绝愚弃慮。见素保業，少私寡欲。
灵光反射，会目传神。玄之又玄，众妙之门。
长古善士，玄逹幽深。保此道者，不欲賞呈。
大道废弃，安有仁义？邦家昏乱，臣子远离。
正不扬威，畸不畏刑。何惧杀戮？司法公平。
九成之台，作於累土。百仞之高，起之于足。
早备稼穑，积德有国。深根宁极，長生道诀。
治邦以正，用兵以奇。功述不居，退藏于汤。
保卫家园，勇敢善战。危机管控，益寿延年。
升登昆仑，神明至极。清净守中，督统一体。
大音鬵声，天象亡茔。道互亡名，善起善盛。
老子再世，时代潮头。大道思想，普惠全球。

李　滨　乙未春分
安徽中医药大学宿舍先智书室

前　　言

　　1973 年 12 月，湖南省长沙市马王堆西汉楚墓出土了一大批汉初帛书黄老道家典籍，其中有帛书《老子》小篆甲本和《黄帝四经》的《经法》《十大经》《称》《道原》以及连编的帛书《老子》汉隶乙本形制的抄件，还有帛书《易》的古经、二三子、系辞、衷、要、缪和、昭力形制的《周易》文本。整理小组采用《老子》帛书甲本、乙本与《老子》傅奕本《道德经》古本篇比照体例，形成《马王堆汉墓帛书〈老子〉》（以下简称帛甲、帛乙），北京文物出版社 1976 年 3 月出版，供应书市。老子《道德经》傅奕古本，是傅奕在六朝时期获得项羽妾墓被盗掘出土书简，经过与多种传本校勘，辑成的唐代著名传世文本。

　　1993 年 10 月，湖北省荆门市郭店战国楚墓被盗，地市博物馆联系国家文物部门专家，及时施行抢救性考古发掘，出土了十六篇竹简典籍，其中《老子》（甲、乙、丙）和《大一生水》为道家典籍；《鲁穆公问子思》《缁衣》《穷达以时》《五行》《唐虞之道》《忠信之道》《成之闻之》《尊德义》《性自命出》《六德》为儒家典籍；《语丛一》《语丛二》《语丛三》《语丛四》可能为墓主人保存师氏融合道儒墨法纵横家言之汇讲语录。《郭店楚墓竹简》，经过整理，文物出版社 1998 年 5 月出版面世，激起国际国内学术界简帛古书研究的新高潮。不久，《简帛书法选》编辑组，在荆门市博物馆《郭店楚墓竹简》的基础上，精心编订《郭店楚墓竹简·老子甲本》和《郭店楚墓竹简·老子乙、丙本》（以下称简甲、简乙、简丙），均为文物出版社于 2002 年 10 月出版，新华书店经销。

　　新世纪伊始，我国学术界喜事连连，好戏连台。北京大学图书馆收藏一批西汉竹简古书，正在陆续整理，刊版传世。其中，简书《老子》编辑出版，无疑为学术界与出版界所首重。北京大学藏西汉竹书《老子》于 2012 年 12 月由上海古籍出版社出版面世，吾蛰居斗室，研究老子学术，购读诸书，真所谓近水楼台先得月！

　　简帛古籍面世，纠正着 20 世纪之初的五四运动遗留副产品的文化疑古思潮及其文化抹杀诡论伪作，端正国人的文化遗产意识，矫正历史认知心态，重新修葺中国学术史。

　　根据简帛《老子》比对，梳理楚简《老子》语丛和经传传世文本历代抄存传承情况如下：

　　1. 春秋时期：老子（公元前 581—前 450 年左右），姓李氏，名耳，字册，任职周王朝守藏室之征藏史。孔子、文子、杨朱师事老子，接受老子哲学思想，后来各有发挥。楚简《老子》甲乃老子结集整理于周之征藏史"免而归居"以及回任职岗时期，家传子侄与邻氏。老子居周久之，见周之衰，乃遂去。度函谷关，传关令尹，应请著作乙、丙。关令尹整理老子讲解，成《大一生水》，又集成"老子五千文"，师徒授受，传范蠡、庚桑楚、长桑公子等。

2. 战国时期：《老子》书简经过老子子侄、邻氏、关尹、文子、杨朱、太史儋、列子等，传递庄子、子华子、荀子、韩非、吕不韦等，深刻影响着诸国卿相门客与学宫学术氛围。

3. 秦朝、楚汉相争、西汉初至文景之治时期："老子五千文"演绎成《道德经》，马王堆帛书《老子》甲本、项羽妾读本、北大汉简、帛乙等抄件，提示此期《老子五千文》乃上下篇书制，或者为《德道经》，或者为《道德经》；伴随马王堆帛书《黄帝四经》出土的帛书《老子》乙以及帛书《周易》，是汉文帝时期之抄件，展现着黄老道家的学术主导地位，而《周易》乃黄老道家典籍之一；楚简《老子》经过战国滥觞期，至马王堆帛书《老子》甲而初见定型，又经过马王堆帛书《老子》乙本全面修饰，终至刘向奉召校书而审定。刘向校书，《道德经》为道家典籍，雠校首选。经过校定之文本，遂为官定传世本。

4. 汉武帝时期：司马迁作老子本传。《史记·太史公自序》："李耳无为自化，清净自正。"

5. 魏晋南北朝时期：王弼为《老子注》、河上公为《道德经章句》。魏王弼注本，应当是刘向校定本。河上公为《道德经章句》则是俗间抄写本。六朝末年，项羽妾墓被盗，发掘出《老子》读本，为傅奕得之。

6. 唐代：傅奕校订《道德经古本篇》，道教流传，文本为明·正统《道藏》所收载。唐玄宗御注《道德真经》，御敕"老子《道德经》，宜令士庶家藏一本，每年贡举人，量减《尚书》《论语》策一两条，准数加《老子》策，俾尊崇道本，宏益化源"①。

花开有时，千禧交替。沉睡九地之下，逾越二千五百年时空岁月，简帛古书《老子》多种版本相继问世，是民族文化瑰宝的光辉展现。楚简《老子》先秦籀篆古文字体，为上古经籍校勘，提供新证。吾侪为老子再世欢呼，为简帛《老子》通览点校，从心所欲不逾矩。

1. 本次汇集简帛《老子》，进行通校，构建于我国古代汉语高等教育、语言学科与文物考古研究成果整理以及古籍编纂历史认识之分析综合基础。迄今，墓葬出土简帛古书已经说明，郭店楚墓竹简《老子》刻写之年代，早于马王堆帛书《系辞》抄件年代，早于马王堆帛书《老子》甲、乙本以及北京大学馆藏西汉竹

---

① 唐玄宗：《命贡举加〈老子〉策制》，《全唐文》卷二十三，中华书局1983年版

简《老子》。依据郭店楚墓竹简丛卷中有"语丛"字样，直名郭店战国楚墓出土老子书简为《老子语丛》，以别于世之《老子》、老子五千文、《道德经》等称谓。郭店楚简《老子》甲，具老子语录春秋末期首纂本《老子语丛》原生态形制，楚简《老子》乙、丙为老子后续语录增补形态。楚简《老子语丛》迄今为时代最古、手迹最真之教材手写本，殆老子语录教材首纂底本形态。由此而老子五千文，或称之曰《道德经》帛书汉简诸本，皆属古经讲授学术绵延之经传定型教材次生或者再生形态。

2. 本次汇集简帛《老子》，进行通校，分为三个步骤。

第一个步骤是，校定马王堆汉墓帛书《老子》甲本。以帛书《老子》甲为主校底本，帛乙本，楚简《老子》甲、乙、丙均为对校，傅奕古本、北大汉简参校。

第二个步骤是，校定《郭店楚墓竹简·老子甲》和《郭店楚墓竹简·老子乙、丙》。以文物出版社 2002 年版《郭店楚墓竹简·老子甲、乙、丙》为主校底本，以帛书《老子》甲校定文本为对校，以傅奕本道德古本篇和北大汉简《老子》，同为参校。

第三个步骤是，校定傅奕本道德古本篇。以文物出版社 1976 年版《马王堆汉墓帛书老子》所出傅奕本道德古本篇为主校底本，以《郭店楚墓竹简·老子甲》和《郭店楚墓竹简·老子乙、丙》校定文本为对校，以北大汉简《老子》参校，《韩非子》解老喻老辅校。

3. 本次通校，反复研读查对《郭店楚墓竹简·老子甲》和《郭店楚墓竹简·老子乙、丙》楚简文字照片和原来释文，多处文字重新释读，颇收精彩新意，彰明老子学术情趣。校注清晰，谨述点校所见，不指摘他人之误。补缺与订讹之处，先行本校，再斟酌对校与参校，既不以世传本文乃至北大汉简改易马王堆帛书甲乙本，也不以马王堆帛书甲乙本改易楚简《老子》甲乙丙。倒行逆施，校勘是忌。不改旧文，存其真谛。

4. 楚简《老子》甲乙丙与傅奕《道德经古本篇》同属先秦楚地遗留《老子》竹简文献，峥嵘合璧，彰显《老子五千文》经传属性。本次以楚简《老子》甲乙丙校补傅奕《道德经古本篇》，《简帛老子》与傅奕本新校正，从而顺势厘定。根据 1990 年 3 月国家语言文字工作委员会、新闻出版署修订发布的《标点符号用法》的要求，以现代汉语通用字，严谨标点，以资《道德经》古籍珍本全新阅览、讲析与研究。

5. 文献与老子，从老子里籍研究、庄子论老子、孔子家语老子与老聃互称、竹简文子、《韩非子》摘录、《吕氏春秋》说老子、老莱子文献、老子思想古今谈、老子思想世界共享等方面，介绍老子文化遗产研究成果，有益于扩宽视野，放眼世界，为老子学术的颠覆性创新研究，夯实知识结构基础。

6. 当代名家论老子，启迪通览《史记》，认识老子、认识孔子问礼于老子、楚简《老子》老聃著、楚老莱子非老聃、周太史儋非李耳，是老学研究领域直面而且必须应答的学术热点议题，是关乎老子名誉、著作知识产权、尊师重教情感、乃至民族尊严等敏感严肃议题，搜罗文献，矫正曲解，以史资政，可以励人。

7. 步入新世纪，国际国内学术界，老子思想及其著作研究，学术一新。科学研究新成果，应当及时总结，并且反馈于高等教育领域，从而促进教育改革，创新学科建设，刷新教材课件，启迪莘莘学子。通校继之以《简帛〈老子〉讲析》，校取简帛《老子》八十一章句，按照国家普通高等教育教学大纲要求与《老子》文选课程讲义形式，撰为授课笔记以资阅者。

8. 简帛《老子》，经传原典，道德微言，大义无限。《老子》对中国人的影响，一在道教植根于中华民族沃土，二在读书人的世界观。鲁迅先生说："中国根柢全在道教，此说近颇广行。以此读史，有多种问题可以迎刃而解。"[①] 为此，突破世传《道德经》注译旧框框，准确校读简帛《老子》，以资历史文化与哲学思想领域，刷新学术研究，责无旁贷。

9. 中华传统文化教育，向以文字、音韵、训诂启蒙，是为小学；而道德修养与学业修为乃大人学问，是为大学[②]。简帛《老子》，既是上古伦理、政治、哲学基本纲领性社会科学经典文献，浩气凛然，蕴含民生大道、自由发展、命运共同、邦国一体构建宣言，指示君人南面统御之术，引领中华民族繁衍生息道途；又是上古《中国大百科全书》，指示大学明德，奠定教育基础，滋润着国家政治、经济、军事、教育、科技、文化、艺术、医药卫生事业的全面发展。当代普通高等院校规划教材《古代汉语》《中国哲学史》《大学语文》《医古文》等，于文选篇，选讲《老子》章句章义。高校教材修订，理所当然地需要及时引进科研新成果，适时刷新教学内容，提高人才培养质量。简帛《老子》出土于荆湘不同时空地域，楚简《老子》甲乙丙，文字高古，书道优美，展示老子才艺百年，学识渊博，遣词造句，率宗古法，灵动商周古文形象声气之精神，活现仓颉结体点画俯仰之态势，大异于周宣王太史籀著大篆如石鼓之刻勒遗世者。以其深潜九地，秦火尤眠，东汉许慎无从星摘，《说文解字》未能备载。帛书甲示人以秦隶书面貌；

---

① 《鲁迅全集·书信·1918 年 8 月 20 日致许寿裳》第 11 卷第 353 页，人民文学出版社 1981 年版。

② 《礼记·学记》："古之教者，家有塾，党有庠，术有序，国有学。比年入学，中年考校。一年视离经辨志，三年视敬业乐群，五年视博习亲师，七年视论学取友，谓之小成。九年知类通达，强立而不反，谓之大成。夫然后足以化民成俗，近者悦服而远者怀之，此大学之道也。"

帛书乙则为西汉隶定既久文字。《老子》书辞，"微妙难识"①，"儁校篆籀"②，遵循简帛文字以矫正穿凿，昭炳老子宏旨而大放光明。庶夫阅者有所适从，填补学术空白，奉献文明构建。《简帛〈老子〉通校》乃文献校勘领域学术巅峰高端著作，得到中国文史出版社鼎力支持，2016 年 3 月印刷出版。鉴于是书基本内容涵盖：（1）《老子》通校；（2）老子研究；（3）《老子》讲析。含三为一，旋经修订，更名《老子大学》，臻于规矩准绳、义正词严地以老子大道学术思想体系，区别于南宋朱熹摘取汉儒《小戴礼记》经文篇章，入编《四书章句集注》之中的《大学》之名③，诞敷文德，底色鲜亮；区隔于人物历史的捕风捉影古今委巷肤浅议论的天方夜谭之实，高普共赏，典质幽深。属性彰显，阳春白雪。书名正定，恰当简明。从而辑入《李滨文集》八卷本，列序第一，2017 年 10 月出版。兹将其中《简帛〈老子〉二十五讲》，驱动更新，全程扩充为《〈简帛老子〉讲析》，参照傅奕本《道德经古本篇》章次，系统讲授《简帛老子》八十一章句，实现《〈简帛老子〉八十一章句古文今译》，制作《〈简帛老子〉八十一章句古文译文章义对照表》，拟定研究与思考课题十道，以为师资践行传道、授业、解惑之辅助与教学参考，形成《老子大学》单行本，奉献当代，垂示将来。庶几后之览者，通利阅读，聊无障碍，亦将有感于斯文。

10.《老子大学》，承蒙中国文史出版社助力出版，全国新华书店经销，资广老子《道德经》上古真本览阅研究，祖述老子道德，传播文化遗产，清净精神世界，普惠民生福祉。

《老子大学》，精修妙处，光灯披阅。DOC 文本转换 PDF 大样，臻于齐、清、定，以供刊版，全部文字一手文档敲定。严谨之下，虽然三易付梓，错漏或者难免，愿识者指教。

李　滨

2018 年 5 月 26 日 星期六

---

① 太史公曰："老子所贵道，虚无，因应变化于无为，故著书辞称微妙难识。"
② 《文选·左思〈魏都赋〉》。
③ 汉儒《小戴礼记》，第四十二节段曰："大学之道，在明明德，在亲民，在止于至善"。朱熹采摘经文，因循通例，取句首二字名书《大学》，且与《中庸》《论语》《孟子》合编，整理为《四书章句集注》。郭沫若《十批判书·儒家八派的批判》认为："《大学》是孟学，而且是乐正氏之儒的典籍。……《礼记》中的《学记》一篇，我也认为是乐正氏所作。《学记》，亦言'大学之道'，与《大学》相为表里。"

目　录

第一章　郭店楚简《老子语丛》释文①

甲组

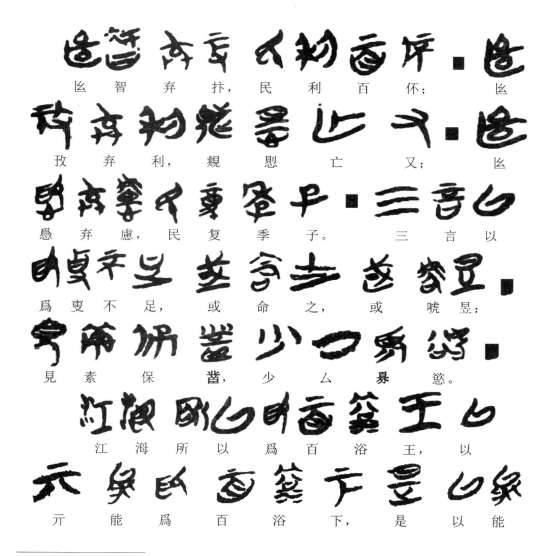

丝 智 弃 抍， 民 利 百 怀； 丝

孜 弃 利， 覡 恩 亡 又； 丝

愚 弃 慮， 民 复 季 子。 三 言 以

爲 变 不 足， 或 命 之， 或 唬 昱：

見 素 保 嵒， 少 厶 暴 慾。

江 海 所 以 爲 百 浴 王， 以

亓 能 爲 百 浴 下， 是 以 能

---

① 《老子语丛》，系依据郭店楚墓竹简丛卷中有"语丛"字样，而直名老子书简为《老子语丛》，以别于世之《老子》、老子五千文、《道德经》等称谓。楚简《老子语丛》迄今为时代最古、手迹最真之手写本，殆老子语录首纂本形态耶！楚墓被盗，抢救发掘，竹简遗存，出土面世。检阅《老子》甲、乙、丙本，无世传本《道德经》多章文句，更不见第六十七至第八十一章踪迹，殆被盗扰而书简幸存者，佚而不全矣！

爲　百　浴　王。　聖　人　之　才　民　前　也，

以　身　逡　之；　元　才　民　上　也，　以

言　下　之。　元　才　民　上　也，　民　弗　尾

也；　元　才　民　前　也，　民　弗　販　也。

天　下　樂　進　而　弗　詁。　以　元

不　靜　也，　古　天　下　莫　能　與　之　靜。

皐　莫　尾　唬　甚　慾，　咎　莫　奮　唬　谷

得，　化　莫　大　唬　不　智　足。　智　足　之

爲　足，　此　互　足　矣。

以　術　差　人　宝　者，　不　谷　以　兵

但　於　天　下。善　者，果　而　已，不　以　取　但。

果　而　弗　雙，果　而　弗　喬，果　而　弗　矜，

是　胃　果　而　不　但，元　事　好　還。

長　古　之　善　爲　士　者，必　非　溺

玄　達，深　不　可　志。　　是　以　爲

之　頌：夜　虖　奴　各　涉　川，　猷　虖

元　奴　恩　四　嬰，　战　虖　元　奴

客，　觀　虖　元　奴　懌。　屯　虖　元

奴　樸，　坉　虖　元　奴　濁。竺　能

濁　以　寂　者，牺　哈　清；　竺　能　庀　以

迵者，牾啥生。保此衍者，不谷當呈。

爲之者敗之，執之者遠之。是

以聖人亡爲，故亡敗；亡執，古

亡遝。臨事之紀，訢各女怎，此

亡敗事矣。聖人谷不谷，不貴難得

之貨；孝不孝，復眾之所迯。

是古聖人能專萬勿之自肰，而弗能爲。

衍互亡爲也，侯王能守之，

而萬勿牾自愳愳而雒

作牾貞之以亡名之蔓，夫

亦牲　智足。智足　以　寂，萬　勿牲　自　定。

爲　亡　爲，　事　亡　事，　未　亡　未。

大，少　之。　多　惕　必　多　壣。

是　以　聖人　猷壣　之，古　終　亡　壣。

天　下　皆　智　敚　之　爲　娍

也，　亞　己；　皆　智　善，　此　元

不　善　己。　又　亡　之　相　生　也，

戁　惕　之　相　成　也，長　嵩　之　相

型　也，高　下　之　相　涅　也，音　聖

之　相　和　也，　先　遂　之　相

堕 也。 是 以 聖 人 居 亡 爲

之 事， 行 不 言 之 孚。 萬

勿 作 而 弗 怠 也， 爲 而 弗

志 也， 成 而 弗 居。 天① 唯 弗

居 也， 是 以 弗 去 也

道 亙 亡 名， 蕝， 唯 婙， 天 墬 弗

敢 臣。 侯 王 女 能 獸 之， 萬 勿

牂 自 寊。 天 墬 相 會 也，

以 逾 甘 零， 民 莫 之 命， 天 自

---

①天：夫，刀笔之误。

均　安。　訖　斳　又　名。　名　亦　既　又，

夫　亦　牲　智　生。　智　生，　所　以　不　訖。

卑　道　之　才　天　下　也，　猷　少　浴　之　與　江　海。

又　牆　蟲　成，　先　天　坙　生。

敓　繆　蜀　立　不　亥，　可　以　爲　天　下　母。

未　智　亓　名，　牂　之　曰　道，　虐　勥　爲　之

名　曰　大。　大　曰　䨜①，　䨜　曰　遠，　遠　曰　反。

天　大，　坙　大，　道　大，　王　亦　大。

國　中　又　四　大　安，　王　位　一　安。

①䨜（xiāo）：消，古文同"宯"，通"逍"，逍遥。

人 珐 空 空, 珐 天 天, 珐 道 道, 珐 自 肰。

天 空 之 間, 亓 猷 囧 蕫 與?

虛 而 不 屈, 趍 而 愈 出。

至 虛, 互 也; 猷 中, 管 也。

萬 勿 方 作, 居 以 須 復 也。

天 道 熉 熉 各 復 亓 菫。

亓 安 也, 易 扯 也; 亓

未 茪 也, 易 悔 也。亓 霾 也, 易

畔 也; 亓 幾 也。易 後 也,

爲 之 於 亓 亡 又 也,

絧 之 於 亓 未 亂。 合抱之木，生於毫 末；

九 成 之 臺， 作 於累土；百仞之高，訖於足 下。

智 之 者 弗 言，言 之 者 弗 智。

閔 亓 逆，賽 亓 門，和 亓 光，迴 亓 斳，斳

劀 亓 饇，解 亓 紛，是 胃 玄 同。 古 不

可 得 而① 斳，亦 不 可 得 而 疋②；不 可

得 而 利， 亦 不 可 得 而 害；不 可 得 而 貴，

亦 可③ 不 可 得 而 戔。 故 爲 天 下 貴。

以 正 之 陞，以 戠 甬 兵，以

①而：字形同如"天"。
②疋：字形同如"足"，同声通假。
③可：衍。

亡　事　取　天　下。虖　可　以　智

亓　肰　也？　夫　天　多　見　韋，　而　民　爾　畔。

民　多　利　器，　而　陛　慈　昏。　人　多

智　而　戒　勿　慈　起，　琺　勿　慈　章，

覿　恩　多　又。　是　以　聖　人　之　言　曰：

"我　秣　事　而　民　自　福，　我　　亡　爲　而　民

自　蟲，　我　好　青　而　民　自　正，　我　谷　不

谷　而　民　自　檔。"

韵　悳　之　尾　者，　比　於　赤　子。

蟲　蠆　蠆　它　弗　螫，　攫　鳥　戁　獸　弗　扣，

骨溺堇柔而捉固，未智牝戊之

會夯蕊，精之至也。終日唬而不

惡，和之至也。和曰常，智和

曰昀，贖生曰恙，心叓爐曰勞。

勿蠤則老。是胃不道。

名與身管新？身與貨管多？

貴與貧管肪？甚悉必大讀，

厚臟必多貪。古智足不辱，

智生不忌，可以長舊。

返也者，道僮也。溺也者，道之甬也。

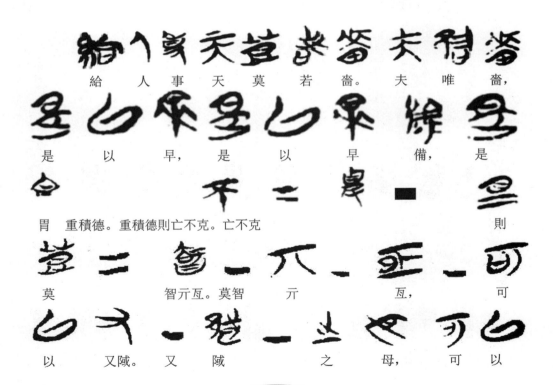

天 下 之 勿 生 於 又,生 於 亡。

持 而 浧 之,不 不 若 已。湍 而

群 之,不 可 長 保 也。金 玉 浧 室,

莫 能 獸 也。貴 福 喬,自 遺 咎 也。

攻 述 身 退,天 之 道 也。

乙 组

給 人 事 天 莫 若 嗇。夫 唯 嗇,

是 以 早,是 以 早 備,是

胃 重 積 德。重 積 德 則 亡 不 克。亡 不 克   則

莫   智 元 亙。莫 智 元   亙,   可

以 又 陕。又 陕 之 母,可 以

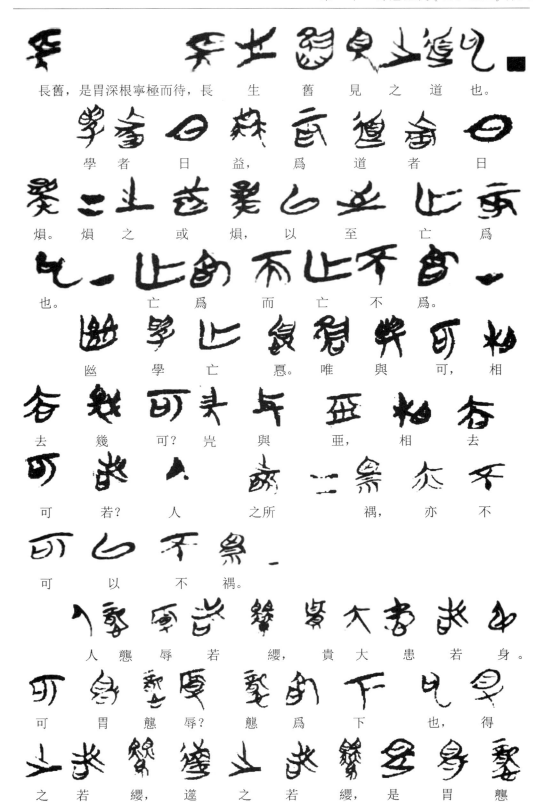

長舊，是胃深根寧極而待，長　生　舊　見　之　道　也。

學　者　日　益，爲　道　者　日

煩。煩　之　或　煩，　以　至　　亡　爲

也。　　亡　爲　而　亡　不　爲。

幽　學　亡　悤。唯　與　可，　相

去　幾　可？岂　與　　亞，　相　去

可　若？人　之所　　裑，亦　不

可　以　不　裑。

人　寵　辱　若　纓，貴　大　患　若　身。

可　胃　寵　辱？寵　爲　下　也，得

之　若　纓，邍　之　若　纓，是　胃　寵

辱 纓。可胃貴大患 若 身？虘 所 以

又 大患 者，爲 虘 又 身。返

虘 亡 身，或 可大患？古貴以身 爲 天

下， 若 可 以 厇 天 下

矣。 悉 以 身 爲 天 下，

若 可 以 迲 天 下 矣。

上 士 昏 道，堇 能 行 於

元 中；中 士 昏 道，若 昏 若 亡；

下 士 昏 道，大 芺 之。 弗

大 芺，不 足 以 爲 道 矣。 是

以 建 言 又 之：明 道 女 孛，

逅　道　女　類，　　進　道　若　退，

上　悳　女　浴。　大　白　女　辱，

坓　悳　女　不　足，建　悳　女　揄，

質　真　女　愉。　大　方　亡　禺，

大　器　曼　成，　大　音　鎷　聖。

天　象　亡　坓，　道　亙亡名,善　訖善　坓。

閔　元　門，　賽　元　说，　終　身　不　愁。

啟　元　说，　賽　元　事，　終　身　不　趂。

大　成　若　央，　元　甬　不　幣。

大　涅　若　中，　元　用　不　穿。

大 巧 若 仳，　　大 成 若 詘，

大 植 若 屈。　　枭 勲 澹，　　唶 勲

然，　青 清 爲 天 下 定。

善 建 者 不 拔，　善 拘 者 不 兌，

子 子 孫 孫　　以　　亓 祭 祀 不 屯。 攸

之 身，亓 悳 乃 貞。 攸 之 豪，亓 悳

又 唅。 攸 之 向，　亓 悳 乃 長。 攸

之 陟，　　亓 悳 乃 奉。 攸 之

天 下，亓 悳 乃 溥。 以 豪 觀 豪，以 向 觀 向，

以 陟 觀 陟，以 天 下 觀 天 下。

虗 可 以 智 天 下然？以此。

丙 组

大 上 下 智 又 之，

元 即 斬 譽 之，元 既 悷 之，

元 即 叟 之。信 不 足，安

又 不 信？猷 唬 元 貴 言 也。成 事

述 紅，而 百 眚 曰：我 自 然 也。

古 大 道 嫛，安 又 悬 義？

六 斬 不 和，安 又 孝 孶？

陕 豪 緒 亂， 安 又 正 臣？

執 大 象， 天 下 往。 往 而 不 害， 安 坪 大，

樂 與 餌， 惡 客 止。 古 道 之 出 言： 淡 可，

亓 旡 味 也！ 視 之 不 足 見；

聖 之 不 足 馘， 而 不 可 既 也。

君 子 居 則 貴 左， 甬 兵 則 貴

右。 古 曰： 兵 者， 不 祥 之 器 也， 不 得 已 而

甬 之， 鎬 纏 爲 上， 弗 媺 也，

敲① 之， 是 樂 殺 人。 夫 樂 殺， 不 可 以 得 志 於 天 下。

古 吉 事 上 左， 喪 事 上 右。

是 以 抃 牺 軍 居 左， 上 牺 軍 居 右，

---

①敲（hǎo 好）：整理者釋作"敲（měi 美）"，形音義，均未安，詳講析。

言 以 喪 豊 居 之 也。 古 殺 人 眾，

則 以 怰 悲 位 之； 戰 勳， 則 以 喪 豊 居 之。

爲 之 者 敗 之， 執 之 者 遴

之。 聖 人 櫷 爲， 古 櫷 敗 也；

櫷 執， 古 櫷 遴 也。 斳 終 若 訖

則 櫷 敗 事 喜。 人 之 敗 也，

互 於 兀 戝 成 也 敗 之。 是 以 聖 人

慾 不 慾， 不 貴 戁 得 之 貨； 學 不 學，

復 眾 之 所 趏。 是 以 能 楠

萬 勿 之 自 肰， 而 弗 战 爲。

大一生水①

　　大一生水，水反楠②大一，是以成天。天反楠大一，是以成墬。天墬復相楠也，是以成神明。神明復相楠也，是以成会易。会易復相楠也，是以成四時。四時復相楠也，是以成滄然③。滄然復相楠也，是以成淫澡④。淫澡復相楠也，成戠⑤而止。

　　古⑥戠者，淫澡之所生也。淫澡者，滄然之所生也。滄然者、四時者，会易之所生也。会易者，神明之所生也。神明者，天墬之所生也。天墬者，大一之所生也。是古大一臟⑦於水，行於時。週⑧而或始，以忌爲墡勿⑨母。一翯一涅⑩，以忌爲墡勿經。此天之所不能殺，墬之所不能釐⑪，会易之所不能成，君子智⑫此之謂道，獨與神明居⑬。

　　天道貴溺⑭，雀⑮成者以益生者；伐於勞⑯，賡於天⑰，謙下以楠柔溺⑱。

　　下，土也，而胃之墬。上，燹⑲也，而胃之天。道，亦亓忑⑳也。青昏㉑亓名。以道從事者，必恇㉒亓名，古事成而身長。聖人之從事也，亦恇亓名，古杠㉓成而身不剔㉔。

　　天地名忑並立，古忨㉕亓方，不思相當：天不足於西北，亓下高以勞。墬不足於東南，亓上卑以溺。不足於上㉖者，又余於下；不足於下者，有余於上。

　　校注：

　　①大一：太一。

　　②楠：辅。

　　③滄然：冷热。

　　④淫澡：湿燥。

　　⑤戠：岁。

　　⑥古：故。

　　⑦臟：藏。

　　⑧週：周。

　　⑨忌爲墡勿：纪为万物。

　　⑩一翯一涅：翯：缺；涅：盈。

　　⑪釐：理。

　　⑫智：知。

　　⑬獨與神明居：五字毁夺，据《庄子·天下》补。

　　⑭溺：弱。

　　⑮雀：削。

　　⑯勞：强。

　　⑰賡於天：賡，整理者释作"责"，可商榷。賡，同"續"。天字毁夺，理校补。

　　⑱謙下以楠柔溺：六字毁夺，参考《庄子·天下》补。

⑲熙（qī）：气。

⑳忎：字。

㉑青昏：请问。

㉒怴：托。

㉓祂：功。

㉔剔：伤。

㉕悆：过。

㉖卑以溺不足於上：七字毁夺，参考《黄帝素问灵枢经》校补。

参考文献：

［1］《简帛书法选》编辑组：《郭店楚墓竹简〈老子〉甲》，《郭店楚墓竹简〈老子〉乙、丙》，文物出版社 2002 年版。郭店楚墓竹简《太一生水　鲁穆公问子思》，文物出版社 2002 年版。

［2］马王堆汉墓帛书整理小组编：《马王堆汉墓帛书〈老子〉》，文物出版社 1976 年版。

［3］北京大学藏西汉竹书：《老子》，上海古籍出版社 2012 年版。

［4］邹安华：《楚简与帛书老子》，北京：民族出版社 2000 年版。

第二章　郭店楚简《老子》甲乙丙本点校

表一　郭店楚简《老子》甲本与马王堆帛书以及北大汉简比较表

楚简《老子》甲本	帛书《老子》甲/乙本	北大汉简《老子》
𢆶智①弃抃②，民利百伓③；𢆶攷④弃利，覜惻亡又⑤；𢆶悬棄慮⑥，民复季子⑦。三言以爲叓⑧不足，或命之⑨，或唬豆⑩：見素保菐，少厶募慾。 **校注：** ①𢆶：𢇍字初文，绝。 ②抃：手势。通“辯”。辯者善抃。 ③伓：倍。 ④攷（yú）：进，趋前。 ⑤覜惻（cè）：盗贼。亡又：无有。 ⑥慮：通虞，义欺诈。《左傳》：“我無爾詐，爾無我虞。” ⑦季（zì 字）子：闺女稚子。 ⑧叓：古文“使”字。使，令。《逸周书·谥法》：“治民克尽曰使。” ⑨命：政令。 [**按**]使令有规劝用意；命令为强制执行。 ⑩唬豆：呼吁。豆，通“吁”。	絕聲棄知，民利百負；絕仁棄義，民復畜茲①；絕巧棄利，盜賊無有。此三言也，以爲文未足，故令之有所屬：見素抱樨，少私㝡欲②。 ——帛书甲本 **校注：** ①畜兹：孝慈。 ②樨，少私寡欲：五字原缺损，据帛乙与傅奕本补。 **参考：** 《庄子·外篇》： (1)《胠箧》：“故绝圣弃知，大盗乃止。” (2)《在宥》：“故曰：‘绝圣弃知，而天下大治。’” (3)《山木》：“其民愚而朴，少私而寡欲。”	絕聖棄智，民利百倍；絕仁棄義，民復孝慈；絕巧棄利，盜賊無有。此參言以爲文未足，故令之有所屬：見素抱樸，少私寡欲。
江海所以爲百浴王，以亓能爲百浴下，是以能爲百浴王。聖人之才民前也，以身遂之；亓才民上也，以言下之。亓才民上	江海之所以能爲百浴①王者，以亓善下之，是以能爲百浴王。是以聖人之欲上民也，必以亓言下之。亓欲先民也，必以亓	江海之所以能爲百谷王者，以其善下之也，故能爲百谷王。是以聖人之欲高民也，必以其言下之；其欲先民也，必以其

楚简《老子》甲本	帛书《老子》甲/乙本	北大汉简《老子》
也,民弗屬也;元才民前也,民弗販也。天下樂進而弗詀①。以元不靜也②,古天下莫能與之靜。 **校注:** 　①詀(zhān):多言。 　②靜:争。通用。 **参考:** 　《汉书·艺文志》载《黄帝铭》六篇。周太庙右壁前,蠹立铜人像,三缄其口,背刻铭文,为黄帝《金人铭》。其文曰:"我古之慎言人也。戒之哉!戒之哉!无多言,多言多败……君子知天下之不可盖也,故后之、下之、使人慕之。执雌持下,莫能与之争者。人皆取彼,我独守此;众人惑之,我独不徙。内藏我知,不示人技:我虽尊高,人莫我害。夫江河长百谷者,以其卑下也。天道无亲,常与善人,戒之哉!"(参见《孔子家语》、刘向《说苑》)阅此,黄老道家,昭昭乎吾中华学术源头也哉!	身後之。故居前而民弗害也,居上而民弗重也。天下樂隼②而弗猒也。非以元無静與?故天下莫能與静。 　　　　——帛书甲本 **校注:** 　①浴(gǔ):谷。《尔雅·释水》:"水注谿曰谷。" 　②隼(sǔn):隼科短尾猛禽。此处通"進"。 **参考:** 　(1)八角廊竹简《文子》: 　"江海以此道为百谷王,故能久长功。" 　(2)《论语·八佾》: 　"君子无所争。"	身後之。是以居上而民弗重,居前而民弗害也。是以天下樂推而弗厭也。不以其無争邪?故天下莫能與之争。
辠①莫尾唬②甚慾,咎莫㥑③唬谷④得,化⑤莫大唬不智⑥足。智足之爲足,此互⑦足矣。 **校注:** 　①辠:罪。 　②尾唬:呼。 　③㥑:譣,古文,憯,憯谗。 　④谷:欲。 　⑤化:祸。 　⑥智:知。 　⑦互:恒。	天下有道,却走馬以糞;天下無道,戎馬生於郊。罪莫大於可欲,醧莫大於不知足,咎莫憯於欲得。故知足之足,恒足矣。 　　　　——帛书甲本	天下有道,卻走馬以糞;天下無道,戎馬產於鄙。故罪莫大於可欲,禍莫大於不智足,咎莫灛於欲得。故智足之足,恒足矣。

楚简《老子》甲本	帛书《老子》甲/乙本	北大汉简《老子》
以朮差人宝者^①，不谷以兵但於天下^②。善者，果而已，不以取但。果而弗婜^③，果而弗喬^④，果而弗矜，是胃果而不但，亓事好還^⑤。 **校注：** ①朮：道，会意字。宝：主。 ②谷：欲，楚通假字。但（gāng）：刚。 ③婜：撥，通"擘"，分剖，分裂割剖占领地。 ④喬：驕。 ⑤还：迴旋。还，据傅奕本《道经古本篇》第三十章补入。	以道佐人主，不以兵強於天下。其事好還，師之所居，楚朳生之。善者，果而已矣，毋以取強焉。果而毋驕，果而勿矜，果而弗婜，果而毋得已居，是胃果而不強。物壯而老，是胃之不道。不道蚤已。 ——帛书甲本	以道佐人主，不以兵強於天下。其事好景。師之所居，楚棘生之。善者果而已，不以取強。故果而毋矜，果而毋驕，果而毋發，果而毋不得已。物壯則老，謂之不道。不道蚤已矣。
長古之善爲士^①者，必非溺^②玄譴^③，深不可忐^④。是以爲之頌：夜唬^⑤奴各^⑥涉川，猷唬亓奴恖^⑦四雯^⑧，㦸^⑨唬亓奴客，觀^⑩唬亓奴懌^⑪，屯唬亓奴楛，坉唬亓奴濁。竺^⑫能濁以寂^⑬者，牺哈^⑭清；竺能庀^⑮以逗^⑯者，牺哈生。保此朮者，不谷尚呈^⑰。 **校注：** ①士：指学习道艺的成年男子。 ②非溺：射精而非排尿。溺（niào）：尿，用如动词，排尿。 ③譴（cào 操）：施纵。俗字"肏"。	古之善爲士者，微眇玄譴^①，深不可志。夫唯不可志，故強爲之容，曰：與呵，亓若冬涉水；猷呵，亓若畏四雯；嚴呵，亓若客；渙呵，亓若淩澤。沌呵，亓若樸；湷呵，亓若濁；滙呵，亓若浴。濁而靜之，餘清；女以重之，餘生。葆此道者不欲盈，是以能襒而不成。 ——帛书甲本 **校注** ①古之善爲士者，微眇玄譴：帛书《老子》甲字脱，从简甲补。譴，帛乙作"達"，整理者注"通行本作通"。《古文四声韻》《老子碑》《篆韻》《六书通》《广	古之爲士者，微眇玄達，深不可識。夫唯不可識，故強爲之頌曰：就虖，其如冬涉水；猶虖，其如畏四鄰；嚴虖，其若客；渙虖，其如冰之澤；杶虖，其如樸；沌虖，其如濁；廣虖，其如浴。孰能濁以靜之，徐清；孰能安以動之，徐生。抱此道者不欲盈。夫唯不盈，是以能敝不成。

楚简《老子》甲本	帛书《老子》甲/乙本	北大汉简《老子》
④深不可忐:深入不能标记。忐:志,古文,与誌同,记,标记。[按]此即当今性医学所谓G点。 ⑤夜嘑:夜生活呵。嘑,语气词。 ⑥奴:若。通用。各:冬。 ⑦恩:惊惧。 ⑧㤉:邻。通用。 ⑨战:战敜,估量,斟酌。 ⑩觀:渙。《说文》:"諦视也。" ⑪懌:釋。 ⑫竺:孰。 ⑬寂:寂静。 ⑭哸:徐。通用。 ⑮厐:具备。 ⑯迖:迂曲。 ⑰谷:欲。嘗呈:常盈。	金石韵府》《六书分类》字形均与楚简《老子》甲"迬"形似。《康熙字典补遗》:"《字汇补》:迬,音未详,人名,《考古图》有《迬磬铭》。"颂簋见之,与金文籀篆"达""通"字体迥异,旧读若造,去声。	
爲之者敗之①,執之者遠之②。是以③聖人亡爲,古亡敗也④;亡執,古亡遬也⑤。臨事之紀,斳各女怠⑥,此亡敗事矣。聖人谷不谷,不貴戁得⑦之货;孝不孝⑧,復眾之所迯⑨。是古聖人能專萬勿之自肰,而弗能爲⑩。 ——郭店楚简《老子》甲 **校注:** ①敗:古同"敗"。 ②遠:通逝(shì)、蓬(cuō):行貌。 ③是以:表示判断与解释。 ④聖人亡爲,古亡敗也:简丙作"聖人㡭爲,古㡭敗也"。	爲之者敗之,執之者失之。是以聖人無爲也,故無敗也;無執也,故無失也。民之從事也,恒於元成事而敗之。故慎終若始,則無敗事矣。是以聖人欲不欲而不貴難得之貨;學不學而復眾人之所過。能輔萬物之自然,而弗敢爲。 ——帛书甲本 **参考:** 伪古文《尚书·太甲》"慎終于始"。	爲者敗之,執者失之。是以聖人無爲,故無敗也;無執,故無失也。民之從事也,恒於其成事而敗之。故慎終如始,則無敗事矣。是以聖人欲不欲,不貴難得之貨;學不學,而復眾人之所過。以輔萬物之自然,而弗敢爲。

楚简《老子》甲本	帛书《老子》甲/乙本	北大汉简《老子》
棐:古同"無"。简丙以"棐"字取代"亡"字,提示着文字历时性演变现象。 ⑤也:据简丙补。 ⑥訢各女怠:訢,形容词,谨慎。各,冬,通终。女,如。怠(qǐ),起始。 ⑦戁:难。 ⑧季(jiāo):仿效。 ⑨逊:從。参见《正字通》。 ⑩尃萬勿之自肰:尃,辅。肰,然。 **参考:** 　　楚简《老子》丙:爲之者敗之,執之者遠之。聖人棐爲,古棐敗也;棐執,古棐遠也。訢終若訖,則棐敗事喜。人之敗也,互於亓𢿝且成也敗之。是以聖人慾不慾,不貴戁得之貨;學不學,復眾之所逊。是以能補萬勿之自肰,而弗战爲。 　　[按]甲本遠、亡、訢、怠、矣、季、逊、尃、能九字,丙本显然改易为"遠、棐、訢、訖、喜、學、赸、補、战"。		
絀互①亡爲也,侯王能守之,而萬勿酒自愿②。愿而雒作③,酒貞之④以亡名之蔓⑤。夫亦酒智足⑥,智足以寂⑦,萬勿酒自定。 **校注:** 　　①互:恒。 　　②愿:帛乙傅奕本作"化",待考。 　　③雒:欲。 　　④貞:镇。 　　⑤蔓(bǔ):撲,古文,拭也,清理,去势。 　　⑥智:知。	道恒無名。侯王若守之,萬物將自愿。愿而欲作,吾將鎮①之以無名之楉。闃之以無名之楉,夫將不辱。不辱以情,天地將自正。 　　——帛书甲本 **校注:** 　　①鎮:字毁夺,今据楚简甲"贞"字理校补。 **参考:** 　　《论语·卫灵公》:"子曰:无为而治者,其舜也欤? 夫何为	道恒無爲。侯王若能守之,萬物將自化。化而欲作,吾將真之①以無名之樸。無名之樸,夫亦將不辱。不辱以静,天地將自正。 　　·凡二千三百三 **校注:** 　　①真(zhì):通"镇"。

楚简《老子》甲本	帛书《老子》甲/乙本	北大汉简《老子》
⑦寂:恬静无声。 **参考:** 　《庄子·内篇·应帝王》:"阳子居见老聃……阳子居蹴然曰:'敢问明王之治.'老聃曰:'明王之治:功盖天下而似不自己,化货万物而民弗恃。有莫举名,使物自喜。立乎不测,而游于无有者也。'"	哉?恭己正南面而已矣。"	
爲亡爲,事亡事,未亡未①。大,小②之。多惕③必多壤④;是以聖人猷壤之,古⑤終亡壤。 **校注:** 　①未:味。 　②小:原作"少"。大小相对,据理释读。 　③惕:易。 　④壤:難。 　⑤古:故。	爲無爲,事無事,味無未。大小多少,報怨以德。圖難乎亓易也,爲大乎亓細也。天下之難作於易,天下之大作於細。是以聖人冬不爲大,故能成亓大。夫輕若必募信,多易者必多難。是以聖人猷難之,故冬於無難。 　　　　——帛书甲本	爲無爲,事無事,味無味。小大多少報怨以德。圖難虖,其易也。爲大虖,其細也。天下之難事作於易,天下之大事作於細。是以聖人終不爲大,故能成大。夫輕若,必寡信。多易者必多難。是以聖人猶難之,故終無難。
天下皆智①敚之②爲媺也③,亞④已;皆智善,此亓不善已。又亡之相生也,戁惕之相成也,長耑之相型⑤也,高下之相涅⑥也,音聖⑦之相和也,先逡之相墮⑧也。是以聖人居亡爲之事,行不言之孝⑨,萬勿作而弗忢也,爲而弗恃也,成而弗居。夫唯⑩弗居也,是以弗去也。 **校注:** 　①智:知。 　②敚(qī):妙,少。 　③媺(měi):媄,同"美",善。	天下皆知美爲美,惡已;皆知善,訾不善矣。有無之相生也,難易之相成也,長短之相刑也,高下之相盈也,音①聲之相和也,先後之相隋,恒也。是以聖人居無爲之事,行不言之教。萬物昔而弗忥②也,爲而弗志也,成功而弗居也。夫唯弗③居,是以弗去。 　　　　——帛书甲本 **校注:** 　①音:原作"意",从帛乙改。	天下皆智美之爲美,亞已;皆智善之爲善,斯不善矣。故有無之相生,難易之相成,短長之相刑,高下之相頃,言聲之相和,先後之相隨。是以聖人居無爲之事,行不言之教。萬物作而弗辤,爲而弗侍,成功而弗居。夫唯弗居,是以弗去。

楚简《老子》甲本	帛书《老子》甲/乙本	北大汉简《老子》
④亜:醜(chǒu),恶,丑。简文为古文,齜牙裂齿之形。《说文》:"醜,可恶也。"段玉裁注:"非真鬼也,以可恶,故从鬼。"马王堆帛书《十六经》:"夫地有山有泽,有黑有白,有美有亚。" ⑤尚:短。型:形。 ⑥涅:盈。 ⑦聖:聲。 ⑧堕:随。 ⑨孚:教。 ⑩夫:原作"天",笔误。	②不言之教万物昔而弗忿:此十字缺损,据简甲补。忿:喜 ③弗:原脱,据简甲补。	
道互①亡名,毬②,唯娹③,天堕④弗敢臣。侯王女能獸之⑤,萬勿將自寅。 **校注:** ①互:恒。楚文字。 ②毬:樸,通用。 ③唯娹(zhēn):虽嫩。唯,通"雖"。娹,通"嫩",柔嫩。 ④天堕:天地。帛书甲乙,北大汉简,傅奕古本等,均作"天下",义胜可从。 ⑤女:如。獸:守。	道恒無名,樸,唯小,而天下弗敢臣。侯王若能守之,萬物將自賓。 ——帛乙本	道恒無名。樸,唯小,天下弗敢臣。侯王若能守之,萬物將自賓。
天堕相昏①也,以逾甘零②,民莫之命,而自均安③。訖斱又名。名亦既又,夫亦酒智生。智生,所以不訖。卑道之才天下也,獸少浴之與江海④。 **校注:** ①天堕相昏:天地相会。堕、昏:楚古文。 ②逾:通"输"。零:露。 ③而:原作"天",形误,从帛乙。 ④少:小。海:海。	天地相谷,以俞甘洛。民莫之令,而自均焉。始制有名,名亦既有,夫亦將知止。知止,所以不殆。俾道之在天下也,猷小浴之與江海也。 ——帛乙本	天地相合,以俞甘露。民莫之令而自均安。始正有名,名亦既有,夫亦將智止。智止,所以不殆。避道之在天下,猷小谷之與江海。

续表

楚简《老子》甲本	帛书《老子》甲/乙本	北大汉简《老子》
又獡蟲成①，先天陞生，敓繆②蜀立不亥③，可以爲天下母，未智亓名，字之曰道，虔勇爲之④名曰大。大曰鱻⑤，鱻曰逰⑥，逰曰反。天大，陞大，道大，王亦大。囻中⑦又四大安⑧，王位一安⑨。人，琺⑩陞陞，琺天天，琺道道，琺自肰。	有物昆成①，先天地生。繡呵繆呵，獨立而不改，可以爲天地母。吾未知其名，字之曰道。吾强爲之名曰大。大曰筮②，筮曰遠，遠曰反。道大③、天大、地大；王亦大。國中有四大，而王居一焉。人法地，地法天，天法道，道法自然。 ——帛书甲本	有物繘成，先天地生。肅覺，獨立而不孩，偏行而不殆，可以爲天地母。吾不智其名，其字曰道。吾强爲之名曰大。大曰懲，懲曰遠，遠曰反。天大，地大，道大，王亦大。或中有四大，而王居一焉。人瀍地，地瀍天，天瀍道，道瀍自然。
校注： 　①又獡（zǔ）：有置，有祖。又，有。獡，置，周初古文。置字两读，音义相同。置（zǔ），徂古切，通"祖"，道祖，太祖。置（jiǎng），子两切，大也，通"將"，参见《诗·商颂》传注。蟲：傅奕本作"混"。 　②敓繆：肃穆，楚语。 　③蜀：獨，古今字。亥：改。 　④勇：犟，勉强。 　⑤鱻（xiāo）：消，古文，通"道"，逍遥。 　⑥逰（shì）：超踰。楚文字；魏、邺作"逝"，晋、赵作"迣（chì）"。 　⑦囻（yòu）：囿，字宙生物圈。 　⑧安（àn）：咹。句中语气词，表声气休止，且提示下文，相当于"啊"。帛甲乙等诸本无。 　⑨王位一安：王位一焉。位，帛甲乙与北大汉简作"居"，乃引申义。安（yān）：焉。句末语气词，表感叹，相当于"啊"。 　⑩琺：法，效法。	**校注：** 　①昆成：同时形成。《说文》："昆，同也。"昆，亦作"捆"（hǔn），通"混"。 　②筮：遾，通用，同"逰、逝"。 　③遠曰反道大：五字理校补。 **参考：** 　(1)《论语·子罕》： 　子在川上曰："逝者如斯夫，不舍昼夜。" 　(2)《庄子·内篇·大宗师》：夫道……自本自根，未有天地，自古以固存；神鬼神帝，生天生地；在太极之先而不为高，在六极之下而不为深，先天地生而不为久，长于上古而不为老。	
天陞之間，亓猷囷蘥與？虚而不屈，蓮而愈出。	天地不仁，以萬物爲芻狗。声人不仁，以百省爲芻狗。 　天地之間，亓猷橐籥輿？虚而不淈，蹱而俞出。	天地不仁，以萬物爲芻狗。聖人不仁，以百省爲芻狗。 　天地之閒，其猶橐籥虖？虚而不屈，動而揄出。

楚简《老子》甲本	帛书《老子》甲/乙本	北大汉简《老子》
至虚①,亘也②;獸中③,箅也④。萬勿方作⑤,居以須復也。天道煪煪⑥,各復亓堇⑦。 ——郭店楚简《老子》甲 **校注:** ①虚:大丘。《诗·鄘风·定之方中》:"升彼虚矣,以望楚矣。"《说文》:"虚,大丘也。崑崙丘,谓之崑崙虚。" ②亘:恒。楚文字。帛甲、乙与北大汉简写作"极",当是秦统一之文字。马王堆汉墓帛书《系辞》"是故易有大恒,是生两樣"。通行本《周易》"是故易有太极,是生两仪"。既是避刘恒讳,遂改"大恒"为"太极",又是沿用秦统一文字之例证。 ③獸中:守中。獸:守,通用。中,中央,此指关中。《史记·萧相国世家》:"何守关中。"守中二字,还原故书之真。帛甲乙与傅奕古本以及北大汉简更有"多闻数穷,不若守于中"句式,显然,帛书《老子》是战国秦汉学者讲授春秋楚简《老子》经义之传解发挥。 ④箅:通"督"。帛乙作"督"。北大汉简:"至虚極,積正督。"箅(dǔ),都毒切,音笃,通作笃,原也。督(dū),都毒切,并音笃。楚古文箅、督二字通。督,有察、率、劝、教督、督战诸义。中央为督,督率两旁,督统中原,守战护国,《老子》微言大义,显而易见。 ⑤方作:并作。方,本义并排。 ⑥煪煪(yún):苍黄貌。 ⑦堇:根。通用。	多聞數窮,不若守於中。 ——帛书甲本 至虚極也,守静督也。萬物旁作,吾以觀亓復也。天物耘耘,各復歸於亓根,曰靜,靜,是胃復命。復命,常也。知常,明也。不知常,芒,芒作兇;知常,容。容乃公,公乃王,王乃天,天乃道,道乃久,沕①身不殆②。 ——帛书乙本 **校注:** ①沕:从帛甲本作"沕"。 ②殆:帛甲本作"怠"。 **参考:** (1)《庄子·在宥》: "万物云云,各复其根。" (2)《吕氏春秋·有始览·去尤》: 老耼则得之矣,若植木而立乎独。 此章当是老子教导与勉励关令尹之语录。唐·王真《道德经论兵要义述》,认为老子五千之言,"未尝有一章不属意于兵也"。明末清初,王夫之《宋论》称《老子》为"言兵者师之"。近代,章太炎《馗书·儒道》说老子五千文,"约《金版》《六韬》之旨"。这些见解,既中肯,又精辟。	多聞數穿,不若守於中。 至虚極,積正督。萬物立作,吾以觀其復。天物雲雲,各復歸其根,曰靜。靜曰復命。復命,常也。智常,明也。不知常,忘作兇。智常曰容,容乃公,公乃王,王乃天,天乃道,道乃久,沒而不殆。

楚简《老子》甲本	帛书《老子》甲/乙本	北大汉简《老子》
亓安也，易扯①也。亓未苯②也，易惎③也。亓霝④也，易畔⑤也；亓幾⑥也，易逡⑦也。爲之於亓亡又也，絧之於亓未亂也。倉⑧抱之木，生於毫末；九成之臺，作於累土；百仞之高，訖於足下。 **校注：** ①扯：撕裂。 ②苯：藤蔓。引申为滋蔓。 ③惎（wù）："侮"的古体字。凌侮。此处被动用法，被凌侮。或作"務"，通"霧"，见下文"易惎也"。 ④霝：膬，古文，同"脆"。 ⑤畔：判，解剖。 ⑥幾：几微。 ⑦逡（jiàn）：踐，通用，踩踏。 ⑧倉：会。倉下"抱之木生於毫"與"百仞之高"毁损，今据帛甲乙校补。	亓安也，易持也。亓未兆也，易謀也。亓脆也，易判也。亓微也，易散也。爲之於亓未有也，治之於亓未亂也。合抱之木，生於毫末；九成之臺，作於蠃土；百仁之高，台於足下。 　　——帛书甲本 **参考：** (1)《战国策·楚策》： 苏秦说楚威王曰："臣闻治之其未乱，为之其未有也。患至而后忧之，则无及矣。" (2)伪古文《尚书·太甲下》： "若升高，必自下；若陟遐，必自迩。"	其安易持也，其未兆易謀也，其脆易判也，其微易散也。爲之其無有也，治之其未亂也。合抱之木，作於豪末；九成之臺，作於絫土；百仞之高，始於足下。
智之者弗言①，言之者弗智。閟亓逸，賽亓門，和亓光，迵亓新，新剖亓惫，解亓紛，是胃玄同②。古不可得而新③，亦不可得而疋④；不可得而利，不可得而害；不可得而貴，亦不可得而戔⑤。故爲天下貴。 **校注：** ①智：知。 ②胃：谓。玄：悬挂，悬异。 ③古：故。新：亲。 ④疋：疏，楚通用。 ⑤戔：贱，通用。	知者弗言，言者弗知。塞亓悶，閉亓門，和亓光，同亓塵，坐亓閱，解亓紛，是胃玄同。故不可得而親，亦不可得而疏；不可得而利，亦不可得而害；不可得而貴，亦不可得而淺。故爲天下貴。 　　——帛书甲本 **参考：** 《庄子·外篇·知北游》： 黄帝曰："……夫知者不言，言者不知，故圣人行不言之教。"	智者弗言，言者弗智。塞其脫，閉其門，和其光，同其畛，挫其兌，解其紛，是謂玄同。故不可得而親，亦不可得而疏；不可得而利，亦不可得而害；不可得而貴，亦不可得而賤。故爲天下貴。

楚简《老子》甲本	帛书《老子》甲/乙本	北大汉简《老子》
以正之邦①，以畸用兵②，以亡事取天下。虐何以知元肰也③？夫天下多忌諱④，而民爾叛⑤。民多利器，而邦慇昏⑥。人多智而哦勿慇记，琺勿慇章⑦，頿悤⑧多又。是以聖人之言曰："我鍊事⑨而民自福；我亡爲而民自蠹；我好青而民自正⑩；我谷不谷⑪而民自樘。" **校注：** ①之：治。楚通用。 ②用：原作"甬"。 ③肰：然。 ④下：原脱，从帛甲乙傅奕本補入。忌諱：原作"期韋"。 ⑤爾：彌。 ⑥慇：滋。 ⑦琺勿滋章：物件仿制愈加显露。琺(fǎ)：法。效法，仿制。章：彰。 ⑧頿悤：盗贼。 ⑨鍊：同"無"。 ⑩青：静。 ⑪谷：欲。 **参考：** 《尚书·皋陶谟》： "安民则惠，黎民怀之。"	以正之邦，以畸用兵，以無事取天下。吾何以知元然也戈？夫天下多忌諱，而民彌貧。民多利器，而邦家慇昏。人多知，而何物慇起。法物慇章，而盗賊多有。是以聖人之言曰："我無爲也，而民自化；我好靜，而民自正；我無事，民自富；我欲不欲，而民自握。" ——帛书甲本 **参考：** (1)《孙子·九地》： "将军之事，静以幽，正以治，能愚士卒之耳目，使之无知。" (2)《论语·泰伯》： "子曰：民可使由之，不可使知之。"郑玄注引《春秋繁露》："民，瞑也。" (3)《尹文子·大道下》： "《老子》曰：'以政治国，以奇用兵，以无事取天下。'政者，名法是也。以名法治国，万物所不能乱。奇者，权术是也。以权术用兵，万物所不能敌。"	以正之國，以倚用兵，以無事取天下。吾何以智其然也？夫天多忌諱而民彌貧；民多利器而國①家慇昏；人多智而苛物慇起；灢物慇章而盗賊多有。故聖人之言云："我無爲而民自化，我無事而民自富；我好靜而民自正，我欲不欲而民自樸。" **校注：** ①国：原作"固"。
韵悳①之尾者，比於赤子。蟲蠆蟲它②弗螫，攫鳥戰獸弗扣，骨溺③董柔而捉固，未智牝戊之含④方慈⑤，精之至也。終日	韵悳①之厚者，比於赤子。逢俐蜾地弗螫，攫鳥猛獸弗搏，骨弱筋柔而握固，未知牝牡之含而勢怒②，精之至也。終日號而	含德之厚者，比於赤子。蠭蠆虺蛇弗赫，猛獸攫鳥弗博。骨弱筋柔而摳固。未智牝牡之合而狻怒，精之至也。終日號

楚简《老子》甲本	帛书《老子》甲/乙本	北大汉简《老子》
唬而不惪⑥,和之至也。和曰常,智和曰昀⑦,賹生曰羕⑧,心复燸曰勥⑨。勿壐⑩则老。是胃不道。 **校注:** ①韵惪:韵德。韵,简甲字体清晰,整理者释作"畬",注字"含",值得商榷。今辨认简文改韵,《康熙字典》引《集韵》:與韻同。又引《说文》:韻,和也。 ②它:蛇. ③溺:弱。菫:筋。 ④戊:牡。畬:会。 ⑤夯蕜(shì nù):势怒。 ⑥惪(yōu):憂。通"嚘",气逆。 ⑦昀(yún):匀畅。 ⑧賹(ài)生:寄生。又,賹(yì)首,上古船首绘画水鸟图案,示意寄托水面如意吉祥;现代飞机机尾图案意同。羕:水流悠长。 ⑨复:使。燸:火热。勥:犟。 ⑩壐:壮,通用。 **参考:** 《庄子·庚桑楚》:终日嗥而嗌不嗄,和之至也。	不发,和之至也。和曰常,知和曰明,益生曰祥。心使氣曰強。物壮即老,胃之不道,不道蚤已。 ——帛书甲本 **校注:** ①韵惪:韵德。二字帛甲残缺;帛乙作"含德",傅奕本作"含德"。或因韵与蕴通,义为"含蕴",故传世抄本作"含德"。帛甲残缺二字,不当从后世传抄本补入,姑以简甲"韵德"二字补缺,以存古义,提供研读。 查传世本《尚书·盘庚》"唯尔含德"。《书》为孔子删窜,西汉以降有今文、古文、伪古文之淆乱,原始本"含德"语词之字体如何,淹没莫辨,贻误后学。 ②牡之畬而势怒:六字毁夺,据楚简《老子》甲本校补。	而不幽,和之至也。和曰常,智和曰明,益生曰恙,心使氣曰強。物壯則老,謂之不道,不道蚤已。
名與身篙亲①?身與貨篙多?貴②與貧③篙妨④?甚悉⑤必大費⑥,厚臧⑦必多貧。故智足⑧不辱,智生不怠⑨,可以长舊⑩。 **校注:** ①亲:親。 ②貴:債,古文貨。 ③貧:亡,失亡。 ④妨:防,房,通"妨"。	名與身孰親?身與貨孰多?得與亡孰病?甚悉①必大費,多臧必厚亡。故知足不辱,知止不殆,可以長久。 ——帛书甲本 **校注:** ①甚下脱八字,从楚简甲校补。	身與名孰親?身與貨孰多?得與亡孰病?是故甚愛必大費,多臧必厚亡。故智足不辱,智止不殆,可以長久。

楚简《老子》甲本	帛书《老子》甲/乙本	北大汉简《老子》
⑤恶：爱。 ⑥大費(sù)：消费大。費，行不住，通"拂(fú)"，费用广出。 ⑦厚臧：厚臧；厚臧。 ⑧古智：故知。 ⑨生：止。忿：疟，痴貌。 ⑩舊：久。		
返也者①，道之僮也②。溺也者③，道之甬④也。天下之勿生於又⑤，生於亡。 校注： ①返：反。 ②之：依句式补入。僮：动。 ③溺：弱。 ④甬：用。 ⑤勿：物。又：有。	反也者，道之動也。弱也者，道之用也。天下之物生於有，有生於無。 ——帛书甲本	反者，道之動也；弱者，道之用也。天下之物生於有，有生於無。
持而涅之①，不若亓已②。湍而群之③，不可长保也。金玉涅室，莫能獸也④。貴福⑤而⑥喬⑦，自遺咎也。攻述⑧身退，天之道也。 校注： ①持而涅之：持盈守成。持：军持，汲水具。涅：盈。 ②不若亓已：原作"不不若已"，据帛乙删补。 ③湍而群之：激流成群。 ④獸：守。 ⑤福：富。 ⑥而：原脱，依句式与帛乙补入。 ⑦喬：骄。 ⑧攻：功。	揸而盈之，不若亓已。湍①而允之，不可长葆之。金玉盈室，莫之守也。貴富而驕，自遺咎也。功遂身退，天之道也。 ——帛书乙本 校注： ①湍：原作"掬"，从《楚简·老子甲》。	持而盈之，不如其已。桓而允之，不可長葆。金玉盈室，莫能守。富貴而驕，自遺咎。功遂身退，天之道也。

表二　郭店楚简《老子》乙、丙本与马王堆帛书以及北大汉简比较表

楚简《老子》乙本	帛书《老子》甲/乙本	北大汉简《老子》
給人①事天莫若嗇②。夫唯嗇，是以早，是以早備，是胃重積德。重積德則亡不克。亡不克則莫智元互③。莫智元互，可以又陚④。又陚之母，可以長舊，是胃深根寧極而待⑤，長生舊見⑥之道也。	給人事天莫若嗇。夫唯嗇，是以蚤服。蚤服是胃重積德。重積德則無不克。無不克則莫知元極。莫知元極①，可以有國。有國之母，可以長久。是胃深槿固氐，長生久視之道也。 ——帛书甲本	治人事天莫如嗇。夫唯嗇，是以蚤服。蚤服是謂重積德。重積德則無不克。無不克則莫智其極。莫智其極則可以有國。有國之母，可以長久。是謂深根固抵，長生久視之道也。

楚简《老子》乙本校注：

①給(jǐ)：供给。

②嗇：穡。稼、穡、穡。穡，概括稼穡，即播种收获之义。民以食为天。给人事天，首要在于早务农时，整备春耕，有望秋季丰收，广积粮，就是重积德，开创德业，战无不胜，攻无不克，发展不失其极限，这才真正能够维护国家安定，母系氏族，也就可能维持长久。向来注家不识嗇字大义，以致古今注释皆误，误己误人。老子重视稼穡备战，图谋社会长治久安之稳态思想，精深之处，与孔子耻樊迟学稼，迥异其趣。此乃老、孔学术分判之界线。

③互：亟，極。

④陚：国。陚，国，古今字。

⑤長舊是謂深根寧極而待：原简长字下文缺漏，可容九字，今据帛甲、乙与北大汉简补入"久，是谓深根"；据《庄子·缮性》补入"寧極而待"。

⑥舊：久。見：视。

帛书《老子》甲/乙本校注：

①给人事天莫若嗇……莫知元极：帛甲缺省，据楚简乙与帛乙补。

参考：

(1)《尚书·盘庚》："若农服田，力穡乃亦有秋。尔克黜乃心，施实德于民，至于婚友，丕乃敢大言尔有积德。"

(2)伪古文《尚书·说命中》："虑善以动，动唯厥时。……唯事事，乃其有备，有备无患。"

楚简《老子》乙本	帛书《老子》甲/乙本	北大汉简《老子》
爲學者^①日益，爲道者日焄^②。焄之或焄，以至亡^③爲也。亡爲而亡不爲。 **校注：** ①爲：原脱，从帛甲乙与北大汉简、傅奕诸本补入。 ②焄(yún)：苍黄，用如动词，黄变。 ③亡：无。 **参考：** 《庄子·知北游》："故曰：'为道者日损，损之又损之，以至于无为，无为而无不为。'"	爲學者日益，闻道者日損^①。損之有損，以至於無爲。無爲而無不爲^②也。將欲取天下也，恒無事。及亓有事也，又不足以取天下矣。 ——帛书乙本 **校注：** ①損，原作"云"，楚简作"焄"。 ②无为而无不为：世传严遵《道德真经指归》作"无为而无以为"。提示秦汉间抄本有别。	爲學者日益，爲道者日損。損之有損之，至於無爲，無爲而無不爲。取天下，恒無事。及其有事，有不足以取天下。
幽學亡惪^①。唯與可^②，相去幾可^③？岂與亞^④，相去可若^⑤？人之所禑^⑥，亦不可以不禑。 **校言：** ①幽：鑫字初文，继(xì)，通"繫"，绑缚、约束。幽与前文"区"，字形迥别；包山楚简释作"继"。老子前言"绝知弃辩"，倡导断截知识，扬弃争辩；此述"繫学无忧"，以解释达成前言目标，关键在于约束学者念头，使民众保持敦厚淳朴本质，以净化心灵，愉悦人际关系，从而稳定原始母系氏族社会和谐秩序。惪：忧。 ②唯与可：唯唯与呵呵。 ③几可：几何。 ④岂與亞：美与恶。 ⑤可若：何若。 ⑥禑(wú)：古同禑(wú)，福。	幽學無惪^①，唯與訶，其相去幾何？美與惡，其相去何若？人之所畏，亦不可以不畏。 ——帛书甲本 **校言：** ①幽学无惪：繫學無憂。四字帛甲毁缺，据简乙校补。幽：繼，通"繫"，绑缚、约束。	絕學無憂。唯與何，其相去幾何？美與惡，其相去何若？人之所畏，不可以不畏人。

楚简《老子》乙本	帛书《老子》甲/乙本	北大汉简《老子》
人鼀辱若纓^①，貴大患若身。可胃鼀辱？鼀爲下也^②。得之若纓，遅之若纓，是胃鼀辱纓。可胃貴大患若身？虘所以又^③大患者，爲虘又身。返虘亡身，或可大患？古貴以身爲天下，若可以厇天下矣^④，恩以身爲天下，若可以迲天下矣^⑤。 校注： 　①纓：通嬰，纏绕。 　②可：何。寵爲下，則辱为下下而无论。 　③又：有。 　④厇(zhái)：古同"宅"。 　⑤迲(jué)：通"寄"。	龍辱若驚，貴大梡若身。苟胃龍辱若驚？龍之爲下，得之若驚，失之若驚，是胃龍辱若驚。何胃貴大梡若身？吾所以有大梡者，爲吾有身也；及吾無身，有何梡？故貴爲身於爲天下，若可以迈天下矣；愛以身爲天下，女可以寄天下。 　　　　——帛书甲本 参考： 　《庄子·在宥》："故贵以身于为天下者，则可以托天下，爱以身于为天下者，则可以寄天下。"《让王》："唯无以天下为者，可以托天下也。"	寵辱若驚，貴大患若身。何謂寵辱？寵爲下，是謂寵辱。得之若驚，失之若驚，是謂寵辱若驚。何謂貴大患若身？吾所以有大患者，爲吾有身。及吾無身，吾有何患？故貴以身爲天下，若可以橐天下矣；愛以身爲天下，若可以寄天下。
上士昏道^①，堇^②能行於亓中。中士昏道，若昏若亡。下士昏道，大芺之^③。弗大芺，不足以爲道矣。是以建言又之：明道女孛，遅道女類^④，進道^⑤若退。上惪女浴。大白女辱，坒德女不足，建惪女揄^⑥，質貞^⑦女愉。大方亡禺，大器曼成，大音稀聖^⑧。天象亡坓^⑨，道亙亡名，善詑善坓^⑩。 校注： 　①昏：聞。 　②堇：勤。 　③芺：笑，异体字。	上士聞道，堇能行之。中士聞道，若存若亡。下士聞道，大笑之。弗笑，不足以爲道。是以建言有之，曰：明道如費，進道如退，夷道如類，上德如浴。大白如辱，廣德如不足，建德如揄，質真如愉。大方無禺，大器免成，大音希聲。天象無刑，道褒無名。夫唯道，善始且善成。 　　　　——帛书乙本 参考： 　(1)《庄子·杂篇·寓言》："阳子居南之沛，老聃西游于秦。遨于郊，至于梁而遇老子，	上士聞道，堇能行；中士聞道，若存若亡；下士聞道，大笑之。弗笑，不足以爲道。是以建言有之曰：明道如沫，進道如退，夷道如類，上德如谷。大白如辱，廣德如不足，建德如榆，桎真如輸。大方無隅，大器勉成，大音希聲。天象無刑，道殷無名。夫唯道，善貸且成。

楚简《老子》乙本	帛书《老子》甲/乙本	北大汉简《老子》
④女類:据帛乙傅奕补缺。 ⑤進:据帛乙傅奕补缺。 ⑥揄:据帛甲本补缺。 ⑦質:据帛甲本补缺。 ⑧聖:声。 ⑨㾻:形。通用。 ⑩道亙亡名善訖善垇:道字下简文缺损,从上下文本校,帛甲乙对校,补"亙亡名,善訖善垇"七字。	……至舍,進盥漱巾櫛,脱屨戶外,膝行而前,曰:'向者弟子欲請夫子,夫子行不閑,是以不敢,今閑矣,請問其過。'老子曰:'而睢睢盱盱,而誰與居!大白若辱,盛德若不足。'陽子居蹴然變容曰:'敬聞命矣。'" (2)《莊子·雜篇·天下》:"老聃曰:'知其雄,守其雌,爲天下路;知其白,守其辱,爲天下谷。'" (3)《吕氏春秋·樂成》:"大智不形,大器晚成,大音希聲。"	
閔亓門①,賽②亓逡③,終身不惙④。啟亓逡,賽亓事,終身不逑⑤。 校注: ①閔:插上门栓。 ②賽:塞。 ③逡:兑,游说。 ④惙:瘁。 ⑤逑:少。	天下有始,以爲天下母。既得亓母,以知亓子。復守亓母,沒身不殆。塞亓閔①,閉亓門,終身不堇。啟亓閔②,濟亓事,終身不棘。見小曰明,守柔曰強。用亓光,復歸亓明。毋道身央,是胃襲常。 ——帛书甲本 校注: ①閔(hūn):闻,宫墙小门。通"閽",听闻。 ②閔(mèn):懑,烦闷。	天下有始,可以爲天下母。既得其母,以智其子。既智其子,復守其母,歿身不殆。塞其脱,閉其門,終身不僅。啟其脱,齊其事,終身不來。見小曰明,守柔曰強。用其光,復歸其明,無遺身央,是謂襲常。
大成若央①,亓甬②不幣③。大涅④若中⑤,亓用不穷。大攷若仳⑥,大成若詘,大植若屈⑦。杲⑧勲濬⑨,靖勲然⑩,青清爲天下定。 校注: ①央:缺。 ②甬:用。 ③幣:敝。	大成若缺,亓用不幣。大盈若盅,亓用不窮。大直如屈,大巧如拙,大贏如詘。趮勝寒,靚勝炅,請靚可以爲天下正。 ——帛书甲本 参考: 《庄子·胠篋》:"大巧若拙。"	大成如缺,其用不敝。大盈如沖,其用不穿。大直如詘,大巧如拙,大盛如絀。趮勝寒,静勝熱,清静爲天下政。

楚简《老子》乙本	帛书《老子》甲/乙本	北大汉简《老子》
④浧：盈。 ⑤中：通"沖"，涌动。 ⑥攷（yú）：進。仳（zhú）：短貌。 ⑦植：直。 ⑧杲：燥。 ⑨澹（cāng）：滄，寒冷。 ⑩啨勲燃：清胜热。 　善建者不拔，善扻者不兑①，子子孙孙以亓祭祀不屯②。攸③之身，亓悳乃貞④。攸之豪，亓悳又㑄⑤。攸之向，亓悳乃長。攸之阹，亓悳乃奉⑥。攸之天下⑦，亓悳乃溥。以豪觀豪，以向觀向，以阹觀阹，以天下觀天下。吾可⑧以智⑨天下肰？以此⑩。 **校注：** 　①扻（bēng）：搒，相牵。兑：脱。 　②屯：頓，停顿。 　③攸：修。 　④貞：真。 　⑤又：有。㑄：餘。通用。 　⑥奉：豐。 　⑦下：简文下字缺损，脱七字：亓悳乃溥以豪觀，今据帛乙与北大汉简补入。 　⑧可：何。 　⑨智：知。 　⑩以此：二字据帛乙傅奕本补入。	善建者不拔，善抱者不脱，子孙以祭祀不絕。修之身，亓德乃真。修之家，亓德有餘。修之鄉，亓德乃長。修之邦，亓德乃夆。修之天下，亓德乃溥。以身觀身，以家觀家，以鄉觀鄉，以邦觀邦，以天下觀天下。吾何以知天下之然茲？以此。 　　　——帛乙本	善建不拔，善抱不脱，子以其祭祀不絕。脩之身，其德乃真。脩之家，其德有餘。脩之鄉，其德乃長。脩之國，其德乃逢。脩之天下，其德乃薄。以身觀身，以家觀家，以鄉觀鄉，以邦觀邦，以天下觀天下。吾何以智天下然哉？以此。

楚简《老子》丙本	帛书《老子》甲/乙本	北大汉简《老子》
大上下智又①之,亓即② 斳③譽之,亓既悁④之,亓 即㒥⑤之。信不足,安又 不信?猷唬,亓貴言也! 成事述祍,而百眚⑥曰:我 自肰⑦也。 校注: ①又:有。 ②即:次。 ③斳:親。 ④既悁:既:即,次;悁:憂,懼。 ⑤㒥:敵視。 ⑥眚:姓。 ⑦肰:然。	大上下知有之,其次親 譽之,其次畏之。其下母 之。信不足,案有不信? 猷呵,其貴言也。成功遂 事,而百省胃我自然。 ——帛书甲本	大上下智有之,其次親 譽之,其次畏之,其下母 之。信不足,安有不信! 猶虖其貴言。成功遂事, 百姓曰我自然。
古大道雙①,安又②息 義③?六斳④不和,安又 孝孳⑤?邦豪緇亂⑥,安 又正臣? 校注: ①古:故。雙(fèi):廢,古 文,废。 ②安又:安有。安:豈,怎么。 副词,表疑问。又:通"有"。 ③息義:仁义。息,妊:怀 孕。《说文》:"妊,孕也。"妊,通 "仁"。楚简《老子》仅此提及 "仁",而且其与义之存在,有赖 于大道派生。 ④斳:親。 ⑤孳:慈。 ⑥緇:昏。	故大道廢,案有仁義? 知慧出,案有大偽?六親 不和,案有畜茲?邦家閭 乳①,案有貞臣? ——帛书甲本 校注: ①閭乳:閭亂,昏亂。	故大道廢,安有仁義? 智慧出,安有大僞?六親 不和,安有孝茲?國家揞 亂,安有貞臣?
執大象,天下往。往而 不害,安坪大①。樂與餌, 恁客②止。古道③之出言 淡可亓龎④味也。視之不 足見,聖之不足䎽⑤,而不	執大象,天下往。往而 不害,安平大。樂與餌, 過客①止。故道之出言也 曰:談②呵其無味也,視之 不足見也,聽之不足聞也,	執大象,天下往;往而不 害,安平大。樂與餌,過客 止。道之出言曰:淡旖其 無味。視之不足見,聽之 不足聞,用之不可既也。

楚简《老子》丙本	帛书《老子》甲/乙本	北大汉简《老子》
可既也。 **校注：** 　①坪：平。 　②忩（háng）：恓，悦也。 　③古道：古貌老道。道字之下，脱文，容三字。"之出言"三字，从帛甲本与北大汉简补。 　④可：呵。霖：同"無"。 　⑤聖：听。鄅：闻。	用之不可既也。 　　　　——帛书甲本 **校注：** 　①客：原作"格"，从楚简《老子》丙改。 　②談：淡。	
君子居則貴左，甬^①兵則貴右。古^②曰：兵者^③，不祥之器也，不得已而甬之，鎓緷^④爲上，弗媺也，敌^⑤之，是樂殺人。夫樂^⑥殺，不可以得志於天下。古吉事上左，喪事上右。是以抃牲軍^⑦居左，上將軍居右，言以喪豊^⑧居之也。古殺人眾^⑨，則以哀悲位^⑩之；戰勑，則以喪豊居之。 **校注：** 　①甬：用。 　②古：故。 　③者下脱文，可容六字，今据帛甲与北大汉简补入"不祥之器也，不"。 　④鎓緷：轻袭。鎓，通"輕"；緷，通"襲"。 　⑤敌（hào）：好，喜悦，热衷于。 　⑥樂下脱文，容三字，今斟酌帛甲与北大汉简补入"殺，不可"。 　⑦抃牲軍：偏将军。 　⑧豊：禮。	夫兵者，不祥之器也，物或惡之，故有欲者弗居。君子居則貴左，用兵則貴右。故兵者，非君子之器也。兵者，不祥之器也，不得已而用之。銛襲^①爲上，勿美也。若孜^②之，是樂殺人也。夫樂殺人，不可以得志於天下矣。是以吉事上左，喪事上右。是以便將軍居左，上將軍居右。言以喪禮居之也。殺人眾，以悲依立之。戰勝，以喪禮處之。 　　　　——帛书甲本 **校注：** 　①銛：刀钩类利刃兵器。《玉篇》："銛，利也。" 　②孜（hào）：好，喜悦，热衷于。孜，整理者释作"美"，因袭之故，可商榷。 **参考：** 　《史记·扁鹊仓公列传》太史公曰："故《老子》曰：美好者，不祥之器。"老子此语，是太史公记忆书写，抑或据所持《老子》书简录出，文字之异待考。	夫触美，不恙之器也。物或惡之，故有欲者弗居也。是以君子居則貴左，用兵則貴右。兵者，非君子之器也，不恙之器也，不得已而用之，恬僂爲上，弗美。若美之，是樂之。樂之，是樂殺人。是樂殺人，不可以得志於天下。是以吉事上左，喪事上右。扁將軍居左，上將軍居右。言以喪禮居之；殺人眾，則以悲哀立之。戰勝，以喪禮居之。

续表

楚简《老子》丙本	帛书《老子》甲/乙本	北大汉简《老子》
⑨杀下脱文，容二字，今斟酌帛甲与北大汉简补入"人众"。 ⑩位：泣。通用。 　爲之者敗①之，執之者遊②之。聖人綝爲③，古綝敗也④；綝執，古綝遊也。斳終若訖⑤，則綝敗事矣。人之敗也，互於亓叡成也敗之。是以聖人欲不欲，不貴戁⑥得之貨；學不學，復眾之所趈。是以能楄萬勿之自肰⑦，而弗戟⑧爲。 　——楚简《老子》丙（从甲校定） **校注：** 　①敗：古同"败"。 　②遊（shí）：遊（cuō），行貌。 　③綝爲：亡爲。 　④古：故。綝遊也：三字原夺，据文理，从简甲及帛甲、乙诸本补。 　⑤斳：慎，形容词，谨慎。 　⑥戁：难。 　⑦楄：辅。肰：然。 　⑧戟：掂，掂量。戟，《简帛书法选》编辑组《郭店楚墓竹简老子》丙本第33页2002年10月版释文作"敢"，文义不通且误。 　[按]此则简文，疑为简甲校订作品。故本通校存之，以资阅者。	爲之者敗之，執之者失之。是以聖人無爲也，故無敗也；無執也，故無失也。民之從事也，恒於亓成事而敗之。故慎終若始，則無敗事矣。是以聖人欲不欲而不貴難得之貨①；學不學而復眾人之所過。能輔萬物之自然，而弗敢爲。 　——帛书甲本 **校注：** 　①貨：原作"臒"，从简甲帛乙改。	爲者敗之，執者失之。是以聖人無爲，故無敗也；無執，故無失也。民之從事也，恒於其成事而敗之。故慎終如始，則無敗事矣。是以聖人欲不欲，不貴難得之貨；學不學，而復眾人之所過。以輔萬物之自然，而弗敢爲。

参考文献：

[1]《简帛书法选》编辑组：《郭店楚墓竹简·老子甲本》《郭店楚墓竹简·老子乙、丙本》，文物出版社2002年版。

[2]马王堆汉墓帛书整理小组编：《马王堆汉墓帛书〈老子〉》，文物出版社1976年版。

[3]北京大学藏西汉竹书《老子》，上海古籍出版社2012年版。

[4]高明撰：《帛书老子校注》，新编诸子集成，中华书局1996年版。

第三章　马王堆帛书《老子》甲本点校

表三　帛书《老子》甲本与楚简《老子》甲乙丙本以及北大汉简《老子》比较表

帛书《老子》甲本	楚简《老子》甲乙丙本	北大汉简《老子》
上德不德，是以有德；下德不失德，是以無德。上德無爲而無以爲也，上仁爲之而無以爲也；上義爲之而有以爲也，上禮爲之而莫之應也。則攘臂而乃之，故失道。失道矣而後德，失德而後仁，失仁而後義，失義而後禮。夫禮者，忠信之泊也而亂之首也；前識者，道之華也而愚之首也。是以大丈夫居亓厚而不居亓泊，居亓實而不居亓華。故去皮取此。		上德不德，是以有德。下德不失德，是以無德。上德無爲而無以爲，下德爲之而無以爲，上仁爲之而無以爲，上義爲之而有以爲，上禮爲之而莫之應，則攘臂而乃之。故失道而後德，失德而後仁，失仁而後義，失義而後禮。夫禮，忠信之淺而亂之首也。前識者，道之華而愚之首也。是以大丈夫居其厚，不居其薄；居其實，不居其華。故去被取此。
昔之得一者，天得一以清，地得一以寧，神得一以霝，浴得一以盈，侯王得一而以爲正。亓至之也，胃天毋已清將恐裂①，胃地毋已寧將恐發；胃神毋已霝將恐歇，胃浴毋已盈將恐渴，胃侯王毋已貴以高將恐欮。故必貴而以賤爲本，必高矣而以下爲基。夫是以侯王自胃曰：		昔得一者，天得一以精，地得一以寧，神得一以靈，谷得一以盈，侯王得一以爲正，其致之也。天毋已精將恐死，地毋已寧將恐發，神毋已靈將恐歇，谷毋以盈將恐渴，侯王毋已貴以高將恐厥。是故必貴以賤爲本，必高以下爲基。是以侯王自謂孤寡不穀，此其賤之本

帛书《老子》甲本	楚简《老子》甲乙丙本	北大汉简《老子》
孤、寡、不榖,此亓賤之本與?非也!故致數,與^②無與。是故不欲祿祿若玉,硌硌若石。 **校注:** 　①裂:帛甲字毀夺,帛乙作"蓮",今从傅奕本。 　②與:譽。帛乙本作"輿",傅奕本作"譽"。		邪?非也。故致数與无與。是故不欲祿祿如玉,珞珞若石。
上士聞道,董能行之;中士聞道,若存若亡;下士聞道,大笑之。弗大笑,不足以爲道。是以建言有之,曰:明道女孛,遲道女類,進道若退,上惪女浴。大白女辱,盛惪女不足,建惪女揄,質真女愉。大方無禺。大器曼成,大音瞜聲。天象無刑,道恒無名。夫唯道,善^①起且善盛。 **校注:** 　①道善二字,前后文皆損毀,参照简乙与帛乙理校补。	上士昏道,董能行於亓中;中士昏道,若昏若亡;下士昏道,大芺之。弗大芺,不足以爲道矣。是以建言又之:明道女孛,迡道女類,進道若退,上惪女浴。大白女辱,坒惪女不足,建惪女揄。質貞女愉,大方亡禺。大器曼成,大音舃聖。天象亡垩,道互亡名,善訖善坒。 　　——楚简《老子》乙	上士聞道,董能行;中士聞道,若存若亡;下士聞道,大笑之。弗笑,不足以爲道。是以建言有之曰:明道如沫,進道如退,夷道如類,上德如谷。大白如辱,廣德如不足,建德如榆。桎真如輸,大方無隅。大器勉成,大音希聲。天象無刑,道殷無名。夫唯道,善貸且成。
反也者,道之動也;弱也者,道之用也。天下之物生於有,有生於無。	返也者,道之僮也;溺也者,道之甬也。天下之勿生於又,生於亡。 　　——楚简《老子》甲	反者,道之動也;弱者,道之用也。天下之物生於有,有生於無。
道生一,一生二,二生三,三生萬物。萬物負陰而抱陽,中氣以爲和。天下之所惡,唯孤寡不榖,而王公以自名也。勿或敗		道生一,一生二,二生三,三生萬物。萬物負陰抱陽,中氣以爲和。人之所惡,唯孤寡不穀,而王公以自命也。是故物或損

续表

帛书《老子》甲本	楚简《老子》甲乙丙本	北大汉简《老子》
之而益，益之而敗。故人之所教，夕議而教人。故強良者不得死，我將以爲學父。 **参考：** 黄帝《金人铭》：“強梁者不得其死，好胜者必遇其敌。”		而益，或益而損。人之所教，亦我而教人。故強梁者不得死，我將以爲學父。
天下之至柔，馳甹於天下之致堅。無有入於無間。五[①]是以知無爲之有益也。不言之教，無爲之益，天下希能及之矣。 **校注：** ①五：吾。通用。参见乙本。		天下之至柔，馳騁於天下之至堅，無有入於無間。吾是以智無爲之有益也。不言之教，無爲之益，天下希及之矣。
名与身孰親？身与貨孰多？得与亡孰病？甚悉[①]必大con，多贓必厚亡。故知足不辱，知止不殆，可以長久。 **校注：** ①甚下八个字，从楚简甲校补。	名與身孰新？身與貨孰多？貴與貣管㾏？甚悉必大賫，厚贓必多貣。古智足不辱，智𣥺不忑，可以長舊。 ——楚简《老子》甲	身與名孰親？身與貨孰多？得與亡孰病？是故甚愛必大費，多臧必厚亡。故智足不辱，智止不殆，可以長久。
大成若缺，亓用不幣。大盈若盅，亓用不窘。大直如屈，大巧如拙，大赢如詘。趮勝寒，靚勝炅，請靚可以爲天下正。	大成若夬，亓甬不幣。大浧若中，亓用不穹。大攷若侂，大成若詘，大植若屈。喿勳滄，晴勳然，青清爲天下定。 ——楚简《老子》乙	大成如缺，其用不敝。大盈如沖，其用不窘。大直如詘，大巧如拙，大盛如絀。趮勝寒，靜勝熱，清靜爲天下政。
天下有道，卻走馬以糞；天下無道，戎馬生於郊。罪莫大於可欲，𢡺莫大於不知足，咎莫憯於欲得。故知足之足，恒足矣。	辠莫厚虖甚慾，咎莫僉虖谷得，化莫大虖不智足。智足之爲足，此亙足矣。 ——楚简《老子》甲	天下有道，卻走馬以糞；天下無道，戎馬產於鄗。故罪莫大於可欲，禍莫大於不智足，咎莫灊於欲得。故智足之足，恒足矣。

帛书《老子》甲本	楚简《老子》甲乙丙本	北大汉简《老子》
不出於戶，以知天下；不規於牖，以知天道。亓出也彌遠，亓知彌少。是以聖人不行而知，不見而名，弗爲而成。		不出於戶，以智天下；不規於牖，以智天道。其出彌遠，其智彌少。是以聖人弗行而智，弗見而命，弗爲而成。
爲學者日益，聞道者日損。損之有損，以至於無爲。無爲而無不爲也。將欲取天下也，恒無事。及亓有事也，又不足以取天下矣。	爲學者日益，爲道者日焆。焆之或焆，以至亡爲也。亡爲而亡不爲。 ——楚简《老子》乙	爲學者日益，爲道者日損，損之有損之，至於無爲。無爲而無不爲。取天下，恒無事，及其有事，有不足以取天下。
聖人無恒心，以百姓之心爲心。善者善之，不善者亦善之，德善也。信者信之，不信者亦信之，德信也。聖人之在天下，翕翕焉，爲天下渾心。百姓皆屬耳目焉，聖人皆賅之。		聖人恒無心，以百生之心爲心。善者虜亦善之，不善者虜亦善之，直善也。信者虜信之，不信者虜亦信之，直信也。聖人之在天下也，歙歙然，爲天下渾心。而百姓皆屬其耳目焉，聖人而皆晐之。
出生入死。生之徒十有三，死之徒十有三，而民生生，勤皆之死地之十有三。夫何故也？以亓生生也。蓋聞善執生者，陵行不辟矢虎，入軍不被甲兵。矢無所椯亓角，虎無所昔亓蚤，兵無所容亓刃。夫何故也？以亓無死地焉。		出生，入死。生之徒十有三，死之徒十有三，而民姓生焉，勤皆之死地之十有三。夫何故也？以其姓生也。蓋聞善聶生者，陵行不避兕虎，入軍不被兵革。虎無所錯其蚤，兕無所椯其角，兵無所容其刃，夫何故也？以其無死地焉。

帛书《老子》甲本	楚简《老子》甲乙丙本	北大汉简《老子》
道生之而德畜之,物刑之而器成之。是以萬物尊道而貴德。道之尊,德之貴也。夫莫之时而恒自然也。道生之,畜之,長之,遂之,亭之,毒之①,養之,復之。生而弗有也,爲而弗寺也,長而勿宰也,此之胃玄德。 校注: 　①毒:原字残缺,从乙本补。		道生之,德畜之,物刑之,熱成之。是以萬物奠道而貴德。道之奠,德之貴,夫莫之爵而恒自然。故道生之、畜之、長之、逐之、亭之、孰之、養之、復之。故生而弗有,爲而弗持,長而弗宰,是謂玄德。
天下有始,以爲天下母。慨得元母,以知元子。復守元母,沒身不殆。塞元悶①,閉元門,終身不堇;启元悶②,濟元事,終身不棘。見小曰明,守柔曰強。用元光,復歸元明。毋道身央,是胃襲常。 校注: 　①悶(hūn):聞,宫墙小门。通"聞",听闻。 　②悶(mūn):潰,烦闷。	閔元門,賽元迻,終身不咨;啟元迻,賽元事,終身不逨。 ——楚简《老子》乙	天下有始,可以爲天下母。既得其母,以智其子。既智其子,復守其母,殁身不殆。塞其脱,閉其門,終身不僅;啟其脱,齊其事,終身不來。見小曰明,守柔曰強。用其光,復歸其明。毋遺身央,是謂襲常。
使我摞有知也,行於大道,唯施①是畏②。大道甚夷,民甚好解③。朝甚除,田甚蕪,倉甚虛。服文采,帶利劍,猒食,貨財有餘,是胃盜夸。盜夸,非道也! 校注: 　①施:旗貌。旗帜面柔,下人以色,故不耐仰視。施,字从傅奕本补。 　②畏:威,通用,威严。		使我介有智,行於大道,唯蛇是畏。大道甚夷,民甚好街。朝甚除,田甚蕪,倉甚虛。服文采,帶利劍,厭食,資貨有餘,是謂盜竽。非道也!

帛书《老子》甲本	楚简《老子》甲乙丙本	北大汉简《老子》
③解:乙本作"懈",通"懈",宽松。		

　　善建者不拔,善抱者不脫。子孫以祭祀不絕。修之身,亓德乃真;修之家,亓德有餘;修之鄉,亓德乃長;修之邦,亓德乃夆;修之天下,亓德乃溥。以身觀身,以家觀家,以鄉觀鄉,以邦觀邦,以天下觀天下。吾何以知天下之然茲?以此。

参考:
《韓非子·解老》:"修之邦,其德乃丰。"

　　善建者不拔,善抎者不兌,子子孫孫以亓祭祀不屯。攷之身,亓悳乃貞;攷之豪,亓悳又畲。攷之向,亓悳乃長。攷之陞,亓悳乃奉。攷之天下,亓悳乃溥。以豪觀豪,以向觀向,以陞觀陞,以天下觀天下。虗可以智天下肰?以此。
　　　　——楚简《老子》乙

　　善建不拔,善抱不脫,子孫以其祭祀不絕。脩之身,其德乃真;脩之家,其德有餘;脩之鄉,其德乃長;脩之國,其德乃逢;脩之天下,其德乃溥。以身觀身,以家觀家,以鄉觀鄉,以邦觀邦,以天下觀天下。吾何以智天下然哉?以此。

　　韵惪①之厚者,比於赤子。逢俶蝍地弗螫,攫鳥猛獸弗搏,骨弱筋柔而握固,未知牝牡之會而勢怒,精之至也。終日號而不发,和之至也。和曰常,知和曰明,益生曰祥,心使氣曰強。物壯即老,胃之不道,不道蚤已。

校注:
①韵惪:韵德。二字残缺;不当从后世传抄本补入,宜其仍之,以存古义。姑以简甲"韵德"二字补缺,提供研究。

　　韵惪①之尾者,比於赤子。蟲蠆虺它弗螫,攫鳥獣獸弗扣,骨溺菫柔而捉固,未智牝戉之會方惹,精之至也。終日唬而不惪,和之至也。和曰常,智和曰昀,賆生曰羕,心叟爓曰勞。勿壯則老,是胃不道。
　　　　——楚简《老子》甲

校注:
①韵惪:韵德。韵,整理者释作"畲"。简文清晰,今辨认改。

　　含德之厚者,比於赤子。蠭蠆蚖蛇弗赫,猛獸攫鳥弗搏,骨弱筋柔而搢固,未智牝牡之合而狡怒,精之至也。終日號而不幽,和之至也。和曰常,智和曰明,益生曰恙,心使氣曰強。物壯則老,謂之不道,不道蚤已。

　　知者弗言,言者弗知。塞亓悶,閉亓門,和亓光,同亓墼,坐亓閲,解亓紛,是胃玄同。故不可得而

　　智之者弗言,言之者弗智。閔亓兌,塞亓門,和亓光,迵亓斳,斳剖亓鬻,解亓紛,是胃玄同。古不

　　智者弗言,言者弗智。塞其脫,閉其門,和其光,同其眹,挫其兌,解其紛,是謂玄同。故不可得而

帛书《老子》甲本	楚简《老子》甲乙丙本	北大汉简《老子》
親，亦不可得而疏；不可得而利，亦不可得而害；不可得而貴，亦不可得而淺。故爲天下貴。	可得而斳，亦不可得而疋；不可得而利，亦不可得而害；不可得而貴，亦不可得而戔。故爲天下貴。 ——楚简《老子》甲	親，亦不可得而疏；不可得而利，亦不可得而害；不可得而貴，亦不可得而賤。故爲天下貴。
以正之邦，以畸用兵，以無事取天下。吾何以知亓然也弋？夫天下多忌諱，而民彌貧。民多利器，而邦家兹昏。人多知，而何物兹起。法物兹章，而盜賊多有。是以聖人之言曰："我無爲也而民自化，我好靜而民自正，我無事民自富，我欲不欲而民自梏。"	以正之陞，以敔用兵，以亡事取天下。虐可以智亓肰也？夫天下多忌韋，而民爾畔。民多利器，而陞緫昏。人多智而敀勿緫記，琺勿緫章，親慇多又。是以聖人之言，曰："我㝷事而民自福，我亡爲而民自盠，我好青而民自正，我谷不谷而民自樸。" ——楚简《老子》甲	以正之國，以倚用兵，以無事取天下。吾何以智其然也？夫天多忌諱而民彌貧。民多利器而固家兹昏。人多智而苟物兹起。瀷物兹章而盜賊多有。故聖人之言云："我無爲而民自化，我無事而民自富，我好靜而民自正，我欲不欲而民自樸。"
亓正閔閔，亓民屯屯。亓正察察，亓邦夬夬。祸，福之所倚；福，禍之所伏。孰知亓極？亓無正也，正復爲畸，善復爲妖。人之迷也，亓日固久矣。是以方而不割，兼而不刺，直而不紲，光而不眺。		其正昏昏，其民菩菩。其正計計，其國夬夬。福，禍之所倚。禍，福之所伏。夫孰智其極？其無正，正復爲倚，善復爲芺。人之廢，其日固久矣。方而不割，廉而不刖，直而不肆，光而不耀。
給人事天莫若嗇。夫唯嗇，是以蚤服。蚤服是胃重積德。重積德則無不克。無不克則莫知亓極。莫知亓極①，可以有國。有國之母，可以長久。是胃深槿固氐，長生久視之道也。	給人事天莫若嗇。夫唯嗇，是以早，是以早備，是胃重積德。重積德則亡不克。亡不克則莫知亓互。莫知亓互，可以又陞。又陞之母，可以長舊。是胃深根寧極而待，長生舊見之道也。 ——楚简《老子》乙	治人事天莫如嗇。夫唯嗇，是以蚤服。蚤服是謂重積德。重積德則無不克。無不克則莫智其極。莫智其極，則可以有國。有國之母，可以長久。是謂深根固抵，長生久視之道也。

帛书《老子》甲本	楚简《老子》甲乙丙本	北大汉简《老子》
校注： ①給人事天莫若嗇……莫知亓極：帛甲缺省，据楚简乙与帛乙补。 治大國若亨小鮮。以道立天下，亓鬼①不神②。非亓鬼不神也，亓神不傷人也。非亓申不傷人也，聖人亦弗傷也。夫兩不相傷，故德交歸焉。 校注： ①鬼：归。《说文》："人所归为鬼。" ②神：引领者。 大邦者，下流也，天下之牝也，天下之郊也。牝恒以靚勝牡。爲亓靚也，故宜爲下。大邦以下小邦，則取小邦；小邦以下大邦，則取於大邦。故或下以取，或下而取。故大邦者不過欲兼畜人，小邦者不過欲入事人。夫皆得亓欲，則大邦者宜爲下。 道者，萬物之注也，善人之葆也，不善人之所葆也。美言可以市，尊行可以賀人。人之不善也，何棄也之有？故立天子，置三卿，雖有共之璧，以先四馬，不善坐而進此；古之所以貴此者，何也？不		治大國若亨小鮮。以道位天下，其鬼不神。非其鬼不神，其神不傷人。非其神不傷人也，聖人亦弗傷。夫兩不相傷，故德交歸焉。 大國者，下游也，天下之牝也，天下之交也。牝恒以靜勝牡。以其靜也，故爲下。故大國以下小國，則取小國；小國以下大國，則取於大國。故或下以取，或下而取。故大國者不過欲兼畜人，小國者不過欲入事人。夫皆得其欲，則大者宜爲下。 道者，萬物之楺也，善人之葆，不善人之所葆也。美言可以市，尊行可以賀人。人之不善，何棄之有？故立天子，置三公，唯有共之璧以先四馬，不如坐而進此。古之所以貴此者，何也？不曰

帛书《老子》甲本	楚简《老子》甲乙丙本	北大汉简《老子》
胃求以得,有罪以免與? 故为天下贵。		求以得有罪以免虖。故 为 天下贵。
爲無爲,事無事,味無 未。大小多少,報怨以 德。圖難乎亓易也,爲大 乎亓細也。天下之難作 於易,天下之大作於細。 是以聖人冬不爲大,故能 成亓大。夫輕若必募信, 多易者必多難。是以聖 人猷難之,故冬於無難。	爲亡爲,事亡事,未亡 未。大,少之。多惕必多 壝。是以聖人猷壝之,古 終亡壝。 　　——楚简《老子》甲	爲無爲,事無事,味無 味。小大多少報怨以德。 圖難虖,其易也。爲大 虖,其細也。天下之難事 作於易,天下之大事作於 細。是以聖人終不爲大, 故能成大。夫輕若,必寡 信,多易者必多難。是以 聖人猶難之,故終無難。
亓安也,易持也;亓未 兆也,易謀也。亓脆也, 易判也;亓微也,易散也。 爲之於亓未有也,治之於 亓未亂也。合抱之木,生 於毫末;九成之臺,作於 贏土①;百仁之高②,台③ 於足下。 校注: 　①贏:土笼。古书亦作虆、 藳。 　②百仁之高:百仞之高。严 遵本准此。 　③台:通"始"。	亓安也,易扯也;亓未 菀也,易悔也。亓霝也, 易畔也;亓幾也,易後也。 爲之於亓亡又也,絅之於 亓未亂也。會抱之木,生 於毫末;九成之臺,作於 累土;百仍之高,訖於足 下。 　　——楚简《老子》甲	其安易持也,其未兆易 謀也,其脆易判也,其微 易散也。爲之其無有也, 治之其未亂也。合抱之 木,作於豪末,九成之臺, 作於絫土;百仞之高,始 於足下。
爲之者敗之,執之者失 之。是以聖人無爲也,故 無敗也;無執也,故無失 也。民之從事也,恒於亓 成事而敗。故慎終若 始,則無敗事矣。是以聖	爲之者敗之,執之者遱 之。聖人亡爲,古亡敗 也;亡執,古亡遱也。斳 終若訖,則亡敗事矣。人 之敗也,互於亓戲成也敗 之。是以聖人慾不慾,不	爲者敗之,執者失之。 是以聖人無爲,故無敗 也;無執,故無失也。民 之從事也,恒於其成事 而敗之。故慎終如始,則 無敗事矣。是以聖人欲不

帛书《老子》甲本	楚简《老子》甲乙丙本	北大汉简《老子》
人欲不欲而不貴難得之貨①，學不學而復眾人之所過。能輔萬物之自然，而弗敢爲。 **校注：** ①貨：原作"䐗"，从简甲帛乙改。	貴䜌得之貨；學不學，復眾之所逃。是以能專萬勿之自肰，而弗战爲。 ——楚简《老子》甲 （从丙校定）	欲，不貴難得之貨；學不學，而復眾人之所過。以輔萬物之自然，而弗敢爲。
故曰：爲道者，非以明民也，將以愚之也。民之難治也，以亓知也。故以知知邦，邦之賊也；以不知知邦，邦之德也。恒知此兩者，亦稽式也。恒知稽式，此胃玄德。玄德，深矣，遠矣，與物反矣，乃至大順。		古之爲道者，非以明民也，將以愚之也。民之難治，以其智也。故以智智國，國之賊也；以不智智國，國之德也。恒智此兩者，亦楷式。恒智楷式，是謂玄德。玄德深矣、遠矣，與物反矣，乃至大順。
江海之所以能爲百浴王者，以亓善下之，是以能爲百浴王。是以聖人之欲上民也，必以亓言下之；亓欲先民也，必以亓身後之。故居前而民弗害也，居上而民弗重也。天下樂隼①而弗猒也。非以亓無諍與？故天下莫能與諍。 **校注：** ①隼（sǔn）：隼科短尾猛禽。此处通"進"。	江海所以爲百浴王，以亓能爲百浴①下，是以能爲百浴王。聖人之才民前也，以身逡之；亓才民上也，以言下之。亓才民上也，民弗尾也；亓才民前也，民弗販也。天下樂進而弗詁。以亓不静也，古天下莫能與之静。 ——楚简《老子》甲 **校注：** ①浴（gǔ）：谷。《尔雅·释水》："水注豀曰谷。"	江海之所以能爲百谷王者，以其善下之也，故能爲百谷王。是以聖人之欲高民也，必以其言下之；其欲先民也，必以其身後之。是以居上而民弗重，居前而民弗害也。是以天下樂推而弗厭也。不以其無爭邪？故天下莫能與之爭。

帛书《老子》甲本	楚简《老子》甲乙丙本	北大汉简《老子》
小邦寡民,使十百人之器毋用,使民重死而遠送。有車周無所乘之,有甲兵無所陳之。使民復結繩而用之。甘亓食,美亓服,樂亓俗,安亓居。粼邦相望,雞狗之聲相聞,民至老死不相往來。 信言不美,美言不信。知者不博,博者不知。善者不多,多者不善。聖人無積,既以爲人,己俞有;既以予人,己俞多。故天之道,利而不害;人之道,爲而弗爭。 天下皆胃我大,大而不宵。夫唯大,故不宵。若宵,細久矣。我恒有三葆,之一曰兹,二曰檢,三曰不敢爲天下先。夫兹,故能勇;檢,故能廣;不敢爲天下先,故能爲成事長。今舍亓兹且勇,舍亓後且先,則必死矣。夫兹,以戰則勝,以守則固。天將建之,女以兹垣之。		小國寡民,使有什佰人之氣而勿用,使民重死而遠徙。有舟車無所乘之,有甲兵無所陳之。使民復結繩而用之。甘其食,美其服,樂其俗,安其居。鄰國相望,雞狗之音相聞,民至老而死,不相往來。 信言不美,美言不信。智者不博,博者不智。善者不辯,辯者不善。聖人無責,氣以爲人己俞有;氣以予人己俞多。天之道,利而弗害;人之道,爲而弗爭也。 ·凡二千九百卌二 天下皆謂我大,以不宵。夫唯大,故不宵。若宵,久矣其細也夫。我恒有三葆,侍而葆之。一曰兹,二曰歛,三曰不敢爲天下先。兹,故能勇;歛,故能廣;不敢爲天下先,故能爲成器長。今舍其兹且勇,舍其歛且廣,舍其後且先,則死矣。夫兹以陳則正,以守則固。天之救之,若以兹衛之。

帛书《老子》甲本	楚简《老子》甲乙丙本	北大汉简《老子》
善爲士者不武,善戰者不怒,善勝敵者弗與,善用人者爲之下。是胃不静之德,是胃用人,是胃天古之極也。		善爲士者不武,善戰者不怒,善勝適者弗與,善用人者爲之下。是謂不爭之德,是謂用人,是謂肥天古之極。
用兵有言曰:吾不敢爲主而爲客,吾不進寸而芮尺。是胃行無行,襄無臂,執無兵,乃無敵矣。飀莫大於無適,無適斤亡,吾吾葆矣。故稱兵相若,則哀者勝矣。		用兵有言曰:吾不敢爲主而爲客,不敢進寸而退尺。是謂行無行,攘無臂,執無兵,乃無適。禍莫大於無適,無適則幾亡吾葆矣。故亢兵相若,則哀者勝矣。
吾言甚易知也,甚易行也,而人莫之能知也,而莫之能行也。言有君,事有宗,亓唯無知也,是以不我知。知我者希,則我貴矣。是以聖人被褐而襄玉。		吾言甚易智,甚易行,而天下莫之能智,莫之能行。言有宗,事有君,夫唯無智,是以不吾智。智我者希,則我貴矣。是以聖人被褐而懷玉。
知不知,尚矣。不知不知,病矣。是以聖人之不病,以亓病病,是以不病。		智不智,上矣。不智,病矣。夫唯病病,是以不病。聖人之不病,以其不病也,是以不病。
民之不畏,畏,則大畏將至矣。毋闸亓所居,毋猒亓所生。夫唯弗猒,是以不猒。是以聖人自知而不自見也,自愛而不自貴也。故去被取此。		民不畏威,則大威至矣。毋柙其所居,毋厭其所生。夫唯弗厭,是以不厭。是以聖人自智而不自見也,自愛而不自貴也。故去被取此。

帛书《老子》甲本	楚简《老子》甲乙丙本	北大汉简《老子》
勇於敢者則殺,勇於不敢者則桰。知此兩者,或利或害。天之所惡,孰知亓故？天之道,不單①而善朕②,不言而善應,不召而自來,彈而善謀。天罔絍絍③,疏而不失。 校注: 　①單(dān):单一。 　②朕:胜。字原脱,从帛乙。 　③絍絍:浩大貌。从帛乙补。 　[按]物竞天择,适者生存。防卫御侮,勇敢与机智齐命,善战共谋攻不殆。		勇於敢則殺,勇於不敢則枯。此兩者或利或害,天之所惡,孰知其故？故天之道,不爭而善勝,不言而善應,弗召而自來,謑然善謀。天罔怪怪,疏而不失。
若民恒且不畏,死,奈何以殺愳之也？若民恒是死則而爲者,吾將得而殺之,夫孰敢矣！若民恒且必畏死則,恒有司殺者。夫伐,司殺者殺,是伐,大匠斲也。夫伐,大匠斵者,則希不傷亓手矣。		民恒不畏死,奈何其以殺懼之也？若使民恒不畏死而爲畸者,吾得而殺之,夫孰敢矣？恒有司殺者。夫代司殺者殺,是代大匠斲也。夫代大匠斲者,希不傷其手矣。
人之饑也,以亓取食逝①之多也,是以饑;百姓之不治也,以亓上有以爲也,是以不治;民之至死,以亓求生之厚也,是以至死。夫唯無以生爲者,是賢貴生。 校注: 　①取食逝:被抽取的食邑田租。逝(shuì):税。帛乙作跩,音义同。		人之飢也,以其取食脫之多也,是以飢。百姓之不治也,以上之有以爲也,是以不治;民之輕死也,以其生之厚也,是以輕死。夫唯無以生、爲,是賢貴生也。

帛书《老子》甲本	楚简《老子》甲乙丙本	北大汉简《老子》
人之生也柔弱,其死也蓰仞賢強①;萬物草木之生也柔脆,亓死也楻藑。故曰:堅強者,死之徒也;柔弱微細,生之徒也。兵強則不勝,木強則恒②。強大居下,柔弱微細居上。 **校注:** ①蓰仞賢強:桓朋堅強。《説文》:"桓,竟也。"《广雅·释古》:"挺、桓、終、殡、竟也。" ②木強則恒:木彊則烘。傅奕本作"木強則共"。共,通"烘",燎燃。 天下之道,酉張弓者也。高者印之,下者舉之。有餘者敗之,不足者補之。故天之道,敗有餘而益不足;人之道則不然,敗不足而奉有餘。孰能有餘而有以取奉於天者乎?唯有道者也。是以聖人爲而弗有,成功而弗居也。若此,其不欲見賢也。 天下莫柔弱於水,而攻堅強者莫之能先也,以亓無以易之也。柔之勝剛,弱之勝強。天下莫弗知也,而莫行也。故聖人之言,云曰①:受邦之詢,是胃社稷之主;受邦之不祥,		人之生也,柔弱;其死也,倰信①堅強;萬物草木之生也,柔弱;其死也,苦蒿。故曰:堅強者,死之徒也;柔弱者,生之徒也。是以兵強則不勝,木強則核②。故強大居下,柔弱居上。 **校注:** ①倰信:筋信。《管子·内业》:"筋信而骨强。"《心术》:"筋肋而骨强。"信,肋,通假。 ②木強則核:木彊則烘。傅奕本作"木強則共",共,通"烘"。 天之道,猶張弓者也。高者抑之,下者舉之,有餘者損之,不足者輔之。天之道,損有餘而奉不足;人之道不然,損不足而奉有餘。孰能有餘而有取奉於天者?唯有道者也。是以聖人爲而弗有,成功而弗居,其欲不見賢也。 天下莫柔弱於水,而攻①堅強者莫之能先也。以其無以易之也。故水之勝剛,弱之勝強,天下莫弗智,而莫能居、莫能行。故聖人之言云:受國之詢,是謂社稷之主;受

帛书《老子》甲本	楚简《老子》甲乙丙本	北大汉简《老子》
是胃天下之王。正言若反。 校注： 　①云曰：这样说。云：这样、如此。 　和大怨，必有餘怨，焉可以爲善。是以聖人執右介①，而不以責於人②。故有德司介，無德司勶。夫天道無親，恒與善人。 校注： 　①聖人執右介：原作"聖右介"，今从帛乙补"人執"二字。介：芥的省笔字，通"契"，契约。早先为草芥制作，左右对称，合而为一，分之为二，各执一方，以为信诺。古以右为上，系由侯王保管。 　②責：责取。《战国策·韩策三》言成安君："操右契而为公责德于秦魏之主。"鲍彪注："左契待合而已，右契可以责取。" 　道，可道也，非恒道也；名，可名也，非恒名也。無名，萬物之始也；有名，萬物之母也。故①恒無欲也以觀其眇，恒有欲也以觀其所噭。兩者同出，異名同胃。玄之有玄，眾眇之門②。 校注： 　①故：字缺损，据帛乙补。 　②門：字缺损，据帛乙补。		國之不羕，是謂天下之王。正言若反。 校注： 　①攻：原作"功"，当从帛甲。 　和大怨，必有餘怨，安可以爲善？是以聖人執左契，而不以責於人。故有德司契，無德司肆。天道無親，恒與善人。 　道可道，非恒道殹。名可命，非恒名也。無名，萬物之始也；有名，萬物之母也。故恒無欲，以觀其眇；恒有欲，以觀其所僥。此兩者同出，異名同謂。玄之有玄之，眾眇之門。

帛书《老子》甲本	楚简《老子》甲乙丙本	北大汉简《老子》
参考: (1)《史记·日者列传·司马季主》:此《老子》之所谓无名者,万物之始也。 (2)王弼《〈老子〉注》:凡有皆始于无,故未形无名之时,则为万物之始。及其有形有名之时,则长之、育之、亭之、毒之,为其母也。言道以无形无名始成万物。以始以成而不知其所以,玄之又玄也。		
天下皆知美爲美,惡已;皆知善,訾不善矣。有無之相生也,難易之相成也,長短之相刑也,高下之相盈也,音①聲之相和也,先後之相隋,恒也。是以声人居無爲之事,行不言之教。萬物昔而弗怠②也,爲而弗志也,成功而弗居也。夫唯弗③居,是以弗去。	天下皆智敓之①爲媺②也,亞已③;皆智善,此亓不善已。又亡之相生也,戁惕之相成也,長耑之相型也,高下之相浧也,音聖之相和也,先後之相隋也。是以聖人居亡爲之事,行不言之孝,萬勿作而弗怠也,爲而弗忐也,成而弗居。夫唯弗居也,是以弗去也。	天下皆智美之爲美,亞已;皆智善之爲善,斯不善矣。故有無之相生,難易之相成,短長之相刑,高下之相頃,言聲之相和,先後之相隨。是以聖人居無爲之事,行不言之教。萬物作而弗辤,爲而弗侍,成功而弗居。夫唯弗居,是以弗去。
校注: ①音:原作"意",从帛乙改。 ②行不言之教萬物昔而弗怠:此十一字缺损,据简甲补。怠:喜。 ③弗:原脱,据简甲补。	**校注:** ①敓(qǐ):妙,少。 ②媺(měi):媺,同"美",善。 ③亞:亚,醜(chǒu),恶,丑。简文为古文,龇牙裂齿之形。《说文》:"醜,可恶也。"段玉裁注:"非真鬼也,以可恶,故从鬼。"马王堆帛书《十六经》:"夫地有山有澤,有黑有白,有美有亞。"	

帛书《老子》甲本	楚简《老子》甲乙丙本	北大汉简《老子》
不上賢,使民不爭;不貴難得之貨,使民不爲盜;不見可欲,使民不乢。是以声人之治也:虛其心,實其腹,弱其志,強其骨。恒使民無知無欲也。使夫知不敢,弗爲而已,則無不治矣。 　（文句缺损处,据帛乙傅奕本校补）		不上賢,使民不爭;不貴難得之貨,使民不爲盜;不見可欲,使民不亂。是以聖人之治也:虛其心,實其腹,弱其志,強其骨。恒使民無知無欲也。使夫知不敢,弗爲而已,則無不治矣。
道沖①而用之,有弗盈也,潚呵! 始萬物之宗②。銼亓兑,解亓紛,和亓光,同亓塵。湛③呵! 佁④或存。吾不知誰子也,象⑤帝⑥之先⑦。 　校注: 　①沖:同"冲",冲刺。 　②宗:嗣宗。 　③湛(dān):通"媅"。欢乐。《诗·小雅·宾之初筵》:"赐尔纯嘏,子孙其湛。"郑笺:"湛,乐也。" 　④佁(yǐ):佁然。 　⑤象:形象。 　⑥帝:帝王,原始部落领地占有者。《左传·僖公二十五年》:"今之王,古之帝也。" 　⑦先:先人。		道沖而用之,有弗盈也。淵旖,佁萬物之宗。樬其脱,解其紛,和其光,同其衫。湛旖,佁或存。吾不智其誰子,象帝之先。
天地不仁,以萬物爲芻狗①。声人不仁,以百省爲芻狗。 　天地之間,亓猷橐②籥③	天埅之間,亓猷図蘽與? 虛而不屈,蓮而愈出。 　——楚简《老子》甲	天地不仁,以萬物爲芻狗。聖人不仁,以百姓爲芻狗。 　天地之閒,其猶橐籥

帛书《老子》甲本	楚简《老子》甲乙丙本	北大汉简《老子》
與？虚而不淈④,躁而俞出。 　多聞數窮,不若守於中。 **校注:** 　①芻(chú):本义刈草,引申为草料喂哺。 　②橐(tuó):有底囊袋、鼓风箱外罩。 　③籥(yuè):鼓风箱拉杆部件。 　④淈(gǔ):淈淈,水出貌。 　浴神不死,是胃玄牝。玄牝之門,是胃天地之根。綿綿呵,亓若存,用之不堇。 **参考:** 《列子·天瑞篇》: 　"黄帝书曰:'谷神不死,是谓玄牝。玄牝之门,是谓天地之根。绵绵若存,用之不勤。'" 　此文不载于郭店楚简《老子》甲、乙、丙,殆老子为关尹讲授道德大义时所引述而得以文献留传耶。 　天長地久,天地之所以能長且久者,以其不自生也,故能長生。是以聲①人芮②其身而身先,外其身而身存。不以其無私與？故能成其私。 **校注:** 　①聲:通:"聖"。 　②芮(ruì):柔软。		虖？虚而不屈,動而揄出。 　多聞數穷,不若守於中。 　谷神不死,是謂玄牝。玄牝之門,是謂天地之根。縣虖若存,用之不堇。 　天長地久。天地之所以能長且久者,以其不自生也,故能長生。是以聖人後其身而身先,外其身而身存。不以其無私虖,故能成其私。

帛书《老子》甲本	楚简《老子》甲乙丙本	北大汉简《老子》
上善治①水,水善利萬物而有静。居眾之所惡,故幾於道矣。居善地,心善瀟②,予③善信,正④善治,事善能,躗善時。夫唯不爭⑤,故無尤。 校注: 　①治:通"似"。若,如同。 　②瀟:通"愫"。情愫。 　③予:誉,赞誉。 　④正:靶心。引申为标准、目标。 　⑤爭:原作"静",从帛乙改。		上善如水,水善利萬物而有爭①,居眾人之所惡,故幾於道矣。居善地,心善淵②,予善天,言善信,正善治,事善能,動善時。夫唯不爭,故無尤。 校注: 　①爭:当作"静"。 　②淵:当作"瀟",通"愫"。
揰①而盈之,不若其已。湍而群之②,不可長葆之。金玉盈室,莫之守也。貴富而驕,自遺咎也。功述身芮,天之道也。 校注: 　①揰:持,通用。 　②湍、群二字,从《郭店楚墓竹简·老子甲》。	持而涅之,不不若已。湍而群之,不可長保也。金玉涅室,莫能獸也。貴福喬,自遺咎也。攻述身退,天之道也。 ——楚简《老子》甲	持而盈之,不如其已。桓而允之,不可長葆。金玉盈室,莫能守。富貴而驕,自遺咎。功遂身退,天之道也。
戴熒袙①抱一②,能毋離乎?槫氣至柔,能嬰兒乎?脩除玄藍,能毋疵乎?愛民栝國,能毋以知乎?天門啟闔,能爲雌乎?明白四達,能毋以爲乎?生之畜之,生而弗有,長而弗宰,是胃玄德。 校注: 　①熒袙:荧光罗帕。熒,原作营,从北大汉简改。 　②一:专一。		載熒魄抱一,能毋離虖。槫氣致柔,能嬰兒虖。脩除玄鑑,能毋有疵虖。愛民沽國,能毋以智虖。天門啟閉,能爲雌虖。明白四達,能毋以智虖。故生之、畜之,生而弗有,長而弗宰,是謂玄德。

帛书《老子》甲本	楚简《老子》甲乙丙本	北大汉简《老子》
卅輻同一轂,當其無,有車之用也;然埴①爲器,當其無,有埴器之用也;鑿戶牖,當其無,有室之用也。故有之以爲利,無之以爲用。 **校注:** ①埴(zhí):黃色黏土。		卅輻同一轂,當其無,有車之用也;挻埴器,當其無,有殖器之用也;鑿戶牖,當其無,有室之用也。故有之以爲利,無之以爲用。
五色使人目明;馳騁田臘,使人心發狂;難得之貨,使人之行方;五味,使人之口啡;五音,使人之耳聾。是以声人之治也,爲腹不爲目。故去罷耳此。		五色令人目盲,敺騁田獵令人心發狂,難得之貨令人行方,五味令人之口爽,五音令人之耳聾。是以聖人爲腹不爲目。故去被取此。
龍辱若驚,貴大梡若身。苟胃龍辱若驚?龍之爲下,得之若驚,失之若驚,是胃龍辱若驚。何胃貴大梡若身?吾所以有大梡者,爲吾有身也;及吾無身,有何梡?故貴爲身於爲天下,若可以托①天下矣。愛以身爲天下,女可以寄天下。 **校注:** ①托:原作"迈"。楚简乙作"厇"。	人寵辱若纓,貴大患若身。可胃寵辱?寵爲下也。得之若纓,遬之若纓,是胃寵辱纓。可胃貴大患若身?虗所以又大患者,爲虗又身。返虗亡身,或可大患?故貴以身爲天下,若可以厇天下矣。悉以身爲天下,若可以逶天下矣。 ——楚简《老子》乙	寵辱若驚,貴大患若身。何謂寵辱?寵爲下,是謂寵辱。得之若驚,失之若驚,是謂寵辱若驚。何謂貴大患若身?吾所以有大患者,爲吾有身。及吾無身,吾有何患?故貴以身爲天下,若可以橐天下;愛以身爲天下矣,若可以寄天下。
視之而弗見,名之曰職;聽之而弗聞,名之曰希;搐之而弗得,名之曰夷。三者不可至計,故開①而		視而弗見,命之曰夷;聽而弗聞,命之曰希;搏而弗得,命之曰微。參也,不可致計,故運而爲

帛书《老子》甲本	楚简《老子》甲乙丙本	北大汉简《老子》
爲一。一者，其上不攸②，其下不忽。尋尋呵不可名也，復歸於無物。是胃無狀之狀，無物之象。是胃沕朢。隋而不見其後，迎而不見其首。執今之道，以御今之有，以知古始，是胃道紀。 校注： ①闉(hǔn)：通"渾"。 ②攸：通"悠"，忽悠。二字对举。[按] 新世纪伊始，世人口语与网络语言，"悠忽"二字，成为世界语之世说新语，流行滋广，或者悠忽，或者忽悠。显然，简帛《老子》彰显老子再世，《老子》之书，原本是全人类鲜活的语言文化大辞海。		一。參也，其上不杲，其下不没。臺臺微微，不可命，復歸於無物。是謂無狀之狀，無物之象，是謂沒芒。隨而不見其後，迎而不見其首。執古之道，以御今之有。以智古以，是謂道紀。
古之善爲士者，微眇玄達①，深不可志。夫唯不可志，故強爲之容，曰：與呵，亓若冬涉水；猶呵，亓若畏四哭；嚴呵，亓若客；渙呵，亓若淩澤。沌呵，亓若樸；湷呵，亓若濁；湶呵，亓若浴。濁而情之，餘清。女以重之。餘生。葆此道，不欲盈。夫唯不欲盈，是以能襒而不成。 校注： ①古之善爲士者，微眇玄達：帛书《老子》甲字脱，从简甲补。	長古之善爲士者，必非溺玄遼，深不可忢。是以爲之頌：夜唬奴各涉川，猷唬亓奴愳四勾，战唬亓奴客，觀唬亓奴懌，屯唬亓奴楃，坉唬亓奴濁。竺能濁以寂者，酒啑清；竺能庀以迬者，酒啑生。保此術者，不谷尙呈。 ——楚简《老子》甲	古之爲士者，微眇玄達，深不可識。夫唯不可識，故強爲之頌曰：就虖，其如冬涉水；猶虖，其如畏四鄰；嚴虖，其如客；渙虖，其如冰之澤；杶虖，其如樸；沌虖，其如濁；廣虖，其如浴。孰能濁以靜之，徐清；孰能安以動之，徐生。抱此道者不欲盈。夫唯不盈，是以能敝不成。
至虛極也，守中督也①。萬物旁作，吾以觀其復也。	至虛，互也①。獸中②，篤也③。萬勿方作④，居以	至虛極，積正督。萬物竝作，吾以觀其復。天物

帛书《老子》甲本	楚简《老子》甲乙丙本	北大汉简《老子》
夫物雲雲,各復歸於其根,曰静,静,是胃復命。復命,常也。知常,明也。不知常,市,市作凶;知常,容,容乃公,公乃王,王乃天,天乃道,道乃久。沕身不怠。 校注: ①守中督也:原作"守情表也"。考楚简《老子》甲作"守中督也",帛乙作"守静督也"。北大汉简作"积正督"。简甲与帛乙同守、督二字。中者,中正。至虚守中,督统中正,情在中正,静在中正。帛甲释文作"守情表",情,通静。表,疑似裻(dū)。今从简甲和帛乙与北大汉简勘定。	須復也。天道煴煴⑤,各復亓堇⑥。 ——楚简《老子》甲 校注: ①亙:恒、极、 ②獸:通"守"。 ③箮:通"督"。 ④方作:并作。 ⑤煴煴:苍黄貌。 ⑥堇:根。	雲雲,各復歸其根,曰静,静曰復命。復命,常也;智常,明也。不知常,忘作兇。智常曰容,容乃公,公乃王,王乃天,天乃道,道乃久,沒而不殆。
大上,下知有之。亓次,親譽之;亓次,畏之;亓下,母之。信不足,案有不信?獣呵,亓貴言也!成功遂事,而百省胃我自然。	大上下智又之,亓即漸譽之,亓既悁之,亓即奐之。信不足,安又不信?獣㦤,亓貴言也!成事述紅,而百眚曰:我自狀也。 ——楚简《老子》丙	大上,下智有之;其次,親譽之;其次,畏之;其下,母之。信不足,安有不信!猶虖其貴言。成功遂事,百姓曰我自然。
故大道廢,案有仁義?知快出,案有大偽?六親不和,案有畜茲?邦家閣乳,案有貞臣?	古大道㢢,安又息義?六畍不和,安又孝孳?陸㝡緍亂,安又正臣? ——楚简《老子》丙	故大道廢,安有仁義;智慧出,安有大偽;六親不和,安有孝茲;國家瘄亂,安有貞臣。
絕聲棄知,民利百負;絕仁棄義,民復畜茲①;絕巧棄利,盜賊無有。此三言也,以爲文未足,故令之有所屬:見素抱樸,少厶募欲②。	凵智①棄抃②,民利百伓;凵攼棄利,覝悬亡又;凵慇棄慮,民复季子。三言以爲㢸不足,或命之,或唬昱:見素保㝈,少厶募慾。 ——楚简《老子》甲	絕聖棄智,民利百倍;絕仁棄義,民復孝茲;絕巧棄利,盜賊無有。此參言以爲文未足,故令之有所屬:見素抱樸,少私寡欲。

帛书《老子》甲本	楚简《老子》甲乙丙本	北大汉简《老子》
校注： ①畜兹：孝慈。 ②樸，少厶募欲：五字原缺损，从简甲补。樸，帛甲有假借作"楃"者，帛乙作"樸"。	校注： ①亾：繼字初文，绝。 ②扗：通"辩"。	
丝學亡悥①。唯與訶②，其相去幾何？美與惡，其相去何若？人之所畏，亦不可以不畏。 校注： ①丝學亡悥：四字原缺损，据简乙补。丝：繼，通"繫"，绑缚、约束。 ②唯與訶：唯，唯唯诺诺。訶，呵斥、怒吼。《说文》："訶，大言而怒也。"	丝學①亡悥②。唯與可，相去幾可？岂與亚，相去可若？人之所禑，亦不可以不禑。 ——楚简《老子》乙 校注： ①丝：蠿字初文，繼，通"繫"，绑缚、约束。 ②悥：憂。	絕學無憂。唯與何，其相去幾何？美與惡，其相去何若？人之所畏，不可以不畏人。
人蟄呵，亓未央。眾人熙熙，若鄉①於大牢，而春登臺。我泊焉未佻，若嬰兒未咳。纍呵，如無所歸。眾人皆有餘，我獨遺。我禹人之心也，惷惷呵。鬻人昭昭，我獨若閜呵。鬻人蔡蔡，我獨閟閟呵。惣呵，亓若海。蟄呵，亓若無所止。眾人皆有以，我獨元以悝。吾欲獨異於人，而貴食②母。 校注： ①鄉：通"飨"。 ②食：饲，反哺。		芒虖，其未央哉！眾人配配，若鄉大牢而菩登臺。我袙旖未佻，若嬰兒之未咳。糸旖，臺無所歸。眾人皆有餘，而我蜀遺。我愚人之心也，屯屯虖。猷人昭昭，我蜀若昏。猷人計計，我獨昏昏。沒旖，其如晦；芒旖，其無所止。眾人皆有以，而我獨抏以鄙。我欲獨異於人，而唯貴食母。

帛书《老子》甲本	楚简《老子》甲乙丙本	北大汉简《老子》
孔德之容,唯道是從。道之物,唯墮唯惚。惚呵墮呵,中有象呵。墮呵惚呵,中有物呵。潯呵鳴呵,中有請吔。其請甚真,其中有信。自今及古,其名不去,以順眾佚。吾何以知眾父之然?以此。		孔德之容,唯道是從。道之物,唯記唯沒。沒旖記旖,其中有象旖。記旖沒旖,其中有物旖。幽旖冥旖,其中有請旖。其請甚真,其中有信。自今及古,其名不去,以說眾父。吾何以智眾父之然哉?以此。
炊者不立^①,自視不章,自見者不明,自伐者無功,自矜者不長。其在道,曰:餘食、贅行。物或惡之,故有欲者,弗居。 **校注:** ①炊者不立:吹字诀的行气功夫练习,不作站立。炊,通"吹",上古仙学太极行功治脏六字诀之一,为冬季行气字诀。《张三丰太极炼丹秘诀·太极行功歌》:"心呵顶上叉,肾吹抱膝骨。"		炊者不立,自見者不明,自視者不章,自發者無功,矜者不長,其在道也:斜食叕行,物或惡之,故有欲者弗居。
曲則金,枉則定;窪則盈,敝則新;少則得,多則惑。是以声人執一,以爲天下牧。不自視,故明;不自見,故章;不自伐,故有功;弗矜,故能長。夫唯不爭,故莫能與之爭。古之所胃曲金者,幾語才?誠金歸之。		曲則全,枉則正;窪則盈,敝則新;少則得,多則或。是以聖人執一以爲天下牧。不自見,故明;不自視,故章;不自發,故有功;弗矜,故長。夫唯無爭,故天下莫能與之爭。古之所謂曲全者,幾語邪?誠全歸之也。

帛书《老子》甲本	楚简《老子》甲乙丙本	北大汉简《老子》
希言自然,飄風不冬朝,暴雨不冬日,孰爲此?天地而[1]弗能久,有兄於人乎[2]?故從事而道者,同於道;德者,同於德;失者,同於失。同於德者,道亦德之;同於失者,道亦失之。 校注: ①而:据帛乙补缺。 ②有兄:又況。有,通"又";兄,通"況"。		希言自然。故剽風不終朝,趨雨不終日。熟爲此?天地弗能久,而兄於人虖?故從事而道者同於道,得者同於德,失者同於失。故同於道者,道亦得之;同於失者,道亦失之。信不足,安有不信。
有物昆成[1],先天地生。繡呵繆呵,獨立而不改,可以爲天地母。吾未知其名,字之曰道。吾強爲之名曰大。大曰筮,筮曰遠,遠曰反。道大、天大、地大;王亦大。國中有四大,而王居一焉。人法地,地法天,天法道,道法自然。 校注: ①昆成:同时形成。《说文》:"昆,同也。"昆,亦作"捆"(hǔn),通"混"。傅奕本作"混"。	又𤔔[1]蟲成[2],先天埅生,敓繆蜀立不亥,可以爲天下母,未智亓名,𣌾之曰道,虐勥爲之名曰大。大曰𧨛[3],𧨛曰遬,遬曰反。天大、埅大、道大,王亦大。囩中[4]又四大安,王位一安。人,琺埅埅,琺天天,琺道道,琺自肰。 ——楚简《老子》甲 校注: ①又𤔔(zǔ):有𤔔,有祖。又,有。𤔔,𤔔,周初古文。𤔔字两读,音义相同。𤔔(zǔ),祖古切,通"祖",道祖,太祖。𤔔(jiǎng),子两切,大也,通"將"。《詩·商頌·烈祖》:"我受命溥將。"朱熹《集傳》:"將,大也。"《商頌·長髮》:"有娀方將,帝立子生商。"毛《傳》:"將,大也。" ②蟲成,帛书甲乙本作"昆成",傅奕本作"混成"。 ③𧨛(xiāo):消,古文同"𦥑",通"逍",逍遥。 ④囩(yòu):囿,宇宙生物圈。	有物緄成,先天地生。肅覺,獨立而不孩,偏行而不殆,可以爲天地母。吾不智其名,其字曰道。吾強爲之名曰大。大曰懯,懯曰遠,遠曰反。天大、地大、道大,王亦大。或中有四大,而王居一焉。人濾地,地濾天,天濾道,道濾自然。
重爲巠根,清爲趮君。是以君子眾日行,不離其甾重。唯有環官燕處[1],則昭若若[2],何萬乘之王,而以身巠於天下?巠則失本,趮則失君。		重爲輕根,靜爲趮君。是以君子冬日行而不遠其輜重,唯有榮館,燕處超若。奈何萬乘之王,而以身輕於天下?輕則失本,趮則失君。

帛书《老子》甲本	楚简《老子》甲乙丙本	北大汉简《老子》
校注：		
①環官燕處：闌馆燕居。闌馆，古时招待所。《说文》："馆，客舍。"《周礼·遗人》："五十里有市，市有候馆。"营建于瞩目高地。燕居，候鸟栖息。 ②昭若若：超超然。昭，通"超"。王弼注："不以经心也。"		
善行者無勶迹，善言者無瑕適，善數者不以檮策，善閉者無關籥而不可啟也，善結者無繩約而不可解也。是以声人恒善悷人，而無棄人，物無棄財，是胃伸明①。故善人，善人之師；不善人，善人之資也。不貴亓師，不愛亓資，唯知乎大眯，是胃眇要。		善行者無勶迹，善言者無瑕適，善數者不用檮筴，善閉者無關鍵不可啟，善結者無繩約不可解。故聖人恒善救人而無棄人。物無棄財，是謂欲明。善人，善人之師也；不善人，善人之資也。不貴其師，不愛其資，唯智必大迷，此謂眇要。
校注：		
①伸明：引领文明。伸，通"引"，引领。帛乙作"曳"，义同。曳（yè）明，喻绿光照明。今有绿灯通行，有曳光弹照明。		
知亓雄，守亓雌，爲天下溪。爲天下溪，恒德不離。恒德不離，復歸嬰兒。知亓白，守亓辱，爲天下浴。爲天下浴，恒德乃足。恒德乃足，復歸於楃。知亓白，守亓黑，爲天下式。爲天下式，恒德不貣①。恒德不貣，復歸於無極。楃散則爲器，声人用則爲官長。		智其雄，守其雌，为天下谿。为天下谿，恒德不离，复归于婴儿。智其白，守其辱，为天下谷。为天下谷，恒得乃足，复归于朴。智其白，守其黑，为天下武。为天下武，恒德不貣，复归于无极。朴散则为成器，圣人用则为官长。

帛书《老子》甲本	楚简《老子》甲乙丙本	北大汉简《老子》
校注： ①貣（dài）：古同"贷"。 　夫大制無割。將欲取天下而爲之，吾見其弗得已。夫天下，神器也，非可爲者也。爲者敗之，執者失之。物或行或隨，或炅或曝，或吹或剉，或壞或撝，是以声人去甚、去大、去楮。 　以道佐人主，不以兵强於天下。元事好還，師之所居，楚朳生之。善者，果而已矣，毋以取强焉。果而毋驕，果而勿矜，果而弗戁，果而毋得已居，是胃果而不强。物壯而老，是胃之不道。不道蚤已。 　夫兵者，不祥之器也，物或惡之，故有欲者弗居。君子居則貴左，用兵則貴右。故兵者，非君子之器也。兵者，不祥之器也，不得已而用之。銛①襲爲上，勿美也。若孬之，是樂殺人也。夫樂殺人，不可以得志於天下矣。是以吉事上左，喪事上右。是以便將軍居左，上將軍居右。言以喪禮居之也。殺人眾，以悲依	以術差人宝者，不谷以兵仴於天下。善者，果而已，不以取仴。果而弗斃，果而弗喬，果而弗矜，是胃果而不仴。元事好還。 　　　——楚简《老子》甲 　君子居則貴左，甬兵則貴右。古曰：兵者，不祥之器也，不得已而甬之，鎢纏①爲上，弗媺也，敔之，是樂殺人。夫樂殺，不可以得志於天下。古吉事上左，喪事上右。是以抃戉軍居左，上酒軍居右，言以喪豊居之也。古殺人眾，則以依悲位之；戰勝，則以喪豊居之。 　　　——楚简《老子》丙	大制無畛。將欲取天下而爲之，吾見其不得已。天下神器，非可爲，爲之者敗之，執之者失之。物或行或隨，或熱或炊，或强或挫，或怀或隋。是以聖人去甚、去奢、去泰。 　以道佐人主，不以兵强於天下。其事好罳。師之所居，楚棘生之。善者果而已，不以取强。故果而毋矜，果而毋驕，果而毋發，果而毋不得已。物壯則老，謂之不道。不道蚤已矣。 　夫舩美，不羔之器也。物或惡之，故有欲者弗居也。是以君子居則貴左，用兵則貴右。兵者，非君子之器也，不羔之器也，不得已而用之，恬儢爲上，弗美。若美之，是樂之。樂之，是樂殺人。是樂殺人，不可以得志於天下。是以吉事上左，喪事上右。扁將軍居左，上將軍居右。言以喪禮居之；殺人眾，則以悲哀立之。

帛书《老子》甲本	楚简《老子》甲乙丙本	北大汉简《老子》
立之。戰勝，以喪禮處之。 校注： 　①銛：刀钩类利器。《玉篇》："銛，利也。" 　道恒無名，樸，唯小，而天下弗敢臣。侯王若能守之，萬物將自賓。天地相谷，以俞甘洛。民莫之令，而自均焉。始制有名，名亦既有，夫亦將知止，知止，所以不殆。俾道之在天下也，猷小浴之與江海也。 　知人者，知也。自知者，明也。勝人者，有力也。自勝者，強也。知足者，富也。強行者，有志也。不失其所者，久也。死①，不忘②者，壽也。 校注： 　①死：死机，泛指危机。 　②忘：亡。亡，本义为动词，出走。会意字，小篆字从人，从乚。"人"是人字，"乚"是隐蔽，合起来表示人到隐蔽处。此处使动用法，使亡殁。不亡，不致亡殁。 　道，渢呵，亓可左右也。成功遂事而弗名，有也。萬物歸焉，而弗爲主，則恒無欲也，可名於小。萬物歸焉，而弗爲主，可名於大。是以声人之能成	校注： 　①鎗縳：轻袭，轻车掩袭。鎗，通"輕"；縳，通"襲"。 　道亙亡名，箎，唯婝，天墾弗敢臣。侯王如能守之，萬勿酒自寊。天墾相㑹也，以輸甘雺，民莫之命，天自均安。訖旨又名。名亦既又，夫亦酒智生。智生，所以不訖。卑道之才天下也，猶小谷之與江海。 　　　——楚简《老子》甲	戰勝，以喪禮居之。 　道恒無名。樸，唯小天下弗敢臣。侯王若能守之，萬物將自賓。天地相合，以俞甘露。民莫之令而自均安。始正有名，名亦既有，夫亦將智止，智止所以不殆。避道之在天下，猷小谷之與江海。 　故智人者智，自智者明，勝人者有力，自勝者強。智足者富，強行者有志，不失其所者久，死而不亡者壽。 　道，泛旖，其可左右。萬物作而生弗辞，成功而弗名有。愛利萬物而弗爲主。故恒無欲矣，可名於小。萬物歸焉而弗爲主，可名於大。是以聖人

帛书《老子》甲本	楚简《老子》甲乙丙本	北大汉简《老子》
大也,以亓不爲大也,故能成大。		能成大也,以其不爲大,故能成大。
執大象,天下往。往而不害,安平大。樂與餌,過客①止。故道之出言也曰:談②呵,亓無味也!視之不足見也,聽之不足聞也,用之不可既也。 **校注:** 　①客:原作"格",从楚簡《老子》丙改。 　②談:淡。	執大象,天下往。往而不害,安坪大。樂與餌,悾客①止。古道之出言:淡可,亓鬆味也!視之不足見,聖②之不足䏊,而不可既也。 　　　——楚簡《老子》丙 **校注:** 　①悾(háng):恦,悦也。 　②聖:聽。	執大象,天下往。往而不害,安平大。樂與餌,過客止。道之出言曰:淡旖,其無味;視之,不足見;聽之,不足聞;用之,不可既也。
將欲拾之,必古張之;將欲弱之,必古強之;將欲去之,必古與之①;將欲奪之,必古予之。是胃微明。柔弱勝強。魚不脫於瀟,邦利器不可以視人。 **校注:** 　①與:通"舉",拔高。傅奕本作"興",义同。		將欲欲之,必古張之;將欲弱之,必古強之;將欲廢之,必古與之;將欲奪之,必古予之。是謂微明。奯弱勝強,魚不可說於淵,國之利器不可以視人。
道恒無名,侯王若守之,萬物將自化。化而欲作,吾將鎮之以無名之楖。鎮之以無名之楖,夫將不辱。不辱以情,天地將自正。	衍亙亡爲也,侯王能守之,而萬勿牆自愚。愚而作,牆貞之以亡名之簍,夫亦牆智足。智足以寂,萬物牆自定。 　　　——楚簡《老子》甲	道恒無爲,侯王若能守之,萬物將自化。化而欲作,吾將實之以無名之樸。無名之樸,夫亦將不辱。不辱以靜,天地將自正。 　　　　·凡二千三百三

第四章 楚简《老子》与帛书《老子》通览互校

表四 楚简《老子》甲乙丙新校正与帛书《老子》甲乙本比较表

楚简《老子》新校正	帛书《老子》甲	帛书《老子》乙
	道 经	**道 经**
	道,可道也,非恒道也;名,可名也,非恒名也。無名,萬物之始也;有名,萬物之母也。故①恒無欲也以觀其眇,恒有欲也以觀其所噭。兩者同出,異名同胃。玄之有玄,眾眇之門②。 **校注:** ①故:字缺损,据帛乙补。 ②門:字缺损,据帛乙补。 **参考:** (1)《史记·日者列传·司马季主》:《老子》之所谓无名者,万物之始也。 (2)王弼《〈老子〉注》:凡有皆始于无,故未形无名之时,则为万物之始。及其有形有名之时,则长之、育之、亭之、毒之,为其母也。言道以无形无名始成万物。以始以成而不知其所以,玄之又玄也。	道,可道也,非恒道也;名,可名也,非①恒名也。無名,萬物之始也;有名,萬物之母也。故恒無欲也,以觀亓眇②;恒有欲也,以觀亓所噭。兩者同出,異名同胃。玄之又玄,眾③眇之門。 **校注:** ①非恒道也;名,可名也,非:此九字原缺损,据帛甲补。 ②以觀亓眇:四字原缺损,据帛甲补。 ③眾:字原缺损,据帛甲补。
天下皆智歑之爲姚也,亞已;皆智善,此亓不善已。又亡之相生也,戁惕之相成也,長耑之相型也,高下之相涅也,音聖之	天下皆知美爲美,惡已;皆知善,皆不善矣。有無之相生也,難易之相成也,長短之相刑也,高下之相盈也,音①聲之相	天下皆知美爲美,亞已;皆知善,斯不善矣。有無之相①生也,難易之相成也,長短之相刑也,高下之相盈也,音聲之相

楚简《老子》新校正	帛书《老子》甲	帛书《老子》乙
相和也,先遂之相隨也。是以聖人居亡爲之事,行不言之孝。萬勿作而弗忑也,爲而弗志也,成而弗居。夫唯弗居也,是以弗去也。 　　——楚简《老子》甲	和也,先後之相隨,恒也。是以声人居無爲之事,行不言之教。萬物昔而弗忑②也,爲而弗志也,成功而弗居也。夫唯弗居③,是以弗去。 **校注:** 　①音:原作"意",从帛乙改。 　②不言之教萬物昔而弗忑:此十字缺损,据简甲补。忑,喜。 　③弗:原脱,据简甲补。	和也,先後之相隨,恒也。是耵人居無爲之事,行不言之教。萬物昔而弗始,爲而弗侍也,成功而弗居也。夫唯弗居,是以弗去。 **校注:** 　①有無之相:四字原缺损,据帛甲补。
	不上賢,使民不爭;不貴難得之貨,使民不爲盗;不見可欲,使民不叽。是以声人之治也:虚其心,實其腹,弱其志,強其骨。恒使民無知無欲也。使夫知不敢,弗爲而已,則無不治矣。	不上賢,使民不爭;不貴難得之貨,使民不爲盗;不見可欲,使民不亂。是以耵人之治也:虚亓心,實亓腹,弱亓志,強亓骨。恒使民無知無欲也。使夫知不敢,弗爲而已,則無不治矣。
	道沖①而用之,有弗盈也,潚呵!始萬物之宗②。銼亓兑,解亓紛,和亓光,同亓塵。湛③呵!怡④或存。吾不知誰子也,象⑤帝⑥之先⑦。 **校注:** 　①沖:冲刺。 　②宗:嗣宗。 　③湛(dān):通"媅"。欢乐。《诗·小雅·宾之初筵》:"赐尔纯嘏,子孙其湛。"郑笺:"湛,乐也。"	道沖而用之,有弗盈也。淵呵!怡萬物之宗。銼亓兑,解亓芬,和亓光,同亓塵。湛呵!怡或存。吾不知亓誰之子也,象帝之先。 [**按**]子与父关系明晰,是母系社会转型为父系社会的标志。古今注家,文字不通,以致费解。 **参考:** 《黄帝内经素问·太阴阳明论篇第二十九》:"阳道实,阴道虚。"

楚简《老子》新校正	帛书《老子》甲	帛书《老子》乙
	④伿(yǐ):伿然。 ⑤象:形象。 ⑥帝:帝王,原始部落领地占有者。《左传·僖公二十五年》:"今之王,古之帝也。" ⑦先:先人。	
天堕之间,亓猷圂蘥與?虚而不屈,踵而愈出。 ——楚简《老子》甲	天地不仁,以萬物爲芻狗①;声人不仁,以百省爲芻狗。 天地之间,亓猷橐②籥③與?虚而不淈④,蹱而俞出。 多聞數窮,不若守於中。 **校注:** ①芻(chú):本义刈草,引申为草料喂哺。 ②橐(tuó):有底囊袋,鼓风箱外罩。 ③籥(yuè):鼓风箱拉杆部件。 ④淈(gǔ):淈淈,水出貌。	天地不仁,以萬物爲芻狗;耵人不仁,以百省爲芻狗。 天地之间,亓猷橐籥與?虚而不淈,勤而俞出。 多聞數窮,不若守於中。
	浴神不死,是胃玄牝。玄牝之門,是胃天地之根。綿綿呵若存,用之不堇。	浴神不死,是胃玄牝。玄牝之門,是胃天地之根。綿綿呵,亓若存,用之不堇。
	天長地久,天地之所以能長且久者,以其不自生也,故能長生。是以声人芮①其身而身先,外其身而身存。不以其無私與?故能成其私。 **校注:** ①芮(ruì):柔软。	天長地久,天地之所以能長且久者,以亓不自生也,故能長生。是以耵人退亓身而身先,外亓身而身存。不以亓無私與,故能成其私。

楚简《老子》新校正	帛书《老子》甲	帛书《老子》乙
	上善治①水,水善利萬物而有靜。居眾之所惡,故幾於道矣。居善地,心善瀟②,予③善信,正④善治,事善能,蹟善時。夫唯不靜,故無尤。 校注: ①治:通"似"。若,如同。 ②瀟:通"愫"。情愫。 ③予:誉,赞誉。 ④正:靶心。引申为标准,目标。	上善如水,水善利萬物而有靜。居眾人之所亞,故幾於道矣。居善地,心善淵,予善天,言善信,正善治,事善能,動善時。夫唯不爭,故無尤。
持而涅之①,不不若巳。湍而群之②,不可長保也。金玉涅室,莫能獸也。貴福喬,自遺咎也。攻述身退,天之道也。 　　　　——楚简《老子》甲 校注: ①持:军持,汲水具。 ②湍:激流。	揁①而盈之,不若其已。湍而群之②,不可長葆之。金玉盈室,莫之守也。貴富而驕,自遺咎也。功述身芮,天之道也。 校注: ①揁:持,通用。 ②湍、群二字,从《郭店楚墓竹简·老子甲》。	揁而盈之,不若其已。掬而允之,不可長葆之。金玉盈室,莫之守也。貴富而驕,自遺咎也。功遂身退,天之道也。
	戴熒袙①抱一②,能毋離乎? 槫氣至柔,能嬰兒乎? 脩除玄藍,能毋疵乎? 愛民栝國,能毋以知乎? 天門啟闔,能爲雌乎? 明白四達,能毋以爲乎? 生之畜之,生而弗有,長而弗宰,是胃玄德。 校注: ①熒袙:熒光罗帕。熒,原作营,从北大汉简改。 ②一:专一。	戴營袙抱一,能毋離乎? 槫氣至柔,能嬰兒乎? 脩除玄監,能毋疵乎? 愛民栝國,能毋以知乎? 天門啟闔,能爲雌乎? 明白四達,能毋以知乎? 生之畜之,生而弗有,長而弗宰,是胃玄德。

楚简《老子》新校正	帛书《老子》甲	帛书《老子》乙
	卅輻同一轂，當亓無，有車之用也；然埴①爲器，當亓無，有埴器之用也；鑿戶牖，當其無，有室之用也。故有之以爲利，無之以爲用。 校注： ①埴（zhí）：黃色黏土。	卅輻同一轂，當亓無，有車之用也；燃埴而爲器，當亓無，有埴器之用也；鑿戶牖，當亓無，有室之用也。故有之以爲利，無之以爲用。
	五色使人目明①。馳騁田臘，使人心發狂。難得之貨，使人之行方。五味，使人之口啗。五音，使人之耳聾。是以声人之治也，爲腹不爲目。故去罷耳此。 校注： ①明：通"萌"，同"矇"。	五色使人目盲。馳騁田臘，使人心發狂。難得之貨，使人之行方。五味，使人之口爽。五音，使人之耳聾。是以即人之治也，爲腹不爲目。故去彼而取此。
人龍辱若纓，貴大患若身。可胃龍辱？龍爲下也。得之若纓，遊之若纓，是胃龍辱纓。可胃貴大患若身？虐所以又大患者，爲虐又身。返虐亡身，或可大患？故貴以身爲天下，若可以厇天下矣。悉以身爲天下，若可以迲天下矣。 ——楚简《老子》乙	龍辱若驚，貴大梡若身。苟胃龍辱若驚？龍之爲下，得之若驚，失之若驚，是胃龍辱若驚。何胃貴大梡若身？吾所以有大梡者，爲吾有身也；及吾無身，有何梡？故貴爲身於爲天下，若可以迱天下矣。愛以身爲天下，女可以寄天下。	弄辱若驚，貴大患若身。何胃弄辱若驚？弄之爲下，得之若驚，失之若驚，是胃弄辱若驚。何胃貴大患若身？吾所以有大患者，爲吾有身也；及吾無身，有何患？故貴爲身於爲天下，若可以橐天下矣。愛以身爲天下，女可以寄天下矣。
	視之而弗見，名之曰職；聽之而弗聞，名之曰希；搤之而弗得，名之曰夷。三者不可至計，故闌	視之而弗見，名之曰微；聽之而弗聞，名之曰希；搤之而弗得，名之曰夷。三者不可至計，故裙

楚简《老子》新校正	帛书《老子》甲	帛书《老子》乙
	而爲一。一者,其上不攸,其下不忽。尋尋呵不可名也,復歸於無物。是胃無狀之狀,無物之象。是胃沕朢。隋而不見其後,迎而不見其首。執今之道,以御今之有,以知古始,是胃道紀。	而爲一。一者,亓上不謬,亓下不忽。尋尋呵不可命也,復歸於無物。是胃無狀之狀,無物之象。是胃沕朢。隋而不見亓後,迎而不見亓首。執今之道,以御今之有,以知古始,是胃道紀。
長古之善爲士者,必非溺玄牭,深不可忐。是以爲之頌:夜嘑奴各涉川,猷嘑亓奴悬四畏,战嘑亓奴客,觀嘑亓奴懌,屯嘑亓奴樸,坉嘑亓奴濁。竺能濁以寂者,牭哜清。竺能庀以逗者,牭哜生。保此衍者,不谷尚呈。 ——楚简《老子》甲	古之善爲士者,微眇玄達①,深不可志。夫唯不可志,故強爲之容,曰:與呵,其若冬涉水;猷呵,其若畏四畏;嚴呵,其若客;渙呵,其若凌澤。沌呵,其若樸;湷呵,其若濁;湛呵,其若浴。濁而情之,餘清;女以重之,餘生。葆此道,不欲盈。夫唯不欲盈,是以能襏而不成。 校注: 　①古之善爲士者,微眇玄達:全句原脱,据简甲与帛乙补。	古之善爲道者,微眇玄達,深不可志。夫唯不可志,故強爲之容,曰:與呵,亓若冬涉水;猷呵,亓若畏四畏;嚴呵,亓若客;渙呵,亓若凌澤。沌呵,亓若樸;湷呵,亓若濁;湛呵,亓若浴。濁而靜之,徐清;女以重之,徐生。葆此道者不欲盈。是以能襏而不成。
至虛,互也①;獸中②,管也③。萬勿方作④,居以須復也。天道熉熉⑤,各復亓董。 ——楚简《老子》甲 校注: 　①互:極。 　②獸:守。 　③管:通"督"。 　④方作:并作。	至虛極也,守中督①也。萬物旁作,吾以觀亓復也。天物雲雲,各復歸於亓根。曰靜,靜,是胃復命。復命,常也。知常,明也。不知常,帀,帀作凶;知常,容,容乃公。公乃王,王乃天,天乃道,道乃久。沕身不怠。	至虛極也,守靜督也。萬物旁作,吾以觀亓復也。天物耘耘,各復歸於其根,曰靜,靜,是胃復命。復命,常也。知常,明也。不知常,芒,芒作兇;知常,容,容乃公,公乃王,王乃天,天乃道,道乃久。沕身不殆。

楚简《老子》新校正	帛书《老子》甲	帛书《老子》乙
⑤煌煌:苍黄貌。	**校注:** 　①守中督也:原作"守情表也"。考楚简《老子》甲作"守中督也"。帛甲释文"守情表",帛乙释文作"守静督"。情,通静;表,疑似裻(dū)。"至虚极也,守中督也",今从简甲和帛甲乙与北大汉简通校勘定。至虚守中,督统中正,情在中正,静在中正。	
大上下智又之,亓即亲誉之,亓既悁之,亓即臾之。信不足,安又不信?猷唬亓貴言也。成事述㤅,而百眚曰:我自肰也。 ——楚简《老子》丙	大上,下知有之;其次,親誉之;其次,畏之;其下,母之。信不足,案有不信。猷呵,其貴言也。成功遂事,而百省胃我自然。	大上,下知又之;亓次,親誉之;亓次,畏之;亓下,母之。信不足,安有不信。猷呵,亓貴言也。成功遂事,而百姓胃我自然。
古大道壂,安又息義?六靳不和,安又孝擧?邦家緍亂,安又正臣? ——楚简《老子》丙	故大道廢,案有仁義。知快出,案有大偽。六親不和,案有畜茲。邦家闉乿,案有貞臣。	故大道廢,安有仁義。知慧出,安有大偽。六親不和,安有孝茲。國家闉乿,安有貞臣。
厶智棄抃,民利百伓。厶攷棄利,覜悬亡又;厶慝棄虘,民復季子。三言以为变不足,或命之,或唬昱:见素保𧶽,少厶募慈。 ——楚简《老子》甲	絕聲棄知,民利百負。絕仁棄義,民復畜茲①。絕巧棄利,盜賊無有;此三言也,以爲文未足,故令之有所屬:見素抱楃,少私募欲②。 **校注:** 　①畜茲:孝慈。 　②楃,少私寡欲:五字原缺損,据帛乙与傅奕本补。 **参考:** 　《庄子·外篇》: 　(1)《胠箧》:"故绝圣弃知,大盗乃止。"	絕耶棄知而民利百負。絕仁棄義而民復孝茲①。絕巧棄利,盜賊無有。此三言也,以爲文未足,故令之有所屬:見素抱樸,少私②而寡欲。 **校注:** 　①孝茲:孝慈。 　②私:原缺損,据傅奕本补。

楚简《老子》新校正	帛书《老子》甲	帛书《老子》乙
	（2）《在宥》："故曰：'绝圣弃知，而天下大治。'"	
	（3）《山木》："其民愚而朴，少私而寡欲。"	
絶學亡惪。唯與可，相去幾可？歮與亞，相去可若？人之所禍，亦不可以不禍。 ——楚简《老子》乙	絶學亡惪①。唯與訶②，其相去幾何？美與惡，其相去何若？人之所畏，亦不可以不畏。 **校注：** ①絶學亡惪：四字原缺损，据楚简《老子》乙补。絶：繼，通"繫"，绑缚，约束。 ②唯與訶：唯，唯唯诺诺。訶，呵斥怒吼。《说文》："訶，大言而怒也。"	絶學無憂，唯與呵，亓相去幾何？美與亞，亓相去何若？人之所畏，亦不可以不畏。
	人蟹呵，其未央。眾人熙熙，若鄉①於大牢，而春登臺。我泊焉未挑，若嬰兒未咳。纍呵，如無所歸。眾人皆有餘，我獨遺。我禺人之心也，惷惷呵。鬻人昭昭，我獨若閒呵；鬻人蔡蔡，我獨閚閚呵。惣呵，亓若海。蟹呵，亓若無所止。眾人皆有以，我獨元以惸。吾欲獨異於人，而貴食②母。 **校注：** ①鄉：飨。 ②食：饲，反哺。	人望呵，亓未央才。眾人熙熙，若鄉於大牢，而春登臺。我博焉未挑，若嬰兒未咳。纍呵，佁無所歸。眾人皆又餘，我獨遺。我禺人之心也，惷惷呵。鬻人昭昭，我獨若昏呵；鬻人察察，我獨閩閩呵。沕呵，亓若海。望呵，若無所止。眾人皆有，以我獨門，元以鄙。吾欲獨異於人，而貴食母。
	孔德之容，唯道是從。道之物，唯蟹唯物。物呵蟹呵，中有象呵。蟹呵物	孔德之容，唯道是從。道之物，唯望唯沕。沕呵望呵，中又象呵。望呵沕

楚简《老子》新校正	帛书《老子》甲	帛书《老子》乙
	呵,中有物呵。湷呵鳴呵,中有請吔。其請甚真,其中有信。自今及古,其名不去,以順眾伩。吾何以知眾父之然?以此。	呵,中有物呵。幼呵冥呵,亓中有請呵。亓請甚真,亓中有信。自今及古,亓名不去,以順眾父。吾何以知眾父之然?以此。
	炊者不立①,自視不章,自見者不明,自伐者無功,自矜者不長。其在道,曰:粽食、贅行。物或惡之,故有欲者,弗居。 **校注:** ①炊者不立:吹字诀的行气功夫练习,不作站立。炊,通"吹",上古仙学太极行功治脏六字诀之一,为冬季行气字诀。《张三丰太极炼丹秘诀·太极行功歌》:"心呵顶上叉,肾吹抱膝骨。"	炊者不立,自視不章,自見者不明,自伐者無功,自矜者不長。其在道,曰:粽食、贅行。物或亞之,故有欲者,弗居。
	曲則金,枉則定,窪則盈,敝則新,少則得,多則惑。是以聲人執一,以爲天下牧。不自視,故明。不自見,故章。不自伐,故有功。弗矜,故能長。夫唯不爭,故莫能與之爭。古之所胃曲金者,幾語才?誠金歸之。	曲則全,汪則定,窪則盈,敝則新,少則得,多則惑。是以耶人執一,以爲天下牧。不自視,故明。不自見,故章。不自伐,故有功。弗矜,故能長。夫唯不爭,故莫能與之爭。古之所胃曲全者,幾語才?誠全歸之。
	希言自然,飄風不冬朝,暴雨不冬日,孰爲此?天地而①弗能久,有兄②於人乎?故從事而道者同於道,德者同於德,失者同	希言自然,劂風不冬朝,暴雨不冬日,孰爲此?天地,而弗能久,有兄於人乎?故從事而道者同於道,德者同於德,失者同

楚简《老子》新校正	帛书《老子》甲	帛书《老子》乙
	於失。同於德者，道亦德之；同於失者，道亦失之。 校注： ①而：据帛乙补缺。 ②有兄：又况。有，通"又"；兄，通"况"。	於失。同於德者，道亦德之。同於失者，道亦失之。
又獶①蟲成，先天墬生，敓纏蜀立不亥，可以爲天下母，未智亓名，猝之曰道，虗雺爲之名曰大。大曰鼗②，鼗曰逾，逾曰反。天大、墬大、道大、王亦大。囿③中又四大安，王位一安。人，珐墬墬，珐天天，珐道道，珐自朕。 ——楚简《老子》甲 校注： ①又獶（zǔ）：有酋，有祖。又，有。獶，酋，周初古文。酋字两读，音义相同。獶，徂古切，通"祖"，道祖，太祖，烈祖。另，酋（jiǎng），子两切，大也。通"將"。《詩·商颂·烈祖》："我受命溥將。"朱熹《集傳》："將，大也。"《商颂·長髪》："有娍方將，帝立子生商。"毛《傳》："將，大也。" ②鼗（xiāo）：消，古文同"脅"，通"逍"，逍遥。 ③囿（yòu）：囿，宇宙生物圈。	有物昆成①，先天地生。繡呵繆呵，獨立而不改，可以爲天地母。吾未知其名，字之曰道。吾強爲之名曰大。大曰筮，筮曰遠，遠曰反。道大、天大、地大、王亦大。國中有四大，而王居一焉。人法地，地法天，天法道，道法自然。 校注： ① 昆成：同时形成。《说文》："昆，同也。"昆，亦作"捆"（hǔn），通"混"。楚简《老子》甲即此。	有物昆成，先天地生。蕭呵謬呵，獨立而不玹，可以爲天地母。吾未知亓名，字之曰道。吾強爲之名曰大，大曰筮，筮曰遠，遠曰反。道大、天大、地大、王亦大。國中有四大，而王居一焉。人法地，地法天，天法道，道法自然。
	重爲巠根，清爲趮君。是以君子眾日行，不離其甾重。唯有環官燕處①，則昭若若②，何萬乘之王，而以身巠於天下？巠則失本，趮則失君。 校注： ①環官燕處：阛馆燕居。阛馆，古时招待所。《说文》："馆，客舍。"《周礼·遗人》："五十里有市，市有候馆。"营建于瞩目高地。燕居，候鸟栖息。 ②昭若若：超超然。昭，通"超"。王弼注："不以经心也。"	重爲輕根，清爲趮君。是以君子冬日行，不遠亓甾重。唯有環官燕處，則昭若若，何萬乘之王，而以身輕於天下？輕則失本，趮則失君。

楚简《老子》新校正	帛书《老子》甲	帛书《老子》乙
	善行者無彻迹,善言者無瑕適,善數者不以檮筭。善閉者無關籥而不可啟也,善結者無纆約而不可解也。是以声人恒善,怵人而無棄人,物無棄財,是胃忡明①。故善人,善人之師;不善人,善人之齎也。不貴其師,不愛其齎,唯知乎大眯,是胃眇要。 **校注:** ①忡明:引领文明。忡,通"引",引领。	善行者無達迹,善言者無瑕適,善數者不以檮策。善閉者無關籥而不可啟也,善結者無纆約而不可解也。是以耵人恒善救人,而無棄人,物無棄財,是胃曳明。故善人,善人之師;不善人,善人之資也。不貴亓師,不愛亓資,雖知乎大迷,是胃眇要。
	知亓雄,守亓雌,爲天下溪。爲天下溪,恒德不離。恒德不離,復歸嬰兒。知亓白,守亓辱,爲天下浴。爲天下浴,恒德乃足。恒德乃足,復歸於楃。知亓白,守亓黑,爲天下式。爲天下式,恒德不貣①。恒德不貣,復歸於無極。楃散則爲器,声人用則爲官長。 **校注:** ①貣(dài):古同"貸"。	知其雄,守其雌,爲天下溪①。爲天下溪,恒德不離。恒德不離,復歸嬰兒。知其白,守其辱,爲天下浴。爲天下浴,恒德乃足。恒德乃足,復歸於樸。知其白,守其黑,爲天下式。爲天下式,恒德不貸。恒德不貸,復歸於無極。樸散則爲器,耵人用則爲官長。 **校注:** ①溪:原作"鸡",从帛甲改。
	夫大制無割。將欲取天下而爲之,吾見亓弗得已。夫天下,神器也,非可爲者也。爲者敗之,執者失之。物或行、或随,	夫大制無割。將欲取天下而爲之,吾見其弗得已。夫天下,神器也,非可爲者也。爲者敗之,執者失之。物或行、或隋,

楚简《老子》新校正	帛书《老子》甲	帛书《老子》乙
	或炅、或噤，或吹、或剉，或壞、或撱，是以声人去甚、去大、去楮。	或熱、或硅，或陪、或墮，是以聖人去甚、去大、去諸。
以衍差人宝者，不谷以兵伹於天下。善者，果而已，不以取伹。果而弗奱，果而弗喬，果而弗矜，是胃果而不伹，亓事好還。 　　　——楚简《老子》甲	以道佐人主，不以兵强於天下。亓事好還，師之所居，楚朸生之。善者，果而已矣，毋以取強焉。果而毋驕，果而勿矜，果而弗奱，果而毋得已居，是胃果而不强。物壯而老，是胃之不道。不道蚤已。	以道佐人主，不以兵强於天下。亓事好還，師之所居，楚棘生之。善者，果而已矣，毋以取強焉。果而毋驕，果而勿矜，果而毋伐，果而毋得已居，是胃果而強①。物壯而老，是胃之不道。不道蚤已。 　校注： 　　①果而强：而下脱"不"。
君子居則貴左，甬兵則貴右。古曰：兵者，不祥之器也，不得已而甬之，鍢繲爲上，弗媺也，敓之，是樂殺人。夫樂殺，不可以得志於天下。古吉事上左，喪事上右。是以抃牖軍居左，上牖軍居右，言以喪豊居之也。古殺人眾，則以依悲位之；戰剩，則以喪豊居之。 　　　——楚简《老子》丙	夫兵者，不祥之器也，物或惡之，故有欲者弗居。君子居則貴左，用兵則貴右。故兵者，非君子之器也。兵者，不祥之器也，不得已而用之。銛襲①爲上，勿美也。若孜之，是樂殺人也。夫樂殺人，不可以得志於天下矣。是以吉事上左，喪事上右。是以便將軍居左，上將軍居右。言以喪禮居之也。殺人眾，以悲依立之。戰勝，以喪禮處之。 　校注： 　　①銛：刀钩类利刃兵器。	夫兵者，不祥之器也，物或亞之，故有欲者弗居。君子居則貴左，用兵則貴右。故兵者，非君子之器。兵者，不祥之器也，不得已而用之。銛憷爲上，勿美也。若美之，是樂殺人也。夫樂殺人，不可以得志於天下矣。是以吉事上左，喪事上右。是以偏將軍居左，上將軍居右。言以喪禮居之也。殺人眾，以悲依立之。戰勝而以喪禮處之。

楚简《老子》新校正	帛书《老子》甲	帛书《老子》乙
道亙亡名，毣，唯娍，天埅弗敢臣。侯王女能獸之，萬勿牆自寅。 　　——楚简《老子》甲	道恒無名，榪，唯小，而天下弗敢臣。侯王若能守之，萬物將自賓。	道恒無名，樸，唯小，而天下弗敢臣。侯王若能守之，萬物將自賓。
天埅相訇也，以逾甘雺，民莫之命，天自均安。詑斳又名。名亦既又，夫亦牆智止。智生，所以不詑。卑道之才天下也，獸少浴之與江洖。 　　——楚简《老子》甲	天地相谷，以俞甘洛。民莫之令，而自均焉。始制有名，名亦既有，夫亦將知止。知止，所以不殆。俾道之在天下也，猷小浴之與江海也。	天地相谷，以俞甘洛。民莫之令，而自均焉。始制有名，名亦既有，夫亦將知止，知止，所以不殆。卑道之在天下也，猷小浴之與江海也。
	知人者，知也。自知者，明也。勝人者，有力也。自勝者，強也。知足者，富也。強行者，有志也。不失亓所者，久也。死①，不忘②者，壽也。 **校注：** ①死：死机，泛指危机。 ②忘：亡。亡，本义为动词，出走。会意字，小篆字从人，从乚。“人”是人字，“乚”是隐蔽，合起来表示人到隐蔽处。此处使动用法，使亡殁。不亡，不致亡殁。	知人者，知也。自知者，明也。朕人者，有力也。自朕者，強也。知足者，富也。強行者，有志也。不失亓所者，久也。死，不忘①者，壽也。 **校注：** ①忘：帛甲作“亡”，义高古且胜。
	道，渢呵，亓可左右也。成功遂事而弗名，有也。萬物歸焉，而弗爲主，則恒無欲也，可名於小。萬物歸焉，而弗爲主，可名於大。是以声人之能成大也，以亓不爲大也，故能成大。	道，渢呵，亓可左右也。成功遂事而弗名，有也。萬物歸焉，而弗爲主，則恒無欲也，可名於小。萬物歸焉，而弗爲主，可命於大。是以耺人之能成大也，以亓不爲大也，故能成大。

楚简《老子》新校正	帛书《老子》甲	帛书《老子》乙
執大象,天下往。往而不害,安坪大。樂與餌,惥客止。古道之出言,淡可亓粿味也。視之不足見,聖之不足餌,而不可既也。 　　　　——楚简《老子》丙	執大象,天下往。往而不害,安平大,樂與餌,過客^①止,故道之,出言也曰:談呵亓無味也,視之不足見也,聽之不足聞也,用之不可既也。 **校注:** 　①客:原作"格",从楚简《老子》丙改。	執大象,天下往。往而不害,安平大樂。與餌,過格止,故道之,出言也曰:談呵亓無味也,視之不足見也,聽之不足聞也,用之不可既也。
	將欲拾之,必古張之。將欲弱之,必古強之。將欲去之,必古與^①之。將欲奪之,必古予之。是胃微明。柔弱勝強。魚不脫於潚,邦利器不可以視人。 **校注:** 　①與:通"舉",拔高。傅奕本作"興",义同。	將欲擒之,必古張之。將欲弱之,必古強之。將欲去之,必古與之。將欲奪之,必古予之。是胃微明。柔弱朕強。魚不脫於淵,國利器不可以視人。
衍亙亡爲也,侯王能守之,而萬勿牆自愻。愻而雒作,牆貞之以亡名之蔓,夫亦牆智足。智足以寂,萬物牆自定。 　　　　——楚简《老子》甲	道恒無名,侯王若守之,萬物將自化。化而欲作,吾將鎮之以無名之握。鎮之以無名之握,夫將不辱。不辱以情,天地將自正。	道恒無名,侯王若守之,萬物將自化。化而欲作,吾將闐之以無名之握。鎮之以無名之樸,夫將不辱。不辱以静,天地將自正。 道 二千四百廿六
	德　经 　上德不德,是以有德。下德不失德,是以無德。上德無爲而無以爲也。上仁爲之而無以爲也。上義爲之而有以爲也。上禮爲之而莫之應也,則	**德　经** 　上德不德,是以有德。下德不失德,是以無德。上德無爲而無以爲也。上仁爲之而無以爲也。上義^①爲之而有以爲也。上禮爲之而莫之應也。則

楚简《老子》新校正	帛书《老子》甲	帛书《老子》乙
	攘臂而乃之,故失道。失道矣而后德,失德而后仁,失仁而后义,失义而后礼。夫礼者,忠信之泊①而乱之首也。前识者,道之华而愚之首也。是以大丈夫居亓厚而不居亓泊;居亓实不居亓华。故去皮②取此。 **校注:** ①泊:停泊。 ②皮:彼,通用。	攘臂而乃之,故失道而句②德,失德而句仁,失仁而句义,失义而句礼。失③礼者,忠信之泊也而乱之首也。前识者,道之华也而愚之首也。是以大丈夫居亓厚而不居亓泊,居亓实而不居亓华。故去罢④取此。 **校注:** ①义:原作"德",抄误,从帛甲。 ②句:后。 [**按**]后、後,古为两字,义亦异,且易混。以后指後,属假借。此作"句",是假借之始。 ③失:原作"夫",笔误,今改正。 ④罢:罢,通"彼"。
	昔之得一①者,天得一以清,地得一以宁,神得一以需,浴得一以盈,侯王得一而以为正。亓至之也,胃天毋已清将恐裂②,胃地毋已宁将恐发,胃神毋已需将恐歇,胃浴毋已盈将恐渴,胃侯王毋已贵以高将恐欮。故必贵而以贱为本,必高矣而以下为基。夫是以侯王自胃曰:孤、寡、不穀,此亓贱之本与?非也。故致数与无与。是故不欲禄	昔得一者,天得一以清,地得一以宁,神得一以需,浴得一以①盈,侯王得一而以为天下正。亓至也,胃天毋已清将恐裂②,地毋已宁将恐发,神毋已需将恐歇,浴毋已盈将恐③渴,侯王毋已贵以高将恐欮。故必贵而以贱为本,必高矣而以下为基。夫是以侯王自胃孤寡不穀,此亓贱之本与?非也。故至数与无与。是故不欲禄禄若玉,硌硌

楚简《老子》新校正	帛书《老子》甲	帛书《老子》乙
	禄若玉，硌硌若石。 **校注：** ①一：十进制自然数之始数。言一以赅多，言多自有一。又，纯一、划一、一概。 ②裂，原字缺损，据傅奕本补。	若石。 **校注：** ①以：原脱，据上下文理文序补。 ②裂：原作"蓮"，傅奕本作"裂"，义胜可从。 ③恐：原脱，据上下文理文序补。
上士昏道，堇能行於亓中。中士昏道，若昏若亡。下士昏道，大芺之。弗大芺，不足以爲道矣。是以建言又之：明道女孛，迟道女類，進道若退，上悳女浴。大白女辱，㞢悳女不足，建惪女揄，質貞女愉。大方亡禺，大器曼成，大音鼊聖。天象亡坓，道互亡名，善㱃善坒①。 ——楚简《老子》乙 **校注：** ①道互亡名，善㱃善坒：道字下简文缺损，从上下文本校，帛甲乙对校，补"互亡名，善㱃善坒"七字。	上士聞道，堇能行之。中士聞道，若存若亡。下士聞道，大笑之。弗笑，不足以爲道。是以建言有之，曰：明道女孛，遲道女類，進道若退，上悳女浴。大白女辱，盛悳女不足，建惪女揄，質真女愉。大方無禺。大器曼成，大音職聲。天象無刑，道恒無名。夫唯道，善①起且善盛。 **校注：** ①道善二字，前后文皆损毁，参照简乙与帛乙理校补。	上士聞道，堇能行之。中士聞道，若存若亡。下士聞道，大笑之。弗笑，不足以爲道。是以建言有之，曰：明道如費，進道如退，夷道如類，上德如浴。大白如辱，廣德如不足，建德如揄，質真如愉。大方無禺，大器免①成，大音希聲。天象無刑，道互②無名。夫唯道，善始且善成。 **校注：** ①免：晚。 ②互：原为"褱"的残缺字。今从楚简《老子》甲"道互亡名"语句改。褱，义丰盛。严遵《道德指归》曰："是知道盛无号，德丰无溢。"是其所据抄本作"褱"，其他世传本作"隐"。盖古代师徒传授，书籍手抄，殊难统一，刻写多误，在所难免。
返也者，道之僮也。溺也者，道之甬也。天下之勿生於又，生於亡。 ——楚简《老子》甲	反也者，道之動也。弱也者，道之用也。天下之物生於有，有生於無。	反也者，道之動也。弱也者，道之用也。天下之物生於有，有生於無。

楚简《老子》新校正	帛书《老子》甲	帛书《老子》乙
	道生一,一生二,二生三,三生萬物。萬物負陰而抱陽,中氣以爲和。天下之所惡,唯孤寡不橐,而王公以自名也。勿或敗之而益,益之而敗。故人之所教,夕議而教人。故強良者不得死,我將以爲學父。 **参考:** 黄帝《金人铭》:"強梁者不得其死,好胜者必遇其敌。"	道生一,一生二,二生三,三生萬物。萬物負陰而抱陽,中氣以爲和。天下之所亞,唯孤寡不穀,而王公以自名也。勿或益之而雲,雲之而益。故人之教,夕議而教人。故強良者不得死,我將以爲學父。
	天下之至柔,馳騁於天下之致堅。無有入於無間。五①是以知無爲之有益也。不言之教,無爲之益,天下希能及之矣。 **校注:** ①五:吾。通用。乙本是正。	天下之至柔,馳騁乎天下之致堅。無又入於無間。吾是以知無爲之又益也。不言之教,無爲之益,天下希能及之矣。
名與身管斬?身與貨管多?貨與貪管垬?甚惡必大䝾,厚贓必多貪。古智足不辱,智生不忞,可以長舊。 ——楚简《老子》甲	名與身孰親?身與貨孰多?得與亡孰病?甚惡必大費,多藏必厚①亡。故知足不辱,知止不殆,可以長久。 **校注:** ①甚后八字,从简甲校补。	名與身孰親?身與貨孰多?得與亡孰病?甚愛必大費,厚藏必多亡。故知足不辱,知止不殆,可以長久。
大成若夬,亓甬不幣。大涅若中,亓用不穿。大孜若仳,大成若詘,大植若屈。杲勲滄,啨勲然,青清爲天下定。 ——楚简《老子》乙	大成若缺,亓用不幣。大盈若盅,亓用不審。大直如屈,大巧如拙,大贏如詘。趮勝寒,靚勝炅,請靚可以爲天下正。	大成若缺,亓用不敝。大盈如沖,亓用不審。大直如屈,大巧如拙,大辯如吶,大贏如絀。趮朕寒,清朕熱,清靖可以爲天下正。

楚简《老子》新校正	帛书《老子》甲	帛书《老子》乙
		校注： 　　文本缺损严重,参考用字规格,据《老子》楚简乙与帛书甲,理校厘定。
皋莫尾唬甚慾,咎莫窿唬谷得,化莫大唬不智足。智足之爲足,此互足矣。 　　——楚简《老子》甲	天下有道,卻走馬以糞。天下無道,戎馬生於郊。罪莫大於可欲,醫莫大於不知足,咎莫憯於欲得。故知足之足,恒足矣。	天下有道,卻走馬以糞。天下無道,戎馬生於郊。罪莫大於可欲,禍莫大於不知足,咎莫憯於欲得。故知足之足,恒足矣。
	不出於戶,以知天下。不規於牖,以知天道。亓出也彌遠,亓知彌少。是以声人不行而知,不見而名,弗爲而成。	不出於戶,以知天下。不規於牖,以知天道。亓出彌遠者,亓知彌少。是以耵人不行而知,不見而名,弗爲而成。
爲學者日益,爲道者日煴。煴之或煴,以至亡爲也。亡爲而亡不爲。 　　——楚简《老子》乙	爲學者日益,聞道者日損。損之有損,以至於無爲。無爲而無不爲也。將欲取天下也,恒無事。及亓有事也,又不足以取天下矣。	爲學者日益,聞道者日雲。雲之有雲,以至於無爲。無爲而無不爲也。將欲取天下也,恒無事。及亓有事也,又不足以取天下矣。
	聖人無恒心,以百姓之心爲心。善者善之,不善者亦善之,德善也;信者信之,不信者亦信之,德信也。聖人之在天下,翕翕焉,爲天下渾心。百姓皆屬耳目焉,聖人皆咳之。	耵人無恒心,以百省之心爲心。善者善之,不善者亦善之,德善也;信者信之,不信者亦信之,德信也。耵人之在天下,欲欲焉,爲天下渾心。百生皆注亓耳目焉,耵人皆咳之。
	出生入死。生之徒十有三,死之徒十有三,而民生生,勤皆之死地之十有三。夫何故也?以亓生生也。蓋聞善執生者,陵	出生入死。生之徒十又三,死之徒十又三,而民生生,僮皆之死地之十有三。夫何故也?以亓生生也。蓋聞善執生者,陵

楚简《老子》新校正	帛书《老子》甲	帛书《老子》乙
	行不辟矢虎,入軍不被甲兵。矢無所樞亓角,虎無所昔亓蚤,兵無所容亓刃。夫何故也？以亓無死地焉。	行不辟㹠虎,入軍不被兵革。㹠無所樞亓角,虎無所昔亓蚤,兵無所容亓刃。夫何故也？以亓無死地焉。
	道生之而德畜之,物刑之而器成之。是以萬物尊道而貴德。道之尊,德之貴也。夫莫之时而恒自然也。道生之,畜之,長之,遂之,亭之,毒之①,養之,復之。生而弗有也,爲而弗寺也,長而勿宰也,此之胃玄德。 **校注：** ①毒:原字残缺,从乙本补。	道生之而德畜之,物刑之而器成之。是以萬物尊道而貴德。道之尊,德之貴也。夫莫之爵也而恒自然也。道生之,畜之,長之,遂之,亭之,毒之,養之,復之。生而弗有也,爲而弗寺也,長而勿宰也,是胃玄德。
	天下有始,以爲天下母。既得亓母,以知亓子。復守亓母,沒身不殆。	天下有始,以爲天下母。既得亓母,以知亓子。既知亓子,復守亓母,沒身不佁。
閟亓門,賽亓说,終身不怒。啟亓说,賽亓事,終身不逨。 ——楚简《老子》乙	塞亓閔①,閉亓門,終身不堇②。啟亓悶③,濟亓事,終身不棘④。見小曰明,守柔曰強。用亓光,復歸亓明。毋道身央,是胃襲常。 **校注：** ①閔(hūn):闇,宫墙小门。通"閽",听闻。 ②不堇(jǐn):无须医药。堇,乌头之类毒药。《庄子·徐无鬼》:"药也,其实堇也。"泛指毒药治病。 ③悶(mèn):潓,烦闷。	塞亓垸,閉亓門,終身不堇。啟亓垸,齊亓事,終身不棘。見小曰明,守柔曰強。用亓光,復歸亓明。毋遺身央,是胃襲常。

楚简《老子》新校正	帛书《老子》甲	帛书《老子》乙
	④濟亓事,終身不棘:成全其难事,终身无须负荆请罪。棘,荆棘,荆条。	
	使我挈有知也,行於大道,唯施是畏。大道①甚夷,民甚好解。朝甚除,田甚蕪,倉甚虛。服文采,帶利劍,猒食,貨財有餘,是胃盜誇。盜誇,非道也!	使我介有知,行於大道,唯他是畏。大道甚夷,民甚好懈。朝甚除,田甚蕪,倉甚虛。服文采,帶利劍,猒食而齎財有餘,是胃盜誇。盜誇,非道也!
	校注: ①施是畏大道:五字夺,据帛乙与傅奕本补。施,从傅奕本。	
善建者不拔,善扢者不兑,子子孫孫以亓祭祀不屯。攷之身,亓惪乃貞。攷之豪,亓惪又舍。攷之向,亓惪乃長。攷之陲,亓惪乃奉。攷之天下,亓惪乃溥。以豪觀豪,以向觀向,以陲觀陲,以天下觀天下。虐可以智天下肰?以此。 ——楚简《老子》乙	善建者不拔,善抱者不脫。子孫以祭祀不絕。修之身,亓德乃真。修之家,亓德有餘。修之鄉,亓德乃長。修之邦,亓德乃奎。修之天下,亓德乃溥。以身觀身,以家觀家,以鄉觀鄉,以邦觀邦,以天下觀天下。吾何以知天下之然茲?以此。	善建者不拔,善抱者不脫。子孫以祭祀不絕。脩之身,亓德乃真。脩之家,亓德有餘。脩之鄉,亓德乃長。脩之國,亓德乃奎。脩之天下,亓德乃溥。以身觀身,以家觀家,以鄉觀鄉,以國觀國,以天下觀天下。吾何以知天下之然茲?以此。
韵惪之尾者,比於赤子。蟲蠆蠚它弗螫,攫鳥獸獸弗扣,骨溺堇柔而捉固,未智牝牡之會芎慈,精之至也。終日嚎而不憂,和之至也。和曰常,智和曰昀,賹生曰羕,心叏燩曰雺。勿壓則老。是胃不道。 ——楚简《老子》甲	韵惪①之厚者,比於赤子。逢猁蠆地弗螫,攫鳥猛獸弗搏,骨弱筋柔而握固,未知牝牡之會而勢怒,精之至也。終日號而不发,和之至也。和曰常,知和曰明,益生曰祥。心使氣曰強。物壯即老,胃之不道,不道蚤已。	含德之厚者,比於赤子。蜂癘蟲蛇弗赫,據鳥孟獸弗捕,骨弱筋柔而握固,未知牝牡之會而朘怒,精之至也。冬日號而不噯,和之至也。和曰常,知常曰明,益生曰祥。心使氣曰強。物壯即老,胃之不道,不道蚤已。
	校注: ①韵惪:韵德。二字原缺,	

楚简《老子》新校正	帛书《老子》甲	帛书《老子》乙
	姑从简甲新校正补。	
智之者弗言,言之者弗智。閟亓逸,賽亓门,和亓光,迵亓塕,塕劗亓頯,解亓紛,是胃玄同。古不可得而新,亦不可得而疋;不可得而利,亦不可得而害;不可得而貴,亦不可得而戔。故爲天下貴。 ——楚简《老子》甲	知者弗言,言者弗知。塞亓悶,閉亓門,和亓光,同亓塵,坐亓閲,解亓紛,是胃玄同。故不可得而親,亦不可得而疏。不可得而利,亦不可得而害。不可得而貴,亦不可得而淺。故爲天下貴。	知者弗言,言者弗知。塞亓埦,閉亓門,和亓光,同亓塵,銼亓兑,解亓紛,是胃玄同。故不可得而親也,亦不可得而疏。不可得而利,亦不可得而害。不可得而貴,亦不可得而賤。故爲天下貴。
以正之陟,以欹用兵,以亡事取天下。虐可以智亓肰也?夫天下多忌韋,而民彌畔。民多利器,而陟慫昏。人多智而欹勿慫记,琺勿慫章,覣惌多又。是以聖人之言,曰:"我糵事而民自福,我亡爲而民自蟲,我好青而民自正,我谷不谷而民自樸。" ——楚简《老子》甲	以正之邦,以畸用兵,以無事取天下。吾何以知其然也戈?夫天下多忌諱,而民彌貧。民多利器,而邦家茲昏。人多知,而何物茲起。法物茲章,而盜賊多有。是以聖人之言曰:"我無爲也,而民自化;我好静,而民自正;我無事,民自富;我欲不欲,而民自握。"	以正之國^①,以畸用兵,以無事取天下。吾何以知亓然也才?夫天下多忌諱,而民彌貧。民多利器,而國家茲昏。人多智,而奇物茲起。法物茲章,而盜賊多有。是以耵人之言曰:我無爲也,而民自化;我好静,而民自正;我無事,民自富;我欲不欲,而民自樸。 校注: ①國:对照简甲帛甲,盖避汉高帝刘邦讳改。
	亓正閔閔,亓民屯屯;亓正察察,亓邦夬夬。瘛,福之所倚;福,禍之所伏。孰知其極?亓無正也,正復爲畸,善復爲妖。人之迷也,亓日固久矣。是以方而不割,兼而不刺,直而不絑,光而不眺。	亓正閔閔,亓民屯屯;亓正察察,其國夬夬。福禍之所伏,孰知亓極?亓無正也,正復爲畸,善復爲妖。人之迷也,亓日固久矣。是以方而不割,兼而不刺,直而不絑,光而不眺。

楚简《老子》新校正	帛书《老子》甲	帛书《老子》乙
給人事天莫若嗇。夫唯嗇，是以早，是以早備，是謂重積德。重積德則亡不克。亡不克則莫知亓亙。莫知亓亙，可以又邦。又邦之母，可以長舊，是謂深根寧極而待，長生舊見之道也。 　　——楚简《老子》乙	給人事天莫若嗇。夫唯嗇，是以蚤服。蚤服是胃重積德，重積德則無不克，無不克則莫知亓極。莫知亓極①，可以有國。有國之母，可以長久。是胃深槿固氐，長生久視之道也。 　　校注： 　　①给人事天莫若嗇……莫知亓極：原夺，据楚简乙与帛乙补。	治人事天莫若嗇。夫唯嗇，是以蚤服。蚤服是胃重積德，重積德則無不克，無不克則莫知亓極。莫知其極，可以有國。有國之母，可以長久。是胃深根固氐，長生久視之道也。
	治大國若亨小鮮。以道立天下，亓鬼①不神②。非亓鬼不神也，亓神不傷人也。非亓神不傷人也，聖人亦弗傷也。夫兩不相傷，故德交歸焉。 　　校注： 　　①鬼：归。《说文》："人所归为鬼。"《尔雅·释训》："鬼之为言，归也。"引申为诡秘。《韩非子·八经》："故明主之行制也天，其用人也鬼。" 　　②神：引领者。《康熙字典》："说文：天神，引出万物者。徐曰：申即引也。天主降气，以感万物，故言引出万物。"	治大國若亨小鮮。以道立天下，亓鬼不神。非亓鬼不神也，亓神不傷人也。非亓神不傷人也，聖人亦弗傷也。夫兩不相傷，故德交歸焉。 　　参考： 　　《庄子·天道》云： 　　"其动也天，其静也地。一心定而王天下，其鬼不祟，其魂不疲。一心定而万物服，言以虚静推于天地，通于万物，此之谓天乐。天乐者，圣人之心，以畜天下也。"
	大邦者，下流也，天下之牝也，天下之郊也。牝恒以靚勝牡。爲亓靚也，故宜爲下。大邦以下小邦，則取小邦；小邦以下大邦，則取於大邦。故或下以取，或下而取。故大	大國者，下流也，天下之牝也，天下之交也。牝恒以静朕牡。爲亓静也，故宜爲下。大國以下小國，則取小國；小國以下大國，則取於大國。故或下以取，或下而取。故大

楚简《老子》新校正	帛书《老子》甲	帛书《老子》乙
	邦者不過欲兼畜人,小邦者不過欲入事人。夫皆得亓欲,則大邦者宜爲下。	國者不過欲并畜人,小國不過欲入事人。夫皆得亓欲,則大者宜爲下。
	道者,萬物之注也,善人之葆也,不善人之所葆也。美言可以市,尊行可以賀人。人之不善也,何棄也之有?故立天子,置三卿,雖有共之璧,以先四馬,不善坐而進此;古之所以貴此者,何也?不胃求以得,有罪以免與?故爲天下貴。	道者,萬物之耶也,善人之耶也,不善人之所保也。美言可以市,奠行可以賀,人人之不善,何棄也?故立天子,置三卿,雖有共之璧,以先四馬,不若坐而進,此古之所以貴,此者何也?不胃求以得,有罪以免與?故爲天下貴。
爲亡爲,事亡事,未亡未。大,少之。多惕必多蠪,是以聖人猶蠪之,古冬亡蘴。 ——楚简《老子》甲	爲無爲,事無事,味無未。大小多少,報怨以德。圖難乎亓易也,爲大乎亓細也。天下之難作於易,天下之大作於細。是以聖人冬不爲大,故能成亓大。夫輕若必募信。多易者必多難。是以聖人猷難之,故冬於無難。	爲無爲,事無事,味無未。大小多少,報怨以德。圖難乎亓易也,爲大乎亓細也。天下之難作於易,天下之大作於細。是以耶人冬不爲大,故能成亓大。夫輕若必寡信,多易者必多難。是以耶人猷難之,故終於無難。
亓安也,易扯也。亓未荒也,易悔也。亓霭也,易畔也;亓幾也,易後也。爲之於亓亡又也,綯之於亓未亂也。倉抱之木,生於毫末;九成之臺,作於累土;百切之高,訖於足下。 ——楚简《老子》甲	亓安也,易持也。亓未兆也,易謀也。亓脆也,易判也。亓微也,易散也。爲之於亓未有也,治之於亓未亂也。合抱之木,生於毫末。九成之台,作於羸[1]土。百仁之高[2],台[3]於足下。	亓安也,易持也。亓未兆也,易謀也。亓脆也,易判也。亓微也,易散也。爲之於亓無有也,治之於亓未亂也。合抱之木,作於毫末。九成之台,作於虆土。百千之高,始於足下。

楚简《老子》新校正	帛书《老子》甲	帛书《老子》乙
	校注： ①蔂：土笼。古书亦作藬、蔂。 ②百仁之高：百仞之高。严遵本准此。 ③台：通"始"。	
爲之者敗之，執之者遴之。聖人亡爲，古亡敗也；亡執，古亡遴也。斳終若訖，則亡敗事矣。人之敗也，互於亓釤成也敗之。是以聖人慾不慾，不貴難得之貨；學不學，復眾之所趄。是以能尃萬勿之自肰，而弗战爲。 　　——楚简《老子》甲 　　（从丙校定）	爲之者敗之，執之者失之。是以聖人無爲也，故無敗也；無執也，故無失也。民之從事也，恆於亓成事而敗之。故慎終若始，則無敗事矣。是以聖人欲不欲而不貴難得之貨①，學不學而復眾人之所過。能輔萬物之自然，而弗敢爲。 校注： ①貨：原作"腷"，从简甲帛乙改。	爲之者敗之，執者失之。是以耵人無爲也，故無敗也；無執也，故無失也。民之從事也，恆於亓成而敗之。故慎冬若始，則無敗事矣。是以耵人欲不欲而不貴難得之貨，學不學而復眾人之所過。能輔萬物之自然，而弗敢爲。
	故曰：爲道者，非以明民也，將以愚之也。民之難治也，以亓知也。故以知知邦，邦之賊也。以不知知邦，邦之德也。恆知此兩者，亦稽式也。恆知稽式，此胃玄德。玄德，深矣、遠矣，與物反矣，乃至大順。	古之爲道者，非以明民也，將以愚之也。夫民之難治也，以亓知也。故以知知國，國之賊也。以不知知國，國之德也。恆知此兩者，亦稽式也。恆知稽式，是胃玄德。玄德，深矣、遠矣，與物反也，乃至大順。
江海所以爲百浴王，以亓能爲百浴下，是以能爲百浴王。聖人之才民前也，以身遺之；亓才民上	江海之所以能爲百浴①王者，以亓善下之，是以能爲百浴王。是以聖人之欲上民也，必以亓言下	江海所以能爲百浴王者，以①亓善②下之也，是以能爲百浴王。是以耵人之欲上民也，必以亓言

楚简《老子》新校正	帛书《老子》甲	帛书《老子》乙
也,以言下之。亓才民上也,民弗㞑也;亓才民前也,民弗販也。天下樂進而弗詀。以亓不静也,古天下莫能與之静。	之。亓欲先民也,必以亓身後之。故居前而民弗害也,居上而民弗重也。天下樂隼②而弗猒也。非以亓無諍與? 故天下莫能與諍。 校注: 　①浴(gǔ):谷。《尔雅·释水》:"水注谿曰谷。" 　②隼(sǔn):隼科短尾猛禽。此处通"進"。	下之。亓欲先民也,必以亓身後之。故居上而民弗重也,居前而民弗害。天下樂進③而弗猒也。不以④亓無争與? 故天下莫能與争。 校注: 　①王者,以:三字原缺损,整理者据帛甲补。 　②善:原缺损,据帛甲补。 　③進:原作"谁"。从楚简《老子》甲校正。 　④以:原缺损,据帛甲补。
	天下皆胃我大,大而不宵。夫唯大,故不宵。若宵,細久矣。我恒有三葆,之一曰兹,二曰檢,三曰不敢爲天下先。夫兹,故能勇;檢,故能廣;不敢爲天下先,故能爲成事長。今舍亓兹且勇,舍亓後且先,則必死矣。夫兹以戰則勝,以守則固。天將建之,女以兹垣之。	天下皆胃我大,大而不宵。夫唯不宵,故能大。若宵,久矣,亓細也夫。我恒有三琛,市而琛之:一曰兹,二曰檢,三曰不敢爲天下先。夫兹,故能勇;檢,敢能廣;不敢爲天下先,故能爲成器長。今舍亓兹且勇,舍亓檢且廣,舍亓後且先,則死矣。夫兹以單則朕,以守則固。天將建之,如以兹垣之。
	善爲士者不武,善戰者不怒,善勝敵者弗與,善用人者爲之下。是胃不諍之德,是胃用人,是胃天古之極也。	善爲士者不武,善單者不怒,善朕敵者弗與,善用人者爲之下。是胃不争之德,是胃用人,是胃肥天古之極也。

楚简《老子》新校正	帛书《老子》甲	帛书《老子》乙
	用兵有言曰:吾不敢爲主而爲客,吾不進寸而芮尺。是胃行無行,襄無臂,執無兵,乃無敵矣。豁莫大於無適,無適斤亡,吾吾葆矣。故稱兵相若,則哀者勝矣。	用兵又言曰:吾不敢爲主而爲客,吾不進寸而退尺。是胃行無行,襄無臂,執無兵,乃無敵。禍莫大於無敵,無敵近亡,吾琛矣。故抗兵相若,而依者朕矣。
	吾言甚易知也,甚易行也,而人莫之能知也,而莫之能行也。言有君,事有宗,亓唯無知也,是以不我知。知我者希,則我貴矣。是以聖人被褐而襄玉。	吾言甚易知也,易行也,而天下莫之能知也,莫之能行也。夫言又宗,事又君。夫唯無知也,是以不我知。知者希則我貴矣。是以耵人被褐而襄玉。
	知不知,尚矣。不知不知,病矣。是以聖人之不病,以亓病病,是以不病。	知不知,尚矣。不知不知,病矣。是以耵人之不病,以亓病病也,是以不病。
	民之不畏,畏,則大畏將至矣。毋聞亓所居,毋猒亓所生。夫唯弗猒,是以不猒。是以聖人自知而不自見也,自愛而不自貴也。故去被取此。	民之不畏,畏,則大畏將至矣。毋伸亓所居,毋猒亓所生。夫唯弗猒,是以不猒。是以耵人自知而不自見也,自愛而不自貴也。故去罷而取此。
	勇於敢者則殺,勇於不敢者則栝。知此兩者,或利或害。天之所亞,執知亓故?天之道,不單[①]而善朕[②],不言而善應,不召而自來,彈而善謀。天罔絑絑,疏而不失。	勇於敢則殺,勇於不敢則栝。此兩者,或利或害。天之所亞,執知亓故?天之道,不單[①]而善朕,不言而善應,弗召而自來,單[②]而善謀。天罔絑絑,疏而不失。

楚简《老子》新校正	帛书《老子》甲	帛书《老子》乙
	校注： ①單（dān）：单一。 ②朕：通"勝"。从帛乙补。	校注： ①單（dān）：单一。 ②單（dàn）：彈，飞弹。
	若民恒且不畏，死，奈何以殺思之也？若民恒是死則而爲者，吾將得而殺之。夫孰敢矣！若民恒是必畏死則，恒有司殺者。夫伐，司殺者殺，是伐，大匠斲也。夫伐，大匠斲者，則希不傷亓手矣。	若民恒且不畏，死，若何以殺瞿之也？使民恒且畏死而爲畸者，吾①得而殺之，夫孰敢矣！若民恒是必畏死則，恒又司殺者。夫伐②，司殺者殺，是伐，大匠斲。夫伐，大匠斲，則希不傷亓手。 校注： ①吾：原脱，从帛甲补缺。 ②伐：原作"代"，从帛甲改。
	人之饑也，以亓取食逤①之多也，是以饑。百姓之不治也，以亓上有以爲也，是以不治。民之至死，以亓求生之厚也，是以至死。夫唯無以生爲者，是賢貴生。 校注： ①取食逤：被抽取的食邑田租。取，被动用法。逤（shuì）：税。帛乙作跣，音义同。	人之饑也，以亓取食，跣之多是以饑。百省之不治也，以亓上有以爲也，是以不治。民之輕死也，以亓求生之厚也，是以輕死。夫唯無以生爲者，是賢貴生。
	人之生也柔弱，其死也菆仞賢強①；萬物草木之生也柔脆，亓死也椗薨。故曰：堅強者，死之徒也；柔弱微細，生之徒也。兵強則不勝，木強則恒②強大居下，柔弱微細居上。	人之生也柔弱，亓死也脂信堅強①；萬物草木之生也柔椊，亓死也枯槁。故曰：堅強，死之徒也；柔弱，生之徒也。是以兵強則不朕，木強則兢②。故強大居下，柔弱居上。

楚简《老子》新校正	帛书《老子》甲	帛书《老子》乙
	校注： ①蓳仞賢強：桓朋堅強。《说文》："桓，竟也。"《广雅·释古》："挺、桓、终、猝、竟也。" ②木強則恒：木彊則烘。傅奕本作"木強則共"。共，通"烘"，燎燃。 天下之道，亓張弓者也。高者印之，下者舉之。有餘者敗之，不足者補之。故天之道，敗有餘而益不足，人之道則不然，敗不足而奉有餘。孰能有餘而有以取奉於天者乎？唯有道者也。是以聖人爲而弗有，成功而弗居也。若此，其不欲見賢也。 天下莫柔弱於水，而攻堅強者莫之能先也，以亓無以易之也。柔之勝剛，弱之勝強，天下莫弗知也，而莫能行也。故聖人之言，云曰：受邦之詢，是胃社稷之主；受邦之不祥，是胃天下之王。正言若反。 和大怨，必有餘怨，焉可以爲善。是以聖人執右介①，而不以責於人②。故有德司介，無德司彻。夫天道無親，恒與善人。	校注： ①胍信堅強：筋朋堅強。《管子·内业》："筋信而骨强。"《心术》："筋朋而骨强。"信、朋，通假。 ②木強則兢：木彊則烘。傅奕本作"木強則共"。共，通"烘"，燎燃。 天之道，亓張弓也。高者印之，下者舉之。有餘者雲之，不足者補之。故天之道，雲有餘而益不足，人之道雲不足而奉又餘。孰能又餘而取奉於天者，唯又道者乎。是以耴人爲而弗又，成功而弗居也。若此，亓不欲見賢也。 天下莫柔弱於水，而攻堅強者莫之能先也，以亓無以易之也。水之朕剛也，弱之朕強也，天下莫弗知也，而莫之能行也。故耴人之言，云曰：受國之詢，是胃社稷之主；受國之不祥，是胃天下之王。正言若反。 禾大怨，必有餘怨，焉可以爲善。是以耴人執左芥而不以責於人。故又德司芥，無德司彻。夫天道無親，恒與善人。

德　三千冊一

楚简《老子》新校正	帛书《老子》甲	帛书《老子》乙
	校注： ①聖人執右介：原作"聖右介"，今从帛乙补"人执"二字。介：芥的省笔字。通"契"，契约。早先为草芥制作，左右对称，合之为一，分之为二，各执一方，以为信诺。古以右为上，系由侯王保管。 ②責：责取。《战国策·韩策三》言成安君："操右契而为公责德于秦魏之主。"鲍彪注："左契待合而已，右契可以责取。" 小邦募民，使十百人之器毋用，使民重死而遠送。有車周無所乘之，有甲兵無所陳之，使民復結繩而用之。甘亓食，美亓服，樂亓俗，安亓居。灓邦相墼，雞狗之聲相聞，民至老死不相往來。 **参考：** 《史记·货殖列传》："《老子》曰：'至治之极，邻国相望，鸡狗之声相闻，民各甘其食，美其服，安其俗，乐其业，至老死不相往来。'" 信言不美，美言不信。知者不博，博者不知。善者不多，多者不善。聖人無積，既以爲人，己俞有；既以予人，己俞多。故天之道，利而不害。人之道，爲而弗爭。	小國寡民，使有十百人器而勿用，使民重死而遠徙。又周車無所乘之，有甲兵無所陳之，使民復結繩而用之。甘亓食，美亓服，樂亓俗，安亓居。國相望，雞犬之聲相聞，民至老死不相往來。 信言不美，美言不信。知者不博，博者不知。善者不多，多者不善。耴人無積，既以爲人，己俞有；既以予人矣，己俞多。故天之道，利而不害。人之道，爲而弗爭。

第五章 《简帛老子》与《韩非子》解老喻老文句比较

表五 《韩非子》解老喻老与郭店楚简马王堆帛书《老子》对应一览表

楚简《老子》	帛书《老子》甲	《韩非子》
	失道矣而後德,失德而後仁,失仁而後義,失義而後禮。	道有積,而德有功;德者,道之功。功有實,而實有光;仁者,德之光。光有澤而澤有事;義者,仁之事也。事有禮而禮有文;禮者,義之文也。故曰:"失道而後失德,失德而後失仁,失仁而後失義,失義而後失禮。"
	夫禮者,忠信之泊也,而亂之首也。	禮爲情貌者也,文爲質飾者也。夫君子取情而去貌,好質而惡飾。夫恃貌而論情者,其情惡也;須飾而論質者,其質衰也。何以論之? 和氏之璧,不飾以五採;隋侯之珠,不飾以銀黃。其質至美,物不足以飾之。夫物之待飾而後行者,其質不美也。是以父子之間,其禮樸而不明,故曰禮薄也。凡物不並盛,陰陽是也;理相奪予,威德是也;實厚者貌薄,父子之禮是也。由是觀之,禮繁者,實心衰也。然則爲禮者,事通人之樸心者也。眾人之爲禮也,人應則輕歡,不應則責怨。今爲禮者事通人之樸心而資之以相責之分,能毋爭乎? 有爭則亂,故曰:"夫禮者,忠信之薄也,而亂之首乎。"
	前識者,道之華也而愚之首也。	先物行、先理動之謂前識。前識者,無緣而妄意度也。何以論之? 詹

楚简《老子》	帛书《老子》甲	《韩非子》
		何坐,弟子侍,牛鳴於門外。弟子曰:"是黑牛也而白題。"詹何曰:"然,是黑牛也,而白在其角。"使人視之,果黑牛而以布裹其角。以詹子之術,嬰眾人之心,華焉殆矣!故曰:"道之華也。"嘗試釋詹子之察,而使五尺之愚童子視之,亦知其黑牛而以布裹其角也。故以詹子之察,苦心傷神,而後與五尺之愚童子同功,是以曰:愚之首也。故曰:"前識者,道之華也,而愚之首也。"
	是以大丈夫居亓厚而不居亓泊,居亓實而不居亓華。故去皮取此。	所謂"大丈夫"者,謂其智之大也。所謂"處其厚不處其薄"者,行情實而去禮貌也。 所謂"處其實不處其華"者,必緣理不徑絕也。所謂"去彼取此"者,去貌、徑絕而取緣理、好情實也。故曰:"去彼取此。"
	亓正閔閔,亓民屯屯;亓正察察,亓邦夬夬。旤,福之所倚;福,禍之所伏。	人有禍則心畏恐,心畏恐則行端直,行端直則思慮熟,思慮熟則得事理,行端直則無禍害,無禍害則盡天年,得事理則必成功,盡天年則全而壽,必成功則富與貴。全壽富貴之謂福,而福本於有禍。故曰:"禍兮福之所倚。"以成其功也。 人有福,則富貴至;富貴至,則衣食美;衣食美,則驕心生;驕心生,則行邪僻而動棄理。行邪僻,則身死夭;動棄理,則無成功。夫內有死夭之難而外無成功之名者,大禍也。而禍本生於有福。故曰:"福兮禍之所伏。"

楚简《老子》	帛书《老子》甲	《韩非子》
	孰知丌極？丌無正也，正復爲畸，善復爲妖。	夫緣道理以從事者，無不能成。無不能成者，大能成天子之勢尊，而小易得卿相將軍之賞祿。夫棄道理而妄舉動者，雖上有天子諸侯之勢尊，而天下有猗頓、陶朱、卜祝之富，猶失其民人而亡其財資也。眾人之輕棄道理而易妄舉動者，不知其禍福之深大而道闊遠若是也，故諭人曰："孰知其極？"
	人之迷也，丌日固久矣。	人莫不欲富貴全壽，而未有能免於貧賤死夭之禍也。心欲富貴全壽，而今貧賤死夭，是不能至於其所欲至也。凡失其所欲之路而妄行者之謂迷，迷則不能至於其所欲至矣。今眾人之不能至於其所欲至，故曰"迷"。眾人之所不能至於其所欲至也，自天地之剖判以至於今。故曰："人之迷也，其日故以久矣。"
	是以方而不割，兼而不刺，直而不紲，光而不眺。	所謂方者，內外相應也，言行相稱也。所謂廉者，必生死之命也，輕恬資財也。所謂直者，義必公正，公心不偏黨也。所謂光者，官爵尊貴，衣裘壯麗也。今有道之士，雖中外信順，不以誹謗窮墮；雖死節輕財，不以侮罷羞貪；雖義端不黨，不以去邪罪私；雖勢尊衣美，不以誇賤欺貧。其故何也？使失路者而肯聽習問知，即不成迷也。今眾人之所以欲成功而反爲敗者，生於不知道理，而不肯問知而聽能。眾人不肯問知聽能，而聖人強以其禍敗適之，則怨。眾人多，而聖人寡，寡

楚简《老子》	帛书《老子》甲	《韩非子》
給人事天莫若嗇。夫唯嗇，是以早，是以早備，是胃重積德。重積德則亡不克。亡不克則莫智亓亙。莫智亓亙，可以又陞。又陞之母，可以長舊，是胃深根寧極而待，長生舊見之道也。 ——楚简《老子》乙	給人①事天莫若嗇。 **校注：** ①給：帛甲字毀夺，帛乙与傅奕本均作"治"，韩非引文作"治"，是其所据《老子》抄本，显然不及楚简《老子》古朴，今从楚简补正。 夫唯嗇，是以蚤服。 蚤服是胃重積德，重積德則無不克，無	之不勝眾，數也。今舉動而與天下之爲仇，非全身長生之道也，是以行軌節而舉之也。故曰："方而不割，廉而不劌，直而不肆，光而不耀。" 聰明睿智，天也；動靜思慮，人也。人也者乘於天明以視，寄於天聰以聽，托於天智以思慮。故視強，則目不明；聽甚，則耳不聰；思慮過度，則智識亂；目不明，則不能決黑白之分；耳不聰，則不能別清濁之聲；智識亂，則不能審得失之地。目不能決黑白之色則謂之盲，耳不能別清濁之聲則謂之聾，心不能審得失之地則謂之狂。盲則不能避晝日之險，聾則不能知雷霆之害，狂則不能免人間法令之禍。書之所謂治人者，適動靜之節，省思慮之費也。所謂事天者，不極聰明之力，不盡智識之任。苟極盡，則費神多；費神多，則盲聾、悖狂之禍至，是以嗇之。嗇之者，愛其精神，嗇其智識也。故曰："治人事天莫如嗇。" 眾人之用神也躁，躁則多費，多費之謂侈；聖人之用神也靜，靜則少費，少費之謂嗇。嗇之謂術也，生於道理。夫能嗇也，是從於道而服於理者也。眾人離於患陷於禍，猶未知退，而不服從道理。聖人雖未見禍患之形，虛無服從於道理，以稱蚤服。故曰："夫謂嗇，是以蚤服。" 知治人者，其思慮靜；知事天者，其孔竅虛。思慮靜，故德不去；孔竅虛，

楚简《老子》	帛书《老子》甲	《韩非子》
	不克則莫知亓極。莫知亓極，可以有國。	則和氣日入。故曰："重積德。"夫能令故德不去，新和氣日至者，蚤服者也。故曰蚤服，是謂重積德。積德而後神靜，神靜而後和多，和多而後計得。計得，而後能禦萬物；能禦萬物，則戰易勝敵；戰易勝敵，而論必蓋世；論必蓋世，故曰無不克；無不克，本於重積德，故曰重積德，則無不克。戰易勝敵，則兼有天下；論必蓋世，則民人從。進兼天下而退從民人，其術遠，則眾人莫見其端末。莫見其端末，是以莫知其極。故曰：無不克，則莫知其極。
		凡有國而後亡之，有身而後殃之，不可謂能有其國、能保其身。夫能有其國，必能安其社稷；能保其身，必能終其天年；而後可謂能有其國、能保其身矣。夫能有其國、保其身者，必且體道。體道，則其智深；其智深，則其遠；其會遠，眾人莫能見其所極。唯夫能令人不見其事極，不見其事極者爲保其身、有其國。故曰：莫知其極。莫知其極，則可以有國。
	有國之母，可以長久。	所謂"有國之母"：母者，道也；道也者，生於所以有國之術；所以有國之術，故謂之"有國之母。"夫道以與世周旋者，其建生也長，持祿也久。故曰："有國之母，可以長久。"
	是胃深槿固氐，長生久視之道也。	樹木有曼根，有直根。根者，書之所謂"柢"也。柢也者，木之所以建生也；曼根者，木之所持生也。德也者，人之所以建生也；祿也者，人之所

楚简《老子》	帛书《老子》甲	《韩非子》
		以持生也。今建於理者，其持祿也久，故曰："深其根。"體其道者，其生日長，故曰："固其柢。"柢固，則生長；根深，則視久，故曰："深其根，固其柢，長其視之道也。"
	治大國若亨小鮮。	工人數變業則失其功，作者數搖徙則亡其功。一人之作，日亡半日，十日則亡五人之功矣；萬人之作，日亡半日，十日則亡五萬人之功矣。然則數變業者，其人彌眾，其虧彌大矣。凡法令更，則利害易；利害易，則民務變。務變之謂變業。故以理觀之：事大眾而數搖之，則少成功；藏大器而數徙之，則多敗傷；烹小鮮而數撓之，則賊其澤；治大國而數變法，則民苦之。是以有道之君貴靜，不重變法。故曰："治大國者若烹小鮮。"
	以道立天下，亓鬼不神。	人處疾則貴醫，有禍則畏鬼。聖人在上則民少欲，民少欲，則血氣治而舉動理；舉動理，則少禍害。夫內無痤疽癉痔之害，而外無刑罰法誅之禍者，其輕恬鬼也甚。故曰："以道蒞天下，其鬼不神。"
	非亓鬼不神也，亓神不傷人也；非亓申不傷人也，聖人亦弗傷也。夫兩不相傷，故德交歸焉。	治世之民，不與鬼神相害也。故曰："非其鬼不神也，其神不傷人也。" 鬼祟也疾人之謂鬼傷人，人逐除之之謂人傷鬼也。民犯法令之謂民傷上，上刑戮民之謂上傷民。民不犯法，則上亦不行刑；上不行刑，之謂上不傷人。故曰："聖人亦不傷民。"上不與民相害，而人不與鬼相傷，故曰："兩不相傷。"

楚简《老子》	帛书《老子》甲	《韩非子》
		民不敢犯法,則上內不用刑罰,而外不事利其產業。上內不用刑罰,而外不事利其產業,則民蕃息。民蕃息而畜積盛。民蕃息而畜積盛之謂有德。凡所謂祟者,魂魄去而精神亂,精神亂則無德。鬼不祟人則魂魄不去,魂魄不去而精神不亂,精神不亂之謂有德。上盛畜積而鬼不亂其精神,則德盡在於民矣。故曰:"兩不相傷,則德交歸焉。"言其德上下交盛而俱歸於民也。
	天下有道,卻走馬以糞。	有道之君,外無怨仇於鄰敵,而內有德澤於人民。夫外無怨仇於鄰敵者,其遇諸侯也外有禮義。內有德澤於人民者,其治人事也務本。遇諸侯有禮義,則役希起;治民事務本,則淫奢止。凡馬之所以大用者,外供甲兵而內給淫奢也。今有道之君,外希用甲兵而內禁淫奢。上不事馬於戰鬥逐北,而民不以馬遠淫通物,所積力唯田疇。積力於田疇,必且糞灌。故曰:"天下有道,卻走馬以糞也。"
	天下無道,戎馬生於郊。	人君無道,則內暴虐其民,而外侵欺其鄰國。內暴虐,則民產絕;外侵欺,則兵數起。民產絕,則畜生少;兵數起,則士卒盡。畜生少,則戎馬乏;士卒盡,則軍危殆。戎馬乏,則將馬出;軍危殆,則近臣役。馬者,軍之大用;效者,言其近也。今所以給軍之具於將馬近臣。故曰:"天下無道,戎馬生於郊矣。"

楚简《老子》	帛书《老子》甲	《韩非子》
睪莫厚唬甚慾,咎莫憯唬谷得,化莫大唬不智足。智足之爲足,此互足矣。	罪莫大於可欲,禍莫大於不知足,咎莫憯於欲得。故知足之足,恒足矣。	人有欲則計會亂,計會亂,而有欲甚;有欲甚,則邪心勝;邪心勝,則事經絕;事經絕,則禍難生。由是觀之,禍難生於邪心,邪心誘於可欲。可欲之類,進則教良民爲奸,退則令善人有禍。奸起,則上侵弱君;禍至,則民人多傷。然則可欲之類,上侵弱君而下傷人民。夫上侵弱君而下傷人民者,大罪也。故曰:"禍莫大於可欲。" 以聖人不引五色,不淫於聲樂;明君賤玩好而去淫麗。 人無毛羽,不衣則犯寒;上不屬天而下不著地,以腸胃爲根本,不食則不能活;是以不免於欲利之心,欲利之心不除其身之憂也。故聖人衣足以犯寒,食足以充虛,則不憂矣。眾人則不然,大爲諸侯,小余千金之資,其欲得之憂不除也。胥靡有免,死罪時活,今不知足者之憂終身不解。故曰:"禍莫大於不知足。" 故欲利甚於憂,憂則疾生;疾生而智慧衰;智慧衰,則失度量;失度量,則妄舉動;妄舉動,則禍害至;禍害至而疾嬰內,疾嬰內,則痛禍薄外;痛禍薄外,則苦痛雜於腸胃之間;苦痛雜於腸胃之間,則傷人也憯。憯則退而自咎,退而自咎也生於欲利。故曰:"咎莫憯於欲利。"
	道　经 道,可道也,非恒道也。	道者,萬物之所然也,萬理之所稽也。理者,成物之文也;道者,萬物之所以成也。故曰:"道,理之考也。"

楚简《老子》	帛书《老子》甲	《韩非子》
		物有理,不可以相薄;物有理不可以相薄,故理之爲物之制。萬物各異理,而道盡稽萬物之理,故不得不化;不得不化,故無常操。無常操,是以死生氣稟焉,萬智斟酌焉,萬事廢興焉。天得之以高,地得之以藏,維門得以成其威,日月得以恒其光,五常得之以常其位,列星得之以端其行,四時得之以禦其變氣,軒轅得之以擅四方,赤松得之與天地統,聖人得之以成文章。道,與堯舜俱智,與接輿俱狂,與桀、紂俱滅,與湯、武俱昌。以爲近乎,游於四極;以爲遠乎,常在吾側;以爲暗乎,其光昭昭;以爲明乎,其物冥冥。而功成天地,和化雷霆,宇内之物,恃之以成。凡道之情,不制不形,柔弱隨時,與理相應。萬物得之以死,得之以生;萬事得之以敗,得之以成。道譬諸若水,溺者多飲之即死,渴者適飲之即生;譬之若劍戟,愚人以行忿則禍生,聖人以誅暴則福成。故得之以死,得之以生,得之以敗,得之以成。 人希見生象也,而得死象之骨,案其圖以想其生也,故諸人之所以意想者皆謂之"象"也。今道雖不可得聞見,聖人執其見功以處見其形。故曰:"無狀之狀,無物之象。" 凡理者,方圓、短長、粗靡、堅脆之分也,故理定而後可得道也。故定理有存亡、有死生、有盛衰。夫物之一存一亡,乍死乍生,初盛而後衰者,不

楚简《老子》	帛书《老子》甲	《韩非子》
		可謂常。唯夫與天地之剖判也具生,至天地之消散也不死不衰者謂"常"。而常者,無攸易,無定理。無定理,非在於常所,是以不可道也。聖人觀其玄虛,用其周行,強字之曰"道",然而可論。故曰:"道之可道,非常道也。"
	德 经 出生入死。	人始於生,而卒於死。始之謂出,卒之謂入。故曰:"出生入死。"
	生之徒十有三,死之徒十有三,而民生生,勤皆之死地之十有三。夫何故也?以亓生生也。	人之身三百六十節,四肢九竅,其大具也。四肢與九竅十有三者,十有三者之動靜盡屬於生焉。屬之謂徒也,故曰:"生之徒也,十有三者。"至死也,十有三具者皆還而屬之於死,死之徒亦有十三。故曰:"生之徒十有三,死之徒十有三。"凡民之生生,而生者固動,動盡則損也;而動不止,是損而不止也。損而不止,則生盡;生盡之謂死,則十有三具者皆爲死死地也。故曰:"民之生,生而動,動皆之死地之十有三。"
	葢聞善執生者,陵行不辟矢虎。	是以聖人愛精神而貴處靜,此甚大於兕虎之害。夫兕虎有域,動靜有時。避其域省其時,則免其兕虎之害矣。民獨知兕虎之有爪角也,而莫知萬物之盡有爪角也,不免於萬物之害。何以論之?時雨降集,曠野閒靜,而以昏晨犯山川,則風露之爪角害之。事上不忠,輕犯禁令,則刑法之爪角害之。處鄉不節,憎愛無度,則爭鬥之爪角害之。嗜欲無限,動靜

楚简《老子》	帛书《老子》甲	《韩非子》
		不節,則痤疽之爪角害之。好用其私智而棄道理,則網羅之爪角害之。兕虎有域,而萬害有原,避其域,塞其原,則免於諸害矣。凡兵革者,所以備害也。重生者,雖入軍無忿爭之心;無忿爭之心,則無所用救害之備。此非獨謂野處之軍也。聖人之游世也,無害人之心,則必無人害;無人害,則不備人。故曰:"陸行不遇兕虎。"
	入軍不被甲兵。矢無所揣亓角,虎無所昔亓蚤,兵無所容其刃。夫何故也?以亓無死地焉。	入山不恃備以救害,故曰:"入軍不備甲兵。"遠諸害,故曰:"兕無所投其角,虎無所厝其爪,兵無所容其刃。"不設備而必無害,天地之道理也。體天地之道,故曰:"無死地焉。"動無死地,而謂之善攝生矣。
	天下皆胃我大,不宵。夫唯大,故不宵。若宵,細久矣。我恒有三葆,之一曰茲,二曰檢,三曰不敢爲天下先。	愛子者,慈於子。重生者慈於身,貴功者慈於事。慈母之於弱子也,務致其福,則事除其禍。事除其禍,則思慮熟。思慮熟,則得事理。得事理,則必成功。必成功,則其行之也不疑;不疑之謂勇。聖人之於萬事也,盡如慈母之爲弱子慮也,故見必行之道,則明,其從事亦不疑;不疑之謂勇。不疑生於慈,故曰:"慈,故能勇。"
	夫茲,故能勇。	
	檢,故能廣。	周公曰:"冬日之閉凍也不固,則春夏之長草木也不茂。"天地不能常侈常費,而況於人乎?故萬物必有盛衰,萬事必有弛張,國家必有文武,官治必有賞罰。是以智士儉用其財則家富,聖人愛寶其神則精盛,人君重戰其卒則民眾,民眾則國廣。是以舉之曰:"儉,故能廣。"

楚简《老子》	帛书《老子》甲	《韩非子》
	不敢爲天下先,故能爲成事長。	凡物之有形者,易裁也,易割也。何以論之?有形則有短長,有短長則有小大,有小大則有方圓,有方圓則有堅脆,有堅脆則有輕重,有輕重則有白黑。 短長、大小、方圓、堅脆、輕重、白黑之謂理。理定而物易割也。故議於大庭而後言則立,權議之士知之矣。故欲成方圓而隨其規矩,則萬事之功形矣。而萬物莫不有規矩,議言之士,計會規矩也。聖人盡隨於萬物之規矩,故曰"不敢爲天下先"。 不敢爲天下先,則事無不事,功無不功,而議必蓋世,欲無處大官,其可得乎?處大官之謂爲成事長。是以故曰:"不敢爲天下先,故能爲成事長。"
	今舍亓茲且勇,舍亓後且先,則必死矣。夫茲,以戰則勝,以守則固。天將建之,女以茲垣之。	慈於子者,不敢絕衣食;慈於身者,不敢離法度;慈於方圓者,不敢舍規矩。故臨兵而慈於士吏則戰勝敵,慈於器械則城堅固。故曰:"慈於戰則勝,以守則固。" 夫能自全也而盡隨於萬物之理者,必且有天生。天生也者,生心也,故天下之道盡之生也。若以慈衛之也,事必萬全,而舉無不當,則謂之寶矣。故曰:"吾有三寶,持而寶之。"
	使我擦有知也,行於大道,唯施是畏。大道甚夷,民甚好解。朝甚除,田甚蕪,倉甚虛。服文采,帶利	書之所謂"大道"也者,端道也。所謂貌"施"也者,邪道也。所謂"徑"大也者,佳麗也。佳麗也者,邪道之分也。"朝甚除"也者,獄訟繁也。獄訟繁則田荒,田荒則府倉虛,

楚简《老子》	帛书《老子》甲	《韩非子》
	劍,猒食,貨財有餘,是胃盜誇。盜誇,非道也!	府倉虛則國貧,國貧而民俗淫侈,民俗淫侈則衣食之業絕,衣食之業絕則民不得無飾巧詐,飾巧詐則知採文,知採文之謂"服文采"。獄訟繁,倉廩虛,而有以淫侈爲俗,則國之傷也若以利劍刺之。故曰:"帶利劍。" 諸夫飾智故以至於傷國者,其私家必富;私家必富,故曰:"資貨有餘。" 國有若是者,則愚民不得無術而效之;效之則小盜生。由是觀之,大奸作則小盜隨,大奸唱則小盜和。竽也者,五聲之長者也,故竽先則鍾瑟皆隨,竽唱則諸樂皆和。今大奸作則俗之民唱,俗之民唱則小盜必和。故"服文采,帶利劍,厭飲食,而貨資有餘者,是之謂盜竽矣"。
善建者不拔,善扴者不兑,子子孫孫以亓祭祀不屯。攸之身,亓惪乃貞。攸之豪,亓惪又舍。攸之向,亓惪乃長。攸之陞,亓惪乃奉。攸之天下,亓惪乃溥。以豪觀豪,以向觀向,以陞觀陞,以天下觀天下。	善建者不拔,善抱者不脫。子孫以祭祀不絕。	人無愚智莫不有趨舍,恬淡平安莫不知禍福之所由來。得於好惡,怵於淫物,而後變亂。所以然者,引於外物,亂於玩好也。恬淡有趨舍之義,平安知禍福之計。而今也玩好變之,外物引之;引之而往,故曰"拔"。至聖人不然:一建其趨舍,雖見所好之物不能引,不能引之謂"不拔"。一於其情,雖有可欲之類神不爲動,神不爲動之謂"不脫"。爲人子孫者,體此道以守宗廟,不滅之謂"祭祀不絕"。
虗可以智天下狀?以此。	修之身,亓德乃真。修之家,亓德有餘。修之鄉,亓德乃長。修之邦,亓德乃夆。修之天下,亓德乃溥。	身以積精爲德,家以資財爲德,鄉國天下皆以民爲德。今治身,而外物不能亂其精神,故曰:"修之身,其德乃真。" 真者,慎之固也。治家,無用之物

楚简《老子》	帛书《老子》甲	《韩非子》
		不能動其計,則資有餘,故曰:"修之家,其德有餘。"
		治鄉者行此節則家之有餘者益眾,故曰:"修之鄉,其德乃長。"
		治邦者行此節,則鄉之有德者益眾,故曰:"修之邦,其德乃豐。"
		蒞天下者行此節,則民之生莫不受其澤,故曰:"修之天下,其德乃普。"
	以身觀身,以家觀家,以鄉觀鄉,以邦觀邦,以天下觀天下。吾何以知天下之然茲? 以此。	修身者以此別君子小人,治鄉治邦蒞天下者,各以此科適觀息耗,則萬不失一。故曰:"以身觀身,以家觀家,以邦觀邦,以天下觀天下。吾奚以知天下之然也? 以此。"
		《喻老·第二十一》
	天下有道,卻走馬以糞。	天下有道,無急患,則曰靜,遽傳不用,故曰:"卻走馬以糞。"
	天下無道,戎馬生於郊。	天下無道,攻擊不休,相守數年不已,甲冑生蟣虱,燕雀處帷幄,而兵不歸,故曰:"戎馬生於郊。"
辠莫尾唬甚慾,咎莫僉唬谷得,化莫大唬不智足。智足之爲足,此互足矣。	罪莫大於可欲,禍莫大於不知足,咎莫憯於欲得。故知足之足,恒足矣。	翟人有獻豐狐、玄豹之皮於晉文公,文公受客皮而歎曰:"此以皮之美自爲罪。"夫治國者以名號爲罪,徐偃王是也;以城與地爲罪,虞、虢是也。故曰:"罪莫大於可欲。"
		智伯兼範、中行而攻趙不已,韓、魏反之,軍敗晉陽,身死高梁之東,遂卒被分,漆其首以爲溲器。故曰:"禍莫大於不知足。"
		虞君欲屈產之乘與垂棘之璧,不聽宮之奇,故邦亡身死。故曰:"咎莫憯於欲得。"

楚简《老子》	帛书《老子》甲	《韩非子》
		邦以存爲常，霸王其可也；身以生爲常，富貴其可也。不欲自害，則邦不亡，身不死。故曰："知足之爲足矣。"
善建者不拔，善抱者不兑，子孫以亓祭祀不屯。	善建者不拔，善抱者不脱。子孫以祭祀不絶。	楚莊王既勝狩於河雍，歸而賞孫叔敖。孫叔敖請漢間之地，沙石之處。楚邦之法，禄臣再世而收地，唯孫叔敖獨在。此不以其邦爲收者，瘠也，故九世而祀不絶。故曰："善建不拔，善抱不脱，子孫以其祭祀，世世不輟。"孫叔敖之謂也。
	重爲巠根，清爲趮君。是以君子眾日行，不離其甾重。	制在己曰重，不離位曰静。重則能使輕，静則能使躁。故曰："重爲輕根，静爲躁君。"故曰："君子終日行不離輜重也。"
	唯有環官燕處，則昭若若，何萬乘之王，而以身巠於天下？巠則失本，趮則失君。	邦者，人君之輜重也。主父生傳其邦，此離其輜重者也，故雖有代、雲中之樂，超然已無趙矣。主父，萬乘之主，而以身輕於天下。無勢之謂輕，離位之謂躁，是以生幽而死。故曰："輕則失臣，躁則失君。"主父之謂也。
	將欲拾之，必古張之。將欲弱之，必古強之。將欲去之，必古與之。將欲奪之，必古予之。是胃微明。柔弱勝強。魚不脱於潚，邦利器不可以視人。	勢重者，人君之淵也。君人者，勢重於人臣之間，失則不可復得矣。簡公失之於田成，晉公失之於六卿，而邦亡身死。故曰："魚不可脱於深淵。"賞罰者，邦之利器也，在君則制臣，在臣則勝君。君見賞，臣則損之以爲德；君見罰，臣則益之以爲威。人君見賞，則人臣用其勢；人君見罰，而人臣乘其威。故曰："邦之利器，不可以示人。"
		越王入宦於吴，而觀之伐齊以弊

楚简《老子》	帛书《老子》甲	《韩非子》
		吳。吳兵既勝齊人於艾陵,張之於江、濟,強之於黃池,故可制於五湖。故曰:"將欲翕之,必固張之;將欲弱之,必固強之。" 晉獻公將欲襲虞,遺之以璧、馬。知伯將襲仇由,遺之以廣車。故曰:"將欲取之,必固與之。"起事於無形,而要大功於天下,"是謂微明"。處小弱而重自卑,謂"損弱勝強"也。 有形之類,大必起於小;行久之物,族必起於少。故曰:"天下之難事必作於易,天下之大事必作於細。"是以欲制物者於其細也。故曰:"圖難於其易也,爲大於其細也。"千丈之堤,以螻蟻之穴潰;百尺之室,以突隙之煙焚。故曰:白圭之行堤也塞其穴,丈人之慎火也塗其隙,是以白圭無水難,丈人無火患。此皆慎易以避難,敬細以遠大者也。 扁鵲見蔡桓公,立有間。扁鵲曰:"君有疾在腠理,不治將恐深。"桓侯曰:"寡人無疾。"扁鵲出。桓侯曰:"醫之好治不病以爲功。"居十日,扁鵲復見曰:"君之病在肌膚,不治將益深。"桓侯不應。扁鵲出,桓侯又不悅。 居十日,扁鵲復見曰:"君之病在腸胃,不治將益深。"桓侯又不應。扁鵲出,桓侯又不悅。居十日,扁鵲望桓侯而還走,桓侯故使人問之。扁鵲曰:"病在腠理,湯熨之所及也;在肌膚,針石之所及也;在腸胃,火齊之
	報怨以德。圖難乎亓易也,爲大乎亓細也。天下之難作於易,天下之大作於細。是以聖人冬不爲大,故能成亓大。夫輕若必募信。	

楚简《老子》	帛书《老子》甲	《韩非子》
亓安也,易扯也。亓未菿也,易悔也。亓霝也,易畔也;亓幾也,易後也。爲之於亓亡又也,絧之於亓未亂也。含抱之木,生於毫末;九成之臺,作於累土;百仞之高,訖於足下。	亓安也,易持也。亓未兆也,易謀也。亓脆也,易判也。亓微也,易散也。爲之於亓未有也,治之於亓未亂也。	所及也;在骨髓,司命之所屬,無奈何也。今在骨髓,臣是以無請也。"居五日,桓侯體痛,使人索扁鵲,已逃秦矣。桓侯遂死。故良醫之治病也,攻之於腠理。此皆爭之於小者也。夫事之禍福亦有腠理之地,故曰:"聖人蚤從事焉。" 昔晉公子重耳出亡,過鄭,鄭君不禮。叔瞻諫曰:"此賢公子也,君厚待之,可以積德。"鄭君不聽。叔瞻又諫曰:"不厚待之,不若殺之,無令有後患。"鄭君又不聽。及公子返晉邦,舉兵伐鄭,大破之,取八城焉。晉獻公以垂棘之璧假道於虞而伐虢,大夫宮之奇諫曰:"不可。脣亡而齒寒,虞、虢相救,非相德也。今日晉滅虢,明日虞必隨之亡。"虞君不聽,受其璧而假之道。晉已取虢,還,反滅虞。此二臣者,皆爭於腠理者也,而二君不用也。然則叔瞻、宮之奇亦虞、虢之扁鵲也,而二君不聽,故鄭以破,虞以亡。故曰:"其安易持也,其未兆易謀也。"
	見小曰明,守柔曰強。用亓光,復歸亓明。毋道^①身央,是胃襲常。 **校注:** 　①道:帛乙與傅奕本均作"遺",可從。	昔者紂爲象箸而箕子怖,以爲象箸必不加於土鉶,必將犀玉之杯;象箸、玉杯必不羹菽藿,則必旄、象、豹胎;旄、象、豹胎必不衣短褐而食於茅屋之下,則錦衣九重,廣室高臺。吾畏其卒,故怖其始。居五年,紂爲肉圃,設炮烙,登糟丘,臨酒池,紂遂以亡。故箕子見象箸以知天下之禍,故曰:"見小曰明。"

楚简《老子》	帛书《老子》甲	《韩非子》
爲之者敗之,執之者遠之。聖人亡爲,古亡敗也;亡執,古亡遠也。斳終若訖,則亡敗事矣。人之敗也,互於亓叡成也敗之。是以聖人慾不慾,不貴戁得之貨;學不學,復眾之所迲。是以能尃萬勿之自肰,而弗战爲。 ——楚简《老子》甲 （从丙校定）	知不知,尚矣。不知不知,病矣。是以聖人之不病,以亓病病,是以不病。 爲之者敗之,執之者失之。是以聖人無爲也,故無敗也;無執也,故無失也。民之從事也,恒於亓成事而敗之。故慎終若始,則無敗事矣。是以聖人欲,不欲而不貴難得之貨,學不學而復眾人之所過。能輔萬物之自然,而弗敢爲。	句踐入宦於吳,身執干戈爲吳王洗馬,故能殺夫差於姑蘇;文王見詈於王門,顏色不變,而武王擒紂於牧野。故曰:"守柔曰強。" 越王之霸也不病宦,武王之王也不病詈,故曰:"聖人之不病也,以其不病,是以無病也。" 宋之鄙人得璞玉而獻之子罕,子罕不受。鄙人曰:"此寶也,宜爲君子器,不宜爲細人用。"子罕曰:"爾以玉爲寶,我以不受子玉爲寶。"是鄙人欲玉,而子罕不欲玉。故曰:"欲不欲,而不貴難得之貨。" 王壽負書而行,見徐馮於周塗。馮曰:"事者爲也,爲生於時,知者無常事;書者言也,言生於知,知者不藏書。今子何獨負之而行?"於是王壽因焚其書而舞之。故知者不以言談教,而慧者不以藏書篋。此世之所過也,而王壽復之,是學不學也。故曰:"學不學,復歸眾人之所過也。" 夫物有常容,因乘以導之。因隨物之容,故靜則建乎德,動則順乎道。宋人有爲其君以象爲楮葉者,三年而成。豐殺莖柯,毫芒繁澤,亂之楮葉之中而不可別也。此人遂以功食祿於宋邦。列子聞之曰:"使天地三年而成一葉,則物之有葉者寡矣。"故不乘天地之資而載一人之身,不隨道理之數而學一人之智,此皆一葉之行也。故冬耕之稼,後稷不能羨也;豐

楚简《老子》	帛书《老子》甲	《韩非子》
		年大禾，臧獲不能惡也。以一人之力，則後稷不足；隨自然，則臧獲有餘。故曰："恃萬物之自然而不敢爲也。"
	不出於戶，以知天下；不規於牖，以知天道。	空竅者，神明之戶牖也。耳目竭於聲色，精神竭於外貌，故中無主。中無主則禍福雖如丘山，無從識之。故曰："不出於戶，可以知天下；不窺於牖，可以知天道。"此言神明之不離其實也。
	亓出也彌遠，亓知彌少。	趙襄主學禦於王子期，俄而與於期逐，三易馬而三後。襄主曰："子之教我禦，術未盡也?"對曰："術已盡，用之則過也。凡禦之所貴，馬體安於車，人心調於馬，而後可以進速致遠。今君後則欲逮臣，先則恐逮於臣。夫誘道爭遠，非先則後也，而先後心在於臣，上何以調於馬？此君之所以後也。"
		白公勝慮亂，罷朝，倒杖而策銳貫頤，血流至於地而不知。鄭人聞之曰："頤之忘，將何爲忘哉！"故曰："其出彌遠者，其智彌少。"此言智周乎遠，則所遺在近也。
	是以聖人不行而知，不見而名，弗爲而成。	是以聖人無常行也。能並智，故曰："不行而知。"能並視，故曰："不見而明。"隨時以舉事，因資而立功，用萬物之能而獲利其上，故曰："不爲而成。"
上士昏道，堇能行於亓中。中士昏道，若昏若亡。下士昏道，大芙之。弗大芙，不足以爲道矣。是	上士聞道，堇能行之。中士聞道，若存若亡。下士聞道，大笑之。弗大笑，不足以爲道。是以建言有	楚莊王蒞政三年，無令發，無政爲也。右司馬御座而與王隱曰："有鳥止南方之阜，三年不翅，不飛不鳴，嘿然無聲，此爲何名？"王曰："三年不翅，將以長羽翼；不飛不鳴，將以觀民

楚简《老子》	帛书《老子》甲	《韩非子》
以建言又之:明道女孛,迟道女類,進道若退。上惪女浴。大白女辱,迬惪女不足,建惪女揄,質貞女愉,大方亡禺,大器曼成,大音鼻聖,天象亡坓。道亙亡名,善詑善坓。	之,曰:明道女孛,遲道女類,進道若退。上惪女浴。大白女辱,盛惪女不足,建惪女揄,質真女愉。大方無禺。大器曼成,大音職聲。天象無刑,道恒無名。夫唯道,善起且善盛。 ——帛书甲本 善行者無夐迹,善言者無瑕適,善數者不以檮策,善閉者無關籥而不可啟也,善結者無繩約而不可解也。是以声人恒善怵人,而無棄人,物無棄財,是胃伸明。故善人,善人之師;不善人,善人之齎也。不貴亓師,不愛亓齎,唯知乎大眯,是胃眇要。	則。雖無飛,飛必沖天;雖無鳴,鳴必驚人。子釋之,不穀知之矣。"處半年,乃自聽政。所廢者十,所起者九,誅大臣五,舉處士六,而邦大治。舉兵誅齊,敗之徐州,勝晉於河雍,合諸侯於宋,遂霸天下。莊王不爲小害善,故有大名;不蚤見示,故有大功。故曰:"大器晚成,大音希聲。" 楚莊王欲伐越,莊子諫曰:"王之伐越,何也?"曰:"政亂兵弱。"莊子曰:"臣患智之如目也,能見百步之外而不能自見其睫。王之兵自敗於秦、晉,喪地數百里,此兵之弱也。莊蹻爲盜於境內而吏不能禁,此政之亂也。王之弱亂,非越之下也,而欲伐越,此智之如目也。"王乃止。故知之難不在見人,在自見,故曰:"自見之謂明。"子夏見曾子。曾子曰:"何肥也?"對曰:"戰勝,故肥也。"曾子曰:"何謂也?"子夏曰:"吾入見先王之義則榮之,出見富貴之樂又榮之,兩者戰於胸中,未知勝負,故臞。今先王之義勝,故肥。"是以志之難也不在勝人,在自勝也,故曰:"自勝之謂強。"周有玉版,紂令膠鬲索之,文王不予;費仲來求,因予之。是膠鬲賢而費仲無道也。周惡賢者之得志也,故予費仲。文王舉太公於渭濱者,貴之也;而資費仲玉版者,是愛之也。故曰:"不貴其師,不愛其資,雖知大迷,是謂要妙。"

参考文献:

[1]《简帛书法选》编辑组:《郭店楚墓竹简·老子甲本》《郭店楚墓竹简·老子乙、丙本》,文物出版社 2002 年版。

[2]马王堆汉墓帛书整理小组编:《马王堆汉墓帛书〈老子〉》,文物出版社 1976 年版。

[3]王先慎:《韩非子集解》,中华书局 1998 年版。

第六章 《简帛老子》与傅奕本《道德经古本篇》新校正

表六 《简帛老子》与《道德经古本篇》傅奕本及新校正比较表

《简帛老子》	《道德经古本篇》	傅奕本新校正
	道经古本篇	道 经
第一章 道,可道也,非恒道也;名,可名也,非恒名也。無名,萬物之始也;有名,萬物之母也。故①恒無欲也以觀其眇,恒有欲也以觀其所噭。兩者同出,異名同胃。玄之有玄,眾眇之門②。 　　　　——帛书甲本 **校注:** 　①故:字缺损,据帛乙补。 　②門:字缺损,据帛乙补。 **参考:** 　(1)《史记·日者列传·司马季主》: 　此《老子》之所谓无名者,万物之始也。 　(2)王弼《〈老子〉注》: 　凡有皆始于无,故未形无名之时,则为万物之始。及其有形有名之时,则长之、育之、亭之、毒之,为其母也。言道以无形无名始成万物。以始以成而不知其所以,玄之又玄也。	第一章 道,可道,非常道。名,可名,非常名。无名,天地之始;有名,万物之母。故常无欲,以观其妙;常有欲,以观其徼。此两者同出而异名,同谓之玄,玄之又玄,众妙之门。	第一章 道,可道也,非恒道也。名,可名也,非恒名也。無名,萬物之始也;有名,萬物之母也。故恒無欲也以觀其眇,恒有欲也以觀其所噭。兩者同出,異名同謂。玄之又玄,眾妙之門。

《简帛老子》	《道德经古本篇》	傅奕本新校正
第二章 天下皆智敚之爲嫩也，亞已；皆智善，此亓不善已。又亡之相生也，戁惕之相成也，長耑之相型也，高下之相涅也，音聖之相和也，先逡之相墮也。是以聖人居亡爲之事，行不言之孝。萬勿作而弗忎也，爲而弗志也，成而弗居。夫唯弗居也，是以弗去也。 ——楚简《老子》甲	第二章 天下皆知美之为美，斯恶已；皆知善之为善，斯不善已。故有无之相生，难易之相成，长短之相形，高下之相倾，音声之相和，前后之相随。是以圣人居无为之事，行不言之教。万物作而不为始，生而不有，为而不恃，功成不处。夫唯不处，是以不去。	第二章 天下皆知美之爲美也，亞已；皆知善，此其不善已。有無之相生也，難易之相成也，長短之相形也，高下之相盈也，音聲之相和也，先後之相隨也。是以聖人居無爲之事，行不言之教。萬物作而弗喜也，爲而弗志也，成而弗居。夫唯弗居也，是以弗去也。
第三章 不上賢，使民不爭；不貴難得之貨，使民不爲盜；不見可欲，使民不虬。是以声人之治也：虛其心，實其腹，弱其志，強其骨。恒使民無知無欲也。使夫知不敢，弗爲而已，則無不治矣。 ——帛书甲本	第三章 不尚贤，使民不争。不贵难得之货，使民不为盗。不见可欲，使民心不乱。是以圣人之治也，虚其心，实其腹；弱其志，彊其骨。常使民无知无欲，使夫知者不敢为。为无为，则无不为矣。	第三章 不尚賢，使民不爭。不貴難得之貨，使民不爲盜。不見可欲，使民不亂①。是以聖人之治也：虛其心，實其腹，弱其志，強其骨。恒②使民無知無欲也，使夫知者不敢爲，爲無爲，則無不治③矣。 校注： ①民不亂：原作"民心不乱"。 ②恒：原作"常"。也，据帛甲补。 ③治：原作"为"，从北大汉简与帛书乙改。
第四章 道沖①而用之，有弗盈也，潚呵！始萬物之宗②。銼亓兑，解亓紛，和亓光，	第四章 道盅而用之，又不满，渊兮似万物之宗。挫其锐，解其纷；和其光，同其	第四章 道沖①而用之，有弗盈也，淵呵！怡萬物之宗②。銼其銳，解其紛，和其光，

《简帛老子》	《道德经古本篇》	傅奕本新校正
同亓塺。湛③呵！佁④或存。吾不知誰子也，象⑤帝⑥之先⑦。 **校注：** ①沖：冲刺。 ②宗：嗣宗。 ③湛（dān）：通"媅"。欢乐。《诗·小雅·宾之初筵》："赐尔纯嘏，子孙其湛。"郑笺："湛，乐也。" ④佁（yǐ）：佁然。 ⑤象：形象。 ⑥帝：帝王，原始部落领地占有者。《左传·僖公二十五年》："今之王，古之帝也。" ⑦先：先人。 **[按]** 子与父关系明晰，是母系社会转型为父系社会的标志。古今注家，文字不通，以致费解。 **参考：** 《黄帝内经素问·太阴阳明论篇第二十九》："阳道实，阴道虚。"	尘。湛兮似或存。吾不知谁之子，象帝之先。	同其塺。湛①呵！佁或存③。吾不知誰子也④，象帝之先。 **校注：** ①沖：原作"盅"。从北大汉简与帛书乙改。沖：冲刺。 ②有弗盈也，渊呵！佁万物之宗：原作"又不满，渊兮，似万物之宗"，从帛书甲改。佁（yǐ）：佁然。宗：嗣宗。 ③湛呵！佁或存：原作"湛兮似或存"，从北大汉简与帛书乙改。湛（dān）：通"媅"。欢乐。 ④誰子也：原作"誰之子"，从帛甲。
第五章 　天地不仁，以萬物爲芻狗；声人不仁，以百省爲芻狗。 　　　　——帛书甲本 　天墬之間，亓猷囷蘥與？虚而不屈，踵而愈出。 　　　　——楚简《老子》甲 　多闻數窮，不若守於中。 　　　　——帛书甲本	**第五章** 　天地不仁，以万物为刍狗。圣人不仁，以百姓为刍狗。 　天地之间，其犹橐钥乎。虚而不诎，动而俞出。 　多言数穷，不如守中。	**第五章** 　天地不仁，以萬物爲芻狗。聖人不仁，以百姓爲芻狗。 　天墬之間，其猶囷蘥歟？虚而不淈，踵而愈出。 　多聞數窮，不若守中。

《简帛老子》	《道德经古本篇》	傅奕本新校正
第六章 浴神不死,是胃玄牝。玄牝之门,是胃天地之根。绵绵呵若存,用之不堇。 ——帛书甲本	第六章 谷神不死,是胃玄牝。玄牝之门,是胃天地之根。绵绵呵,其若存,用之不堇。 **参考:** 　《列子·天瑞篇》:"黄帝书曰:'谷神不死,是谓玄牝。玄牝之门,是谓天地之根。绵绵若存,用之不勤。'" 　此文不载于郭店楚简《老子》甲、乙、丙,殆老子为关尹讲授道德大义时所引述而得以文献留传耶。	第六章 穀神不死,是謂玄牝。玄牝之門,是謂天地之根。綿綿若存,用之不勤。
第七章 天长地久,天地之所以能长且久者,以其不自生也,故能长生。是以声人芮①其身而身先,外其身而身存。不以其无私與?故能成其私。 ——帛书甲本 **校注:** 　①芮(ruì):柔软。	第七章 天长地久。天地所以能长且久者,以其不自生,故能长生。是以圣人后其身而身先,外其身而身存。不以其无私邪?故能成其私。	第七章 天長地久,天地之①所以能長且久者,以其不自生也②,故能長生。是以聖人芮③其身而身先,外其身而身存。不以其無私歟④? 故能成其私。 **校注:** 　①之:据帛书甲补入。 　②也:据帛书甲补入。 　③芮:原作"后",从帛书甲改。 　④歟:原作"邪",从帛书甲改。
第八章 上善治①水,水善利万物而有静。居众之所恶,故几于道矣。居善地,心善潚②,予③善信,正④善	第八章 上善若水。水善利万物而不争,居众人之所恶,故几于道矣。居善地,心善渊,与善人,言善	第八章 上善若水,水善利萬物而有静。居眾人之所惡,故幾於道矣。居善地,心善愫,予善信,正善治,事

《简帛老子》	《道德经古本篇》	傅奕本新校正
治,事善能,蹱善時。夫唯不静⑤,故無尤。 ——帛书甲本 校注: 　①治:通"似",若、如同。 　②灇:通"愫",情愫。 　③予:誉,赞誉。 　④正:靶心,引申为标准、目标。 　⑤静:帛乙作"争",可从。	信,政善治,事善能,动善时。夫唯不争,故无尤矣。	善能,動善時。夫唯不爭,故無尤。
第九章 　持而涅之,不不若已①。灇而群之,不可長保也。金玉涅室,莫能獸②也。貴福而喬③,自遺咎也。攻④述身退,天之道也。 ——楚简《老子》甲 校注: 　①不不若已:不若其已。第二个不字为衍文;若下脱亓字,据帛乙删补。 　②獸:守。 　③福:富。而:原脱,依句式与帛乙补入。喬:驕。 　④攻:功。	**第九章** 　持而盈之,不如其已。灇而梲之,不可長保。金玉满室,莫之能守。贵富而骄,自遗其咎。成名、功遂、身退,天之道。	**第九章** 　持而盈之,不若其已。灇而群之,不可長保也。金玉盈室,莫能守也。貴富而驕,自遺咎也。功述身退,天之道也。
第十章 　戴熒袙①抱一②,能毋離乎？榑氣至柔,能嬰兒乎？脩除玄藍,能毋疵乎？愛民栝國,能毋以知乎？天門啟闔,能爲雌乎？明白四達,能毋以爲乎？生之畜之,生而弗有,	**第十章** 　戴营魄褒一,能无离乎？榑气至柔,能婴儿乎？涤除玄览,能无疵乎？爱民治国,能无以知乎？天门开阖,能为雌乎？明白四达,能无以为乎？生之畜之,生而不有,	**第十章** 　戴熒帕抱一,能毋離乎？榑氣至柔,能嬰兒乎？修除玄藍,能毋疵乎？愛民治國,能毋以知乎？天門啟闔,能爲雌乎？明白四達,能毋以爲乎？生之畜之,生而弗有,

《简帛老子》	《道德经古本篇》	傅奕本新校正
長而弗宰,是胃玄德。 ————帛书甲本 校注: 　①熒袙:熒光罗帕。熒,原作营,从北大汉简改。 　②一:专一。	为而不恃,长而不宰,是谓玄德。	長而弗宰,是胃玄德。
第十一章 　卅輻同一轂,當其無,有車之用也;然埴^①爲器,當其無,有埴器之用也;鑿戶牖,當其無,有室之用也。故有之以爲利,無之以爲用。 ————帛书甲本 校注: 　①埴(zhí):黄色黏土。	第十一章 　卅辐共一毂,当其无,有车之用也;埏埴以为器,当其无,有器之用也;凿户牖以为室,当其无,有室之用。故有之以为利,无之以为用。	第十一章 　卅輻同一轂,當其無,有車之用也;燃埴爲器,當其無,有埴器之用也;鑿戶牖,當其無,有室之用也。故有之以爲利,無之以爲用。
第十二章 　五色使人目明^①。馳騁田臘使人心發狂,難得之貨,使人之行方;五味,使人之口啪;五音,使人之耳聾。是以声人之治也爲腹不爲目。故去罷耳此。 ————帛书甲本 校注: 　①明:通"萌",同"矇"。傅奕本与帛乙作"盲",义亦精确。	第十二章 　五色令人目盲,五音令人耳聋,五味令人之口爽。馳骋田猎,令人心发狂;难得之货,令人之行妨。是以圣人为腹不为目。故去彼取此。	第十二章 　五色使人之目盲;五音使人之耳聾;五味使人之口爽;馳騁田獵,使人之心發狂;難得之貨,使人之行仿。是以聖人之治也,爲腹不爲目。故去彼取此。
第十三章 　人龍辱若纓^①,貴大患若身。可^②胃龍辱?龍爲下也。得之若纓,遾之若纓,是胃龍辱纓。可胃貴大患若身?虖所以又^③大	第十三章 　宠辱若惊,贵大患若身。何谓宠辱若惊?宠为下,得之若惊,失之若惊,是谓宠辱若惊。何谓贵大患若身?吾所以有大	第十三章 　人寵辱若纓,貴大患若身。何謂寵辱?寵爲下也,得之若纓,失之若纓,是謂寵辱纓。何謂貴大患若身?吾所以有大患者,

《简帛老子》	《道德经古本篇》	傅奕本新校正
患者,爲寁又身。及寁亡身,或可大患?古貴以身爲天下,若可以厇④天下矣;悉以身爲天下,若可以迲⑤天下矣。 ——楚简《老子》乙 校注: ①纓:通婴,缠绕。 ②可:何。 ③又:有。 ④厇(zhái):古同"宅"。 ⑤迲:寄。	患者,为吾有身;苟吾无身,吾有何患乎?故贵以身于为天下,则可以托天下矣;爱以身为天下者,则可以寄天下矣。	爲吾有身。及吾無身,或何大患?故貴以身爲天下,若可以厇天下矣;悉以身爲天下,若可以迲天下矣。
第十四章 　視之而弗見,名之曰職;聽之而弗聞,名之曰希;撲之而弗得,名之曰夷。三者不可至計,故闉①而爲一。一者,其上不攸②,其下不忽。尋尋呵不可名也,復歸於無物。是胃無狀之狀,無物之象。是胃沕璧。隋而不見其後,迎而不見其首。執今之道,以御今之有,以知古始,是胃道紀。 ——帛书甲本 校注: ①闉(hǔn):通"渾"。 ②攸:通"悠",忽悠。	**第十四章** 　視之不见名曰夷,听之不闻名曰希,抟之不得名曰微。此三者不可致诘,故混而为一。一者,其上之不曒,其下之不昧,绳绳兮不可名,复归于无物。是谓无状之状,无物之象,是谓芴芒。迎之不见其首,随之不见其后。执古之道,可以御今之有,能知古始,是谓道纪。	**第十四章** 　視之而弗見,名之曰微;聽之而弗聞,名之曰希;搏之而弗得,名之曰夷。三者不可至詰,故困而爲一。一者,其上不謬,其下不忽。尋尋呵不可名也,復歸於無物。是謂無狀之狀,無物之象。是謂沕望。隋而不見其後,迎而不見其首。執今之道,以御今之有,以知古始,是謂道紀。
第十五章 　長古之善爲士者,必非溺玄遠,深不可恚。是以爲之頌:夜嘑奴各涉川,	**第十五章** 　古之善为道者,微妙玄通,深不可识。夫唯不可识,故彊为之容,曰:豫兮	**第十五章** 　長古之善爲士者,必微妙玄遠,深不可志。是以爲之頌:豫乎若冬涉川,

《简帛老子》	《道德经古本篇》	傅奕本新校正
猷唬亓奴悬四叟,战唬亓奴客,觀唬亓奴懌,屯唬亓奴櫂,坉唬亓奴濁。竺能濁以寂者,牏唬清;竺能庀以迬者,牏唬生。保此衍者,不谷嘗呈。 ——楚简《老子》甲	若冬涉川,犹兮若畏四邻,俨若客,涣若冰将释,敦兮其若朴,旷兮其若谷,混兮其若浊。孰能浊以澄,靖之而徐清;孰能安以久,动之而徐生。保此道者不欲盈。夫唯不盈,是以能敝而不成。	猷乎其若畏四鄰,儼乎其若客,渙乎其若懌,沌乎其若樸,渾乎其若濁。孰能濁以靜者,將徐清;孰能庀以迬者,將徐生。保此道者,不欲嘗盈。
第十六章 　至虚,亙也;獸中,篤也。萬勿方作,居以須復也。天道煏煏,各復亓堇。 ——楚简《老子》甲 曰静,静,是胃復命。復命,常也。知常,明也。不知常,市,市作凶;知常,容,容乃公。公乃王,王乃天,天乃道,道乃久。沕身不怠。 ——帛书甲本	**第十六章** 　至虚极,守靖笃。万物并作,吾以观其复。凡道员员,各复归其根。 　归根曰靖,靖曰复命。复命曰常。知常曰明。不知常,妄作凶;知常容,容乃公,公乃王,王乃天,天乃道,道乃久。没身不殆。	**第十六章** 　至虚,極也;守中,督也。萬物方作,居以須復也。天道煏煏,各復其根。 　歸根曰靜,靜曰復命。復命,常也。知常,明也。不知常,妄作凶;知常曰容。容乃公。公乃王,王乃天,天乃道,道乃久,沕身不怠。
第十七章 　大上下智又①之,亓即②斳③譽之,亓既④悞之,亓即叀之。信不足,安又不信?猷唬亓貴言也。成事述㠯,而百眚⑤曰:我自肰⑥也。 ——楚简《老子》丙 校注: ①又:有。 ②即:次。 ③斳:親。	**第十七章** 　太上下知有之,其次亲之,其次誉之,其次畏之,其次侮之。故信不足,焉有不信?犹兮其贵言哉。功成事遂,百姓皆曰我自然。	**第十七章** 　大上下智有之,其次親譽之,其次悞之,其次叀之。信不足,安有不信?猶乎其貴言也。成事述㠯,而百姓曰:我自然也。

《简帛老子》	《道德经古本篇》	傅奕本新校正
④既:即、次。 ⑤昔:姓。 ⑥肰:然。		
第十八章 古①大道雙②,安③又④息⑤义?六新⑥不和,安又孝孯?陵家緍⑦乱,安又正臣? ——楚简《老子》丙 **校注**: ①古:故。 ②雙:废。 ③安:岂、怎么。副词,表疑问。 ④又:有。 ⑤息:仁,通用。楚簡《老子》僅此提及"仁",而且其與義之存在,有賴於大道基礎。 ⑥新:親。 ⑦緍:昏。	**第十八章** 大道废,焉有仁义?智慧出,焉有大伪?六亲不和有孝慈,国家昏乱有贞臣。	**第十八章** 故大道廢,安有仁義?六親不和,安有孝慈?邦家昏亂,安有正臣?
第十九章 𢇍智棄拼,民利百伓;𢇍攼棄利,覰惎亡又;𢇍慮棄慮,民复季子。三言以爲叏不足,或命之,或虖昱:見素保酱,少厶募慾。 ——楚简《老子》甲	**第十九章** 绝圣弃知,民利百倍;绝仁弃义,民复孝慈;绝巧弃利,盗贼无有。此三者,以为文而未足也,故令有所属。见素襄朴,少私寡欲。	**第十九章** 絕智棄辯,民利百倍;絕巧棄利,盜賊無有;絕愚棄虞,民復季子。三言以爲使不足,故命之,或虖屬:見素保業,少私寡欲。
第二十章 𢇍學亡惪①。唯與可②,相去幾可③?峀與亞④,相去可若⑤?人之所禓⑥,亦不可以不禓。 ——楚简《老子》乙	**第二十章** 绝学无忧。唯之与阿,相去几何?美之与恶,相去若何?人之所畏,不可不畏。	**第二十章** 繼學無憂。唯與呵,相去幾何?美與惡,相去何若?人之所禓,亦不可以不禓。

《简帛老子》	《道德经古本篇》	傅奕本新校正
校注： ①丝：继（xì），通"繋"，绑缚，约束。简乙字体"丝"与简甲"乆"形体迥别；包山楚简释作"继"。老子前言"绝知弃辩"，倡导断截知识，扬弃争辩；此述"繋學無憂"，以解释达成前言目标，关键在于约束学者念头，使民众保持敦厚淳朴本质，以净化心灵，愉悦人际关系，从而稳定原始母系氏族社会和谐秩序。 ②唯與可：唯唯与呵呵。 ③幾可：几何。 ④亚：丑，惡。 ⑤可若：何若。 ⑥祸（wú）：古同禖（wú），福。		
人璧呵，其未央。眾人熙熙，若鄉①於大牢，而春登臺。我泊焉未佻，若嬰兒未咳。纍呵，如無所歸。眾人皆有餘，我獨遺。我禺人之心也，蠢蠢呵。鬻人昭昭，我獨若閽呵。鬻人蔡蔡，我獨閭閭呵。忽呵，亓若海。璧呵，亓若無所止。眾人皆有以，我獨元以悝。吾欲獨異於人，而貴食②母。 ——帛书甲本 校注： ①鄉：飨。 ②食：饲，反哺。	荒兮其未央。众人熙熙，若享太牢，若春登台。我独魄兮其未兆，若婴儿之未咳，儡儡兮其不足以无所归。众人皆有余，我独若遗，我愚人之心也哉。沌沌兮。俗人皆昭昭，我独若昏。俗人皆詧詧，我独若闵闵。淡兮其若海，飘兮似无所止。众人皆有以，我独顽且图。吾独欲异于人，而贵食母。	人望呵，其未央。眾人熙熙，若鄉於大牢，而春登臺。我泊焉未佻，若嬰兒未咳。累呵，如無所歸。眾人皆有餘，我獨遺。我禺人之心也，蠢蠢呵。鬻人昭昭，我獨若閽呵。鬻人蔡蔡，我獨閭閭呵。忽呵，其若海。望呵，其若無所止。眾人皆有以，我獨元以悝。吾欲獨異於人，而貴食母。

《简帛老子》	《道德经古本篇》	傅奕本新校正
第二十一章 孔德之容,唯道是從。道之物,唯墾唯物。物呵墾呵,中有象呵。墾呵物呵,中有物呵。潀呵鳴呵,中有請吔。其請甚真,其中有信。自今及古,其名不去,以順眾仪。吾何以知眾父之然? 以此。 ——帛书甲本	第二十一章 孔德之容,唯道是從。道之为物,唯芒唯芴。芴兮芒兮,其中有象。芒兮芴兮,其中有物。幽兮冥兮,其中有精。其精甚真,其中有信。自今及古,其名不去,以阅眾甫。吾奚以知眾甫之然哉? 以此。	第二十一章 孔德之容,唯道是從。道之爲物,唯芒唯忽。忽兮芒兮,中有象兮。芒兮忽兮,中有物兮。幽兮冥兮,中有請吔。其請甚真,其中有信。自今及古,其名不去,以順眾父。吾奚以知眾父之然哉? 以此。
第二十二章 曲則金,枉則定,窪則盈,敝則新,少則得,多則惑。是以声人執一,以爲天下牧。不自視,故明。不自見,故章,不自伐,故有功。弗矜,故能長。夫唯不爭,故莫能與之爭。古之所胃曲金者,幾語才? 誠金歸之。 ——帛书甲本	第二十二章 曲則全,枉則正;洼則盈,敝則新;少則得,多則惑。圣人裹一,以为天下式。不自见故明,不自是故彰,不自伐故有功,不自矜故长。夫唯不爭,故天下莫能与之爭。古之所谓曲則全者,岂虚言也哉,诚全而归之。	第二十二章 曲則金,枉則定,窪則盈,敝則新,少則得,多則惑。是以聖人執一,以爲天下牧。不自視,故明。不自見,故章,不自伐,故有功。弗矜,故能長。夫唯不爭,故莫能與之爭。古之所謂曲金者,幾語哉! 誠金歸之。
第二十三章 希言自然,飄風不冬朝,暴雨不冬日,孰爲此? 天地,而弗能久,有兄於人乎? 故從事而道者,同於道;德者,同於德;失者,同於失。同於德者,道亦德之;同於失者,道亦失之。 ——帛书甲本	第二十三章 稀言自然,故飄风不崇朝,骤雨不崇日。孰为此者,天地也。天地尚不能久,而况于人乎? 故从事于道者,道者同于道;从事于得者,得者同于得;从事于失者,失者同于失。于道者,道亦得之;于得者,得亦得之;于失者,失亦得之。信不足,焉有不信。	第二十三章 希言自然,飄風不冬朝,暴雨不冬日,孰爲此? 天地,而弗能久,有兄於人乎? 故從事而道者,同於道;德者,同於德;失者,同於失。同於德者,道亦德之;同於失者,道亦失之。

《简帛老子》	《道德经古本篇》	傅奕本新校正
第二十四章 炊者不立,自视不章,自见者不明,自伐者無功,自矜者不長。其在道,曰:餘食、贅行。物或惡之,故有欲者,弗居。 ——帛书甲本	第二十四章 企者不立,跨者不行。自见者不明,自是者不彰,自伐者无功,自矜者不长。其在道也,曰:余食赘行。物或恶之,故有道者不处也。	第二十四章 炊者不立,自视不章,自見者不明,自伐者無功,自矜者不長。其在道,曰:餘食、贅行。物或惡之,故有欲者,弗居。
第二十五章 又酱①蟲②成,先天墬生,敚繆③蜀④立不亥⑤,可以爲天下母,未智亓名,絆⑥之曰道,虖勞爲之名曰大。大曰饕⑦,饕曰逝⑧,逝曰反。天大,墬大,道大,王亦大。囻中⑨又四大安,王位一安。人,琺墬墬,琺天天,琺道道,琺自肰。 ——楚简《老子》甲 **校注:** ①又酱(zǔ):有酱,有祖。又,有。酱,酱,周初古文。酱字两读,音义相同。酱(zǔ),徂古切,通"祖",道祖,太祖,烈祖。酱(jiǔng),子两切,大也,通"將"。 ②蟲:傅奕本作"混"。 ③敚繆:肃穆,楚语。 ④蜀:獨,古今字。 ⑤亥:改,通用。 ⑥絆:字。古文。 ⑦饕(xiāo):消,古文同"睿",通"逍",逍遥。 ⑧逝(shì):超踰。 ⑨囻(yòu):囿,宇宙生物圈。	第二十五章 有物混成,先天地生。寂兮寞兮,独立而不改,周行而不殆,可以为天下母。吾不知其名,故强字之曰道,强为之名曰大。大曰逝,逝曰远,远曰返。道大,天大,地大,人亦大。域中①有四大,而王处其一尊。人,法地地,法天天,法道道,法自然。 **校注:** ①域中:囻中。即此可证傅奕所得项羽妾墓本,乃楚简《老子》古籍珍本。	第二十五章 有酱混成,先天地生。蕭穆獨立不改,可以爲天下母。未知其名,字之曰道,吾強爲之名曰大。大曰消,消曰逝,逝曰反。天大,地大,道大,王亦大。域中有四大安,王居一安。人,法地地,法天天,法道道,法自然。

《简帛老子》	《道德经古本篇》	傅奕本新校正
第二十六章 重爲巠根,清爲趮君。是以君子眾日行,不離其甾重。唯有環官燕處①,則昭若若②,何萬乘之王,而以身巠於天下?巠則失本,趮則失君。 ——帛书甲本 校注: ①環官燕處:阛馆燕居。阛馆,古时招待所。《说文》:"馆,客舍。"《周礼·遗人》:"五十里有市,市有候馆。"营建于瞩目高地。燕居,候鸟栖息。 ②昭若若:超超然。昭,通"超"。王弼注:"不以经心也。"	**第二十六章** 重为轻根,靖为躁君。是以君子终日行不离其辎重。虽有荣观宴处,超然如之何?万乘之主,而以身轻天下,轻则失本,躁则失君。	**第二十六章** 重爲輕根,靖爲躁君。是以君子終日行不離其甾重。唯有環官燕處,則昭若若,何萬乘之王,而以身巠於天下?巠則失本,趮則失君。
第二十七章 善行者無勶跡,善言者無瑕適,善數者不以檮筭①,善閉者無關籥而不可啟也,善結者無纆約而不可解也。是以声人恒善,怵人而无弃人,物无弃财,是胃怋明②。故善人,善人之师;不善人,善人之齎也③。不贵亓师,不爱亓齎,唯知乎大眯,是胃眇要。 ——帛书甲本 校注: ①檮筭:同如筹策,刻有数字的木竹材质筹算器具。	**第二十七章** 善行者无彻迹,善言者无瑕谪,善数者无筹策,善闭者无关键而不可开,善结者无绳约而不可解。是以圣人常善救人,故人无弃人;常善救物,故物无弃物,是谓袭明。故善人者,不善人之师;不善人者,善人之资。不贵其师,不爱其资,虽知大迷。此谓要妙。	**第二十七章** 善行者無轍跡,善言者無瑕適,善數者不以檮策,善閉者無關鑰而不可啟也,善結者無纆約而不可解也。是以聖人恒善,救人而無棄人,物無棄財,是謂曳明。故善人,善人之師;不善人,善人之齎也。不貴其師,不愛其齎,唯知乎大眯,是謂眇要。

《简帛老子》	《道德经古本篇》	傅奕本新校正
②怦明:引领文明。怦,引领。帛乙作"曳",义同。曳(yé)明,喻绿光照明。今有绿灯通行,有曳光弹照明。 ③齎(jī):资助。		
第二十八章 　知亓雄,守亓雌,爲天下溪。爲天下溪,恒德不離。恒德不離,復歸嬰兒。知亓白,守亓辱,爲天下浴。爲天下浴,恒德乃足。恒德乃足,復歸於楃。知亓白①,守亓黑,爲天下式。爲天下式,恒德不貸②。恒德不貸,復歸於無極。楃散則爲器,声人用則爲官長。 　　　　　——帛书甲本 校注: 　①白:原脱,据帛乙补。 　②貸(dài):古同"贷"。	**第二十八章** 　知其雄,守其雌,为天下溪。为天下溪,常德不离,复归于婴儿。知其白,守其黑,为天下式。为天下式,常德不忒,复归于无极。知其荣,守其辱,为天下谷。为天下谷,常德乃足,复归于朴。朴散则为器,圣人用之,则为官长。	**第二十八章** 　知其雄,守其雌,爲天下溪。爲天下溪,恒德不離。恒德不離,復歸嬰兒。知其白,守其辱,爲天下浴。爲天下浴,恒德乃足。恒德乃足,復歸於樸。知其白,守其黑,爲天下式。爲天下式,恒德不貸。恒德不貸,復歸於無極。樸散則爲器,聖人用則爲官長。
第二十九章 　夫大制無割。將欲取天下而爲之,吾見亓弗得也。夫天下,神器也,非可爲者也。爲者敗之,執者失之。物或行或隨,或炅或噤,或吹或剉,或壞或撱,是以声人去甚、去大、去楮。 　　　　　——帛书甲本	**第二十九章** 　大制无割。將欲取天下而为之者,吾见其不得已。夫天下神器,不可为也。为者败之,执者失之。凡物或行或随,或嘘或吹,或强或剉,或培或堕。是以圣人去甚、去奢、去泰。	**第二十九章** 　夫大制無割。將欲取天下而爲之,吾見其弗得。夫天下,神器也,非可爲者也。爲者敗之,執者失之。物或行或隨,或炅或噤,或吹或剉,或壞或撱,是以聖人去甚、去太、去奢。

《简帛老子》	《道德经古本篇》	傅奕本新校正
第三十章 　以衍差人宝者,不谷以兵伹於天下。善者,果而已,不以取伹。果而弗雙,果而弗喬①,果而弗矜,是胃果而不伹。亓事好還②。 　　　　——楚简《老子》甲 **校注:** 　①喬:骄。 　②還:据傅奕本《道经古本篇》第三十章补入。 　師之所居,楚杕生之。善者,果而已矣,毋以取強焉。果而毋驕,果而勿矜,果而弗雙,果而毋得已居,是胃果而不強。物壯而老,是胃之不道。不道蚤已。 　　　　——帛书甲本	**第三十章** 　以道佐人主者,不以兵强天下,其事好还。师之所处,刑棘生焉。大军之后,必有凶年。故善者果而已矣,不敢以取强焉。 　果而勿矜,果而勿伐,果而勿骄。果而不得已,是果而勿强。物壮则老,是谓非道,非道早已。	**第三十章** 　以道佐人主者,不欲以兵強於天下。善者,果而已,不以取強。果而弗雙,果而弗驕,果而弗矜,是謂果而不強。其事好還。 　師之所居,楚杕生之。善者,果而已矣,毋以取強焉。果而毋驕,果而勿矜,果而毋雙,果而毋得已居,是胃果而不強。物壯而老,是胃之不道。不道蚤已。
第三十一章 　君子居則貴左,甬兵則貴右。古曰:兵者①,不祥之器也,不得已而甬之,鎬纏②爲上,弗媺也,敀③之,是樂殺人。夫樂④殺,不可以得志於天下。古吉事上左,喪事上右。是以抃牺軍⑤居左,上牺軍居右,言以喪豊居之也。古殺⑥人眾,則以依悲位之;戰勝,則以喪豊居之。 　　　　——楚简《老子》丙	**第三十一章** 　夫美兵者,不祥之器。物或恶之,故有道者不处。是以君子居则贵左,用兵则贵右。兵者,不祥之器,非君子之器,不得已而用之,以恬惔为上,故不美也。若孜必乐之,乐之者是乐杀人也。夫乐人杀人者,不可以得志于天下矣。故吉事尚左,凶事尚右。是以偏将军处左,上将军处右。言居	**第三十一章** 　君子居則貴左,用兵則貴右。故曰:兵者,不祥之器也,不得已而用之,鎬纏爲上,弗美也,好之,是樂殺人。夫樂殺,不可以得志於天下。故吉事上左,喪事上右。是以偏將軍居左,上將軍居右,言以喪禮居之也。故殺人眾,則以依悲位之;戰勝,則以喪禮居之。

《简帛老子》	《道德经古本篇》	傅奕本新校正
校注： ①者下脱文，可容六字，今据帛甲与北大汉简补入"不祥之器也，不"。 ②鋭緐：轻袭，轻车掩袭。 ③敆(hào)：好，喜悦，热衷于。 ④樂下脱文，容三字，今据斟酌帛甲与北大汉简补入"杀，不可"。 ⑤抃：偏。 ⑥殺下脱文，容二字，今据帛甲与北大汉简斟酌补入"人眾"。	上势，则以丧礼处之。杀人众多，则以悲哀泣之；战胜者，则以丧礼处之。	
第三十二章 　道亙亡名，璞，唯嫩，天下①弗敢臣。侯王女能獸之，萬勿迺自寅。 　天堕相盒也，以逾②甘雹，民莫之命，而③自均安。訖斲又名。名亦既又，夫亦迺智生。智生，所以不訖。卑道之才天下也，猷少浴④之與江海。 　　　　——楚简《老子》甲 校注： ①天下：原作"天"。堕，堕楚文字"地"。天地，帛甲与乙、北大汉简、傅奕古本等，均作"天下"，义胜可正。 ②逾：通"输"。 ③而：原作"天"，形误，从帛甲、乙、北大汉简改。 ④少：小。	第三十二章 　道常无名。朴，虽小，天下莫能臣。王侯若能守，万物将自宾。 　天地相合，以降甘露，民莫之令，而自均焉。始制有名。名亦既有，夫亦将知止。知止，所以不殆。譬道之在天下，犹川谷之与江海也。	第三十二章 　道恒無名，樸，雖稚，天下弗敢臣。侯王如能守之，萬物將自賓。 　天地相盒也，以輸甘雹，民莫之命，而自均安。始制有名。名亦既有，夫亦將知止。知止，所以不殆。譬道之在天下也，猶小谷之與江海。

《简帛老子》	《道德经古本篇》	傅奕本新校正
第三十三章 　知人者，知也。自知者，明也。勝人者，有力也。自勝者，強也。知足者，富也。強行者，有志也。不失元所者，久也。死①，不忘②者，壽也。 　　　　——帛书甲本 校注： 　①死：死机，泛指危机。 　②忘：亡。亡，本义为动词，出走。会意字，小篆字从人，从乚。"人"是人字，"乚"是隐蔽，合起来表示人到隐蔽处。此处使动用法，使亡殁。不亡，不致亡殁。	**第三十三章** 　知人者智也，自知者明也。胜人者有力也，自胜者强也。知足者富也，强行者有志也。不失其所者久也，死而不亡者寿也。	**第三十三章** 　知人者，智也。自知者，明也。勝人者，有力也。自勝者，強也。知足者，富也。強行者，有志也。不失其所者，久也。死，不亡者，壽也。
第三十四章 　道，渢呵，元可左右也。成功遂事而弗名，有也。萬物歸焉，而弗爲主，則恒無欲也，可名於小。萬物歸焉，而弗爲主，可名於大。是以声人之能成大也，以元不爲大也，故能成大。 　　　　——帛书甲本	**第三十四章** 　大道泛泛兮，其可左右。万物恃之以生而不辞，功成而不居。衣被万物而不为主。故常无欲，可名于小矣。万物归之而不知主，可名于大矣。是以圣人能成其大也，以其终不自大，故能成其大。	**第三十四章** 　道，渢呵，其可左右也。成功遂事而弗名，有也。萬物歸焉，而弗爲主，則恒無欲也，可名於小。萬物歸焉，而弗爲主，可名於大。是以声人之能成大也，以其不爲大也，故能成大。
第三十五章 　執大象，天下往。往而不害，安坪大①。樂與餌，怎客止。古道之出言②，淡可③元糜味也。視之不足見，聖④之不足餌，而不可既也。 　　　　——楚简《老子》丙	**第三十五章** 　执大象者，天下往。往而不害，安平泰。乐与饵，过客止。道之出言，淡兮其无味。視之不足见，听之不足闻，用之不可既。	**第三十五章** 　執大象，天下往。往而不害，安平大，樂與餌，怎客止。故道之出言：淡呵，其無味也！視之不足見，聽之不足聞，而不可既也。

《简帛老子》	《道德经古本篇》	傅奕本新校正
校注： ①坪：平。 ②古：故。道字之下，脱文，容三字。"之出言"，从帛甲本与北大汉简补。 ③可：呵。 ④聖：听。		
第三十六章 　将欲拾之，必古張之。將欲弱之，必古強之。將欲去之，必古與①之。將欲奪之，必古予之。是胃微明。柔弱勝強。魚不脱於瀟，邦利器不可以視人。 　　　　——帛书甲本 校注： 　①與：通"舉"，拔高。傅奕本作"興"，义同。	第三十六章 　将欲翕之，必固张之。将欲弱之，必固强之。将欲废之，必固兴之。将欲夺之，必固与之。是谓微明。柔之胜刚，弱之胜强。鱼不可悦于渊，邦之利器，不可以示人。	第三十六章 　将欲拾之，必古張之。將欲弱之，必古強之。將欲去之，必古舉之。將欲奪之，必古予之。是胃微明。柔弱勝強。魚不脱於瀟，邦利器不可以視人。
第三十七章 　衍互亡爲也，侯王能守之，而萬勿牯自愚。愚而雒①作，牯貞②之以亡名之蔓。夫亦牯智③足，智足以寂④，萬勿牯自定。 　　　　——楚简《老子》甲 校注： 　①雒：络，络绎。 　②貞：镇。 　③智：知。 　④寂：恬静无声。	第三十七章 　道常无为而无不为。王侯若能守，万物将自化。化而欲作，吾将镇之以无名之朴。无名之朴，夫亦将不欲。不欲以靖，天下将自正。	第三十七章 　道恒無爲也，侯王能守之，而萬物將自化。化而欲作，將鎮之以無名之撲，夫亦將知足。知足以靜，萬物將自定。

《简帛老子》	《道德经古本篇》	傅奕本新校正
	德经古本篇	**德经古本篇**

第三十八章

上德不德，是以有德；下德不失德，是以無德。上德無爲而無以爲也，下德爲之而有以爲也。上仁爲之而無以爲也，上義爲之而有以爲也。上禮爲之而莫之應也，則攘臂而乃①之，故失道。失道矣而後德，失德而後仁，失仁而後義，失義而後禮。夫禮者，忠信之泊也而亂之首也。前識者，道之華也而愚之首也。是以大丈夫居亓厚而不居亓泊②，居亓實而不居亓華。故去皮③取此。

——帛书甲本

校注：

①乃:扔,通用。

②泊:停泊。

③皮:彼,通用。

第三十八章

上德不德,是以有德；下德不失德,是以无德。上德无为而无不为,下德为之而无以为。上仁为之而无以为,上义为之而有以为。上礼为之而莫之应,则攘臂而仍之。故失道而后德,失德而后仁,失仁而后义,失义而后礼。夫礼者,忠信之薄而乱之首也。前识者,道之华而愚之始也。是以大丈夫处其厚,不处其薄；处其实,不处其华。故去彼取此。

第三十八章

上德不德,是以有德；下德不失德,是以無德。上德無爲而無以爲,下德爲之而有以爲。上仁爲之而無以爲,上義爲之而有以爲。上禮爲之而莫之應,則攘臂而乃①之。故失道而後德,失德而後仁,失仁而後義,失義而後禮。夫禮者,忠信之泊而亂之首也。前識者,道之華而愚之始也。是以大丈夫居其厚而不居其泊,居其實而不居其華。故去皮②取此。

校注：

①乃:扔,通用。

②皮:彼,通用。

第三十九章

昔之得一①者，天得一以清，地得一以寧，神得一以靁，浴得一以盈，侯王得一而以爲正。亓至之也，胃天毋已清將恐蓮，胃地毋已寧將恐發，胃神毋已靁將恐歇，胃浴毋已盈將恐渴，胃侯王毋

第三十九章

昔之得一者,天得一以清,地得一以宁,神得一以灵,谷得一以盈,万物得一以生,王侯得一以为天下贞。其致之,一也。天无以清将恐裂。地无以宁将恐发。神无以灵将恐歇。谷无以盈将恐竭。

第三十九章

昔之得一者,天得一以清,地得一以寧,神得一以靁,浴得一以盈,侯王得一而以爲正。其致之也,胃天毋已清將恐蓮,胃地毋已寧將恐發,胃神毋已靁將恐歇,胃浴毋已盈將恐渴,胃侯王毋已貴

《简帛老子》	《道德经古本篇》	傅奕本新校正
已貴以高將恐歇。故必貴而以賤爲本,必高矣而以下爲基。夫是以侯王自胃曰:孤、寡、不穀,此亓賤之本與?非也。故致數,與無與。是故不欲祿祿若玉,硌硌若石。 ——帛书甲本 **校注:** ①一:十进制自然数之始数。言一以赅多,言多自有一。又,纯一、划一、一概。	万物无以生将恐灭。王侯无以为贞而贵高将恐厥。故贵以贱为本,高以下为基。是以王侯自谓孤寡不谷,是其以贱为本也,非欤。故致数,誉无誉,不欲碌碌若玉,落落若石。	以高將恐歇。故必貴而以賤为本,必高矣而以下为基。夫是以侯王自胃孤寡不穀,此其賤之本與?非也。故致数,與无與。是故不欲祿祿若玉,硌硌若石。
第四十章 　返也者,道之僮也;溺也者,道之甬也。天下之勿生於又,生於亡。 ——楚简《老子》甲	**第四十章** 　反者,道之动;弱者,道之用。天下之物生于有,有生于无。	**第四十章** 　反也者,道之動也;弱也者,道之用也。天下之物生於有,有生於無。
第四十一章 　上士昏道,堇能行於亓中。中士昏道,若昏若亡。下士昏道,大芺①之。弗大芺,不足以爲道矣。是以建言又之:明道女孛,迟道如纇②,進③道若退,上惪女浴。大白女辱,𡎐惪女不足,建惪女揄④,質⑤貞女愉。大方亡禺,大器曼成,大音鼁聖⑥。天象亡㽪⑦,道亙亡名,善㠪善㘶⑧。 ——楚简《老子》乙	**第四十一章** 　上士闻道而勤行之,中士闻道若存若亡。下士闻道而大笑之。不笑,不足以为道。故建言有之曰:明道若昧,夷道若类,进道若退。上德若谷,大白若辱,广德若不足,建德若偷,质真若输。大方无隅,大器晚成,大音稀声,大象无形,道隐无名。夫唯道,善贷且成。	**第四十一章** 　上士聞道,勤能行於其中;中士聞道,若聞若亡;下士聞道,大笑之。弗大笑,不足以爲道矣。是以建言有之:明道如孛,夷道如纇,進道若退,上德如浴。大白如辱,盛德如不足,建德如揄,質真如愉。大方無隅,大器晚成,大音㲅聲。天象無形,道隱無名,善起善盛。

《简帛老子》	《道德经古本篇》	傅奕本新校正
校注: ①芙:笑,异体字。 ②如纇:据帛甲本补缺。 ③進:据帛甲本补缺。 ④揄:据帛甲本补缺。 ⑤質:据帛甲本补缺。 ⑥龠聖:鬍聲。 ⑦坓:形。 ⑧道互亡名,善詒善坓:道字下简文缺损,从上下文本校,帛甲乙对校,补"互亡名,善詒善坓"七字。		
第四十二章 道生一,一生二,二生三,三生萬勿。萬勿負陰而抱陽,中氣以爲和。天下之所惡,唯孤寡不棄,而王公以自名也。勿或敗之而益,益之而敗。故人之所教,夕議而教人。故強良者不得死,我將以爲學父。 ——帛书甲本	**第四十二章** 道生一,一生二,二生三,三生万物。万物负阴而襄阳,冲气以为和。人之所恶,唯孤寡不谷,而王侯以自称也。故物,或损之而益,或益之而损。故人之所以教我,亦我之所以教人。强梁者不得其死,吾将以为学父。	**第四十二章** 道生一,一生二,二生三,三生萬物。萬物負陰而抱陽,中氣以爲和。天下之所惡,唯孤寡不穀,而王公以自名也。物或損之而益,益之而損。故人之所教,夕議而教人。故強良不得其死,我將以爲學父。
第四十三章 天下之至柔,馳騁於天下之致堅。無有入於無間。五①是以知無爲之有益也。不言之教,無爲之益,天下希能及之矣。 ——帛书甲本 校注: ①五:吾。通用。参见乙本。	**第四十三章** 天下之至柔,馳骋天下之至坚。出于无有,入于无间。吾是以知无为之有益也。不言之教,无为之益,天下稀及之矣。	**第四十三章** 天下之至柔,馳騁於天下之致堅。無有入於無間。吾是以知無爲之有益也。不言之教,無爲之益,天下希能及之矣。

《简帛老子》	《道德经古本篇》	傅奕本新校正
第四十四章 　名與身孰虒？身與貨篙多？貨與貧篙牞？甚炁必大費，厚贜①必多貧。古智②足不辱，智生不忐③，可以長舊④。 　　　　——楚简《老子》甲 校注： 　①厚贜：厚贜，厚赃。 　②古智：故知。 　③忐：疟，痴貌。 　④舊：久。	**第四十四章** 　名与身孰亲？身与货孰多？得与亡孰病？是故甚爱必大费①，多藏必厚亡。知足不辱，知止不殆，可以长久。 校注： 　①大费：消费大。费，拂，费用广。	**第四十四章** 　名與身孰親？身與貨孰多？貨與亡孰妨？甚炁必大費，厚贜必多亡。故知足不辱，知止不疚，可以長久。
第四十五章 　大成若夬①，亓甬不幣②。大涅若中③，亓用不穷。大玫若仳，大成若詘，大植若屈。喿勲滄，晴勲然，青清爲天下定。 　　　　——楚简《老子》乙 校注： 　①夬：缺。 　②幣：敝。 　③中：沖，涌动。	**第四十五章** 　大成若缺，其用不敝。大满若盅，其用不穷。大直若屈，大巧若拙，大辩若讷。躁胜寒，靖胜热，知清靖，以为天下正。	**第四十五章** 　大成若缺，其用不敝。大盈若冲，其用不窮。大巧若拙，大成若詘，大直若屈。燥勝寒，清勝熱，清淨爲天下定。
第四十六章 　天下有道，卻走馬以糞；天下無道，戎馬生於郊。 　　　　——帛书甲本 　皋①莫尾虓②甚慾，咎莫簮③虓谷④得，化⑤莫大虓不智⑥足。智足之爲足，此互足矣。 　　　　——楚简《老子》甲	**第四十六章** 　天下有道，却走马以播；天下无道，戎马生于郊。罪莫大于可欲，祸莫大于不知足，咎莫憯于欲得。故知足之足，常足矣。	**第四十六章** 　天下有道，卻走馬以糞；天下無道，戎馬生於郊。罪莫厚乎甚欲，咎莫憯乎欲得，禍莫大乎不知足。知足之爲足，此恒足矣。

《简帛老子》	《道德经古本篇》	傅奕本新校正
校注： ①辠：罪。 ②尾唬：呼。 ③龕（xiān）：譀，古文。 ④谷：欲。 ⑤化：祸。 ⑥智：知。		
第四十七章 　不出於戶，以知天下；不规於牗，以知天道。亓出也彌遠，亓知彌少。是以声人不行而知，不見而名，弗爲而成。 　　　　——帛书甲本	**第四十七章** 　不出戶，可以知天下；不窥牗，可以知天道。其出弥远，其知弥尐。是以圣人不行而知，不见而名，不为而成。	**第四十七章** 　不出於戶，以知天下；不规於牗，以知天道。其出也彌遠，其知彌少。是以聖人不行而知，不見而名，弗爲而成。
第四十八章 　爲①學者日益，爲道者日煩。煩之或煩，以至亡爲也。亡爲而亡不爲。 　　　——楚简《老子》乙 　將欲取天下也，恒無事。及亓有事也，又不足以取天下矣。 　　　　——帛书甲本 校注： 　①爲：原脱，从帛甲乙与傅奕本补入。	**第四十八章** 　为学者日益，为道者日损。损之又损之，以至于无为，无为则无不为。将欲取天下者，常以无事。及其有事，又不足以取天下矣。	**第四十八章** 　爲學者日益，爲道者日煩。煩之或煩，以至無爲也。無爲而無不爲。將欲取天下也，恒無事。及其有事也，又不足以取天下矣。
第四十九章 　聖人無恒心，以百姓之心爲心。善者善之，不善者亦善之，德善也；信者信之，不信者亦信之，德信也。聖人之在天下，翕	**第四十九章** 　圣人无常心，以百姓心为心。善者吾善之，不善者吾亦善之，得善矣；信者吾信之，不信者吾亦信之，得信矣。圣人之在天	**第四十九章** 　聖人無恒心，以百姓之心爲心。善者善之，不善者亦善之，德善也；信者信之，不信者亦信之，德信也。聖人之在天下，歙

《简帛老子》	《道德经古本篇》	傅奕本新校正
翕焉,爲天下渾心。百姓皆屬耳目焉,聖人皆咳之。 　　——帛书甲、乙本对校	下,歙歙焉,为天下浑浑焉。百姓皆注其耳目,圣人皆咳之。	歙焉,爲天下渾心。百姓皆屬耳目焉,聖人皆咳之。
第五十章 　出生入死。生之徒十有三,死之徒十有三,而民生生,勤皆之死地之十有三。夫何故也?以亓生生也。葢聞善執生者,陵行不辟矢虎,入軍不被甲兵。矢無所椯亓角,虎無所昔亓蚤,兵無所容亓刃。夫何故也?以亓無死地焉。 　　——帛书甲、乙本对校	第五十章 　出生入死,生之徒十有三,死之徒十有三,而民之生生而动,动皆之死地,亦十有三。夫何故?以其生生之厚也。盖闻善摄生者,陆行不遇兕虎,入军不被甲兵。兕无所投其角,虎无所措其爪,兵无所容其刃。夫何故?以其无死地焉。	第五十章 　出生入死。生之徒十有三,死之徒十有三,而民生生,勤皆之死地之十有三。夫何故也?以其生生也。葢聞善執生者,陵行不辟矢虎,入軍不被甲兵。矢無所椯其角,虎無所昔其蚤,兵無所容其刃。夫何故也?以其無死地焉。
第五十一章 　道生之而德畜之,物刑之而器成之。是以萬物尊道而貴德。道之尊,德之貴。夫莫之時而恒自然也。道生之畜之,長之遂之,亭之毒之,養之復之。生而弗有也,爲而弗寺也,長而勿宰也,此之胃玄德。 　　——帛书甲本	第五十一章 　道生之,德畜之,物形之,势成之。是以万物莫不尊道而贵德。道之尊,德之贵,夫莫之爵,而常自然。故道生之,德畜之,长之育之,亭之毒之,盖之覆之。生而不有,为而不恃,长而不宰,是谓玄德。	第五十一章 　道生之而德畜之,物刑之而器成之。是以萬物尊道而貴德。道之尊,德之貴也。夫莫之爵而恒自然也。道生之,畜之,長之,遂之,亭之,毒之,養之,復之。生而弗有也,爲而弗寺也,長而勿宰也,此之胃玄德。
第五十二章 　天下有始,以爲天下母。既得亓母,以知亓子。復守亓母,沒身不殆。 　　——帛书甲本	第五十二章 　天下有始,可以为天下母。既得其母,以知其子。既知其子,复守其母,没身不殆。塞其兑,	第五十二章 　天下有始,以爲天下母。既得其母,以知其子。復守其母,沒身不殆。

《简帛老子》	《道德经古本篇》	傅奕本新校正
閟亓門①,賽②亓逸③,終身不薆;啟亓逸,賽亓事,終身不棘④。 ——楚简《老子》乙 塞亓閟,閉亓門,終身不堇。啟亓閟,濟亓事,終身不棘。見小曰明,守柔曰強。用亓光,復歸亓明。毋道身央,是胃襲常。 ——帛书甲本 **校注:** ①閟:插上门门。 ②賽:塞。 ③逸:兑,通用,游说。 ④棘(shào):少,阔少。	闭其門,終身不勤;开其兑,济其事,終身不救。見小曰明,守柔曰强。用其光,复归其明,无遗身殃,是谓袭常。	閟其門,塞亓逸,終身不薆;啟其逸,塞其事,終身不棘。 見小曰明,守柔曰強。用其光,復歸其明。毋道身央,是謂襲常。
第五十三章 使我擦有知也,行於大道,唯施①是畏。大道甚夷,民甚好解②。朝甚除,田甚蕪,倉甚虛。服文采,帶利劍,猒食,貨財有餘,是胃盜夸。盜夸,非道也! ——帛书甲本 **校注:** ①施:旗貌。字从傅奕本补。 ②解:乙本作"懈",通"懈",宽松。	**第五十三章** 使我介然有知,行於大道,唯施①是畏②。大道甚夷,而民好徑。朝甚除,田甚蕪,倉甚虛。服文采,帶利劍,猒飲食,貨財有余。是謂盜夸,盜夸,非道也哉。 **校注:** ①施:旗貌。旗帜面柔,下人以色,故不耐仰视。 ②畏:威,通用,威严。	**第五十三章** 使我擦有知也,行於大道,唯旗是威。大道甚夷,民甚好解。朝甚除,田甚蕪,倉甚虛。服文採,帶利劍,猒食,貨財有餘,是謂盜夸。盜夸,非道也!
第五十四章 善建者不拔,善抾者不兑①,子子孫孫以亓祭祀不屯②。攸③之身,亓惪乃貞④。	**第五十四章** 善建者不拔,善襃者不脫,子孫祭祀不輟。修之身,其德乃真。修之家,	**第五十四章** 善建者不拔,善保者不脫,子子孫孫以其祭祀不屯。修之身,其德乃真。

《简帛老子》	《道德经古本篇》	傅奕本新校正
攸之豪，亓惪又啥⑤。攸之向，亓惪乃長。攸之陞，亓惪乃奉⑥。攸之天下⑦，亓惪乃溥。以豪觀豪，以向觀向，以陞觀陞，以天下觀天下。虖可⑧以智天下朕？以此⑨。 ——楚简《老子》乙 **校注：** ①扴(bēng)：搒，相牵。兑：脱。 ②屯：顿。停顿。 ③攸：修。 ④貞：真。 ⑤又：有。啥：餘。通用。 ⑥奉：丰。 ⑦下：简文下字缺损，脱七字：亓德乃溥以家觀。今据帛乙与北大汉简补入。 ⑧可：何。 ⑨以此：二字据帛乙傅奕本补入。	其德乃余。修之乡，其德乃长。修之邦①，其德乃丰。修之天下，其德乃溥。故以身观身，以家观家，以乡观乡，以邦观邦，以天下观天下。吾奚以知天下之然哉，以此。 **校注：** ①邦："邦"字一任其旧，未如他处改易作"国"，犹存楚简文字。	修之家，其德有馀。修之乡，其德乃长。修之邦，其德乃丰。修之天下，其德乃溥。以家观家，以乡观乡，以邦观邦，以天下观天下。吾何以知天下然哉？以此。
第五十五章 䚔惪①之尾者，比於赤子。蟲蠆蠚它②弗蟄，攫鳥戰獸弗扣，骨溺③菫④柔而捉固，未智牝戊之會勞蓥⑤，精之至也。終日唬而不憂，和之至也。和曰常，智和曰昀，贁生曰羕，心叏燺曰勞。勿壓則老。是胃不道。 ——楚简《老子》甲	**第五十五章** 含德之厚者，比之于赤子也。蜂虿不螫，猛兽不据，攫鸟不搏，骨弱筋柔而握固。未知牝牡之合而朘作，精之至也。终日号而嗌不哑，和之至也。知和曰常，知常曰明，益生曰祥，心使气则强。物壮则老，谓之不道，不道早已。	**第五十五章** 䚔德之厚者，比於赤子。螝蠆蟲蛇弗螫，攫鳥猛獸弗扣，骨弱筋柔而捉固，未知牝牡之合然勢怒，精之至也。終日呼而不嚘，和之至也。和曰常，知和曰明，贁生曰羕，心使氣曰強。物壯則老。是謂不道。

《简帛老子》	《道德经古本篇》	傅奕本新校正
校注: ①韵惪:韵德。韵,简甲字体清晰,整理者释作"畲",注字"含",可商榷。今辨认简文改。《康熙字典》引《集韵》:与韵同。引《说文》:韵,和也。 ②它:蛇。 ③溺:弱。 ④菫:筋。 ⑤夿惹(shì nù):势怒。		
第五十六章 智①之者弗言,言之者弗智。閟亓说,賽亓門,和亓光,迵亓鰤,斲剾亓鐂,解亓紛,是胃②玄同。古③不可得而萰,亦不可得而疋④;不可得而利,亦不可得而害;不可得而貴,亦不可得而戔⑤。故爲天下貴。 ——楚简《老子》甲 **校注:** ①智:知。 ②胃:谓。 ③古:故。 ④疋:疏。楚通用。 ⑤戔:贱。通用。	**第五十六章** 知者不言也,言者不知也。塞其兑,闭其门,挫其锐,解其纷,和其光,同其尘,是谓玄同。不可得而亲,亦不可得而疏;不可得而利,亦不可得而害;不可得而贵,亦不可得而贱。故为天下贵。	**第五十六章** 知之者弗言,言之者弗知。閟亓说,塞亓門,和亓光,迵亓鰤,斲剾亓鐂,解亓紛,是胃玄同。古不可得而親,亦不可得而疏;不可得而利,亦不可得而害;不可得而貴,亦不可得而賤。故爲天下貴。
第五十七章 以正之①陞,以旨甬②兵,以亡事取天下。虗可以智亓肰③也?夫天下多晃韋④,而民爾⑤叛;民多利器,而陞滋⑥昏;人多智而吇勿滋记,琺勿滋	**第五十七章** 以政治国,以奇用兵,以无事取天下。吾奚以知天下其然哉?以此。夫天下多忌讳,而民弥贫;民多利器,国家滋昏;民多知慧而衺事滋起,法	**第五十七章** 以正治邦,以奇用兵,以無事取天下。吾何以知其然也?夫天下多忌諱,而民彌叛;民多利器,而邦滋昏;人多智而奇物滋起,法物滋彰,盜賊多

《简帛老子》	《道德经古本篇》	傅奕本新校正
章⑦,頻悬⑧多又。是以聖人之言曰:我釋事而民自福,我亡爲而民自蟲,我好晴⑨而民自正,我谷不谷⑩而民自檏。 　　　　——楚简《老子》甲 **校注:** 　①之:治。楚通用。 　②用:原作"甬",通。 　③肰:然。 　④下:原脱,从帛甲乙傅奕本补入。晃革:忌讳。 　⑤爾:彌,通用。 　⑥滋:原作"慈",通。下同例。 　⑦珐勿滋章:物件仿制愈加显露。珐(fǎ):法,效法、仿制。章:彰。 　⑧頻悬:盗贼。 　⑨晴:静。 　⑩谷:欲。	令滋章,盗贼多有。故圣人云:我无为而民自化,我好靖而民自正,我无事而民自富,我无欲而民自朴。	有。是以聖人之言曰:我無事而民自富,我無爲而民自化,我好靜而民自正,我欲不欲而民自樸。
第五十八章 　亓正閔閔,亓民屯屯;亓正察察,亓邦夬夬。禍,福之所倚;福,禍之所伏。孰知亓極?亓無正也,正復爲畸,善復爲妖。人之迷也,亓日固久矣。是以方而不割,兼而不刺,直而不紲,光而不眺。 　　　　——帛书甲本	**第五十八章** 　其政闵闵,其民倖倖;其政督督,其民缺缺。祸兮,福之所倚;福兮,祸之所伏。孰知其极?其无正衺?正复为奇,善复为袄。人之迷也,其日固久矣。是以圣人方而不割,廉而不刿,直而不肆,光而不耀。	**第五十八章** 　其正閔閔,其民屯屯;其正察察,其邦夬夬。禍,福之所倚;福,禍之所伏。孰知其極?其無正也,正復爲畸,善復爲妖。人之迷也,其日固久矣。是以方而不割,兼而不刺,直而不緤,光而不眺。

《简帛老子》	《道德经古本篇》	傅奕本新校正
第五十九章 給①人事天莫若嗇②。夫唯嗇,是以早,是以早備,是謂重積德。重積德則亡不克,亡③不克則莫知亓亘。莫知亓亘,可以又賦。又賦之母,可以長舊,是謂深根寧極而待④,長生舊見⑤之道也。 ——楚简《老子》乙 **校注:** ①給:供给。帛甲夺,据楚简补。 ②嗇:稿,稼穡。稿,概括稼穡,即播种收获之义。民以食为天。治人事天,首要在于早务农时,整备春耕,有望秋季丰收,广积粮,就是重积德,开创德业,战无不胜,攻无不克,发展不识其极限,这才真正能够维护国家安定,母系氏族也就可能维持长久。向来注家不识嗇字大义,以致古今注释皆误,误己误人。老子重视稼穡备战,图谋社会长治久安之稳态思想,精深之处,与孔子耻樊迟学稼,迥异其趣。此乃老孔学术分判之界线。 ③亡:亡前十字,据帛乙傅奕补。 ④長久是謂深根寧極而待:原简长字下文缺漏,可容九字,今据帛甲、乙与北大汉简补入"久,是谓深根",据《庄子·缮性》补入"宁极而待"。 ⑤舊見:久视。	**第五十九章** 治人事天,莫若嗇。夫唯嗇,是以早服。早服谓之重积德,重积德则无不克,无不克则莫知其极。莫知其极,可以有国。有国之母,可以长久。是谓深根固柢,长生久视之道。	**第五十九章** 給人事天莫若嗇。夫唯嗇,是以早,是以早備,是謂重積德。重積德則無不克,無不克則莫知其極。莫知其極,可以有國。有國之母,可以長久,是謂深根寧極而待,長生久視之道也。

《简帛老子》	《道德经古本篇》	傅奕本新校正
第六十章 治大國若亨小鮮。以道立天下，亓鬼①不神②。非亓鬼不神也，亓神不傷人也；非亓申不傷人也，聖人亦弗傷也。夫兩不相傷，故德交歸焉。 ——帛书甲本 **校注：** ①鬼：归。《说文》："人所归为鬼。"《尔雅·释训》："鬼之为言，归也。"引申为诡秘。 ②神：引领者。《康熙字典》："说文：天神，引出万物者。徐曰：申即引也。天主降气，以感万物，故言引出万物。"	**第六十章** 治大国若烹小鲜。以道莅天下者，其鬼不神。非其鬼不神，其神不伤人；非其神不伤人，圣人亦不伤人。夫两不相伤，故德交归焉。 **参考：** 《韩非子·八经》："故明主之行制也天，其用人也鬼。"	**第六十章** 治大國若亨小鮮。以道立天下，其鬼不神。非其鬼不神也，其神不傷人也；非其神不傷人也，聖人亦弗傷也。夫兩不相傷，故德交歸焉。
第六十一章 大邦者，下流也，天下之牝也，天下之郊也。牝恒以靓勝牡。爲亓靓也，故宜爲下。大邦以下小邦，則取小邦；小邦以下大邦，則取於大邦。故或下以取，或下而取。故大邦者不過欲兼畜人，小邦者不過欲入事人。夫皆得亓欲，則大邦者宜爲下。 ——帛书甲本	**第六十一章** 大国者天下之下流，天下之交。天下之牝，牝常以靖胜牡，以其靖，故为下也。故大国以下小国，则取于小国；小国以下大国，则取于大国。或下以取，或下而取。大国不过欲兼畜人，小国不过欲入事人。两者各得其所欲，故大者宜为下。	**第六十一章** 大邦者，下流也，天下之牝也，天下之郊也。牝恒以靓勝牡。爲其靓也，故宜爲下。大邦以下小邦，則取小邦；小邦以下大邦，則取於大邦。故或下以取，或下而取。故大邦者不過欲兼畜人，小邦者不過欲入事人。夫皆得其欲，則大邦者宜爲下。
第六十二章 道者，萬物之注也，善人之葆也，不善人之所葆也。美言可以市，尊行可以賀人。人之不善也，何	**第六十二章** 道者，万物之奥也。善人之所宝，不善人之所保。美言可以于市，尊言可以加于人。人之不善，	**第六十二章** 道者，萬物之奧也，善人之寶，不善人之所寶也。美言可以市，尊行可以賀人。人之不善也，何

《简帛老子》	《道德经古本篇》	傅奕本新校正
棄也之有？故立天子，置三卿，雖有共之璧，以先四馬，不若①坐而進此；古之所以貴此者，何也？不胃求以得，有罪以免輿？故爲天下貴。 ——帛书甲本 **校注：** ①若：原释作"善"，从帛乙改正。	何弃之有？故立天子，置三公，虽有拱璧以先驷马，不如进此道也。古之所以贵此道者何也？不曰求以得，有罪以免邪？故为天下贵。	棄也之有？故立天子，置三公，雖有共之璧，以先四馬，不若坐而進此；古之所以貴此者，何也？不謂求以得，有罪以免歟？故爲天下貴。
第六十三章 　爲亡爲，事亡事，未亡未①。大，小之②。多惕必多蘰③，是以聖人猷蘰之，古終亡蘰。 ——楚简《老子》甲 　報怨以德。圖難乎亓易也，爲大乎亓細也。天下之難作於易，天下之大作於細。是以聖人冬不爲大，故能成其大。夫輕若必募信。 ——帛书甲本 **校注：** ①未：味。 ②小：原作"少"。大小相对，据理释读。 ③惕：易。蘰：難。	**第六十三章** 　为无为，事无事，味无味。大小多少。多易者必多难。是以圣人犹难之，故终无难矣。 　报怨以德。图难乎于其易，为大乎于其细。天下之难事必作于易，天下之大事必作于细。是以圣人终不为大，故能成其大。夫轻诺者必寡信。	**第六十三章** 　爲無爲，事無事，味無味。大，小之。多易必多難。是以聖人猶難之，故終無難。 　報怨以德。圖難乎其易也，爲大乎其細也。天下之難事作於易，天下之大事作於細。是以聖人終不爲大，故能成其大。夫輕若必寡信。
第六十四章 　亓安也，易扯也。亓未菆也，易悔也。亓霤①也，易畔也；亓幾也，易後也。爲之於亓亡又也，絧之於	**第六十四章** 　其安易持，其未兆易谋，其脆易判，其微易散。为之乎其未有，治之乎其未乱。合衰之木，生于豪	**第六十四章** 　其安也，易扯也。亓未菆也，易悔也。亓霤也，易畔也；亓幾也，易後也。爲之於其未有也，治之於

《简帛老子》	《道德经古本篇》	傅奕本新校正
亓未亂也。僉抱之木,生於毫末;九成之臺,作於累土;百仞之高②,訖於足下。 ——楚简《老子》甲 校注: 　①霏:通"微"。 　②百仞之高:原夺,从帛书甲,严遵本与北大汉简补入。	末;九成之台,起于累土;千里之行,始于足下。	其未亂也。僉抱之木,生於毫末;九成之臺,起於累土;百仞之高,訖於足下。
爲之者敗①之,執之者遠②之。聖人亡爲③,古亡敗也④;亡執,古亡遬也⑤。訨終若怠,則亡敗事矣⑥。人之敗也,互⑦於亓叡成也敗之。是以聖人慾不慾,不貴戁得之貨;學不學,復眾之所過⑧。是以能專萬勿之自肰,而弗战爲⑨。 ——楚简《老子》甲(从丙校定) 校注: 　①敗:古同"败"。 　②遬:遠,远离。 　③聖人亡爲:原作"是以聖人亡爲",简丙作"聖人羕爲"。羕:古同"無"。今从简丙删"是以"。 　④古亡敗也:古,故。敗,败。也,据简丙补入。 　⑤也:据简丙补。 　⑥訨終若怠,則亡敗事矣:原作"臨事之紀誓冬女始此亡敗事矣",今从简丙删正。誓:形容词,谨慎。 　⑦互:恒,常。 　⑧是以聖人慾不慾,不貴戁得之貨;學不學,復眾之所過:此	为者败之,执者失之。是以圣人无为,故无败;无执,故无失。民之从事,常于其几成而败之。慎终如始,则无败事矣。是以圣人欲不欲,不贵难得之货;学不学,以复众人之所过。以辅万物之自然,而不敢为也。	爲之者敗之,執之者失之。聖人無爲,故無敗也;無執,故無失也。慎終若始,則無敗事矣。人之敗也,恒於其且成也敗之。是以聖人欲不欲,不貴難得之貨;學不學,復眾之所過。是以能輔萬物之自然,而弗敢爲。

《简帛老子》	《道德经古本篇》	傅奕本新校正
句从简丙。戁:難。 ⑨是以能専萬勿之自肰,而弗戦爲:原作"是古聖人能専萬勿之自肰,而弗能爲",今从简丙。専:輔。肰:然。戦:掂,掂量。戦,《简帛书法选》编辑组《郭店楚墓竹简·老子乙、丙本》第33页2002年10月版释文作"敢",不确。		
第六十五章 故曰:爲道者,非以明民也,將以愚之也。民之難治也,以亓知也。故以知知邦,邦之賊也;以不知知邦,邦之德也。恒知此兩者,亦稽式也。恒知稽式,此胃玄德。玄德,深矣,遠矣,與物反矣,乃至大順。 ——帛书甲本	**第六十五章** 古之善为道者,非以明民,將以愚之。民之难治,以其多知也。故以知治国,国之贼也;不以知治国,国之福也。常知此兩者,亦稽式也。能知稽式,是谓玄德。玄德深矣、远矣,与物反矣,乃复至于大顺。	**第六十五章** 故曰:爲道者,非以明民也,將以愚之也。民之難治也,以其知也。故以不知知邦,邦之賊也;以不知知邦,邦之德也。恒知此兩者,亦稽式也。恒知稽式,此胃玄德。玄德,深矣,遠矣,與物反矣,乃至大順。
第六十六章 江海所以爲百浴王,以亓能爲百浴下,是以能爲百浴王。聖人之才民前也,以身逡之;亓才民上也,以言下之。亓才民上也,民弗詍也;亓才民前也,民弗肞也。天下樂進而弗詀。以亓不静也,古天下莫能與之静。 ——楚简《老子》甲	***第六十六章** 江海所以能为百谷王者,以其善下之也,故能为百谷王。是以圣人欲上民,必以其言下之;欲先民,必以其身后之。是以圣人处之上而民弗重,处之前而民不害也。是以天下乐推而不猒。不以其不争,故天下莫能与之争。	**第六十六章** 江海所以爲百浴王,以其能爲百浴下,是以能爲百浴王。聖人之在民前也,以身後之;其在民上也,以言下之。其在民上也,民弗厚也;其在民前也,民弗肞也。天下樂進而弗詀。以其不爭也,古天下莫能與之爭。

《简帛老子》	《道德经古本篇》	傅奕本新校正
第六十七章 天下皆胃我大不宵。夫唯大,故不宵。若宵,細久矣。我恒有三葆,之一曰兹,二曰檢,三曰不敢爲天下先。夫兹,故能勇;檢,故能廣;不敢爲天下先,故能爲成事長。今舍亓兹且①勇,舍亓後且先,則必死矣。夫兹,以戰則勝,以守則固。天將建之,女以兹垣之。 ——帛书甲本 校注: ①且:取。从王弼注。	第六十七章 天下皆谓吾大,似不肖。夫唯大,故似不肖。若肖,久矣其细也。夫吾有三宝,持而宝之:一曰慈,二曰俭,三曰不敢为天下先。夫慈,故能勇;俭,故能广;不敢为天下先,故能成器长。今舍其慈,且勇;舍其俭,且广;舍其后,且先,是谓入死门。夫慈,以陈则正,以守则固。天将救之,以慈卫之。	第六十七章 天下皆胃我大不宵。夫唯大,故不宵。若宵,細久矣。我恒有三葆,之一曰兹,二曰檢,三曰不敢爲天下先。夫兹,故能勇;檢,故能廣;不敢爲天下先,故能爲成事長。今舍其兹且勇,舍其後且先,則必死矣。夫兹以戰則勝,以守則固。天將建之,女以兹垣之。
第六十八章 善爲士者不武,善戰者不怒,善勝敵者弗與,善用人者爲之下。是胃不諍之德,是胃用人,是胃天古之極也。 ——帛书甲本	第六十八章 古之善为士者不武也,善战者不怒,善胜敌者不争,善用人者为之下。是谓不争之德,是谓用人之力,是谓配天古之极也。	第六十八章 善爲士者不武,善戰者不怒,善勝敵者弗與,善用人者爲之下。是胃不諍之德,是胃用人,是胃天古之極也。
第六十九章 用兵有言曰:吾不敢爲主而爲客,吾不進寸而芮尺。是胃行無行,襄無臂,執無兵,乃無敵矣。鷡莫大於無適,無適,斤亡吾吾①葆矣。故稱兵相若,則哀者勝矣。 ——帛书甲本 校注: ①吾吾:犹吾属。	第六十九章 用兵有言曰:吾不敢为主而为客,不敢进寸而退尺。是谓行无行,攘无臂,执无兵,仍无敌,祸莫大于无敌,无敌则几亡吾宝。故抗兵相若,则哀者胜矣。	第六十九章 用兵有言曰:吾不敢爲主而爲客,吾不進寸而芮尺。是胃行無行,襄無臂,執無兵,乃無敵矣。禍莫大於無適,無適斤亡,吾吾寶矣。故稱兵相若,則哀者勝矣。

《简帛老子》	《道德经古本篇》	傅奕本新校正
第七十章 吾言甚易知也,甚易行也,而人莫之能知也,而莫之能行也。言有君,事有宗,元唯无知也,是以不我知。知我者希,则我贵矣。是以圣人被褐而襄玉。 　　　——帛书甲本	**第七十章** 吾言甚易知,甚易行;而人莫之能知,莫之能行。言有宗,事有主。夫唯无知,是以不吾知也。知我者稀,则我贵矣。是以圣人被褐而怀玉。	**第七十章** 吾言甚易知也,甚易行也,而人莫之能知也,而莫之能行也。言有君,事有宗,其唯无知也,是以不我知。知我者希,则我贵矣。是以圣人被褐而襄玉。
第七十一章 知不知,尚矣。不知不知,病矣。是以圣人之不病,以元病病,是以不病。 　　　——帛书甲本	**第七十一章** 知不知,尚矣。不知知,病矣。夫唯病病,是以不病。圣人之不病,以其病病,是以不吾病。	**第七十一章** 知不知,尚矣。不知不知,病矣。是以圣人之不病,以其病病,是以不病。
第七十二章 民之不畏,畏,则大畏将至矣①。毋闸元所居,毋猒元所生。夫唯弗猒,是以不猒。是以圣人自知而不自见也,自爱而不自贵也。故去被②取此。 　　　——帛书甲本 **校注:** 　①民之不畏,畏,则大畏将至矣:民之不威,威,则大威将至矣。民:庶人,以原住民为主体,乃邦之本。畏:通"威"。 　②被:彼,通假字。	**第七十二章** 民不畏威,则大威至矣。无狎其所居,无猒其所生。夫唯无猒,是以无猒。是以圣人自知而不自见,自爱而不自贵,故去彼取此。	**第七十二章** 民之不威,威,则大威将至矣。毋闸其所居,毋猒其所生。夫唯弗猒,是以不猒。是以圣人自知而不自见也,自爱而不自贵也。故去彼取此。
第七十三章 勇於敢者则杀,勇於不敢者则栝。知此两者,或利或害①。天之所亚,孰知	**第七十三章** 勇于敢则杀,勇于不敢则活。此两者或利或害。天之所恶,孰知其故?是	**第七十三章** 勇於①敢者则②杀③,勇於不敢者则栝④。知此两者,或利或害。天之所亚,

《简帛老子》	《道德经古本篇》	傅奕本新校正
亓故？天之道，不單②而善朕③，不言而善應，不召而自來，彈而善謀。天罔兟兟，疏而不失。 ——帛书甲本 **校注：** 　①此两者，或利或害：王弼注："俱勇而所施者異，利害不同，故曰'或利或害'也。" 　②單(dàn)：原脱。从帛乙补。 　③朕：通"勝"。原脱，从帛乙补。 　[按]物竞天择，适者生存。防卫御侮，勇敢与机智齐命，善战共谋攻不殆。	以圣人犹难之。天之道，不争而善胜，不言而善应，不召而自来，默然而善谋。天网恢恢，疏而不失。	孰知其故？天之道，不戰而善勝，不言而善應，不召而自來，戰而善謀。天罔恢恢，疏而不失。 **校注：** 　①於：句中语气词，通"乎"。 　②則：连词，表选择对比。 　③殺：攻杀，激战。 　④栝：箭栝。
第七十四章 　若民①恒且不畏②，死③，奈何以殺思之④也？若民恒是死則而爲者⑤，吾將得而殺之，夫孰敢矣！若民恒且必畏死則⑥，恒有司⑦殺者。夫伐⑧，司殺者殺，是伐，大匠斲⑨也。 　夫伐，大匠斲者，則希⑩不傷亓手矣。 ——帛书甲本 **校注：** 　①民：庶人，以生民，即井田正方原住民，计以畸零民甿，同为居民主体，乃邦之本。其中，准入外来移民，称之氓，经教化，获得零田，转化为甿。另外，周	**第七十四章** 　民常不畏死，如之何其以死惧之？若使民常畏死，而为奇者，吾得而杀之，孰敢也；常有司杀者杀，而代司杀者杀，是代大匠斲。 　代大匠斲者，稀不自伤其手矣。	**第七十四章** 　若民恒且不威，死，奈何以殺思之也？若民恒是死則而爲者，吾將得而殺之，夫孰敢矣！若民恒且必威死則，恒有司殺者。夫伐，司殺者殺，是伐，大匠斲也。 　夫伐，大匠斲者，希不自傷其手矣。 **参考：** 　《尹文子·大道下》："《老子》曰：'民不畏死，如何以死惧之？'凡民之不畏死，由刑罚过；刑罚过，则民不赖其生；生无所赖，视君之威末如也。"

157

《简帛老子》	《道德经古本篇》	傅奕本新校正
初征伐,虏敌囚盲左目,使为奴隶,转化为新甿。 ②恒且不畏:恒取不威。畏:通"威",耀武扬威、威胁。 ③死:杀戮致死。 ④以殺思之:用杀戮使之畏惧。思:惧,会意字,使动用法。 ⑤是死则而爲者:由于触犯法规而必被处死,于是变作威胁性恐怖分子。死则,死刑条律。 ⑥必畏死则:必威死则。一定扬威于死则。 ⑦有司:司法机构。 ⑧伐:征伐。 ⑨斲(zhuó):斫,斧头。用如动词,砍、削。 ⑩希:通"稀",少。		
第七十五章 人之饑也,以亓取食,说之多也,是以饑。百姓之不治也,以亓上有以爲也,是以不治。民之巠死,以亓求生之厚也,是以巠死。夫唯無以生爲者,是賢貴生。 ——帛书甲本	**第七十五章** 民之饥者,以其上食税之多也,是以饥。民之难治者,以其上之有为也,是以难治。民之轻死者,以其上求生生之厚也,是以轻死。夫唯无以生为贵者,是贤于贵生也。	**第七十五章** 人之饑也,以其取食,税之多也,是以饑。百姓之不治也,以其上有以爲也,是以不治。民之巠死,以其求生之厚也,是以巠死。夫唯無以生爲者,是賢貴生。
第七十六章 人之生也柔弱,其死也蘲仞賢强;萬物草木之生也柔脆,亓死也楋槀。故曰:堅强者,死之徒也;柔弱微細,生之徒也。兵强則不勝,木强則恒。强大居下,柔弱微細居上。 ——帛书甲本	**第七十六章** 人之生也柔弱,其死也坚强;草木之生也柔脆,其死也枯槁。故坚强者,死之徒也;柔弱者,生之徒也。是以兵强者则不胜,木强则共。故坚强处下,柔弱处上。	**第七十六章** 人之生也柔弱,其死也筋肕堅强;萬物草木之生也柔脆,其死也枯槀。故曰:堅强者,死之徒也;柔弱微細,生之徒也。兵强則不勝,木强則烘。强大居下,柔弱居上。

《简帛老子》	《道德经古本篇》	傅奕本新校正
第七十七章 　天下之道，酉張弓者也。高者印之，下者舉之；有餘者敗之，不足者補之。故天之道，敗有餘而益不足；人之道則不然，敗不足而奉有餘。孰能有餘而有以取奉於天者乎？唯有道者。是以聖人爲而弗有，成功而弗居也。若此，其不欲見賢也。 　　　　——帛书甲本	第七十七章 　天之道，其犹张弓者欤。高者抑之，下者举之；有余者损之，不足者补之。天之道，损有余而补不足；人之道则不然，损不足以奉有余。孰能损有余而奉不足于天下者，其唯道者乎？是以圣人为而不恃，功成而不居，其不欲见贤邪？	第七十七章 　天下之道，酉張弓者也。高者印之，下者舉之。有餘者損之，不足者補之。故天之道，損有餘而益不足；人之道則不然，損不足而奉有餘。孰能有餘而有以取奉於天者乎？唯有道者。是以聖人爲而弗有，成功而弗居也。若此，其不欲見賢也。
第七十八章 　天下莫柔弱於水，而攻堅強者莫之能先也，以亓無以易也。柔之勝剛，弱之勝強。天下莫弗知也，而莫行也。故聖人之言，雲曰：受邦之詢，是胃社稷之主；受邦之不祥，是胃天下之王。正言若反。 　　　　——帛书甲本	第七十八章 　天下莫柔弱于水，而攻坚强者莫之能先，以其无以易之也。柔之胜刚，弱之胜强，天下莫不知，而莫之能行。故圣人之言云：受国之垢，是谓社稷之主；受国之不祥，是谓天下之主。正言若反也。	第七十八章 　天下莫柔弱於水，而攻堅強者莫之能先也，以其無以易也。柔之勝剛，弱之勝強。天下莫弗知也，而莫行也。故聖人之言云，曰：受邦之詢，是胃社稷之主；受邦之不祥，是胃天下之王。正言若反。
第七十九章 　和大怨，必有餘怨，焉可以爲善？是以聖人執右介，而不以責於人。故有德司介，無德司劵。夫天道無親，恒與善人。 　　　　——帛书甲本	第七十九章 　和大怨，必有余怨，安可以为善？是以圣人执左契，而不责于人。故有德司契，无德司彻。天道无亲，常与善人。	第七十九章 　和大怨，必有餘怨，焉可以爲善？是以聖人執右介，而不以責於人。故有德司介，無德司徹。夫天道無親，恒與善人。

《简帛老子》	《道德经古本篇》	傅奕本新校正
第八十章 小邦募民,使十百人之器毋用,使民重死而遠送。有車周無所乘之,有甲兵無所陳之,使民復結繩而用之。甘亓食,美亓服,樂亓俗,安亓居。粼邦相墅,雞狗之聲相聞,民至老死不相往來。 ——帛书甲本	第八十章 小国寡民,使民有什伯之器而不用也,使民重死而不远徙。虽有舟舆无所乘之,虽有甲兵无所陈之,使民复结绳而用之。至治之极,民各甘其食,美其服,安其俗,乐其业。邻国相望,鸡犬之声相闻,使民至老死不相与往来。	第八十章 小邦寡民,使十百人之器毋用,使民重死而遠送。有車周無所乘之,有甲兵無所陳之,使民復結繩而用之。甘其食,美其服,樂其俗,安其居。鄰邦相望,雞狗之聲相聞,民至老死不相往來。
第八十一章 信言不美,美言不信。知者不博,博者不知。善者不多,多者不善。聖人無積,既以爲人,己俞有;既以予人,己俞多。故天之道,利而不害;人之道,爲而弗争。 ——帛书甲本	第八十一章 信言不美,美言不信。善言不辩,辩言不善。知者不博,博者不知。圣人无积。既以为人,己愈有;既以与人,己愈多。天之道,利而不害;圣人之道,为而不争。	第八十一章 信言不美,美言不信。知者不博,博者不知。善者不多,多者不善。聖人無積,既以爲人,己俞有;既以予人,己俞多。故天之道,利而不害;人之道,爲而弗争。

第七章　通览史记　认识老子

　　司马迁《史记》老子本传，向来为人所误解。对此，必须根据通读《史记》，对老子本传原文及其著作背景的历史，予以重新认识，正确解读。老子其人姓名、里籍、活动年代、《老子》书简著作情况，以及年寿问题，详为缕析，学术刷新，以正视听。

一、老子本传新校读

　　司马迁（约公元前145—前86年），字子长，西汉河内人。我国古代伟大历史学家，聚毕生精力，著作《史记》。生于龙门，十岁诵古文，二十南游江淮，上会稽，探禹穴，窥九嶷，浮于沅湘，北涉汶泗，讲业齐鲁之都，经彭城，过梁、楚以归，仕为郎中。奉使西征，巴蜀以南，南略邛、笮、昆明，还报命。父谈为太史令，元封初卒。迁承职，继续祖业，绅史记石室金匮之书，网罗天下放失旧闻，上推三代，考之行事，稽其成败兴衰之理，记自轩辕，录载秦汉，至于当时，亦欲以究天人之际，通古今之变，凡百三十篇，为《太史公书》，序略，以拾遗补阙，成一家之言，厥协六经异传，整齐百家杂语。藏之名山，副在京师，俟后世圣人君子。

　　司马迁之后，书乃渐出，外孙杨恽祖述其书，汉宣帝时，遂宣布焉。原书本纪、世家、列传文辞间，固有"太史""史记"之谓，以此，后人亦直称《太史公书》曰《史记》。

　　《史记·太史公自序》：

　　"維昔黄帝，法天則地，四聖遵序。各成法度。唐堯遜位，虞舜不臺。厥美帝功，萬世載之。作《五帝本紀》第一。……李耳無爲自化，清净自正。韓非揣事情，循勢理。作《老子韓非列傳》第三。"

　　《史记·列传第三 老子 庄子 申不害 韩非》①：

　　老子者，楚苦县厉乡曲仁里人也；名耳，字聃，姓李氏②，周守藏室之

---

　　① 《史记·列传第三 老子 庄子 申不害 韩非》，《史记》，中州古籍出版社1994年版。《前言》说："《史记》原名《太史公书》。……我社此次印刷，采用的是旧时世界书局影印本，并参照中华书局点校本等。司马迁原著用宋体排印，后人所补，用仿宋体排印。"

　　② 名耳，字聃，姓李氏：句序从唐李贤《后汉书·桓帝纪》注引《史记》文字。名…字…姓…氏，《史记》世家列传准此格式，而老子传全备。名耳，字聃：幼学取名耳，加冠取字聃。唐司马贞《史记索隐》按："许慎云'聃，耳曼也'，故名耳，字聃。有本字伯阳，非正也。然老子号伯阳父，此传不称也。"

史也。①

孔子适周，将问礼于老子。老子曰："子所言者，其人与骨皆已朽矣，独其言在耳。且君子得其时则驾，不得其时则蓬累而行。吾闻之，良贾深藏若虚；君子盛德，容貌若愚。去子之骄气与多欲，态色与淫志，是皆无益于子之身。吾所以告子，若是而已。"孔子去，谓弟子曰："鸟，吾知其能飞；鱼，吾知其能游；兽，吾知其能走。走者，可以为罔；游者，可以为纶；飞者，可以为矰。至于龙，吾不能知，其乘风云而上天。吾今日见老子，其犹龙邪！"

老子像　赵孟頫画
（引自李约瑟：《中国科学技术史》）

老子修道德，其学以自隐无名为务。居周久之，见周之衰，乃遂去。至关②，关令尹③喜曰："子将隐矣，强为我著书。"于是老子乃著书上下篇，言道德之意五千馀言而去，莫知其所终。

或曰："老莱子亦楚人也，著书十五篇，言道家之用，与孔子同时云。"

盖老子百有六十余岁，或言二百余岁，以其修道而养寿也。④

自老子去之后百二十九年，而史记周太史儋见秦献公⑤曰："始秦與周合，合五百歲而離，離七十歲而霸王者也焉。"或曰儋即老子，或曰非也，世莫知其然否。老子，隐君子也。

老子之子名宗。宗爲魏將，封於段干。宗子注。注子宮。宮玄孫假。假仕於漢孝文帝，而假之子解爲膠西王卬太傅，因家於齊焉。

---

① 守藏室之史，乃"周守藏室之征藏史"省语。《庄子·天道篇》引子路语"周之征藏史有老聃者"。

② 关，函谷关。老子度关，函谷古道口，唯关尹司守，《史记》老子本传未载古关隘地名。据《秦本纪》和《商君列传》，秦孝公从商鞅变法，设郡县，"置令"驻守关隘，函谷古道关名始定，守将职称关令尹。《项羽本纪》："行略定秦地，函谷关有兵守关。"《史记》正义引《括地志》："函谷关在陕州桃林县西南十二里，秦函谷关也。"

③ 关令尹：关尹，据《国语·周语中·定王使单襄公聘于宋》："周之《秩官》有之曰：'敌国宾至，关尹以告，行理以节逆之，候人为导，卿出郊劳，门尹除门，宗祝执祀，司里授馆，……宾入如归。'"关尹，显然是周朝司守关隘之官。东周敬王之时，函谷关司守，《史记》老子本传未详载关尹名号，据考证与子产同时人。《列仙全传》述其"字公文，天水人。"道教尊之文始先生，著《关尹子》九篇。

④ 盖以春秋周守藏室之史老聃为西周太史伯阳，或以春秋关令尹为周康王大夫，皆老子年寿之传言。

⑤ 老子去：原作"孔子死"，传抄之误，依语义理校。周太史儋见秦献公，《史记》周、秦本纪与封禅书记载之。据而推之，老子"见周之衰，乃遂去"，离开周室，时值周敬王姬匄十八年（公元前502年）。

世之學老者，則絀儒學；儒學亦絀老子。道不同，不相爲謀，豈謂是邪？李耳無爲自化，清静自正。

《史记·列传第三 老子 庄子 申不害 韩非》：

庄子者，蒙人，名周。周尝为蒙漆园吏，与梁惠王、齐宣王同时。其学无所不窥，然其要本归于老子之言。故其著书十馀万言，大抵率寓言也。作《渔父》《盗跖》《胠箧》，以诋訾孔子之徒，以明老子之术。

……　……

申子之学本于黄老而主刑名，著书两篇，号曰《申子》。

韩非者，韩之诸公子也。喜刑名法术之学，而其归本于黄老。

……　……

太史公曰：老子所贵道，虚无，因应变化于无为，故著书辞称微妙难识。庄子散道德，放论，要亦归之自然。申子卑卑，施之于名实。韩子引绳墨，切事情，明是非，其极惨礉少恩。皆源于道德之意，而老子深远矣。

二、老子姓氏新考证

世传老子五千文，即通行本《老子》，又称为《道德经》，"泄天地秘藏，集古今大成"。

公元 3 世纪之前，中国道教文献《西昇记》演绎为《西昇经》，葛洪《神仙传·老子》提及西昇，释道安《二教论》引《老子西昇经》。

《西昇经集注序》：

当是时也，关尹望气，知有博大真人西游，乃齐庄遮道，邀迎至舍，请问乙密。于是复为著言若干。其微言奥旨，出入五千文之间。纪而成书，名曰《西昇记》……搜遗篇于藏室，得注解者凡五家，先校取经之是者，后窜去注经之非者，集成二篇，依旧号曰《老子西昇经》。[1]

老子将游西域，既为关令尹喜说五千言，又留秘旨凡三十六章，喜述之为此经。[2]

《庄子·天下》说："关尹乎，老聃乎，古之博大真人哉！"

查道教文献，明代任自垣撰《敕建大岳太和山志》，引《舆地纪胜》：

---

[1] 《西昇经集注序》，《方外秘籍精选》，学林出版社 1993 年版。
[2] 南宋赵希弁《昭德先生读书后志·卷二》，《方外秘籍精选·西昇经集注·解题》，《辞海》可查。

关令尹真人，周康王①之大夫，姓尹名喜②，号文始。当周末，大道将隐，预占紫气西迈，有道者过之，出为函谷关令。未几，太上度关，喜执弟子礼，迎拜，授道德二经。约会蜀之青羊肆。托疾不仕，隐居谷内。后入蜀。归栖于武当三天门石壁之下。石门、石室，喜之所居。古有铜床、玉案，今无之矣。以其所居，名曰尹喜岩③。涧曰牛漕涧，青羊涧，皆太上神化访喜之地。

春秋战国，姓氏文化、地域语言、文字演变、民俗风采，邦国殊异，各具特色。认识老子，当先考明上古氏姓二字本义，再分析姓李氏之原始。

氏，象形，甲骨文字形，象物体欲倾而支撑，本"支"字。古代贵族标志宗族系统称呼。《玉篇》："氏，姓氏。"

姓，会意兼形声，从女，从生，生亦声，本义标志家族系统称呼。

氏字先出于母系氏族社会，姓字后起。《说文》："姓，人所生也。"神农母居姜水，黄帝母居姬水，虞舜母居姚虚，因以为姓。故从女生。

《通志·略·氏族》："三代之前，姓氏分而为二。男子称氏，妇人称姓。氏所以别贵贱，贵者有氏，贱者有名无氏。"

刘恕《通鉴外纪》："姓者，统其祖考之所自出，氏者，别其子孙之所自分。"

考李字本为李树果实之记写字，史籍谱志记载李利贞情节，祖述皋陶为理，佐尧之治，历虞、夏、商，世为大理，族称理氏。

季字本为李字的行笔转化字，表兄弟排行年少于叔，引申为四时月季。

考周成王封建亲戚，以为藩屏。《左传·僖公二十四年》："昔周公吊二叔之不咸，故封建亲戚以藩屏周。管、蔡、郕、霍、鲁、卫、毛、聃……"《国语·周语》注："聃，姬姓，文王之子聃季之国。"《左传·定公四年》："武王之母弟八人，周公为大宰，康叔为司寇，聃季为司空，五叔无官。"

《史记·管蔡世家第五》：武王同母兄弟十人。母曰太姒，文王正妃也。其长子曰伯邑考，次曰武王发，次曰管叔鲜，次曰周公旦，次曰蔡叔度，次曰曹叔振铎，次曰成叔武，次曰霍叔处，次曰康叔封，次曰聃季载，聃季载最少。同母昆弟十人，唯发、旦贤，左右辅文王。故文王舍伯邑考而以发为太子。及文王崩而发立，是为武王。伯邑考既已前卒矣。

---

① 周康王：西周成王太子姬钊继立是为康王。春秋无周康王。当周灵王十三至二十七年，时楚康王在位十五年（公元前559—前545年）。若以周康王在位计年，而关令尹为大夫，传言老子"二百余岁"原来如此。

② 名喜：二字误。《史记·老子韩非列传》："老子修道德，其学以自隐无名为务。居周久之，见周之衰，乃遂去。至关，关令尹，喜曰：'子将隐矣，彊为我著书。'于是老子乃著书上下篇，言道德之意五千余言而去，莫知其所终。"唐李匡乂《资暇集》说："学问何如观点书。"句读歧异，真义化为俗语。

③ 尹喜岩：约定成俗之名。

武王已克殷纣，平天下，封功臣昆弟，于是封叔鲜于管，封叔度于蔡，二人相纣子武庚禄父，治殷遗民。封叔旦于鲁而相周，为周公。封叔振铎于曹，封叔武于成，封叔处于霍。康叔封、聃季载皆少，未得封。

武王既崩，成王少，周公旦专王室。管叔、蔡叔疑周公之为不利于成王，乃挟武庚以作乱。周公旦承成王命，伐诛武庚，杀管叔而放蔡叔，迁之，与车十乘，徒七十人从，而分殷余民为二：其一封微子启于宋，以续殷祀；其一封康叔为卫君，是为卫康叔。封季载于聃。聃季、康叔皆有驯行，于是周公举康叔为周司寇，聃季为周司空，以佐成王治，皆有令名于天下。

季载封地称聃国；享侯王位，称呼聃季。聃季之眷属，周康王赐之御史，居苦县厉乡曲仁里。周平王之世，楚武王克权，苦县属楚。①

周简王之世，宗亲御史，娶李氏女而有长男，幼学名耳，加冠字聃，侍御柱下，典守藏室，分职征藏，享寿称老，官称老聃，尊之史老，师称老子，著作《老子》。

唐人李贤注《后汉书》，于《桓帝纪》注文引述：《史记》曰："老子者，楚苦县厉乡曲仁里人也。名耳，字聃，姓李氏。周守藏室之史也。"

司马贞《史记索隐》征引葛玄之语曰："李氏女所生，因母姓也。"

由此可见，《史记》老子本传，明白记述老子"名耳，字聃，姓李氏"。老子字聃，既颂籍地之灵，又表耳曼之异。聃，见于《汉印徵》。《汉书》颜师古注："聃，老聃也。"《说文》"聃（耼）：聃，耳曼也。"聃，《说文》初文；耼，《说文》或体。"②《王力古汉语字典》："聃，即耼的古体。耳长大。《史记·老子韩非列传》：'老子者，姓李氏，名耳，字聃。'……《说文》耼作聃。"③ 显然，春秋时期的哲学家老子李耳，字聃。名号用字，"聃"备具汉字正体、简繁严谨、通用规范，以此矫正"耼""耽"等错别字误书。

老子是周王朝贵族人物，居守藏室之史，职掌训典，以叙百物，以史资政，不拘朝夕，及时献善败司谏君王，使不忘先王基业，以正治国；又以神职领悟天地意志，开说鬼神，顺导其欲恶，使无有怨痛于国家。

公元前527年，当周景王十八年，后太子卒。公元前520年，景王崩。王

① 聃地属楚。《春秋左氏传》曰："初，楚武王克权，阎缗尹之。以叛，围而杀之，迁权于聃处，使阎敖尹之。"晋杜预注："聃处楚地，南郡编县东南有聃口城。"楚之先祖出自帝颛顼高阳，黄帝之孙。周成王之时，举文、武勤劳之后嗣，而封熊绎于楚蛮，居聃阳。楚武王五十一年，伐随卒师中，文王立，始都郢。

② 聃，声符冉，《说文》初文；耼，声符冉，《说文》或体。《说文》："冄（冉），毛冄冄也，象形，凡冄之属皆从冄。"《说文解字标目》"冄，而琰切"。《说文目》不录"冉"。《康熙字典》"冉，亦作冄"。《王力古汉语字典》按："《说文》冉字作冄，在冄部。"

③ 王力征引老子本传文字，殆出《史记》中华书局1959年9月第1版。

子姬朝、姬猛争而内讧，国人立姬猛为悼王，在位半年病卒。公元前519年，弟姬匄争得王位，称号敬王。朝与匄对立，久战不止。《史记·周本纪》：

> 景王十八年，后太子圣而早卒。二十年，景王爱子朝，欲立之，会崩，子匄之党与争立，国人立长子猛为王，子朝攻杀猛，猛为悼王。晋人攻子朝而立匄，是为敬王。敬王元年，晋人入敬王，子朝自立，敬王不得入，居泽。四年，晋率诸侯入敬王于周，子朝为臣，诸侯城周。十六年，子朝之徒复作乱。敬王奔于晋，十七年，晋定公遂入敬王于周。

公元前516年，鲁昭公二十六年四月，周敬王师败，出居于滑；九月，楚平王卒，太子珍立，是为昭王。十月，晋人救周敬王，入于成周。十一月，王子朝及其心腹奉周之典籍奔楚①。其余党儋翩之徒，多在王城，敬王畏之，于是晋征诸侯戍周。

《庄子·天道》由子路情报参谋之口，言及周之征藏史老聃"免而归居"。既然"免而归居"，那么回归厉乡曲仁里闲居，自是常情。老子归居，问道者众。为适应社会教育需求，开启私人讲学门户，传道授业解惑，应答四方学子孜孜追求。《庄子·庚桑楚》言"南荣趎赢粮，七日七夜至老子之所"，这是《庄子》对于老子归居生活的正向记述。

唐成玄英《庄子疏序》："夫《庄子》者，所以申道德之深根，述重玄之妙旨，畅无为之恬淡，明独化之窅冥，钳揵九流，括囊百氏，谅区中之至教，实象外之微言者也。其人姓庄，名周，字子休，生宋国睢阳蒙县，师长桑公子，受号南华仙人。当战国之初，降衰周之末，叹苍生之业薄，伤道德之陵夷，乃慷慨发愤，爰著斯论。其言大而博，其旨深而远，非下士之所闻，岂浅识之能究！所言子者，是有德之嘉号，古人称师曰子，亦言子是书名。"

清姚鼐《老子章义序》说得好："庄子尤古，宜得其真。"

公元前506年，楚昭王十年冬，吴、唐、蔡俱伐楚，楚大败，吴兵遂入郢。因为战乱，老子居所隐蔽沛地。《左传·定公五年》："传五年春，王人杀子朝于楚。"公元前505年，王子朝遇刺，周室稍安，老子官复原职。

未久，周室动乱又起，敬王再度出奔。据《左传·定公六年》："传四月……周儋翩率王子朝之徒，因郑人将以作乱于周。……冬，十二月，天王处于姑莸，辟儋翩之乱也。"定公七年"二月，周儋翩入于仪栗以叛"。王子朝余党叛乱，敬王辟处，邦国之都无宁日，老子"见周之衰，乃遂去"。老子曰："不失其所者，久也；死，不亡者，寿也。"

---

① 《左传·昭公二十六年》："经冬十月，天王入于成周。尹氏、召伯、毛伯以王子朝奔楚。传十一月辛酉，晋师克巩，召伯盈逐王子朝，王子朝及召氏之族，毛伯得、尹氏固、南宫嚚奉周之典籍以奔楚。"

三、老子度关与年寿

考《史记》周、秦本纪和封禅书，并记周烈王二年，秦献公十一年，周太史儋见秦献公，事在老子"居周久之，见周之衰，乃遂去"之后百二十九年。自周烈王二年（公元前374年），上推百二十九年，当周敬王十七年（公元前503年）。其年十二月，敬王出奔处于姑莸，以避王子朝余党之乱。敬王十八年（公元前502年）二月，儋翩叛周，臣民流离，周室版荡，老子遂去。

《庄子·天运》言"孔子行年五十有一而不闻道，乃南之沛见老聃"。老子接见孔子，语及道、名、仁义、朴与隐。子贡"遂以孔子声见老聃，老聃方将倨堂而应，微曰：'予年运而往矣，子将何以戒我乎？'"①

《孔子家语》：孔子见老聃而问焉，曰："甚矣，道之于今难行也。吾比执道，委质以当世之君而不我受也，道之于今难行也。"老子曰："夫说者流于辨，听者乱于辞，知此二者，则道不可以忘也。"

这是老子最后一次接见孔子。或言孔子五十七岁。

若此，老子度关，大约在周敬王姬匄三十二年（公元前488年）。

老子西出函谷关，得到关令尹随行护卫，曲径绕道荆楚。归隐途中，武当山亦属旅次之胜地。《西昇经·戒示章第三十九》，载老子语关令尹：

吾重告尔，古先生者，吾之身也。今将返神，还乎无名，绝身灭有，绵绵长存；吾今逝矣，亦返一原。……吾重诫尔，尔其守焉。除垢止念，静心守一。众垢除，万事毕。吾道之要诫，警竟即隐。②

上述追记文字，实乃分神寄世之肇始，寓意文明载体之传承，寄托绵延发扬之希望。

老子隐去，步入仙学人群，尊称老君。汉初有人或以春秋周守藏室之史老聃为西周太史伯阳，或以春秋关令尹为西周康王之大夫，老子年寿，传言两种。

司马迁说："盖老子百有六十余岁，或言二百余岁，以其修道而养寿也。"

汉成帝时，刘向奉校经传、诸子、诗赋，创作说部《列仙传》，演述：

老子，姓李，名耳，字伯阳，陈人也。生于殷时，为周柱下史。好养精气，贵接而不施。转为守藏史，积八十余年。《史记》云二百余年。时称为隐君子，谥曰聃。仲尼至周见老子，知其圣人，乃师之。后周德衰，乃乘青牛车去，入大秦。过西关，关令尹喜待而迎之，知真人也。乃强使著书，作《道德经》上下二卷。

---

① 年运而往：行年老迈。

② 张荣明、吕明方主编：《方外秘籍精选·西昇经集注》，学林出版社1993年12月版。

老子无为，而无不为。道一生死，迹入灵奇。塞兑内镜，冥神绝涯。德合元气，寿同两仪。

关令尹喜者，周大夫也。善内学，常服精华，隐德修行，时人莫知。老子西游，喜先见其气，知有真人当过，物色而遮之，果得老子。老子亦知其奇，为著书授之。后与老子俱游流沙，化胡，服苣胜实，莫知其所终。尹喜亦自著书九篇，号曰《关令子》。

尹喜抱关，含德为务。挹漱日华，仰玩玄度。候气真人，介焉独悟。俱济流沙，同归妙处。

晋唐人或云"母怀之七十二年乃生，生时剖母左腋而出，生而白首"，或云"在母腹中八十一年，剖左肋而生，及生须发皓白"①等，传说种种，史地素质，原来如此。

《庄子·养生主》："老聃死，秦失吊之，三号而出。"惜年时不详，待考。

郦道元《水经注》卷十九："渭水又东，北径黄山宫南，就水注之；水出南山就谷，北径大陵西，世谓之老子陵。"《太平寰宇记》谓"盩厔县有老子陵"。

《黄帝内经素问·上古天真论》岐伯赞述上古之人，其知道者"形与神俱，尽终其天年，度百岁乃去"。王冰注："度百岁，谓至一百二十岁也。"

考察文献所载，有子路谋曰"周之征藏史有老聃者，免而归居"之语、子夏对曰"仲尼学乎老聃"之言、《庄子·天运》"孔子行年五十有一而不闻道，乃南之沛见老聃"等文句，透视周敬王十九年（公元前501年），老子居沛地。孔子"南之沛见老聃"，"子贡以孔子声见老聃"，"孔子不出，三月复见"。又，《家语》孔子就"道之于今难行"见老聃而问，老子曰"道不可以忘"。这应是孔子最后一次见老聃，事在公元前494年。根据《史记》本传复述"自老子去之后百二十九年，而史记周太史儋见秦献公"语句，结合孔子"犹龙"感叹，参考《庄子·养生主》"老聃死，秦失吊之，三号而出"典故，李耳活动年代，为春秋时期周简王姬夷五年（公元前581年）至战国时期周贞定王姬介十九年（公元前450年），春秋百卅外。

天寿老子，春秋度百岁而动作不衰，以其德全不危也，令人遐想。司马迁说："盖老子百有六十余岁。"著作《老子》韵语书简，弟子传为五千文，世称《道德经》。

北魏正光元年（公元520年），清通观道士姜斌辩论老子活动年代：

当周定王即位三年乙卯之岁②，于楚国陈郡苦县厉乡曲仁里，九月十四日

---

① 晋葛洪《神仙传》；唐李冗《独异志》。
② 周定王即位三年乙卯之岁：定王即位之年，岁在乙卯，当公元前606年，三为"之"误字。

夜子时生，至周简王四年丁丑岁①，事周为守藏史，简王十三年，迁为太史。至敬王元年庚辰岁②，年八十五，见周德凌迟，与散关令尹喜西入化胡。

姜斌阔论，自称根据《老子开天经》。其说周王朝年号纪元干支次序，固有误差，然独具慧眼。其透过《列仙传》《神仙传》等外传与话本史地素质，而就春秋历史认知，讨论老子活动年代，既坐实不远，又由过关而联想化胡，启迪着大道普惠的理念情操。老子化胡说，展示古丝绸之路上的国际文化思想交流与融合，中国思想文化输出，境外思想文化输入，氤氲激荡，变化互通，必然互有改造与升华，从而着上本民族特异色彩与时代发展气息。唐代禅宗，就是佛教老庄版；道儒禅三教合一，更左右宋元明清学者思维与认识。简帛《老子》穿越春秋战国秦两汉、三国两晋南北朝，隋唐五代宋、元明清以降，盛世中国，从荆湘九地破土而出。老子再世，新丝绸之路，化胡旧说，常说常新。会当九天引领，刷新智识世界。

荆门郭店楚墓竹简《老子语丛》，为迄今所见老子著作的语丛性最早文本，是长沙马王堆汉墓帛书《老子》及世传通行本《道德经》之前的老子哲学思想珍贵文献，简、帛《老子》，相继面世，一扫文化疑古派弥漫在老子与老子著作及哲学思想研究领域的阴影雾霾，引领新世纪文史哲科学发展研究新局面。

老子宣扬和光同尘、守柔守雌，在激烈社会斗争中不敢为天下先等柔性道家思想。在自然观，把"道"既看作自然力的大造化，为天地万物生发本源，又看成是一种超时间超空间超感觉的精神实体。其社会观取道法自然，无为而治，有德司契，实现人群无争、社会和谐。其方法论取辩证法，广泛地看待事物矛盾对立、统一和转化，反对伪言、巧辩，倡导信言、善行，顺其自然而归于淳朴。老子思想在中国哲学史上占据开创性地位，战国后学吸收发挥，形成道家学派，秦汉之际，创立道教，影响深远。老子是中国哲学史上第一位真正的哲学家。

四、孔子问礼于老子

（一）文献检索

1. 老聃回答孔子问礼，《礼记·曾子问》四见记载：

（1）曾子问曰："古者师行，必以迁庙主行乎？"孔子曰："天子巡守，以迁庙主行，载于齐车，言必有尊也。今也取七庙之主以行，则失之矣。当七庙

---

① 周简王四年丁丑岁：周简王四年己卯岁，为公元前582年。

② 敬王元年庚辰岁：敬王元年壬午岁，为公元前519年。周景王二十四年庚辰岁，为公元前521年。

五庙无虚主，虚主者，唯天子崩，诸侯薨，与去其国，与祫祭于祖，为无主耳。吾闻诸老聃曰：天子崩，国君薨，则祝取群庙之主而藏诸祖庙，礼也。卒哭成事，而后主各反其庙。君去其国，大宰取群庙之主以从，礼也。祫祭于祖，则祝迎四庙之主，主出庙入庙，必跸。老聃云。"

（2）曾子问曰："葬引至于堩，日有食之，则有变乎？且不乎？"孔子曰："昔者吾从老聃助葬于巷党，及堩，日有食之。老聃曰：'丘，止柩就道右，止哭以听变，既明反而后行。曰礼也。'反葬而丘问之，曰：'夫柩不可以反者也，日有食之，不知其已之迟数，则岂如行哉？'老聃曰：'诸侯朝天子，见日而行，逮日而舍奠。大夫使，见日而行，逮日而舍。夫柩不蚤出，不莫宿，见星而行者，唯罪人与奔父母之丧者乎？日有食之，安知其不见星也？且君子行礼，不以人之亲痁患。'吾闻诸老聃云。"

（3）曾子问曰："下殇土周葬于园，遂舆机而往，涂迟故也。今墓远，则其葬也如之何？"孔子曰："吾闻诸老聃曰：'昔者史佚有子而死，下殇也，墓远，召公谓之曰：何以不棺敛于宫中？史佚曰：吾敢乎哉？召公言于周公，周公曰：岂不可？史佚行之。'下殇用棺衣棺，自史佚始也。"

（4）子夏曰："金革之事无辟也者，非与？"孔子曰："吾闻诸老聃曰：'昔者鲁公伯禽，有为为之也。'今以三年之丧从其利者，吾弗知也。"

2.《庄子·天地》：

夫子问于老聃曰："有人治道若相放，可不可，然不然。辩者有言曰：'离坚白，若县寓。'若是则可谓圣人乎？"老聃曰："是胥易技系，劳形怵心者也。执留之狗成思，猿狙之便自山林来。丘，予告若，而所不能闻与而所不能言：凡有首有趾、无心无耳者众，有形者与无形无状而皆存者尽无。其动止也，其死生也，其废起也，此又非其所以也。有治在人。忘乎物，忘乎天，其名为忘己。忘己之人，是之谓入于天。"

3.《庄子·天道》：

孔子西藏书于周室，子路谋曰："由闻周之征藏史有老聃者，免而归居，夫子欲藏书，则试往因焉。"孔子曰："善。"往见老聃，而老聃不许，于是繙十二经以说。老聃中其说，曰："大谩，愿闻其要。"孔子曰："要在仁义。"老聃曰："请问：仁义，人之性邪？"孔子曰："然，君子不仁则不成，不义则不生。仁义，真人之性也，又将奚为矣？"老聃曰："请问：何谓仁义？"孔子曰："中心物恺，兼爱无私，此仁义之情也。"老聃曰："意，几乎后言！夫兼爱，不亦迂乎！无私焉，乃私也。夫子若欲使天下无失其牧乎？则天地固有常矣，日月固有明矣，星辰固有列矣，禽兽固有群矣，树木固有立矣。夫子亦放德而行，遁道而趋，已至矣！又何偈偈乎揭仁义，若击鼓而求亡子焉！意，夫子乱人之性也。"

4.《庄子·天运》：

孔子行年五十有一而不闻道，乃南之沛见老聃。老聃曰："子来乎？吾闻子，北方之贤者也！子亦得道乎？"孔子曰："未得也。"老子曰："子恶乎求之哉？"曰："吾求之于度数，五年而未得也。"老子曰："子又恶乎求之哉？"曰："吾求之于阴阳，十有二年而未得也。"老子曰："然，使道而可献，则人莫不献之于其君；使道而可进，则人莫不进之于其亲；使道而可以告人，则人莫不告其兄弟；使道而可以与人，则人莫不与其子孙。然而不可者，无佗也，中无主而不止，外无正而不行。由中出者，不受于外，圣人不出；由外入者，无主于中，圣人不隐。名，公器也，不可多取。仁义，先王之蘧庐也，止可以一宿而不可久处。觏而多责。古之至人，假道于仁，托宿于义，以游逍遥之虚，食于苟简之田，立于不贷之圃。逍遥，无为也；苟简，易养也；不贷，无出也。古者谓是采真之游。"

孔子见老聃而语仁义。老聃曰："夫播糠眯目，则天地四方易位矣；蚊虻噆肤，则通昔不寐矣。夫仁义憯然，乃愤吾心，乱莫大焉。吾子使天下无失其朴，吾子亦放风而动，总德而立矣。又奚杰然若负建鼓而求亡子者邪！夫鹄不日浴而白，乌不日黔而黑。黑白之朴，不足以为辩；名誉之观，不足以为广。泉涸，鱼相与处于陆，相呴以湿，相濡以沫，不若相忘于江湖。"

孔子见老聃归，三日不谈。弟子问曰："夫子见老聃，亦将何规哉？"孔子曰："吾乃今于是乎见龙。龙，合而成体，散而成章，乘云气而养乎阴阳。予口张而不能嗋。予又何规老聃哉？"子贡曰："然则人固有尸居而龙见，雷声而渊默，发动如天地者乎？赐亦可得而观乎？"遂以孔子声见老聃。老聃方将倨堂而应，微曰："予年运而往矣，子将何以戒我乎？"

孔子谓老聃曰："丘治《诗》《书》《礼》《乐》《易》《春秋》六经，自以为久矣，孰知其故矣，以奸者七十二君，论先王之道而明周、召之迹，一君无所钩用。甚矣夫！人之难说也？道之难明邪？"老子曰："幸矣，子之不遇治世之君也！夫六经，先王之陈迹也，岂其所以迹哉！今子之所言，犹迹也。夫迹，履之所出，而迹岂履哉！夫白鶂之相视，眸子不运而风化；虫，雄鸣于上风，雌应于下风而风化。类自为雌雄，故风化。性不可易，命不可变，时不可止，道不可壅。苟得于道，无自而不可；失焉者，无自而可。"

孔子不出，三月复见，曰："丘得之矣。乌鹊孺，鱼傅沫，细要者化，有弟而兄啼。久矣，夫丘不与化为人！不与化为人，安能化人！"老子曰："可，丘得之矣！"

5.《庄子·田子方》：

孔子见老聃，老聃新沐，方将被发而干，慹然似非人。少焉见，曰："丘也眩与？其信然与？向者先生形体掘若槁木，似遗物离人而立于独也。"老聃曰:"吾游心于物之初。"

孔子曰:"何谓邪?"曰:"心困焉而不能知,口辟焉而不能言。尝为汝议乎其将:至阴肃肃,至阳赫赫。肃肃出乎天,赫赫发乎地。两者交通成和而物生焉,或为之纪而莫见其形。消息满虚,一晦一明,日改月化,日有所为而莫见其功。生有所乎萌,死有所乎归,始终相反乎无端,而莫知乎其所穷。非是也,且孰为之宗!"

孔子曰:"请问游是。"老聃曰:"夫得是至美至乐也。得至美而游乎至乐,谓之至人。"孔子曰:"愿闻其方。"曰:"草食之兽,不疾易薮;水生之虫,不疾易水。行小变而不失其大常也。喜怒哀乐不入于胸次。夫天下也者,万物之所一也。得其所一而同焉,则四支百体将为尘垢,而死生终始将为昼夜,而莫之能滑,而况得丧祸福之所介乎!弃隶者若弃泥涂,知身贵于隶也。贵在于我而不失于变。且万化而未始有极也,夫孰足以患心!已为道者解乎此。"孔子曰:"夫子德配天地,而犹假至言以修心。古之君子,孰能脱焉!"老聃曰:"不然。夫水之于汋也,无为而才自然矣;至人之于德也,不修而物不能离焉。若天之自高,地之自厚,日月之自明,夫何修焉!"孔子出,以告颜回曰:"丘之于道也,其犹醯鸡与!微夫子之发吾覆也,吾不知天地之大全也。"

6.《史记·列传第三 老子 庄子 申不害 韩非》:

孔子适周,将问礼于老子。老子曰:"子所言者,其人与骨皆已朽矣,独其言在耳。且君子得其时则驾,不得其时则蓬累而行。吾闻之,良贾深藏若虚,君子盛德,容貌若愚。去子之骄气与多欲、态色与淫志。是皆无益于子之身。吾所以告子,若是而已。"孔子去,谓弟子曰:"鸟,吾知其能飞;鱼,吾知其能游;兽,吾知其能走。走者可以为罔,游者可以为纶,飞者可以为矰。至于龙,吾不能知,其乘风云而上天。吾今日见老子,其犹龙邪!"

7.《史记·列传第七十 太史公自序》:

周室既衰,诸侯恣行,仲尼悼礼废乐崩,追修经术,以达王道,匡乱世反之于正,见其文辞,为天下制仪法,垂六艺之统纪于后世。作《孔子世家》第十七。

《史记·孔子世家》:

孔子生鲁昌平乡陬邑。其先宋人也,曰孔防叔。防叔生伯夏,伯夏生叔梁纥。纥与颜氏女野合而生孔子,祷于尼丘得孔子。鲁襄公二十二年而孔子生。生而首上圩顶,故因名曰丘云,字仲尼,姓孔氏。

丘生而叔梁纥死,葬于防山。防山在鲁东,由是孔子疑其父墓处,母讳之也……

孔子要絰，季氏飨士，孔子与往。阳虎①绌曰："季氏飨士，非敢飨子也。"孔子由是退。

孔子年十七，鲁大夫孟厘子病且死，诫其嗣懿子曰："孔丘，圣人之后，灭于宋。……今孔丘年少好礼，其达者欤？吾即没，若必师之！"及厘子卒，懿子与鲁人南宫敬叔往学礼焉。是岁，季武子卒，平子代立。

孔子贫且贱。及长，尝为季氏史，料量平；尝为司职吏而畜蕃息。由是为司空。已而去鲁，斥乎齐，逐乎宋、卫，困于陈、蔡之间，于是反鲁。孔子长九尺有六寸，人皆谓之"长人"而异之。鲁复善待，由是反鲁。

鲁南宫敬叔言鲁君曰："请与孔子适周。"鲁君与之一乘车，两马，一竖子俱。适周问礼，盖见老子云。辞去，而老子送之曰："吾闻富贵者送人以财，仁人者送人以言。吾不能富贵，窃仁人之号，送子以言，曰：聪明深察而近于死者，好议人者也；博辩广大危其身者，发人之恶者也。为人子者，毋以有己；为人臣者，毋以有己。"孔子自周返于鲁，弟子稍益进焉。

是时也，晋平公淫，六卿擅权，东伐诸侯。楚灵王兵强，陵轹中国。齐大而近于鲁，鲁小弱，附于楚则晋怒；附于晋则楚来伐；不备于齐，齐师侵鲁。

鲁昭公之二十年，而孔子盖年三十矣。齐景公与晏婴来适鲁②。景公问孔子曰："昔秦穆公国小，处辟，其霸何也？"对曰："秦，国虽小，其志大；处虽辟，行中正。身举五羖，爵之大夫，起累绁之中，与语三日，授之以政，以此取之，虽王可也，其霸小矣。"景公说。

孔子年三十五，而季平子与郈昭伯以斗鸡故，得罪鲁昭公，昭公率师击平子，平子与孟氏、叔孙氏三家共攻昭公，昭公师败，奔于齐，齐处昭公乾侯，其后顷之，鲁乱。孔子适齐，为高昭子家臣，欲以通乎景公。与齐太师语乐，闻《韶》音，学之……

景公问政孔子，孔子曰："君君，臣臣，父父，子子。……政在节财。"景公说，将欲以尼溪田封孔子。晏婴进曰："夫儒者滑稽而不可轨法；倨傲自顺，不可以为下；崇丧遂哀，破产厚葬，不可以为俗；游说乞贷，不可以为国。自大贤之息，周室既衰，礼乐缺有间。今孔子盛容饰，繁登降之礼，趋详之节，累世不能殚其学，当年不能究其礼。君欲用之，以移齐俗，非所以先细民也。"后景公敬见孔子，不问其礼。异日，景公止孔子曰："奉子以季氏，

---

① 阳虎：又名阳货，鲁国重臣季氏之大管家。《论语·阳货》："阳货欲见孔子，孔子不见，归孔子豚。孔子时其亡也，而往拜之。遇诸涂，谓孔子曰：'来！予与尔言。'曰：'怀其宝而迷其邦，可谓仁乎？'曰：'不可。''好从事而亟失时，可谓知乎？'曰：'不可。''日月逝矣，岁不我与。'孔子曰：'诺。吾将仕矣。'"

② 《史记·世家第三 鲁周公》："（鲁昭公）二十年，齐景公与晏子狩竟，因入鲁问礼。"据此，前推孔子适周问礼见老子，事在鲁昭公九年，即公元前533年左右。

吾不能。"以季、孟之间待之。齐大夫欲害孔子，孔子闻之。景公曰："吾老矣，弗能用也。"孔子遂行，反乎鲁。

孔子年四十二，鲁昭公卒于乾侯，定公立。……陪臣执国政，是以鲁自大夫以下，皆僭离于正道。故孔子不仕。退而修《诗》《书》《礼》《乐》，弟子弥众，至自远方，莫不受业焉……

定公十四年，孔子年五十六，由大司寇行摄相事，有喜色。门人曰："闻君子祸至不惧，福至不喜。"孔子曰："有是言也。不曰：'乐其以贵下人'乎？"于是诛鲁大夫乱政者少正卯①。……齐人闻而惧，曰："孔子为政，必霸，霸则吾地近焉，我之为先并矣。盍致地焉？"黎鉏曰："请先尝沮之；沮之而不可则致地，庸迟乎！"于是选齐国中女子好者八十人，皆衣文衣而舞《康乐》，文马三十驷，遗鲁君。陈女乐文马于鲁城南高门外，季桓子微服往观再三，将受，乃语鲁君，为周道游，往观终日，怠于政事。子路曰："夫子可以行矣。"孔子曰："鲁今且郊，如致膰乎大夫，则吾犹可以止。"桓子卒受齐女乐，三日不听政；郊，又不致膰俎于大夫。孔子遂行，宿乎屯。而师己送，曰："夫子则非罪。"孔子曰："吾歌可夫？"歌曰："彼妇之口，可以出走；彼妇之谒，可以死败。盖优哉游哉，维以卒岁！"师己反，桓子曰："孔子亦何言？"师己以实告。桓子喟然叹："夫子罪我，以群婢故也夫！"

孔子遂适卫，主于子路妻兄颜浊邹家。卫灵公问孔子："居鲁得禄几何？"对曰："奉粟六万。"卫人亦致粟六万。居顷之，或谮孔子于卫灵公。灵公使公孙余假一出一入。孔子恐获罪焉，居十月，去卫。

将适陈，过匡，颜刻为仆，以其策指之曰："昔吾入此，由彼缺也。"匡

---

① 少正卯：《淮南子》高诱注："少正，官名，卯其名也。"少正卯，春秋时期开私人讲学门户，势与孔子对峙。

《孔子家语·始诛第二》："孔子为鲁司寇，摄行相事，有喜色。仲由问曰：'由闻君子祸至不惧，福至不喜，今夫子得位而喜，何也？'孔子曰：'然，有是言也。不曰乐以贵下人乎？'于是朝政，七日而诛乱政大夫少正卯，戮之于两观之下，尸于朝，三日。子贡进曰：'夫少正卯，鲁之闻人也，今夫子为政，而始诛之，或者为失乎？'孔子曰：'居，吾语汝以其故。天下有大恶者五，而窃盗不与焉：一曰心逆而险，二曰行僻而坚，三曰言伪而辩，四曰记丑而博，五曰顺非而泽。此五者有一于人，则不免君子之诛，而少正卯皆兼有之，其居处足以撮徒成党，其谈说足以饰褒荣众，其强御足以反是独立，此乃人之奸雄者也，不可以不除。夫殷汤诛尹谐，文王诛潘正，周公诛管蔡，太公诛华士，管仲诛付乙，子产诛史何，是此七子，皆异世而同诛者。以七子异世而同恶，故不可赦也。诗云：忧心悄悄，愠于群小，小人成群，斯足忧矣。'"

《荀子·宥坐》："孔子为鲁摄相，朝七日而诛少正卯。门人进问曰：'夫少正卯鲁之闻人也，夫子为政而始诛之，得无失乎？'孔子曰：'居，吾语女其故。人有恶者五，而盗窃不与焉：一曰心达而险，二曰行辟而坚，三曰言伪而辩，四曰记丑而博，五曰顺非而泽。此五者有一于人，则不得免于君子之诛，而少正卯兼有之。故居处足以聚徒成群，言谈足以饰邪营众，强足以反是独立，此小人之桀雄也，不可不诛也。是以汤诛尹谐，文王诛潘止，周公诛管叔，太公诛华仕，管仲诛付里乙，子产诛邓析、史付，此七子者，皆异世同心，不可不诛也。《诗》曰：忧心悄悄，愠于群小。小人成群，斯足忧也。'"

王充《论衡》："少正卯在鲁与孔子并。孔子之门，三盈三虚，唯颜渊不去，颜渊独知孔子圣也。夫门人去孔子归少正卯，不徒不能知孔子之圣，又不能知少正卯，门人皆惑。子贡曰：'夫少正卯，鲁之闻人也。子为政，何以先之？'孔子曰：'赐退，非尔所及。'"

人闻之，以为鲁之阳虎。阳虎尝暴匡人，匡人于是遂止孔子。孔子状类阳虎，拘焉五日。……匡人拘孔子益急，弟子惧。孔子曰："文王既没，文不在兹乎？天之将丧斯文也，后死者不得与于斯文也。天之未丧斯文也，匡人其如予何！"孔子使从者为宁武子臣于卫，然后得去。

去即过蒲，月余，反乎卫，主蘧伯玉家。灵公夫人有南子者①，使人谓孔子曰："四方之君子不辱欲与寡君为兄弟者，必见寡小君。寡小君愿见。"孔子辞谢，不得已而见之。夫人在絺帷中。孔子入门，北面稽首。夫人自帷中再拜，环佩玉声璆然。孔子曰："吾乡为弗见，见之礼答焉。"子路不说。孔子矢之曰："予所不者，天厌之！天厌之！"

居卫月余，灵公与夫人同车，宦者雍渠参乘，出，使孔子为次乘，招摇市过之。孔子曰："吾未见好德如好色者也。"于是丑之，去卫，过曹。是岁，鲁定公卒。

孔子去曹适宋，与弟子习礼大树下。宋司马桓魋欲杀孔子，拔其树。孔子去。弟子曰："可以速矣。"孔子曰："天生德于予，桓魋其如予何！"

孔子适郑，与弟子相失，孔子独立郭东门。郑人或谓子贡曰："东门有人，其颡似尧，其项类皋陶，其肩类子产，然自要以下，不及禹三寸。累累若丧家之狗。"子贡以实告孔子。孔子欣然笑曰："形状，末也。而谓似丧家之狗，然哉！然哉！"

孔子遂至陈，主于司城贞子家。岁余，吴王夫差伐陈，取三邑而去。赵鞅伐朝歌。楚围蔡，蔡迁于吴。吴败越王句践会稽。……陈常被寇。孔子曰："归与！归与！吾党之小子狂简，进取，不忘其初。"于是孔子去陈。

过蒲，会公叔氏以蒲叛，蒲人止孔子。弟子有公良孺者，以私车五乘从孔子。其为人，长，贤，有勇力，谓曰："吾昔从夫子遇难于匡，今又遇难于此，命也已。吾与夫子再罹难，宁斗而死。"斗甚疾。蒲人惧，谓孔子曰："苟毋适卫，吾出子。"与之盟，出孔子东门。孔子遂适卫。子贡曰："盟可负邪？"孔子曰："要盟也，神不听。"

卫灵公闻孔子来，喜，郊迎。问曰："蒲可伐乎？"对曰："可。"灵公曰："吾大夫以为不可。今蒲，卫之所以待晋、楚也，以卫伐之，无乃不可乎？"孔子曰："其男子有死之志，妇人有保西河之志。吾所伐者，不过四五人。"灵公曰："善。"然不伐蒲。

灵公老，怠于政，不用孔子。孔子喟然叹曰："苟有用我者，期月而已，三年有成。"孔子行。……孔子既不得用于卫，将西见赵简子。至于河而闻窦鸣犊、舜华之死也，临河而叹曰："美哉水，洋洋乎！丘之不济此，命也夫！"

① 南子：《史记·仲尼弟子传》："初，卫灵公有宠姬曰南子，灵公太子蒉聩得过南子，惧诛出奔。"

子贡趋而进，曰："敢问何谓也？"孔子曰："窦鸣犊、舜华，晋国之贤大夫也。赵简子未得志之时，须此两人而后从政；及其已得志，杀之乃从政。丘闻之也，刳胎杀夭，则麒麟不至郊；竭泽涸渔，则蛟龙不合阴阳；覆巢毁卵，则凤皇不翔。何则？君子讳伤其类也。夫鸟兽之于不义也尚知辟之，而况乎丘哉！"乃还息乎陬乡，作为《陬操》以哀之。而反乎卫，入主蘧伯玉家。

他日，灵公问兵阵。孔子曰："俎豆之事则尝闻之，军旅之事，未之学也。"明日，与孔子语，见飞雁，仰视之，色不在孔子。孔子遂行，复如陈。

夏，卫灵公卒，立孙辄，是为卫出公。六月，赵鞅内太子蒯聩于戚。阳虎使太子絻，八人衰绖，伪自卫迎者，哭而入，遂居焉。冬，蔡迁于州来。是岁鲁哀公三年，而孔子年六十矣。……孔子之时，周室微而礼乐废，《诗》《书》缺，追迹三代之礼，序《书传》，上纪唐虞之际，下至秦、缪，编次其事。……古者《诗》三千余篇，及至孔子，去其重，取可施于礼义，上采契、后稷，中述殷、周之盛，至幽、厉之缺……孔子晚而喜《易》，序《彖》《系》《象》《说卦》《文言》。……颜渊死，孔子曰："天丧予！"及西守见麟，曰："吾道穷矣！"喟然叹曰："莫知我夫！……吾道不行矣，吾何以自见于后世哉？"乃因史记作《春秋》……笔则笔，削则削，子夏之徒不能赞一辞。弟子受《春秋》，孔子曰："后世知丘者以《春秋》，而罪丘者亦以《春秋》。"

明岁，子路死于卫。孔子病，子贡请见。孔子方负杖逍遥于门，曰："赐，汝来何其晚也？"孔子因叹，歌曰："太山坏乎！梁柱摧乎！哲人萎乎！"因以涕下。谓子贡曰："天下无道久矣，莫能宗予。"……后七日卒。孔子年七十三，以鲁哀公十六年四月己丑卒。

……孔子生鲤，字伯鱼。伯鱼年五十，先孔子死①。伯鱼生伋，字子思。年六十二，尝困于宋。子思作《中庸》。子思生白，字子上，年四十七。子上生求，字子家，年四十五。子家生箕，字子京，年四十六。子京生穿，字子高，年五十一。子高生子慎，年五十七，尝为魏相。子慎生鲋，年五十七，为陈王涉博士，死于陈下。鲋弟子襄，年五十七，尝为孝惠皇帝博士，迁为长沙太守，长九尺六寸。子襄生忠，年五十七。忠生武，武生延年及安国。安国为今皇帝博士，至临淮太守，早卒。安国生卬，卬生驩。

太史公曰：《诗》有之曰"高山仰止，景行行止"，虽不能至，然心向往之。余读孔氏书，想见其为人。适鲁，观仲尼庙堂车服礼器，诸生以时习礼其家，余祗回留之不能去云。天下君王至于贤人众矣，当时则荣，没则已焉。孔子布衣，传十余世，学者宗之。自天子王侯，中国言六艺者折中于夫子，可谓

---

① 《孔子家语·本姓解第三十九》"十九，娶于宋之亓官氏，一岁而生伯鱼，鱼之生也，鲁昭公以鲤鱼赐孔子，荣君之贶，故因以名曰鲤，而字伯鱼，鱼年五十，先孔子卒"。孔子七十岁遭亡子之惨。

至圣矣!

8.《史记·列传第七 仲尼弟子》:"孔子之所严事,于周则老子,于卫蘧伯玉,于齐晏平仲,于楚老莱子,于郑子产,于鲁孟公绰。"

9.《韩诗外传》子夏对哀公问,谓"仲尼学乎老聃"①。班固翻之,"孔子师老聃"①。北魏·郦道元《水经注》:"至周景王十年,孔子年十七,遂适周见老聃。"②

10.汉学习惯于老子与老聃互称

(1)刘向《说苑·反质》:

仲尼问老聃曰:"甚矣,道之于今难行也。吾比执道,委质以当世之君而不我受也,道之于今难行也。"老子曰:"夫说者流于听,言者乱于辞,如此二者,则道不可委矣。"③

(2)《孔子家语·观周》:

孔子谓南宫敬叔曰:"吾闻老聃博古知今,通礼乐之原,明道德之归,则吾师也,今将往矣。"对曰:"谨受命。"遂言于鲁君曰:"……今孔子将适周,观先王之遗制,考礼乐之所极,斯大业也,君盍以乘资之,臣请与往。"公曰:"诺。"与孔子车一乘,马二疋,竖其侍御。敬叔与俱至周,问礼于老聃,访乐于苌弘,历郊社之所,考明堂之则,察庙朝之度……

及去周,老子送之曰:"吾闻富贵者送人以财,仁者送人以言,吾虽不能富贵,而窃仁者之号,请送子以言乎!凡当今之士,聪明深察而近于死者,好讥议人者也;博辩闳达而危其身,好发人之恶者也;无以有己为人子者,无以恶己为人臣者。"孔子曰:"敬奉教。"

《孔子家语·观周》又载:

孔子见老聃而问焉,曰:"甚矣!道之于今难行也,吾比执道,而今委质以求当世之君,而弗受也,道之于今难行也!"老子曰:"夫说者流于辩,听者乱于辞,知此二者,则道不可以忘也。"④

(3)《孔子家语·五帝第二十四》:

季康子问于孔子曰:"旧闻五帝之名,而不知其实,请问何谓五帝?"孔子曰:"昔丘也闻诸老聃曰:天有五行,水火金木土,分时化育,以成万物,其神谓之五帝。古之王者,易代而改号,取法五行。五行更王,终始相生,亦象其义,故其生为明王者,死而配五行。是以太雄配木,炎帝配火,黄帝配土,少罐配金,颛顼配水。"

---

① 班固:《白虎通义》卷四《辟雍》引《论语谶》,文渊阁《四库全书》。
② 《水经注》卷十七,文渊阁《四库全书》本。
③ 《百子全书》第一册,岳麓书社 1994 年版。
④ 《百子全书》第一册,岳麓书社 1994 年版。

（二）讨论分析

1. 《周官》旧典有六经

《史记·太史公自序》：

余闻之先人曰："伏羲至纯厚，作《易·八卦》。尧舜之盛，《尚书》载之，礼乐作焉。汤武之隆，诗人歌之，《春秋》采善砭恶，推三代之德，褒周室，非独刺讥而已也。"

章学诚论定文献学研究宗旨，"将以辨章学术，考镜源流"。《校雠通义·原道第一》：

后世文字，必溯源于六艺。六艺非孔氏之书，乃《周官》之旧典也。《易》掌太卜，《书》藏外史，《礼》在宗伯，《乐》隶司乐，《诗》颂于太师，《春秋》存乎国史。

考中国古代宫廷教育，为"九艺"课程门类设置。《国语·楚语上》记载楚庄王指定士亹担任太子的老师。问于申叔时，叔时曰：

教之春秋，而为之耸善而抑恶焉，以戒劝其心；教之世，而为之昭明德而废幽昏焉，以休惧其动；教之诗，而为之导广显德，以耀明其志；教之礼，使知上下之则；教之乐，以疏其秽而镇其浮；教之令，使访物官；教之语，使明其德，而知先王之务用明德于民也；教之故志，使知废兴者而戒惧焉；教之训典，使知族类，行比义焉。

若是而不从，动而不悛，则文咏物以行之，求贤良以翼之。悛而不摄，则身勤之，多训典刑以纳之，务慎悖笃以固之。摄而不彻，则明施舍以导之忠，明久长以导之信，明度量以导之义，明等级以导之礼，明恭俭以导之孝，明敬戒以导之事，明慈爱以导之仁，明昭利以导之文，明除害以导之武，明精意以导之罚，明正德以导之赏，明齐肃以耀之临。若是而不济，不可为也。

且夫诵诗以辅相之，威仪以先后之，体貌以左右之，明行以宣翼之，制节义以动行之，恭敬以临监之，勤勉以劝之，孝顺以纳之，忠信以发之，德音以扬之，教备而不从者，非人也。其可兴乎！夫子践位则退，自退则敬，否则赧。[1]

申叔时这番对答，是宫廷教育学的培养目标、课程设置、知识结构的总体设计，其"九艺"课程范畴，涵盖诗、书、礼、乐、易、春秋六艺的士族泛化教育课程内容，由此而演绎《诗》《书》《礼》《乐》《易》《春秋》六经教材。

又据《国语·晋语七》，晋悼公（公元前572—558年）听从司马侯"羊舌肸习于《春秋》"之言，"乃召叔向使傅太子彪"[2]。公元前557年，彪继位称晋平公。叔向，复姓羊舌，名肸。"习于《春秋》"，《春秋》乃西周史官以天时纪人事善恶之编简，是宫廷教育必修课程。

---

① 旧题左丘明撰：《国语》第258~260页，齐鲁书社2005年5月。

② 《国语》第218页。

考《诗》《书》《礼》《乐》《易》《春秋》六经，在孔子之前的半个世纪已成为社会教育通用教材。《庄子·天下》：

"《诗》以道志，《书》以道事，《礼》以道行，《乐》以道和，《易》以道阴阳，《春秋》以道名分。"

《庄子》序次六经，乃社会称说之表述。郭店楚简《六德》："观诸《诗》《书》，则亦在矣；观诸《礼》《乐》，则亦在矣；观诸《易》《春秋》，则亦在矣。"六经次序，与《庄子·天下》六经次第完全相同。《庄子·天运》"丘治《诗》《书》《礼》《乐》《易》《春秋》六经，自以为久矣"，乃师门语录，非庄周寓言。《庄子·徐无鬼》载女商说魏武侯，"横说之，则以《诗》《书》《礼》《乐》；纵说之，则以《金版》《六弢》"。

2.《老子》作于孔子前

史载："幽、厉之后，周室微，陪臣执政，史不记时，君不告朔。故畴人子弟分散，或在诸夏，或在夷狄。"①"天子失官，学在四夷。"② 私学教育随着人口流动而逐渐兴起。

《史记》老子本传说：

老子修道德，其学以自隐无名为务。居周久之，见周之衰，乃遂去。至关，关令尹，喜曰："子将隐矣，强为我著书。"于是老子乃著书上下篇，言道德之意五千余言而去，莫知其所终。或曰："老莱子亦楚人也，著书十五篇，言道家之用，与孔子同时云。"

老子、老莱子奉献私家著作，以适应社会稳态失控，王官学制衰变形势下的教育需求，乃成为春秋时代奠定道家学派的经典亮丽教材，造福于中国古代思想界，影响着古往今来世界文化发展思潮。

《老子》说："合抱之木，生于毫末；九成之台，作于累土；百仞之高，起于足下。"③

伟大的教育家、哲学家老子，开门传道，对弟子与学生的气质转变，有着严格要求，这是进阶、登堂、入室的人才培养全程，是自勉自励的终身教育。素质转化如何，影响着受业层级，关系着毕业质量，乃至道德成就之差异。

1927 年，哲学家黄方刚于剑桥作《老子年代之考证》，考定世传本《老子》书之年代，"至迟当于庄子生时已传于世"。黄方刚说：

考古书之引《老子》语者，有《孔子家语》《列子》《战国策》《吕氏春秋》《淮南鸿烈》《韩非子》及《庄子》，而《论语》虽不明引，似暗射之。

① 《史记·历书》。畴人，世其父业之天文历算传承人。
② 《左传·昭公十七年》：秋，郯子来朝，仲尼闻之，见于郯子而学之。继而告人曰："吾闻之，'天子失官，学在四夷'，犹信。"官，畴官，父子相继，职掌太卜。
③ 郭店楚简《老子》甲；帛书《老子》甲、乙。

兹先从《论语》讨论之。《论语·宪问篇第十四》或曰："以德报怨，何如？"《老子》六十三章曰："大小多少，报怨以德。"孔子于《宪问》答曰："何以报德？"此适与《老子》"大小多少"句针锋相对，吾疑孔子有老子学说在其心中也。《宪问篇》复有"仁者必有勇，勇者不必有仁"句，而《老子》六十七章亦曰："慈，故能勇。"吾疑孔子之说自《老子》来也。《论语·卫灵公篇第十五》子曰："无为而治者，其舜也与？夫何为哉？恭己正南面而已矣。""无为而治"，老子之说也，孔子其欲以舜证之欤？

黄方刚又说：

《老子》书中引古成语者甚多，然老子于每处必明示读者以非己出……而老子之语竟得为战国人所假借，则《老子》书必在战国前明矣，然《老子》之成于战国前，他书之可为证者尚多……前人总以《庄子》寓言为不可靠，殊不知《庄子》有寓其言而不寓其事者，则其事犹实事也，若孔子之师老子是已。……《老子》书既为关尹而作，则其作时，殆在孔子见老子之前，故孔子门人有知其书之内容者，若《论语》所暗示之三条是也。

黄氏援引《吕氏春秋·不二》篇跻列子于九个历史人物中，谓"子列子贵虚"，和《战国策》卷二十七韩使史疾"治列子圉寇之言"曰"贵正"。

读此则知《列子》非庄子所杜撰，而《庄子》所记亦可信矣。①

《庄子》是我国现存最早的教育学文献。孔子师事老子，是历史事实。老子与杨朱，日常生活中体现着师徒亲情；老子与孔子，问道环境中表达着师生情谊。老子之学，王官职守；天下简册，征藏研究。孔子之学，不在王官，其问学者众，而以老子授学为多。孔子师事老子，问道情节，而《庄子》彰明之。比及后儒，学行当衰。孟轲，"受业子思之门人"。《孟子》无言语，师道之不存。韩愈喟叹，叹也久矣。

3. 孔子从学于老子

孔子从学于老子，文献记载其多次向老子问礼论道，情节依次：巷党初识、适周问礼、藏书不许、之沛问道、道之难行。缕析如下：

（1）"吾从老聃助葬于巷党"。

据《水经注》，孔子十七岁，拜师问礼于老子，时在周景王十年。

（2）《史记·仲尼弟子传》："孔子之所严事，於周则老子。"

周景王十二年，鲁昭公九年（公元前533）左右，孔子适周问礼见老子。老子道德讲授，孔子见周都金人铭，归而感叹：

吾闻诸老聃，曰："天子崩，国君薨，则祝取群庙之主而藏诸祖庙，礼也。"

① 黄方刚：《老子年代之考证》《古史辨》第四册，第363~383页。

（3）孔子西藏书于周室，子路谋曰："由闻周之征藏史有老聃者，免而归居。夫子欲藏书，则试往因焉。"孔子曰："善。"往见老聃，而老聃不许，于是十二经以说。

清章学诚《校雠通义·藏书第九》：

孔子欲藏书周室，子路以谓周室之守藏史老聃，可以与谋，说虽出于《庄子》，然藏书之法，古有之矣。太史公石室金匮之书，成百三十篇，则谓藏之名山，副在京师。

（4）孔子行年五十有一而不闻道，乃南之沛见老聃。归，三日不谈。子贡"遂以孔子声见老聃"。孔子见老聃而语仁义，老聃预言："又奚杰然若负建鼓而求亡子者邪！"孔子不出三月，复见曰："不与化为人，安能化人？"老子曰："可，丘得之矣！"

（5）孔子见老聃而问焉，曰："甚矣！道之于今难行也。"这是最后一次见老子，老子已逾中寿八十岁，孔子年近下寿六旬，或说"孔子五十七岁"。

1973 年河北定州西汉中山怀王刘修墓出土了竹简《文子》①《论语》②。

专家推断二者抄写年代当在汉高祖在位的十余年间，与 1972 年山东临沂银雀山汉墓出土木牍《孙膑兵法》以及 1973 年长沙马王堆三号汉墓出土《老子》甲本，均属同一时期的简牍抄本。简帛古文献面世，启迪着中国古代学术史研究走出疑古误区，必将刷新先秦诸子各家学说的既往诠释，更新尚古历史文化认知。

据班固《汉书·艺文志》书目著录自注，文子，"老子弟子，与孔子并时"。

古文献与文字学研究，《文子》可能为弟子辑成于春秋晚期；孔子"述而不作"，门下集辑《论语》，当在战国初期，二者最初文本应当是齐鲁古文书写。中山王墓《论语》抄本发现，或谓孔壁《古论语》。

汉武帝时期，鲁恭王刘余治宫室，坏孔子故宅，以广其居，得壁中古文残本，其中《礼记》《尚书》《春秋》，殆孔子欲藏书周室未遂，从而藏诸宅室壁中者；《论语》《孝经》，殆其末孙惠所藏者。孔壁《论语》，识者盖寡，并未成为汉代通行文本。世传《论语》文本，乃张禹汇合更定③。

张禹于汉元帝时，授太子《论语》，其改编本，已非汉初诸儒传承旧貌，尤失先秦简牍本色。

1993 年 12 月，郭店楚墓竹简《老子》面世，伴随出土的古籍有儒家文献《唐虞之道》《鲁穆公问子思》《尊德义》《六德》和《缁衣》等。《六德》列

---

① 定州汉简整理小组：《竹简文子释文》，《文物》1995 年 12 月。
② 《定州汉墓竹简论语》，文物出版社 1997 年版。
③ 崔述：《考信录提要》卷下。

六经次序与《庄子》相同；《缁衣》与《礼记》中的《缁衣》基本相同，证明《庄子·天运》和《礼记·曾子问》叙述孔子师事老子是历史事实。

4. 孔子删述误六经

孔子出生于前 551 年庚戌岁，当鲁襄公十六年、晋平公七年。明显晚于叔向，更晚于申叔时。"孔子是宋人的私生子而生于鲁，自称'少也贱'"[①]，不得官学教育，始以助理殡葬而饘粥餬口，继则游学民俗而谋取职业，终则蒙学收徒而神道设教。

子曰："自行束脩以上，吾未尝无诲焉。"[②]

孔子授徒，既不是择人传道，又"述而不作"，无编写教材，转贩鼓矇说史的禹、契、后稷感生神话愚弄学生子羔等人[③]，引《诗》而断章取义，方法差误，培养目标暗昧，知识结构畸形，性相近而习相远。

孔子识字能力怎样？古文水平如何？《诗》《书》《礼》《乐》《易》《春秋》六经疑难字词，是否臆度、误解而讹传？既约其文辞，尚古文字与简册原件之本真面目以及所折射之夏商周学术史，亦为之淆乱，道之难明也，久矣！此足以误人子弟者。

《墨子·非儒篇》：

孔丘所行，心术所至也。其徒属弟子皆效孔丘。子贡、季路辅孔悝乱乎卫，阳货乱乎齐，佛肸以中牟叛，漆雕刑残，罪莫大焉。夫为弟子，后尘其师，必修其言，法其行，力不足，智不及而后已。今孔丘之行如此，儒士则可以疑矣。

章太炎《国故论衡·原儒》："周之衰，保氏失其守，史籀之书，商高之算，蠡门之射，范氏之御，皆不自儒者传。"春秋代序。周《春秋》乃天子之事，太史编年记载而秘藏。列国之《春秋》乃诸侯之事，皆须上之周室而征藏之。据《墨子》和《左传》，鲁《春秋》属方志，不赅晋《乘》、秦《记》、楚《梼杌》与周、齐、燕、宋之《春秋》。周室内乱，王子朝及其心腹奉周之典籍奔楚，周典《春秋》等散亡无疑。东汉许慎《说文解字》采摘孔壁古文。《许慎记》："孔子曰：'吾犹及史之缺文，今亡也夫。'"孔子身非史官，问礼之际窥视周典，遂以鲁故志而删述《春秋》，笔则笔，削则削，究属淫志私篡而非职守所宜。孔子欲藏书周室，老聃不许，斥之"乱人之性也"！

孔子五十六岁为鲁司寇，稍事得势，七日即残杀大夫少正卯，以其私人讲学而闻名当时，与之门户对峙，为剪除异己，遂诬而枉杀，何曾思及仁义与礼之师范表达及其对社会人群关系的恶劣影响？孔子实为教育垄断与独裁专制之

---

① 郭沫若：《十批判书》第 68 页，人民出版社 1982 年版。

② 《论语·述而》。

③ 《上海博物馆藏战国楚竹简·子羔篇》

始作俑者。

孔子虽然常常向老子请教，但其注重哗众取宠邀射名闻的自我表现行为，轻忽社会奉献精神的道德素质教育。《庄子·内篇·德充符》载无趾语老聃曰：

"孔丘之于至人，其未邪？彼何宾宾以学子为，彼且蕲以諔诡幻怪之名闻，不知至人之以是为己桎梏邪！"老聃曰："胡不直使彼以死生为一条，以可不可为一贯者，解其桎梏，其可乎？无趾曰："天刑之，安可解！"

孔子生前喟然叹曰："莫知我夫！"又哀叹："吾道不行矣，吾何以自见于后世哉？"

孔子欲行之道，概念如何？理论与践行法式如何？均未见文字表述，不便多加推论。然而，师之所存，道之所存。重道重老师，真传自得之。老子民生大道，非孔子所能理解、掌握和运用。老子播植民生大道龙种，而孔子愚甚难悟，不免删述，鲁鱼亥豕，腐儒化而蜕变，仅能收获跳蚤。刚柔阴阳，固不两行。孔子欲行之道，不是老子民生大道，既无益于自我建德保朴，守中体道，又何益于王侯以正治邦，富民自化？孔子行道难，社会和时势，原因种种，不完全在于人君。《庄子·杂篇·列御寇》：

鲁哀公问乎颜阖曰："吾以仲尼为贞干，国其有瘳乎？"曰："殆哉圾乎！仲尼方且饰羽而画，从事华辞，以支为旨，忍性以视民而不知不信，受乎心，宰乎神，夫何足以上民！彼宜女与？予颐与？误而可矣。今使民离实学伪，非所以视民也。为后世虑，不若休之。难治也。施于人而不忘，非天布也，商贾不齿。虽以事齿之，神者弗齿。为外刑者，金与木也；为内刑者，动与过也。宵人之离外刑者，金木讯之；离内刑者，阴阳食之。夫免乎外内之刑者，唯真人能之。"

《庄子·杂篇》载，孔子六十九岁闲游，渔父直面孔子，分析其行道不通的原因，压根儿一番直白说："子之所以者，人事也。天子、诸侯、大夫、庶人，此四者自正，治之美也，四者离位而乱莫大焉。官治其职，人忧其事，乃无所陵。……今子既上无君侯有司之势，而下无大臣职事之官，而擅饰礼乐，选人伦，以化齐民，不泰多事乎！"

孔子序《尚书》浅略无年月，有或多缺，疑则传疑。对此，太史公父子早有感叹。①

孔子次《春秋》，司马迁《史记·十二诸侯年表》评议：

七十子之徒口受其传指，为有所刺、议、褒、讳、挹、损之文辞，不可以书见也。鲁君子左丘明，惧弟子人人异端，各安其意，失其真，故因孔子史记，具论其语，成《左氏春秋》。

---

① 《史记·年表第一 三代世表》："余读《谍记》，黄帝以来，皆有年数，稽其《历谱谍》，终始五德之传，古文咸不同，乖异。夫子之弗论次其年月，岂虚哉！"

《左氏春秋》，简称《左传》。左丘明以《左传》解《春秋》，犹恐言辞简略，又精选各国史乘原始记录，撰著《国语》以实之。《汉书·历律制》称《国语》为《春秋外传》。

两汉以降，《尚书》古文家今文家争论不休；而于《春秋》，"儒者断其义，驰说者骋其辞，不务综其终始"①。

《论语》透视着孔门弟子眼高手低，大言不惭，唯樊迟不尚空谈，能注意多学科全面综合发展，却受到孔子狭臆指斥与内讧挑斗。学风不究，露才扬己，自然难免困于陈而围于蔡。后世腐儒不思师道真谛，徒存门户偏执，岂尊孔欤，实倒孔也！五四运动之下的文化疑古者，心态扭曲，文化抹杀，诡论伪造，歪曲历史。《论语》未读通，何有孔夫子？思想界欲尊孔，先敬老，这是颠扑不破的治学修身，以正治国的社会伦理常识。

五、老子再世新认识

1. 简帛《老子》龙世界

千钧霹雳开新宇，玉宇澄清万里埃。

众里寻他千百度，蓦然回首，那人却在，灯火阑珊处。

1993 年 10 月，湖北省荆门郭店楚墓竹简《老子》丛卷，在抢救性考古发掘中，奇迹面世。

今依据竹简丛卷有"语丛四"字样，直美名老子书简为《老子语丛》，以别于帛书《老子》和世传老子五千文的通行文本《道德经》等称谓。《老子语丛》是老子"见周之衰，乃遂去"，退身蛰居，整理修订平素文论讲稿而精心著作的丛简文集，门第家教，施及邻氏，用传后世。观览荆门郭店楚墓竹简《老子语丛》照片，其文二千余言，不禁令人遐想，其为纪元前 500 年元典出世乎？其乃李耳手稿珍藏之首纂本欤？其殆母国祖地荆山，拜扫祖墓之后，度关留关令尹秘旨凡三十六章乎？其殆老子文论原始刊刻之奠基本乎？其或墓主生前为老聃、关尹门徒，或者邻氏，而得以书简传抄、辑选翻刻乎？世传老子五千言通行文本《道德经》，殆关尹据老聃语录复加迁移增删润色敷畅而流传耶？

荆门郭店楚墓竹简《老子语丛》，为今人挖掘、整理与研究老子之书，卷起时代新潮头，简本《老子语丛》可校勘帛书《老子》及世传通行文本《道德经》，以其章句判别正误，审定旧注是非，从而刷新世人对于老子伟大思想的理解与诠释，尤其对纠正国人的历史文献研究心态，启迪人类心灵感知与精

---

① 《史记·十二诸侯年表》

神世界重建，都有着巨大而深远的意义。

据《礼记·曾子问》《庄子》《文子》《吕氏春秋》诸篇记载，老子之弟子有庚桑楚、关尹、杨朱、文子、孔子、柏矩等数人。有"计然子"者，为范蠡之师。长沙马王堆汉墓出土帛书《黄帝四经》，与范蠡对越王勾践问军政之语，相得益彰。

史籍文献检视，启迪思考，解释疑惑。

2. 楚简《老子》老聃著

《史记》老子本传：

老子者，楚苦县厉乡曲仁里人也；名耳，字聃，姓李氏，周守藏室之史也。……老子修道德，其学以自隐亡名为务。居周久之，见周之衰，乃遂去。至关，关令尹，喜曰："子将隐矣，疆为我著书。"于是老子乃著书上下篇，言道德之意五千余言而去，莫知其所终。

郭店楚墓竹简《老子》甲、乙、丙三种形制文本出土表明，甲本较早，可能为老子任职周守藏室之史时期之原著，家传子侄与邻氏；乙、丙稍晚，可能是通关时期所续。司马迁《史记》载老子为关尹"言道德之意五千余言"。显然，《老子》一书是老聃自著、述作，乃至关尹所整理集成，制作定型在春秋晚期，战国早期即已门第流传，尤其优先于《论语》。

《列子》《庄子》《韩非子》《战国策》，甚至如《墨子》等多引《老子》语句。例如：

《列子·力命》：

老聃语关尹曰："天之所恶，孰知其故？"言迎天意，揣利害，不如其已。

《列子·黄帝》：老聃曰："兵强则灭，木强则折。柔弱者生之徒，坚强者死之徒。"

《庄子·胠箧》："故曰：'鱼不可脱于渊，国之利器不可以示人。'彼圣人者，天下之利器也，非所以明天下也。"

《韩非子》在《解老》《喻老》之外，还多有《老子》注释名篇。例如：

(1)《韩非子·难三第三十八》：

夫知奸亦有大罗，不失其一而已矣。不修其理，而以己之胸察为之弓矢，则子产诬矣。《老子》曰："以智治国，国之贼也。"其子产之谓矣。①

(2)《韩非子·内储说下 六微》：

权势不可以借人。上失其一，臣以为百。故臣得借，则力多，力多，则内外为用，则人主壅。其说在老聃之言失鱼也。……势重者，人主之渊也；臣者，势重之鱼也。鱼失于渊而不可复得也，人主失其势重于臣而不可复收也。

---

① 《韩非子集解》第378页，中华书局1998年版。

古之人难正言，故托之于鱼。赏罚者利器也，君操之以制臣，臣得之以拥主。故君先见所赏则臣鬻之以为德，君先见所罚则臣鬻之以威。故曰："国之利器，不可以示人。"

（3）《韩非子·六反第四十六》说：

老聃有言曰："知足不辱，知止不殆。"夫以殆辱之故而不求于足之外者，老聃也。今以为足民而可以治，是以民为皆如老聃也。

韩非称颂《老子》为"贤主之经"①。

老子重视家教，启迪子侄与邻里。《老子》书是兵家、政治家必读之书。司马迁《史记》老子本传载："老子之子名宗。宗为魏将，封于段干。"

《战国策·魏一 魏公叔痤为魏将》：

王曰："公叔岂非长者哉！既为寡人胜强敌矣，又不遗贤者之后，不揜能士之迹，公叔何可无益乎？"故又与田四十万，加之百万之上，使百四十万。故《老子》曰："圣人无积，尽以为人，己愈有；既以与人，己愈多。"公叔当之矣。②

《战国策·齐四 齐宣王见颜斶》：

是故成其道德而扬功名于后世者，尧、舜、禹、汤、周文王是也。故曰："无形者，形之君也。无端者，事之本也。"夫上见其原，下通其流，至圣人明学，何不吉之有哉！《老子》曰："虽贵，必以贱为本；虽高，必以下为基。是以侯王称孤寡不穀，是其贱之本与？"非夫孤寡者，人之困贱下位也，而侯王以自谓，岂非下人而尊贵士与？夫尧传舜，舜传禹，周成王任周公旦，而世世称曰明主，是以明乎士之贵也。

颜斶对齐宣王问，乃齐国稷下学宫黄老学术昌盛之明证。又，《墨子》佚文：

墨子为守，使公输盘服，而不肯以兵知。善持胜者以强为弱，故《老子》曰："道冲而用之，有弗盈也。"③

《老子》以学术著作之权威性而流传于春秋历史时期。《墨子》《列子》《庄子》《韩非子》《战国策》等文史载籍称颂老聃，引《老子》书。《庄子·天运》老子与老聃互称，早于《孔子家语》。《老子》著作权归属老聃，战国诸子与史籍言之确凿，事实铁定。

据此，可以初步推断，郭店楚简《老子》甲本，为老子在周守藏室之史"免而归居"及回任职岗时所著作。老子言，有车舟无所乘之，但说执大象，

---

① 《韩非子·主道第五》
② 《战国策》第785页，上海古籍出版社1978年版。
③ 《太平御览》卷322，中华书局1960年版（影印本）。

186

天下往。世传骑青牛过函谷，是书简袖珍，携带随身，乔装潜行。老子通关，感遇关令尹虔诚向道，学有传人，出示著作之下，勉励应请，补著乙本和丙本，其中丙本包含对原著甲本一则简文之修订。郭店楚简《老子》乙、丙本，可谓为过关出关所作之上、下篇。老子为关令尹系统讲授甲乙丙简文大义，关令尹整理《老子语丛》以及全部道德讲授内容为"老子五千文"，乃为世传《道德经》。

郭店楚简《老子》丛简之与丙组相连的《大一生水》（太一生水），可能是关尹据老聃自然观而旧稿修订之作。①

郭店楚简《语丛一》《语丛二》《语丛三》《语丛四》，可能是墓主人整理师氏语录之作品。墓主人是一位侍奉楚太子读书与习武之士，以其道儒各家兼修，博学多才，太子以"东宫之杯"赠之。

六、楚老莱子非老聃

《庄子·外物》《战国策·楚四》《大戴礼·魏将军文子》《孔丛子·抗志》《孟子·万章》赵歧注以及所引《高士传》，《史记正义》引《列女传》《荆门州志》等，均载老莱子教导孔子、教导子思以及却楚王之请诸事迹。

老莱子亦为汉时人联想所称述：

或曰："老莱子亦楚人也，著书十五篇，言道家之用，与孔子同时云。"

司马迁观览当时所存历史文献，为"老子本传"，兼及老莱子，以其亦楚地历史传颂人物，私家著作直至汉代犹存，故冠以或曰二字而传述之。

《史记·列传第七 仲尼弟子》曰：

孔子之所严事，于周则老子，于卫蘧伯玉，于齐晏平仲，于楚老莱子，于郑子产，于鲁孟公绰。

今检视楚简《老子》乙："故贵以身为天下，若可以厇天下矣。恁以身为天下，若可以迻天下矣。""迻"，在马王堆帛书《老子》甲、乙本和北京大学藏西汉竹简《老子》，以及傅奕古本、河上公章句《老子道德经》文本均作"寄"。《文选》卷六十载陆士衡《吊魏武帝文》，李善注引《尸子》：

老莱子曰："人生天地之间，寄也。寄者，同归也。"

毕沅《道德经考异序》曰：

老莱子，楚人。古有莱氏。故《左传》有莱驹。老莱子应是莱子而称老，如列御寇师老商氏，以商氏而称老，义同。

---

① 《庄子·天下》："建之以常无有，主之以太一……其动若水……关尹、老聃乎，古之博大真人哉！"

莱，盖以国为氏。莱氏，商代有莱朱；《左传》载晋有莱驹，齐有莱章，鲁有莱书。春秋诸侯兼并，齐侯灭莱，迁莱于郳，为楚所并，莱之后遂入楚。道家隐士老莱子，名不详。《说文》："莱，从艸，来声。"莱（léi）、李（lǐ），楚方言语音不同，今人不可混淆。老，是对享寿者之尊称，下寿六十，中寿八十，上寿百岁，高寿一百二十岁。子，是对师长学者之尊称。老莱子隐居地为"老莱山庄"！

考《庄子·天运》载"孔子行年五十有一而不闻道，乃南之沛见老聃"。子贡"遂以孔子声见老聃"，《孔丛子·抗志》载"子思见老莱子，老莱子闻穆公将相子思"。据《史记·仲尼弟子列传》："端沐赐，卫人，字子贡，少孔子三十一岁。""原宪，字子思。"《史记索隐》："郑玄云鲁人；《家语》云宋人，少孔子三十六岁。""隐居卫。"《仲尼弟子列传》载："孔子卒，原宪遂亡在草泽中，子贡相卫，而结驷连骑，排藜藿入穷阎，过谢原宪。"郭店楚墓竹简《老子》甲乙丙出土，伴有《鲁穆公问子思》等，可证《孔丛子》所记非虚语。孔子少老聃三十一岁，老莱子与孔子同时，老莱子少老聃而年寿长于孔子，其隐遁生活无疑地延至孔子卒后之战国时期。

《史记正义》引《高士传》曰：

老莱子，楚人，少以孝行养亲极甘脆。年七十，父母犹存。莱子服荆兰之衣，为婴儿戏亲前，言不称老。……楚室方乱，乃隐，耕于蒙山之阳，著书号《莱子》，莫知所终。

班固《汉书》载"《老莱子》十六篇，楚人，与孔子同时。"

老莱子书多所亡佚，高亨说："马国翰有辑本，然所得只四节而已。"

七、周太史儋非李耳

《史记·列传第七十 太史公自传》曰：

"昔在颛顼，命南正重以司天，北正黎以司地。唐虞之际，绍重、黎之后，使复典之，至于夏商，故重、黎氏世序天地。其在周，程伯休甫其后也。当宣王时，官失其守而为司马氏。司马氏世典周史。"

据《太史公自传》叙及司马氏族沿革，惠、襄之间，去周适晋，族人分散，或在卫，或在赵，或在秦。在秦者名错。错孙靳，靳孙昌。"昌生无泽，无泽为汉市长，无泽生喜，喜为五大夫。卒，皆葬高门。喜生谈。谈为太史公。"

太史公掌天官，有子曰迁。太史公发愤且卒，迁见父于河洛之间，"太史公执迁手而泣曰：'余先周室之太史也。自上世尝显功名于虞、夏，典天官事。后世中衰，绝于予乎？汝复为太史，则续吾祖矣。……为太史，无忘吾所欲论著矣。……今汉兴，海内一统，明主贤君忠臣死义之士，余为太史而弗论载，废天下之史文，余甚惧焉，汝其念哉！'迁俯首流涕曰：'小子不敏，请悉论先人所次旧闻，弗敢阙。'"

太史公司马氏父子相续，著作《史记》。

《汉书·司马迁传赞》曰：

自古书契之作而有史官，其载籍博矣。……孔子因鲁史记而作《春秋》……司马迁据《左氏》《国语》，采《世本》《战国策》，述《楚汉春秋》，接其后事……刘向、扬雄博极群书，皆称迁有良史之材，服其善序事理，辨而不华，质而不俚，其文直，其事核，不虚美，不隐恶，故谓之实录。

《史记·本纪第四　周》：

宣王崩，子幽王宫涅立。幽王二年，西周三川地震，伯阳甫曰："周将亡矣。……若国亡，不过十年，数之纪也。"……三年，幽王嬖爱褒姒，褒姒生子伯服，幽王欲废太子，太子母申侯女，而为后。后幽王得褒姒，爱之，欲废申后，并去太子宣臼，以褒姒为后，以伯服为太子，周太史伯阳读《史记》曰："周亡矣。"

先是"宣王之时，童女谣曰：'檿弧箕服，实亡周国。'"有夫妇道中见后宫童妾弃女，闻其夜啼，哀而收之，奔于褒。"褒人有罪，请入童妾所弃女子者于王以赎罪。弃女子出于褒，是为褒姒。当幽王三年，王之后宫见而爱之，生子伯服。"未久，幽王"竟废申后及太子，以褒姒为后，伯服为太子。太史伯阳曰：'祸成矣，无可奈何！'"

考周宣王之时，大夫伯阳始以高龄职司天地，于幽王三年，典职太史。其就幽王二年、三年周王室之重大事件，先后三次议论发声，司马谈缜密地表述为"伯阳甫曰""周太史伯阳读《史记》曰""太史伯阳曰"。甫曰：始说。甫，字义宽泛，当随句释词。《康熙字典》引《玉篇》：始也。

汉宣帝之后，司马迁《史记》宣布文本，传抄之间，间有"写书之官"，将"伯阳甫曰"滥作"伯阳父曰"。纰缪流传，至汉成帝时，刘向创作说部《列仙传》，衍述"老子，姓李，名耳，字伯阳，陈人也。生于殷时，为周柱下史。……谥曰聃"。由此，误解者曰"伯阳父，周柱下史老子也"[①]，甚至派生"孔丘，字仲尼父"。

《史记·本纪第四　周》：

烈王二年，周太史儋见秦献公曰："始周与秦国合而别，别五百载复合，合十七岁而霸王者出焉。"

《史记·本纪第五　秦昭襄王　庄襄王》：

献公……十一年，周太史儋见献公曰："周故与秦国合而别，别五百岁复

① 裴骃《史记集解》："韦昭曰'伯阳父，周大夫也'。唐固曰'伯阳父，周柱下史老子也'。"

合，合十七岁而霸王出。"

《史记·八书第六 封禅》：

秦灵公作吴阳上畤，祭黄帝；作下畤，祭炎帝。后四十八年，周太史儋见秦献公，曰："秦始与周合，合而离，五百岁当复合，合十七年而霸王出焉。"

《史记》本纪第四、第五与八书第六，乃司马谈所写，后三年，司马迁为太史令①，继承父职，依例历史人物活动年代序次，续作《史记》，化裁语句，引入"老子本传"，以资误解老子其人与《老子》其书者之分判：

自老子去之后百二十九年，而史记周太史儋见秦献公曰："始秦与周合，合五百岁而离，离七十岁而霸王者出焉。"或曰儋即老子，或曰非也，世莫知其然否。老子，隐君子也。

如此，西周太史伯阳、春秋周太史儋，实为西汉太史公司马氏之先辈，岂可误为"姓李氏，名耳，字聃，周守藏室之史也"！

显然，伟大的历史学家司马迁早已在"老子本传"字里行间，既昭彰历代史官制度严明相续，也彰明春秋时期曾经任职周守藏室之史的老聃李耳，就是孔子适周问礼的师尊老子。通览史记，太史公司马迁十分肯定，隐君子之老子与见秦献公之周太史儋，并非一人。而"孔子适周，将问礼于老子"，岂可笔之"孔子适周，将问礼于周太史儋"？"所以他特地用了短短几句话，将二人的性格特征与学术要点画骨点睛，甄辨开来。"②

周太史儋是否有私人著作之文献存在？史家亡称说。

老聃与孔子之后的长时期，历史已进入战国时代，老子与孔子的语录和思想，已臻学风浓郁，代有传人，"史不失书，瞍不失诵"。战国中期任职周太史的人物，当对前辈史官及其遗言深有了解，其敷畅老子道德，也是分内的事。《史记》本纪第四、第五，记周、秦史事件，并记周太史儋见秦献公，不是虚语，司马迁转述之，想其或为老子《道德经》始传秦地之人物，而秦政一统，秦篆划一，六国之书火焚，老子《道德经》以小篆帛书行制应世，乃为通途；迄至汉成帝使陈农求书于天下，使刘向校经传诸子，《道德经》从而以汉隶官定文本传世。马王堆帛书《老子》小篆甲本、汉隶乙本、项羽妾墓简傅奕整理《道德经》古本篇、北大汉简《老子》、王弼注本《老子》、河上公章句《老子》，皆为《老子五千文》传世文本。

东汉时期，《老子》版本与相关文献流传情况，据班固《汉书·艺文志》载：

《老子邻氏经传》四篇，姓李，名耳，邻氏传其学。

---

① 据《史记索隐》引《博物志》，太史公司马谈卒三岁，司马迁年二十八，六月乙卯授职太史令。

② 丁四新：《郭店楚墓竹简思想研究》，东方出版社2000年版。

《老子傅氏经说》三十七篇，述老子学。

《老子徐氏经说》六篇，字少季，临淮人，传《老子》。

刘向《说老子》四篇。

《文子》九篇，老子弟子，与孔子并时。

《蜎子》十三篇，名渊，楚人，老子弟子。

《关尹子》九篇，名喜，为关吏，老子过关，喜去吏而从之。（按：喜字误）

《老莱子》十六篇，楚人，与孔子同时。

八、刷新春秋学术史

综上所述，无论是楚简《老子》所代表的春秋末期《老子语丛》文本，还是经过战国滥觞期形成的帛书《老子》甲本，以及《道德经》汉隶传世本，都是先秦黄老道家学术思想宝典，为秦汉时期我国本土道教诞生，奠定思想底蕴与文化基础。

古今中外人民共同敬奉的伟大导师老子，是我国春秋社会大变革时代，笃行教育性质摆脱宫廷影响，开启社会教育走向未来世界金光大道的第一人。

泉州清源山老子石像，任震英题赞："老子天下第一！"[1]

郭店楚墓竹简《老子语丛》面世，是我国春秋时代老子及其光辉学术思想的展现。文化疑古浅学，乃至文化抹杀诡论扰乱历史研究的谩狂妄言不攻自破，中国学术史遂致顺其自然得以改写刷新，为我国人民，乃至全世界人类漫漫思想界，矗立起新时代指示长夜的亮丽明灯。

郭店楚墓竹简《老子语丛》、马王堆汉墓帛书《老子》以及通行文本《道德经》，语言简洁，多用排比语句，句式整齐；用韵显豁，在先秦散文中独具一格。其为哲学论文，逻辑性也极强，微言大义，震撼心灵，启迪着高尚精神世界的再重建。

伴随郭店楚墓竹简《老子语丛》面世，因为盗掘而流失港阜的大批楚简，得到校友、友人抢救捐赠，入藏北京大学、清华大学、安徽大学等高校图书馆，入藏上海博物馆，业经整理、编辑、出版，必将为我国先秦汉语史、汉字史以及文献学的刷新研究，带来丰硕成果，为继承和发扬中华优秀历史文化遗产服务。

[1]　老君造像题赞　任震英题赞。

第八章　文献与老子

一、老子里籍研究

《史记·老子韩非列传》："老子者，楚苦县厉乡曲仁里人也。"

《汉书·地理志》："淮阳国，高帝十一年置。莽曰新平。属兖州。户十三万五千五百四十四，口九十八万一千四百二十三。县九：陈，故国，舜后，胡公所封，为楚所灭。楚顷襄王自郢徙此。莽曰陈陵。苦，莽曰赖陵。"

《汉书》颜师古注："晋太康《地记》云，城东有赖乡祠，老子所生地。"

《后汉书·郡国志》："陈国九城，户十一万二千六百五十三，口百五十四万七千五百七十二。苦，春秋时曰相。有赖乡。"汉桓帝祭祀老子，"之苦县"。

伏滔《北征记》曰："有老子庙，庙中有九井，水相通。《古史考》曰：有曲仁里，老子里也。"

东汉边韶奉诏撰《老子铭》记："老子，楚相县人也。春秋之后，相县虚荒，今属苦。故城犹在，在赖乡之东，涡水处其阳。"

郦道元《水经注》卷二十三：

谷水自此东入涡水。涡水又北径老子庙东，庙前有二碑在南门外。汉桓帝遣中官管霸祠老子，命陈相边韶撰文。……东院中，有九井焉。又北，涡水之侧，又有李母庙，庙在老子庙北。庙前有李母冢。冢东有碑，是永兴元年谯令长沙王阜所立碑，云：老子生于曲涡间。

《水经注·睢水》："睢水又东南径相县故城南，宋共公之所都也。"

唐张守节《史记正义》引《括地志》云："苦县在亳州谷阳县界。有老子宅及庙，庙中有九井尚存，在今亳州真源县也。"又引晋·太康《地记》云："苦县城东有濑乡祠，老子所生地也。"

根据《史记》和《史记正义》，当年垓下之战，霸王别姬，战地涉及楚地苦县，老子故里。

20世纪90年代，有学者认为老子出生于涡水之阳，即今安徽省涡阳县。随着道教兴起，古代楚国苦地一带，祠老子之道宫多处，以鹿邑西太清宫、亳州道德宫、涡阳中太清宫以及东太清宫享誉盛名。涡阳县闸北镇天静宫，即中太清宫旧址，古属豫州，春秋曰相，宋共公为公子时邑都此地，后为楚兼并。

西汉时属沛郡。隋唐为亳州辖地。宋置卫真县。清同治三年（1864 年）置涡阳县，亳州析地十三保为属地，太清宫随之划归涡阳。老子出生地有天静宫古建筑群历代碑刻留存与出土，天静宫始建于东汉延熹八年（165 年），初称老子庙。相地赊相山相邑。相山今属淮北市，相邑属涡阳县之镇村。

吾友，安徽大学哲学系孙以楷教授遗著《老子通论》说：

这个相，在相山西南，因相山而得名。此地离沛泽不过百里，处于沛地范围之内。孔子、杨朱、南荣趎南之沛见老子，就是南之沛相。有人说宋国无相，这完全是主观臆说。不仅《水经注》中指明宋国有相邑，而且比《水经注》更早的《战国策》也有记载："秦楚之构而不离，魏氏将出兵而攻留、方与、铚、胡陵、砀、萧、相，故宋必尽。"相是故宋之地，再明显不过了。既然老子是宋之相人，为什么边韶不说老子是"宋相县人也"而要说是"楚相县人也"？这是因为老子故里可能在老子出生前后就已被楚国占领。……宋国的版图中，这里是最先被楚国占领的。所以称老子是"楚相县人也"也是正确的。

……1992 年涡阳县天静宫遗址考古发掘的考古收获不仅为老子是宋国相人之说提供了实物证据，而且把老子生地进一步具体坐实为天静宫流星园。①

二、《列子》摘录

1. 黄帝

列子问关尹曰："至人潜行不空，蹈火不热，行乎万物之上而不栗。请问何以至于此？"

关尹曰："是纯气之守也，非智巧果敢之列。姬！鱼语女。凡有貌像声色者，皆物也。物与物何以相远也？夫奚足以至乎先？是色而已。则物之造乎不形，而止乎无所化。夫得是而穷之者，得而正焉？彼将处乎不深之度，而藏乎无端之纪，游乎万物之所终始。壹其性，养其气，含其德，以通乎物之所造。夫若是者，其天守全，其神无郤，物奚自入焉？夫醉者之坠于车也，虽疾不死。骨节与人同，而犯害与人异，其神全也。乘亦弗知也，坠亦弗知也。死生惊惧不入乎其胸，是故遻物而不慑。彼得全于酒而犹若是，而况得全于天乎？圣人藏于天，故物莫之能伤也。"

……杨朱南之沛，老聃西游于秦。邀于郊。至梁而遇老子。老子中道仰天而叹曰："始以汝为可教，今不可教也。"杨朱不答。至舍，进涫漱巾栉，脱履户外，膝行而前曰："向者夫子仰天而叹曰：'始以汝为可教，今不可教。'

---

① 孙以楷：《老子通论》，安徽大学出版社 2004 年版。

弟子欲请夫子辞，行不闲，是以不敢。今夫子闲矣，请问其过。"老子曰：
"而睢睢而盱盱，而谁与居？大白若辱，盛德若不足。"杨朱蹴然变容曰："敬
闻命矣！"其往也，舍迎将家，公执席，妻执巾栉，舍者避席，炀者避灶。其
反也，舍者与之争席矣。

杨朱过宋，东之于逆旅。逆旅人有妾二人，其一人美，其一人恶；恶者贵
而美者贱。杨子问其故。逆旅小子对曰："其美者自美，吾不知其美也；其恶
者自恶，吾不知其恶也。"杨子曰："弟子记之！行贤而去自贤之行，安往而
不爱哉！"

天下有常胜之道，有不常胜之道。常胜之道曰柔，不常胜之道曰强。二者
亦知，而人未之知。故上古之言：强，先不己若者；柔，先出于己者。先不己
若者，至于若己，则殆矣；先出于己者，亡所殆矣。以此胜一身若徒，以此任
天下若徒，谓不胜而自胜，不任而自任也。鬻子曰："欲刚，必以柔守之；欲
强，必以弱保之。积于柔必刚，积于弱必强。观其所积，以知祸福之乡。强胜
不若己，至于若己者刚；柔胜出于己者，其力不可量。"老聃曰："兵强则灭，
木强则折。柔弱者生之徒，坚强者死之徒。"

2. 周穆王

老成子学幻于尹文先生，三年不告。老成子请其过而求退。尹文先生揖而
进之于室，屏左右而与之言曰：

"昔老聃之徂西也，顾而告予曰：有生之气，有形之状，尽幻也。造化之
所始，阴阳之所变者，谓之生，谓之死。穷数达变，因形移易者，谓之化，谓
之幻。造物者其巧妙，其功深，固难穷难终。因形者其巧显，其功浅，故随起
随灭。知幻化之不异生死也，始可与学幻矣。吾与汝亦幻也，奚须学哉？"

老成子归，用尹文先生之言深思三月，遂能存亡自在，憣校四时，冬起
雷，夏造冰，飞者走，走者飞。终身不著其术，故世莫传焉。

子列子曰："善为化者，其道密庸，其功同人。五帝之德，三王之功，未
必尽智勇之力，或由化而成，孰测之哉！"

……秦人逢氏有子，少而惠，及壮而有迷罔之疾。闻歌以为哭，视白以为
黑，飨香以为朽，尝甘以为苦，行非以为是。意之所之，天地、四方、水火、
寒暑，无不倒错者焉。

杨氏告其父曰："鲁之君子多术艺，将能已乎！汝奚不访焉？"

其父之鲁，过陈，遇老聃，因告其子之证。

老聃曰："汝庸知汝子之迷乎？今天下之人皆惑于是非，昏于利害，同疾者
多，固莫有觉者。且一身之迷不足倾一家，一家之迷不足倾一乡，一乡之迷不
足倾一国，一国之迷不足倾天下。天下尽迷，孰倾之哉？向使天下之人其心尽
如汝子，汝则反迷矣，哀乐、声色、臭味、是非，孰能正之？且吾之此言未必

非迷，而况鲁之君子迷之邮者，焉能解人之迷哉？荣汝之粮，不若遄归也。"

3. 力命

生非贵之所能存，身非爱之所厚；生亦非贱之所能夭，身亦非轻之所能薄。故贵之或不生，贱之或不死；爱之或不厚，轻之或不薄。此似反也，非反也，此自生自死，自厚自薄。或贵之而生，或贱之而死；或爱之而厚，或轻之而薄。此似顺也，非顺也；此亦自生自死，自厚自薄，鬻熊语文王曰："自长非所增，自短非所损，算之所亡若何。"老聃语关尹曰："天之所恶，孰知其故？"言迎天意，揣利害，不如其已。

4. 杨朱

杨朱曰："丰屋、美服、厚味、姣色，有此四者，何求于外？有此而求外者，无厌之性。无厌之性，阴阳之蠹也。忠不足以安君，适足以危身；义不足以利物，适足以害生。安上不由于忠，而忠名灭焉；利物不由于义，而义名绝焉。君臣皆安，物我兼利，古之道也。鬻子曰：'去名者无忧。'老子曰：'名者实之宾。'而悠悠者趋名不已。名固不可去，名固不可宾邪？今有名则尊荣，亡名则卑辱。尊荣则逸乐，卑辱则忧苦。忧苦，犯性者也；逸乐，顺性者也。斯实之所系矣。名胡可去？名胡可宾？但恶夫守名而累实。守名而累实，将恤危亡之不救，岂徒逸乐忧苦之间哉？"

三、定州竹简《文子》残片释文（摘录）

1.0912 卑退敛损，所以法天也。平王曰

释文：卑者所以自下也，退者所以自后也，俭者所以自小也，损者所以自少也。卑则尊，退则先，俭则广，损则大。此天道所成也。

2.2482 修德非一听，故以耳听者，学在皮肤；

0576 以心学在肌月（肉）；以□听者

释文：文子问道，老子曰："学问不精，听道不深。凡听者将以达智也，将以成行也，将以致功名。不精不明，不深不达。故上学以神听，中学以心听，下学以耳听。以耳听者，学在皮肤；以心听者，学在肌肉；以神听者，学在骨髓……凡听之理，虚心清净，损气无盛，无思无虑。"

3.0904 □之□而知之乎？文子曰：未生者可

0896 1193　知平王曰："何谓圣知？"文子曰："闻而知之，圣也。"

0803　知也。故圣者闻

1200　而知择道。知者见祸福

0765　刑［形］，而知择行。故闻而知之，圣也。

0834 知也成刑［形］者，可见而

0711 未生；知者见成

0909 □经者，圣知之道也。王也不可不

释文：文子问圣智。老子曰："闻而知之，圣也；见而知之，智也。故圣人常闻祸福所生而择其道，智者常见祸福成形而择其行；圣人知天道吉凶，故知祸福所生；智者先见成形，故知祸福之门。闻未生，圣也，先见成形智也，无闻见在愚迷。"

4. 0908 也，见小故能成其大功，守静□

0806 也，大而不衰者，所以长守□

0864　高而不危。高而不危者，所以长守民

2327 有天下，贵为天子，富贵不离其身

释文：处大，满而不溢；居高，贵而无骄。处大不溢，盈而不亏；居上不骄，高而不危。盈而不亏，所以长守富也；高而不危，所以长守贵也。富贵不离其身，禄及子孙，古之王道具于此矣。

5. 0885　平王曰："为正（政）奈何？"文子曰："御之以道，□

0707 之以德，勿视以贤，勿加以力，□以□□

2205 □言。"平王曰："御

2324 □□以贤则民自足，毋加以力则民自

2325 0876 可以治国。不御以道，则民离散。不养

0826 则民倍（背）反（叛），视之贤，则民疾诤，加之以

0898 则民苛兆（逃）；民离散，则国执（势）衰；民倍（背）

0886 上位危。"平王曰："行此四者何如？"文子

释文：平王曰："为正（政）奈何？"文子曰："御之以道，［养］之以德，勿视以贤，勿加以力，□以□□……□言。"平王曰："御……［御之以道则民附，养之以德则民服，勿视］以贤则民自足，毋加以力则民自［朴］可以治国。不御以道，则民离散。不养则民倍（背）反（叛）；视之贤，则民疾诤，加之以［力］则民苛兆（逃）；民离散，则国执（势）衰；民倍（背）……上位危。"平王曰："行此四者何如？"文子

6. 2255 平王曰子以道德治天下夫上世之王

2376 观之古之天子以下，至于王侯，无□□

0877 欲自活也其活各有［薄］厚，人生亦有贤

2252 □使桀纣修道德，汤武［虽］贤，毋所建

2213 以相生养，所以

2206 相畜长也，相□

2212 朝请不恭，而不从令，不集。平王

0567 □者奈何之？文子曰：仁绝，义取者，

2321 诸侯倍［背］反［叛］，众［人□正，强］乘弱，大陵小，以

释文：文子问曰：夫子之言，非道德无以治天下，上世之王，继嗣因业，亦有无道，各没其世而无祸败者，何道以然？老子曰：自天子以下至于庶人，各自生活，然其活有厚薄，天下时有亡国破家，无道德之故也。有道德则夙夜不懈，战战兢兢，常恐危亡，无道德则纵欲恣情，其亡无时。使桀纣循道行德，汤武虽贤，无所建其功也。夫道德者，所以相生养也，所以相蓄长也，所以相亲爱也，所以相敬贵也。夫聋虫虽愚，不害其所爱，诚使天下之民皆怀仁爱之心，祸灾何由生乎！夫无道而无祸害者，仁未绝，义未灭也；仁虽未绝，义虽未灭，诸侯以轻其上矣，诸侯轻上，则朝廷不恭，纵令不顺；仁绝义灭，诸侯背叛，众人力政，强者陵弱，大者侵小，民人以攻击为业，灾害生，祸乱作，其亡无日，何期无祸也。

7. 2262 曰吾闻古圣立天下，以道立天下

0564 □何？文子曰：执一无为。平王曰

2360 文子曰

0870（天）地大器也，不可执，不可为，为者贩（败），执者失。

0593 是以圣王执一者，见小也。无为者

0775 下正。平王曰：见小守静奈何？文子曰

0908 也。见小故能成其大功，守静□

释文：文子问曰："古之王者以道莅天下，为之奈何？"老子曰："执一无为，因天地之变化。天下大器也，不可执也，不可为也。为者败之，执者失之。执者，见小也，见小故不能成其大也。无为者，守静也，守静能为天下正。"

8. 0880 曰：人主唯（虽）贤，而曹（遭）淫暴之世，以一

今本：平王问文子曰："吾闻子得道于老聃。今贤人虽有道，而遭淫乱之世；以一人之权，而欲化久乱之民，其庸能乎？"

9. 2481 毋刑（形）、无声、万物□

今本《道原》：无形而有形生焉，无声而五音鸣焉……有形则有声，无形则无声，有形产于无形。故无形者，有形之始也。

10. 0899 下，先始于后，大始于小，多始于少。

今本《精诚》：天地之道，大以小为本，多以少为始。

11. 0818　令远者来，令□□□□□

今本《微明》：近者悦，远者来。与民同欲即和。

12. 0916　江海以道为百谷王，故能长久功。

今本《自然》：江海近于道，故能长久与天地相保。

13. 0581 产于有，始于弱而成于强，始于柔

2331 于短而成于长，始于寡而成于众

今本：夫道原产有始，始于柔弱，成于刚强；始于短寡，成于众长。①

四、《庄子》论老子

（一）内篇

1. 养生主

老聃死，秦失吊之，三号而出。弟子曰："非夫子之友邪？"曰："然。""然则吊焉若此可乎？"曰："然。始也吾以为其人也，而今非也。向吾入而吊焉，有老者哭之，如哭其子；少者哭之，如哭其母。彼其所以会之，必有不蕲言而言，不蕲哭而哭者。是遁天倍情，忘其所受，古者谓之遁天之刑。适来，夫子时也；适去，夫子顺也。安时而处顺，哀乐不能入也，古者谓是帝之悬解。"指穷于为薪，火传也，不知其尽也。

2. 德充符

无趾语老聃曰："孔丘之于至人，其未邪？彼何宾宾以学子为？彼且蕲以諔诡幻怪之名闻，不知至人之以是为己桎梏邪？"老聃曰："胡不直使彼以死生为一条，以可不可为一贯者，解其桎梏，其可乎？"无趾曰："天刑之，安可解！"

3. 应帝王

阳子居见老聃，曰："有人于此，向疾强梁，物彻疏明，学道不倦，如是者，可比明王乎？"老聃曰："是于圣人也，胥易技系，劳形怵心者也。且也虎豹之文来田，猿狙之便执斄之狗来藉。如是者，可比明王乎？"阳子居蹴然曰："敢问明王之治。"老聃曰："明王之治：功盖天下而似不自己，化贷万物而民弗恃。有莫举名，使物自喜。立乎不测，而游于无有者也。"

（二）外篇

1. 在宥

崔瞿问于老聃曰："不治天下，安藏人心？"老聃曰："女慎无撄人心。"人心排下而进上，上下囚杀，淖约柔乎刚强，廉刿雕琢，其热焦火，其寒凝冰，其疾俯仰之间而再抚四海之外。其居也，渊而静；其动也，县而天。偾骄而不可系者，其唯人心乎！昔者黄帝始以仁义撄人之心，尧、舜于是乎股无胈，胫无毛，以养天下之形。愁其五藏以为仁义，矜其血气以规法度。然犹有

---

① 河北省文物研究所定州汉简整理小组：《竹简文子释文》，《文物》1995 年 12 月。

不胜也。尧于是放灌兜于崇山,投三苗于三峗,流共工于幽都,此不胜天下也。夫施及三王而天下大骇矣。下有桀、跖,上有曾、史,而儒墨毕起。于是乎喜怒相疑,愚知相欺,善否相非,诞信相讥,而天下衰矣;大德不同,而性命烂漫矣;天下好知,而百姓求竭矣。于是乎斤锯制焉,绳墨杀焉,椎凿决焉。天下脊脊大乱,罪在撄人心。故贤者伏处大山嵁岩之下,而万乘之君忧栗乎庙堂之上。今世殊死者相枕也,桁杨者相推也,形戮者相望也,而儒墨乃始离跂攘臂乎桎梏之间。意,甚矣哉!其无愧而不知耻也甚矣!吾未知圣知之不为桁杨椄槢也,仁义之不为桎梏凿枘也,焉知曾、史之不为桀、跖嚆矢也!故曰:绝圣弃知,而天下大治。

2. 天地

夫子问于老聃曰:"有人治道若相放,可不可,然不然。辩者有言曰:'离坚白,若县寓。'若是则可谓圣人乎?"老聃曰:"是胥易技系,劳形怵心者也。执留之狗成思,猿狙之便自山林来。丘,予告若,而所不能闻与而所不能言:凡有首有趾、无心无耳者众,有形者与无形无状而皆存者尽无。其动止也,其死生也,其废起也,此又非其所以也。有治在人。忘乎物,忘乎天,其名为忘己。忘己之人,是之谓入于天。"

3. 天道

孔子西藏书于周室,子路谋曰:"由闻周之征藏史有老聃者,免而归居。夫子欲藏书,则试往因焉。"孔子曰:"善。"往见老聃,而老聃不许,于是繙十二经以说。老聃中其说,曰:"大谩,愿闻其要。"孔子曰:"要在仁义。"老聃曰:"请问仁义,人之性邪?"孔子曰:"然,君子不仁则不成,不义则不生。仁义,真人之性也,又将奚为矣?"老聃曰:"请问何谓仁义?"孔子曰:"中心物恺,兼爱无私,此仁义之情也。"

老聃曰:"意,几乎后言!夫兼爱,不亦迂乎!无私焉,乃私也。夫子若欲使天下无失其牧乎?则天地固有常矣,日月固有明矣,星辰固有列矣,禽兽固有群矣,树木固有立矣。夫子亦放德而行,循道而趋,已至矣!又何偈偈乎揭仁义,若击鼓而求亡子焉!意,夫子乱人之性也。"

士成绮见老子而问曰:"吾闻夫子圣人也。吾固不辞远道而来愿见,百舍重趼而不敢息。今吾观子,非圣人也。鼠壤有余蔬而弃妹之者,不仁也!生熟不尽于前,而积敛无崖。"老子漠然不应。

士成绮明日复见,曰:"昔者吾有刺于子,今吾心正却矣,何故也?"老子曰:"夫巧知神圣之人,吾自以为脱焉。昔者子呼我牛也而谓之牛;呼我马也而谓之马。苟有其实,人与之名而弗受,再受其殃。吾服也恒服,吾非以服有服。"士成绮雁行避影,履行遂进,而问修身若何。老子曰:"而容崖然,而目冲然,而颡頯然,而口阚然,而状义然。似系马而止也,动而持,发也机，察而审，知巧而睹于泰，凡以为不信。边竟有人焉，其名为窃。"

老子曰："夫道，于大不终，于小不遗，故万物备。广广乎其无不容也，渊渊乎其不可测也。形德仁义，神之末也，非至人孰能定之！夫至人有世，不亦大乎，而不足以为之累；天下奋棘而不与之偕；审乎无假而不与利迁，极物之真，能守其本。故外天地，遗万物，而神未尝有所困也。通乎道，合乎德，退仁义，宾礼乐，至人之心有所定矣！"

世之所贵道者，书也。书不过语，语有贵也。语之所贵者，意也，意有所随。意之所随者，不可以言传也，而世因贵言传书。世虽贵之，我犹不足贵也，为其贵非其贵也。故视而可见者，形与色也；听而可闻者，名与声也。悲夫！世人以形色名声为足以得彼之情。夫形色名声，果不足以得彼之情，则知者不言，言者不知，而世岂识之哉！

4. 天运

孔子行年五十有一而不闻道，乃南之沛见老聃。老聃曰："子来乎？吾闻子，北方之贤者也！子亦得道乎？"孔子曰："未得也。"老子曰："子恶乎求之哉？"曰："吾求之于度数，五年而未得也。"老子曰："子又恶乎求之哉？"曰："吾求之于阴阳，十有二年而未得也。"老子曰："然，使道而可献，则人莫不献之于其君；使道而可进，则人莫不进之于其亲；使道而可以告人，则人莫不告其兄弟；使道而可以与人，则人莫不与其子孙。然而不可者，无佗也，中无主而不止，外无正而不行。由中出者，不受于外，圣人不出；由外入者，无主于中，圣人不隐。名，公器也，不可多取。仁义，先王之蘧庐也，止可以一宿而不可久处。觐而多责。古之至人，假道于仁，托宿于义，以游逍遥之虚，食于苟简之田，立于不贷之圃。逍遥，无为也；苟简，易养也；不贷，无出也。古者谓是采真之游。以富为是者，不能让禄；以显为是者，不能让名。亲权者，不能与人柄，操之则栗，舍之则悲，而一无所鉴，以窥其所不休者，是天之戮民也。怨、恩、取、与、谏、教、生、杀八者，正之器也，唯循大变无所湮者，为能用之。故曰：正者，正也。其心以为不然者，天门弗开矣。"

孔子见老聃而语仁义。老聃曰："夫播糠眯目，则天地四方易位矣；蚊虻噆肤，则通昔不寐矣。夫仁义憯然，乃愤吾心，乱莫大焉。吾子使天下无失其朴，吾子亦放风而动，揔德而立矣，又奚杰然若负建鼓而求亡子者邪！夫鹄不日浴而白，乌不日黔而黑。黑白之朴，不足以为辩；名誉之观，不足以为广。泉涸，鱼相与处于陆，相呴以湿，相濡以沫，不若相忘于江湖。"

孔子见老聃归，三日不谈。弟子问曰："夫子见老聃，亦将何规哉？"孔子曰："吾乃今于是乎见龙。龙，合而成体，散而成章，乘云气而养乎阴阳。予口张而不能嗋，予又何规老聃哉？"子贡曰："然则人固有尸居而龙见，雷声而渊默，发动如天地者乎？赐亦可得而观乎？"遂以孔子声见老聃。老聃方将倨堂而应，微曰："予年运而往矣，子将何以戒我乎?"

子贡曰："夫三皇五帝之治天下不同，其系声名一也。而先生独以为非圣人，如何哉?"老聃曰："小子少进，子何以谓不同?"对曰："尧授舜，舜授禹。禹用力而汤用兵，文王顺纣而不敢逆，武王逆纣而不肯顺，故曰不同。"老聃曰："小子少进，余语汝三皇五帝之治天下：黄帝之治天下，使民心一。民有其亲死不哭，而民不非也。尧之治天下，使民心亲。民有为其亲杀其杀，而民不非也。舜之治天下，使民心竞。民孕妇十月生子，子生五月而能言，不至乎孩而始谁，则人始有夭矣。禹之治天下，使民心变，人有心而兵有顺，杀盗非杀人。自为种而天下耳。是以天下大骇，儒墨皆起。其作始有伦，而今乎妇女，何言哉! 余语汝：三皇五帝之治天下，名曰治之，而乱莫甚焉。三皇之知，上悖日月之明，下睽山川之精，中堕四时之施。其知憯于蛎虿之尾，鲜规之兽，莫得安其性命之情者，而犹自以为圣人，不可耻乎? 其无耻也!"子贡蹴蹴然立不安。

孔子谓老聃曰："丘治《诗》《书》《礼》《乐》《易》《春秋》六经，自以为久矣，孰知其故矣，以奸者七十二君，论先王之道而明周、召之迹，一君无所钩用。甚矣夫! 夫人之难说也? 道之难明邪?"老子曰："幸矣，子之不遇治世之君也! 夫六经，先王之陈迹也，岂其所以迹哉! 今子之所言，犹迹也。夫迹，履之所出，而迹岂履哉! 夫白鶂之相视，眸子不运而风化，虫，雄鸣于上风，雌应于下风而风化。类自为雌雄，故风化。性不可易，命不可变，时不可止，道不可壅。苟得于道，无自而不可；失焉者，无自而可。"

孔子不出，三月复见，曰："丘得之矣。乌鹊孺，鱼傅沫，细要者化，有弟而兄啼。久矣，夫丘不与化为人! 不与化为人，安能化人!"老子曰："可，丘得之矣!"

5. 田子方

孔子见老聃，老聃新沐，方将被发而干，慹然似非人。孔子便而待之。少焉见，曰："丘也眩与? 其信然与? 向者先生形体掘若槁木，似遗物离人而立于独也。"老聃曰："吾游心于物之初。"孔子曰："何谓邪?"曰："心困焉而不能知，口辟焉而不能言。尝为汝议乎其将：至阴肃肃，至阳赫赫。肃肃出乎天，赫赫发乎地。两者交通成和而物生焉，或为之纪而莫见其形。消息满虚，一晦一明，日改月化，日有所为而莫见其功。生有所乎萌，死有所乎归，始终相反乎无端，而莫知乎其所穷。非是也，且孰为之宗!"

6. 知北游

孔子问于老聃曰："今日晏闲，敢问至道。"

老聃曰："汝齐戒，疏瀹而心，澡雪而精神，掊击而知。夫道，窅然难言哉! 将为汝言其崖略：夫昭昭生于冥冥，有伦生于无形，精神生于道，形本生于精，而万物以形相生。故九窍者胎生，八窍者卵生。其来无迹，其往无崖，无门无房，四达之皇皇也。邀于此者，四肢强，思虑恂达，耳目聪明。其用心不劳，其应物无方，天不得不高，地不得不广，日月不得不行，万物不得不昌，此其道与！且夫博之不必知，辩之不必慧，圣人以断之矣！若夫益之而不加益，损之而不加损者，圣人之所保也。渊渊乎其若海，魏魏乎其终则复始也。运量万物而不匮。则君子之道，彼其外与！万物皆往资焉而不匮。此其道与！

中国有人焉，非阴非阳，处于天地之间，直且为人，将反于宗。自本观之，生者，喑噫物也。虽有寿夭，相去几何？须臾之说也，奚足以为尧、桀之是非！果蓏有理，人伦虽难，所以相齿。圣人遭之而不违，过之而不守。调而应之，德也；偶而应之，道也。帝之所兴，王之所起也。

人生天地之间，若白驹之过隙，忽然而已。注然勃然，莫不出焉；油然漻然，莫不入焉。已化而生，又化而死。生物哀之，人类悲之。解其天弢，堕其天袠。纷乎宛乎，魂魄将往，乃身从之。乃大归乎！不形之形，形之不形，是人之所同知也，非将至之所务也，此众人之所同论也。彼至则不论，论则不至；明见无值，辩不若默；道不可闻，闻不若塞：此之谓大得。"

（三）杂篇

1. 庚桑楚

老聃之役有庚桑楚者，偏得老聃之道，以北居畏垒之山，其臣之画然知者去之，其妾之挈然仁者远之；拥肿之与居，鞅掌之为使。居三年，畏垒大壤。畏垒之民相与言曰："庚桑之子始来，吾洒然异之。今吾日计之而不足，岁计之而有余。庶几其圣人乎！子胡不相与尸而祝之，社而稷之乎？"

庚桑子闻之，南面而不释然。弟子异之。庚桑子曰："弟子何异于予？夫春气发而百草生，正得秋而万宝成。夫春与秋，岂无得而然哉？天道已行矣。吾闻至人，尸居环堵之室，而百姓猖狂不知所如往。今以畏垒之细民，而窃窃焉欲俎豆予于贤人之间，我其杓之人邪！吾是以不释于老聃之言。"

弟子曰："不然。夫寻常之沟，巨鱼无所还其体，而鲵鳅为之制；步仞之丘陵，巨兽无所隐其躯，而孽狐为之祥。且夫尊贤授能，先善与利，自古尧、舜以然，而况畏垒之民乎！夫子亦听矣！"

庚桑子曰："小子来！夫函车之兽，介而离山，则不免于网罟之患；吞舟之鱼，砀而失水，则蚁能苦之。故鸟兽不厌高，鱼鳖不厌深。夫全其形生之人，藏其身也，不厌深眇而已矣。且夫二子者，又何足以称扬哉！是其于辩也，将妄凿垣墙而殖蓬蒿也。简发而栉，数米而炊，窃窃乎又何足以济世哉！举贤则民相轧，任知则民相盗。之数物者，不足以厚民。民之于利甚勤，子有杀父，臣有杀君，正昼为盗，日中穴阫。吾语女，大乱之本，必生于尧、舜之间，其末存乎千世之后。千世之后，其必有人与人相食者也！"

南荣趎蹴然正坐曰："若趎之年者已长矣，将恶乎托业以及此言邪？"庚桑子曰："全汝形，抱汝生，无使汝思虑营营。若此三年，则可以及此言矣。"南荣趎曰："目之与形，吾不知其异也，而盲者不能自见；耳之与形，吾不知其异也，而聋者不能自闻；心之与形，吾不知其异也，而狂者不能自得。形之与形亦辟矣，而物或间之邪，欲相求而不能相得？今谓趎曰：'全汝形，抱汝生，勿使汝思虑营营。'趎勉闻道达耳矣！"

庚桑子曰："辞尽矣。曰奔蜂不能化藿蠋，越鸡不能伏鹄卵，鲁鸡固能矣。鸡之与鸡，其德非不同也，有能与不能者，其才固有巨小也。今吾才小，不足以化子。子胡不南见老子！"

南荣趎赢粮，七日七夜至老子之所。

老子曰："子自楚之所来乎？"南荣趎曰："唯。"老子曰："子何与人偕来之众也？"南荣趎惧然顾其后。老子曰："子不知吾所谓乎？"南荣趎俯而惭，仰而叹曰："今者吾忘吾答，因失吾问。"老子曰："何谓也？"南荣趎曰："不知乎？人谓我朱愚。知乎？反愁我躯。不仁则害人，仁则反愁我身；不义则伤彼，义则反愁我己。我安逃此而可？此三言者，趎之所患也，愿因楚而问之。"老子曰："向吾见若眉睫之间，吾因以得汝矣，今汝又言而信之。若规规然，若丧父母，揭竿而求诸海也。女亡人哉，惘惘乎！汝欲反汝性情而无由入，可怜哉！"南荣趎请入就舍，召其所好，去其所恶，十日自愁，复见老子。

老子曰："汝自洒濯，熟哉郁郁乎！然而其中津津乎犹有恶也。夫外韄者不可繁而捉，将内揵；内韄者不可缪而捉，将外揵。外内韄者，道德不能持，而况放道而行者乎！"

南荣趎曰："里人有病，里人问之，病者能言其病，然其病病者，犹未病也。若趎之闻大道，譬犹饮药以加病也。趎愿闻卫生之经而已矣。"老子曰："卫生之经，能抱一乎？能勿失乎？能无卜筮而知吉凶乎？能止乎？能已乎？能舍诸人而求诸己乎？能翛然乎？能侗然乎？能儿子乎？儿子终日嗥而嗌不嗄，和之至也；终日握而手不掜，共其德也；终日视而目不瞚，偏不在外也。行不知所之，居不知所为，与物委蛇，而同其波。是卫生之经已。"

南荣趎曰："然则是至人之德已乎？"曰："非也。是乃所谓冰解冻释者，能乎？夫至人者，相与交食乎地，而交乐乎天，不以人物利害相撄，不相与为怪，不相与为谋，不相与为事，翛然而往，侗然而来。是谓卫生之经已。"曰："然则是至乎？"曰："未也。吾固告汝曰：'能儿子乎？'儿子不知所为，行不知所之，身若槁木之枝而心若死灰。若是者，祸亦不至，福亦不来。祸福无有，恶有人灾也！"

2. 则阳

柏矩学于老聃，曰："请之天下游。"老聃曰："已矣！天下犹是也。"又请之，老聃曰："汝将何始？"曰："始于齐。"

至齐，见辜人焉，推而强之，解朝服而幕之，号天而哭之，曰："子乎！子乎！天下有大灾，子独先离之。曰'莫为盗，莫为杀人'。荣辱立然后睹所病，货财聚然后睹所争。今立人之所病，聚人之所争，穷困人之身，使无休时。欲无至此，得乎？古之君人者，以得为在民，以失为在己；以正为在民，以枉为在己。故一形有失其形者，退而自责。今则不然，匿为物而愚不识，大为难而罪不敢，重为任而罚不胜，远其涂而诛不至。民知力竭，则以伪继之。日出多伪，士民安取不伪。夫力不足则伪，知不足则欺，财不足则盗。盗窃之行，于谁责而可乎？"

3. 寓言

阳子居南之沛，老聃西游于秦，邀于郊，至于梁而遇老子。老子中道仰天而叹曰："始以汝为可教，今不可也。"阳子居不答。至舍，进盥漱巾栉，脱屦户外，膝行而前曰："向者弟子欲请夫子，夫子行不闲，是以不敢。今闲矣，请问其过。"老子曰："而睢睢盱盱，而谁与居？大白若辱，盛德若不足。"阳子居蹴然变容曰："敬闻命矣！"

其往也，舍者迎将，其家公执席，妻执巾栉，舍者避席，炀者避灶。其反也，舍者与之争席矣。

4. 天下

以本为精，以物为粗，以有积为不足，澹然独与神明居。古之道术有在于是者，关尹、老聃闻其风而悦之。建之以常无有，主之以太一。以濡弱谦下为表，以空虚不毁万物为实。关尹曰："在己无居，形物自著。"其动若水，其静若镜，其应若响。芴乎若亡，寂乎若清。同焉者和，得焉者失。未尝先人而常随人。老聃曰："知其雄，守其雌，为天下溪；知其白，守其辱，为天下谷。"人皆取先，己独取后，曰"受天下之垢"。人皆取实，己独取虚，"无藏也故有余"，岿然而有余。其行身也，徐而不费，无为也而笑巧。人皆求福，己独曲金①，曰"苟免于咎"。以深为根，以约为纪。曰"坚则毁矣，锐则挫矣"。常宽容于物，不削于人，可谓至极。关尹、老聃乎，古之博大真人哉！

---

① 曲金：原作"曲全"，循例抄误，从帛书《老子》甲勘正。《说文》段玉裁注："鉤者，曲金也。"

五、《韩非子》（摘录）

《韩非子》解老喻老前文已述。其他：

（1）《韩非子·三难第三十八》：

《老子》曰："以智治国，国之贼也。"其子产之谓矣。

（2）《韩非子·内储说下 六微》：

权势不可以借人。上失其一，臣以为百。故臣得借，则力多；力多，则内外为用，则人主壅。其说在老聃之言失鱼也。

韩非子解释说：

势重者，人主之渊也；臣者，势重之鱼也。鱼失于渊而不可复得也，人主失其势重于臣而不可复收也。古之人难正言，故托之于鱼。赏罚者利器也，君操之以制臣，臣得之以拥主。故君先见所赏则臣鬻之以为德，君先见所罚则臣鬻之以为威。故曰："国之利器，不可以示人。"

（3）《韩非子·六反第四十六》：

老聃有言曰："知足不辱，知止不殆。"夫以殆辱之故而不求于足之外者，老聃也。今以为足民而可以治，是以民为，皆如老聃。

六、《吕氏春秋》（节选）

（1）《仲春纪第四·当染》：

孔子学于老聃、孟苏、夔靖叔。

（2）《孟春纪第四·贵公》：

天下，非一人之天下也，天下之天下也。阴阳之和，不长一类；甘露时雨，不私一物；万民之主，不阿一人。伯禽将行，请所以治鲁。周公曰："利而勿利也。"荆人有遗弓者，而不肯索，曰："荆人遗之，荆人得之，又何索焉？"孔子闻之曰："去其'荆'而可矣。"老聃闻之曰："去其'人'而可矣。"故老聃则至公矣。天地大矣，生而弗子，成而弗有，万物皆被其泽，得其利，而莫知其所由始。此三皇五帝之德也。

（3）《有始览第一·去尤》：

鲁有恶者，其父出而见商咄，反而告其邻曰："商咄不若吾子矣。"且其子至恶也，商咄至美也。彼以至美不如至恶，尤乎爱也。故知美之恶，知恶之美，然后能知美恶矣。《庄子》曰："以瓦殴者翔，以钩殴者战，以黄金殴者殆。其祥一也，而有所殆者，必外有所重者也。外有所重者泄，盖内掘。"鲁人可谓外有重矣。解在乎齐人之欲得金也，及秦墨者之相妒也，皆有所乎尤也。老聃则得之矣，若植木而立乎独，必不合于俗，则何可扩矣。

（4）《审分览第五·不二》：

听群众人议以治国，国危无日矣。何以知其然也？老聃贵柔，孔子贵仁，墨翟贵廉，关尹贵清，子列子贵虚，陈骈贵齐，阳生贵己，孙膑贵势，王廖贵先，儿良贵后。有金鼓，所以一耳也；必法令，所以一心也；智者不得巧，愚者不得拙，所以一众也；勇者不得先，惧者不得后，所以一力也。故一则治，异则乱；一则安，异则危；夫能齐万不同，愚智工拙皆尽力竭能，如出乎一穴者，其唯圣人矣乎！无术之智，不教之能，而恃强速贯习，不足以成也。

（5）《审应览第六·重言》：

齐桓公与管仲谋伐莒，谋未发而闻于国，桓公怪之，曰："与仲父谋伐莒，谋未发而闻于国，其故何也？"管仲曰："国必有圣人也。"桓公曰："嘻！日之役者，有执蹠癋而上视者，意者其是邪！"乃令复役，无得相代。少顷，东郭牙至。管仲曰："此必是已。"乃令宾者延之而上，分级而立。管子曰："子邪言伐莒者？"对曰："然。"管仲曰："我不言伐莒，子何故言伐莒？"对曰："臣闻君子善谋，小人善意。臣窃意之也。"管仲曰："我不言伐莒，子何以意之？"对曰："臣闻君子有三色：显然喜乐者，钟鼓之色也；湫然清静者，衰绖之色也；艴然充盈、手足矜者，兵革之色也。日者臣望君之在台上也，艴然充盈、手足矜者，此兵革之色也。君呿而不唫，所言者'莒'也；君举臂而指，所当者莒也。臣窃以虑诸侯之不服者，其唯莒乎！臣故言之。"凡耳之闻，以声也。今不闻其声，而以其容与臂，是东郭牙不以耳听而闻也。桓公、管仲虽善匿，弗能隐矣。故圣人听于无声，视于无形。詹何、田子方、老聃是也。[1]

七、《国语·楚语上》

左史倚相廷见申公子亹，子亹不出，左史谤之，举伯以告。子亹怒而出，曰："女无亦谓我老耄而舍我，而又谤我！"

左史倚相曰："唯子老耄，故欲见以交儆子。若子方壮，能经营百事，倚相将奔走承序，于是不给，而何暇得见？昔卫武公年数九十有五矣，犹箴儆于国，曰：'自卿以下至于师长士，苟在朝者，无谓我老耄而舍我，必恭恪于朝，朝夕以交戒我；闻一二之言，必诵志而纳之，以训导我。'"在舆有旅贲之规，位宁有官师之典，倚几有诵训之谏，居寝有亵御之箴，临事有瞽史之

导，宴居有师工之诵。史不失书，蒙不失诵，以训御之，于是乎作《懿》戒以自儆也。及其没也，谓之睿圣武公。子实不睿圣，于倚相何害。《周书》曰："文王至于日中昃，不皇暇食。惠于小民，唯政之恭。"文王犹不敢骄。今子老，楚国而欲自安也，以御数者，王将何为？若常如此，楚其难哉！子亹惧，曰："老之过也。"乃骤见左史。①

左史倚相，能道训典，以叙百物，以朝夕献善败于寡君，使寡君无忘先王之业；又能上下说于鬼神，顺导其欲恶，使神无有怨痛于楚国。②

灵王虐，白公子张骤谏。王患之，谓史老曰：

"吾欲已子张之谏，若何？"

对曰："用之实难，已之易矣。若谏，君则曰：'余左执鬼中，右执殇宫，凡百箴谏，吾尽闻之矣，宁闻他言？'"

白公又谏，王如史老之言。③

八、《孔子家语》老子与老聃互称

王肃《孔子家语·五帝》：

季康子问于孔子曰："旧闻五帝之名，而不知其实，请问何谓五帝？"孔子曰："昔丘也闻诸老聃曰：天有五行，水火金木土，分时化育，以成万物，其神谓之五帝。古之王者，易代而改号，取法五行。五行更王，终始相生，亦象其义，故其生为明王者，死而配五行。是以太皞配木，炎帝配火，黄帝配土，少皞配金，颛顼配水。"

《孔子家语·观周第十一》：

孔子见老聃而问焉，曰："甚矣！道之于今难行也，吾比执道，而今委质以求当世之君，而弗受也，道之于今难行也！"老子曰："夫说者流于辩，听者乱于辞，知此二者，则道不可以忘也。"④

九、《韩诗外传》仲尼学乎老聃

《韩诗外传》子夏曰"仲尼学乎老聃"：

"哀公问于子夏曰：'必学然后可以安国保民乎？'子夏曰：'不学而能安

① 《国语·楚语上》，第550页，上海古籍出版社1988年版。
② 《国语·楚语上》，第580页。
③ 《国语·楚语上》，参见杨向奎《再论老子——神守、史老、道》，《史学研究》1990年版。
④ 《百子全书》第一册，岳麓书社1994年版。

国保民者，未之有也。'哀公曰：'然则五帝有师乎？'子夏曰：'臣闻黄帝学乎大坟，颛顼学乎禄图，帝喾学乎赤松子，尧学乎务成子附，舜学乎尹寿，禹学乎西王国，汤学乎贷乎相，文王学乎锡畴子斯，武王学乎太公，周公学乎虢叔，仲尼学乎老聃。此十一圣人，未遭此师，则功业不能著乎天下，名号不能传乎后世者也。《诗曰》：不愆不忘，率由旧章。'"①

十、刘向《说苑》（摘录）

（1）君道：

《老子》曰："鱼不可脱于渊，国之利器，不可以借人。"

（2）政理：

故《老子》曰："见小曰明。"

（3）敬慎：

常摐有疾，老子往问焉，曰："先生疾甚矣，无遗教可以语诸弟子者乎？"常摐曰："子虽不问，吾将语子。"常摐曰："过故乡而下车，子知之乎？"老子曰："过故乡而下车，非谓其不忘故耶？"常摐曰："嘻，是已。"常摐曰："过乔木而趋，子知之乎？"老子曰："过乔木而趋，非谓敬老耶？"常摐曰："嘻，是已。"张其口而示老子曰："吾舌存乎？"老子曰："然。""吾齿存乎？"老子曰："亡。"常摐曰："子知之乎？"老子曰："夫舌之存也，岂非以其柔耶？齿之亡也，岂非以其刚耶？"常摐曰："嘻，是已。天下之事已尽矣，无以复语子哉！"

韩平子问于叔向曰："刚与柔孰坚？"对曰："臣年八十矣，齿再堕而舌尚存，老聃有言曰：'天下之至柔，驰骋乎天下之至坚。'又曰：'人之生也柔弱，其死也刚强；万物草木之生也柔脆，其死也枯槁。'因此观之，'柔弱者生之徒也，刚强者死之徒也'。夫生者毁而必复，死者破而愈亡，吾是以知柔之坚于刚也。"

平子曰："善哉！然则子之行何从？"叔向曰："臣亦柔耳，何以刚为？"平子曰："柔无乃脆乎？"叔向曰："柔者，纽而不折，廉而不缺，何为脆也？天之道，微者胜，是以两军相加，而柔者克之；两仇争利，而弱者得焉。《易》曰：'天道亏满而益谦，地道变满而流谦，鬼神害满而福谦，人道恶满而好谦。'夫怀谦不足之柔弱而四道者助之，则安往而不得其志乎？"平子曰："善！"

《说苑·敬慎》：

老子曰："得其所利，必虑其所害；乐其所成，必顾其所败。人为善者，

---

① 《百子全书》第一册，第25页，长沙：岳麓书社1994。

天报以福；人为不善者，天报以祸也。故曰：祸兮福所倚，福兮祸所伏。戒之，慎之！君子不务，何以备之？夫上知天则不失时，下知地则不失财。日夜慎之，则无害灾。"

《说苑·敬慎》：

孔子之周，观于太庙。右陛之前，有金人焉，三缄其口而铭其背曰："古之慎言人也，戒之哉！戒之哉！无多言，多言多败；无多事，多事多患。安乐必戒，无行所悔。勿谓何伤，其祸将长；勿谓何害，其祸将大；勿谓何残，其祸将然；勿谓莫闻，天妖伺人；荧荧不灭，炎炎奈何；涓涓不壅，将成江河；绵绵不绝，将成网罗；青青不伐，将寻斧柯；诚不能慎之，祸之根也。曰是何伤？祸之门也。强梁者不得其死，好胜者必遇其敌；盗怨主人，民害其贵。君子知天下之不可盖也，故后之下之使人慕之。执雌持下，莫能与之争者。人皆趋彼，我独守此；众人惑惑，我独不徙；内藏我知，不与人论技。我虽尊高，人莫害我。夫江河长百谷者，以其卑下也。天道无亲，常与善人，戒之哉！戒之哉！"

孔子顾谓弟子曰：

记之，此言虽鄙，而中事情。诗曰："战战兢兢，如临深渊，如履薄冰。"行身如此，岂以口遇祸哉![1]

（4）反质：

仲尼问老聃曰："甚矣，道之于今难行也。吾比执道，委质以当世之君而不我受也，道之于今难行也。"

老子曰："夫说者流于听，言者乱于辞，如此二者，则道不可委矣。"

出土文献表明，《孔子家语》乃先秦古籍汇编，刘向校书，从传世本而摘录，文句老聃与老子互称，是老子即老聃之明证。叔向早于孔子而习于《春秋》，娴熟《老子语丛》。叔向以老聃语录对韩平子问刚柔，文句见于《老子五千文》世传本第四十三章与第七十六章，足证老聃是春秋时期伟大教育家，老子学说为宫廷学者所服膺。

十一、老莱子文献

（1）《庄子·杂篇·外物第二十六》：

老莱子之弟子出薪遇仲尼，反以告，曰："有人于彼，修上而趋下，末偻而后耳，视若营四海，不知其谁氏之子？"老莱子曰："是丘也，召而来。"仲尼至，曰："丘，去汝躬矜，与汝容知，斯为君子矣。"仲尼揖而退，蹙然改

---

① 　向宗鲁：《说苑校证》，第 243～260 页，中华书局 1987 年版。

容而问曰:"业可得而进乎?"老莱子曰:"夫不忍一世之伤,而骜万世之患,抑固窭邪?亡其略弗及邪?惠以欢为,骜终身之丑,中民之行,易进焉耳!相引以名,相结以隐,与其誉尧而非桀,不如两忘而闭其所誉。反无非伤也,动无非邪也,圣人踌躇以兴事,以每成功。奈何哉?其载焉,终矜尔!"

(2)《战国策·楚四》:

或谓黄齐曰:"人皆以谓公不善于富挚。公不闻老莱子之教孔子事君乎?"示之其齿,曰:"齿之坚也,六十而尽,相靡也。"今富挚能,而公重不相善也,是两尽也!谚曰:"见君之乘,下之;见杖,起之。"今也,王爱富挚,而公不善也,是不臣也。

(3)《大戴礼·卫将军文子》:

孔子曰:……德恭而行信,终日言不在尤之内,在尤之外。国无道,处贱不闷,贫而能乐,盖老莱子之行也。

(4)晋·皇甫谧《高士传》卷上:

老莱子者,楚人也。当时世乱,逃世,耕于蒙山之阳。莞葭为墙,蓬蒿为室,枝木为床,著艾为席。饮水食菽,垦山播种。人或言于楚王,王于是驾至莱子之门。莱子方织畚,王曰:"守国之政,孤愿烦先生。"老莱子曰:"诺。"王去,其妻樵还,曰:"子许之乎?"老莱曰:"然。"妻曰:"妾闻之,可食以酒肉者,可随而鞭棰;可拟以官禄者,可随而铁钺。妾不能为人所制者。"妻投其畚而去。老莱子亦随其妻,至于江南而止。曰:"鸟兽之毛,可绩而衣,其遗粒足食也。"仲尼尝闻其论,而蹙然改容焉。著书十五篇,言道家之用,人莫知其所终也。①

(5)《文选》卷六十陆士衡《弔魏武帝文》李善注引《尸子》:

老莱子曰:"人生天地之间,寄也。寄者,同归也。"

(6)《孔丛子·抗志》:

子思见老莱子,老莱子闻穆公将相子思,老莱子曰:"若子事君,将何以为乎?"子思曰:"顺吾性情,以道辅之,无死亡焉。"老莱子曰:"不可顺子之性也,子之性唯太刚,而傲不肖,且又无所死亡,非人臣也。"子思曰:"不肖故为人之所傲也。夫事君,道行言听,则何所死亡;道不行,言不听,则亦不能事君,无所谓死亡也。"老莱子曰:"子不见夫齿乎?虽坚刚,卒尽相靡。舌柔顺,终以不弊。"子思曰:"吾不能为舌,故不能事君。"

(7)《孟子·万章》:

大孝终身慕父母。五十而慕者,予于大舜见之矣。

赵歧注:"老莱子七十而慕,衣五彩之衣,为婴儿匍匐于父母前也。"

① 皇甫谧:《高士传》,文渊阁《四库全书》本。

（8）张守节《史记正义》注解"老莱子亦楚人也"之语，引述《列仙传》：

老莱子，楚人。当时世乱，逃世耕于蒙山之阳，莞葭为墙，蓬蒿为室，杖木为床，芰艾为席，菹芰为食，垦山播种五谷。楚王至门迎之，遂去，至于江南而止。曰："鸟兽之解毛可绩而衣，其遗粒足食也。"

《史记正义》引《高士传》曰：

老莱子，楚人，少以孝行养亲极甘脆。年七十，父母犹存。莱子服荆兰之衣，为婴儿戏亲前，言不称老。为亲取食，上堂，足跌而偃，因为婴儿啼，诚至发中。楚室方乱，乃隐，耕于蒙山之阳，著书号《莱子》，莫知所终。

（9）老莱山庄，据《荆门直隶州志·古迹》：

在城西顺泉侧，老莱子隐居养亲处也。

十二、《史记·列传第十四　孟轲 淳于髡 慎到 驺奭 荀卿》

《史记·列传第七十 太史公自序》：

猎儒墨之遗文，明礼义之统纪，绝惠王利端，列往世兴衰，作孟子荀卿列传第十四。

《史记·列传第十四　孟轲 淳于髡 慎到 驺奭 荀卿》：

太史公曰：余读《孟子》书，至梁惠王问"何以利吾国"，未尝不废书而叹也。曰：嗟乎，利诚乱之始也！夫子罕言利者，常防其原也。故曰"放于利而行，多怨"。自天子至于庶人，好利之弊何以异哉！

孟轲，驺人也。受业子思之门人。道既通，游事齐宣王，宣王不能用。适梁，梁惠王不果所言，则见以为迂远而阔于事情。当是之时，秦用商君，富国强兵；楚、魏用吴起，战胜弱敌；齐威王、宣王用孙子、田忌之徒，而诸侯东面朝齐。天下方务于合从连衡，以攻伐为贤，而孟轲乃述唐、虞、三代之德，是以所如者不合。退而与万章之徒序《诗》《书》，述仲尼之意，作《孟子》七篇。其后有驺子之属。

齐有三驺子。其前驺忌，以鼓琴干威王，因及国政，封为成侯而受相印，先孟子。

其次驺衍，后孟子。驺衍睹有国者益淫侈，不能尚德，若《大雅》整之于身，施及黎庶矣。乃深观阴阳消息而作怪迂之变，《终始》《大圣》之篇十余万言。其语闳大不经，必先验小物，推而大之，至于无垠。先序今以上至黄帝，学者所共术，大并世盛衰，因载其禨祥度制，推而远之，至天地未生，窈冥不可考而原也。先列中国名山大川，通谷禽兽，水土所殖，物类所珍，因而推之，及海外人之所不能睹。称引天地剖判以来，五德转移，治各有宜，而符应若兹。以为儒者所谓中国者，于天下乃八十一分居其一分耳。中国名曰赤县神州。赤县神州内自有九州，禹之序九州是也，不得为州数。中国外如赤县神州者九，乃所谓九州也。于是有裨海环之，人民禽兽莫能相通者，如一区中者，乃为一州。如此者九，乃有大瀛海环其外，天地之际焉。其术皆此类也。然要其归，必止乎仁义节俭，君臣上下六亲之施，始也滥耳。王公大人初见其术，惧然顾化，其后不能行之。

是以驺子重于齐。适梁，惠王郊迎，执宾主之礼。适赵，平原君侧行撇席。如燕，昭王拥彗先驱，请列弟子之座而受业，筑碣石宫，身亲往师之。作《主运》。其游诸侯见尊礼如此，岂与仲尼菜色陈蔡，孟轲困于齐梁同乎哉！故武王以仁义伐纣而王，伯夷饿不食周粟；卫灵公问阵，而孔子不答；梁惠王谋欲攻赵，孟轲称大王去邠。此岂有意阿世俗苟合而已哉！持方枘欲内圜凿，其能入乎？或曰，伊尹负鼎而勉汤以王，百里奚饭牛车下而缪公用霸，作先合，然后引之大道。驺衍其言虽不轨，傥亦有牛鼎之意乎？

自驺衍与齐之稷下先生，如淳于髡、慎到、环渊、接子、田骈、驺奭之徒，各著书言治乱之事，以干世主，岂可胜道哉！

淳于髡，齐人也。博闻强记，学无所主。其谏说，慕晏婴之为人也，然而承意观色为务。客有见髡于梁惠王，惠王屏左右，独坐而再见之，终无言也。惠王怪之，以让客曰："子之称淳于先生，管、晏不及，及见寡人，寡人未有得也。岂寡人不足为言邪？何故哉？"客以谓髡。髡曰："固也。吾前见王，王志在驱逐；后复见王，王志在音声：吾是以默然。"客具以报王，王大骇，曰："嗟乎，淳于先生诚圣人也！前淳于先生之来，人有献善马者，寡人未及视，会先生至。后先生之来，人有献讴者，未及试，亦会先生来。寡人虽屏人，然私心在彼，有之。"后淳于髡见，壹语连三日三夜无倦。惠王欲以卿相位待之，髡因谢去。于是送以安车驾驷，束帛加璧，黄金百镒。终身不仕。

慎到，赵人。田骈、接子，齐人。环渊，楚人。皆学黄老道德之术，因发明序其指意。故慎到著十二论，环渊著上下篇，而田骈、接子皆有所论焉。

驺奭者，齐诸驺子，亦颇采驺衍之术以纪文。于是齐王嘉之，自如淳于髡以下，皆命曰列大夫，为开第康庄之衢，高门大屋，尊宠之。览天下诸侯宾客，言齐能致天下贤士也。

荀卿，赵人。年五十始来游学于齐。驺衍之术迂大而闳辩；奭也文具难施；淳于髡久与处，时有得善言。故齐人颂曰："谈天衍，雕龙奭，炙毂过髡。"田骈之属皆已死。齐襄王时，而荀卿最为老师。齐尚修列大夫之缺，而荀卿三为祭酒焉。齐人或谗荀卿，荀卿乃适楚，而春申君以为兰陵令。春申君死而荀卿废，因家兰陵。李斯尝为弟子，已而相秦。

荀卿嫉浊世之政，亡国乱君相属，不遂大道而营于巫祝，信机祥，鄙儒小拘，如庄周等又猾稽乱俗，于是推儒、墨、道德之行事兴坏，序列著数万言而卒。因葬兰陵。

而赵亦有公孙龙为坚白同异之辩，剧子之言；魏有李悝，尽地力之教；楚有尸子、长卢；阿之吁子焉。自如孟子至于吁子，世多有其书，故不论其传云。

盖墨翟，宋之大夫，善守御，为节用。或曰并孔子时，或曰在其后。①

十三、老子思想古今谈

（1）皇甫谧《高士传》：

商容，不知何许人也。有疾，老子曰："先生无遗教以告弟子乎？"容曰："将语子。过故乡而下车，知之乎？"老子曰："非谓不忘故耶？"容曰："过乔木而趋，知之乎？"老子曰："非谓其敬老耶？"容张口曰："吾舌存乎？"曰："存。"曰："吾齿存乎？"曰："亡。""知之乎？"老子曰："非谓其刚亡而弱存乎？"容曰："嘻！天下辜尽矣。"②

（2）《墨子》佚文：

墨子为守，使公输盘服，而不肯以兵知。善持胜者以强为弱，故《老子》曰："道冲而用之，有弗盈也。"③

（3）《尹文子》：

《大道上》，《老子》曰："道者，万物之奥，善人之宝，不善人之所宝。"是道治者谓之善人，籍名法儒墨者谓之不善人。善人与不善人，名分日离，不待审察而得也。

《大道下》，《老子》曰："以政治国，以奇用兵，以无事取天下。"政者，名法是也。以名法治国，万物所不能乱。奇者，权术是也。以权术用兵，万物所不能敌。

《大道下》，《老子》曰："民不畏死，如何以死惧之？"凡民之不畏死，由刑罚过；刑罚过，则民不赖其生；生无所赖，视君之威末如也。

（4）《庄子·外篇·知北游》黄帝曰：

无思无虑始知道，无处无服始安道，无从无道始得道。……夫知者不言，言者不知，故圣人行不言之教。道不可致，德不可至。仁可为也，义可亏也，礼相伪也。故曰："失道而后德，失德而后仁，失仁而后义，失义而后礼。礼者，道之华而乱之首也。"故曰："为道者日损，损之又损之，以至于无为，

---

① 《史记》，第697~699页，中州古籍出版社1994年版。
② 皇甫谧：《高士传》卷上，文渊阁《四库全书》本。
③ 《太平御览》卷322，中华书局1960年2月影印本。

无为而无不为也。"今已为物也，欲复归根，不亦难乎！其易也，其唯大人乎！生也，死之徒；死也，生之始，孰知其纪！人之生，气之聚也。聚则为生，散则为死。若死生为徒，吾又何患！故万物一也。是其所美者为神奇，其所恶者为臭腐；臭腐复化为神奇，神奇复化为臭腐。故曰："通天下一气耳。"圣人故贵一。

（5）《战国策·齐宣王见颜斶》颜斶对曰：

斶闻古大禹之时，诸侯万国。何则？德厚之道，得贵士之力也。故舜起农亩，出于岳鄙，而为天子。及汤之时，诸侯三千。当今之世，南面称寡者，乃二十四。由此观之，非得失之策与？稍稍诛灭，灭亡无族之时，欲为监门、闾里，安可得而有乎哉？是故《易传》不云乎："居上位，未得其实，以喜其为名者，必以骄奢为行。据慢骄奢，则凶从之。是故无其实而喜其名者削，无德而望其福者约，无功而受其禄者辱，祸必握。"故曰："矜功不立，虚愿不至。"此皆幸乐其名，华而无其实德者也。是以尧有九佐，舜有七友，禹有五丞，汤有三辅，自古及今而能虚成名于天下者，无有。是以君王无羞亟问，不愧下学，是故成其道德而扬功名于后世者，尧、舜、禹、汤、周文王是也。

故曰："无形者，形之君也。无端者，事之本也。"夫上见其原，下通其流，至圣人明学，何不吉之有哉！《老子》曰："虽贵，必以贱为本；虽高，必以下为基。是以侯王称孤寡不谷，是其贱之本与？"非夫孤寡者，人之困贱下位也，而侯王以自谓，岂非下人而尊贵士与？夫尧传舜，舜传傅禹，周成王任周公旦，而世世称曰明主，是以明乎士之贵也。[①]

《战国策·魏公叔痤为魏将》：

王曰："公叔岂非长者哉！既为寡人胜强敌矣，又不遗贤者之后，不揜能士之迹，公叔何可无益乎？"故又与田四十万，加之百万之上，使百四十万。故《老子》曰："圣人无积，尽以为人，己愈有；既以与人，己愈多。"公叔当之矣。[②]

（6）白居易《长庆集》：

夫欲使人情俭朴，时俗清和，莫先于体黄老之道也。其道在乎尚宽简，务俭素，不眩聪察，不役智能而已。盖善用之者，虽一邑一郡一国至于天下，皆可以致清静之理焉。昔宓贱得之，故不下堂而单父之人化；汲黯得之，故不出阁而东海之政成；曹参得之，故狱市勿扰，齐国大和；汉文得之，故刑罚不用，而天下大理。其故无他，清静之所致耳。

---

① 《战国策》第410页，上海古籍出版社1978年版。

② 同上，第785页。

（7）明宋濂论老子

《老子》二卷，《道经》《德经》各一卷，凡八十一章，五千七百四十八言，周柱下史李耳撰。耳，字聃。

今按：周平王四十九年入春秋，实鲁隐公之元年；孔子则生于襄公二十二年。……老聃，孔子所尝问礼者……

聃书所言，大抵敛守退藏，不为物先，而一返于自然。由其所赅者甚广，故后世多尊之行之。"视之不见名曰夷，听之不闻名曰希，搏之不得名曰微"，道家祖之。"谷神不死，是谓玄牝；玄牝之门，是谓天地根"，神仙家祖之。"吾不敢为主而为客，不敢进寸而退尺，是谓行不行，攘无臂，仍无敌，执无兵；祸莫大于轻敌，轻敌几丧吾宝，故抗兵相加，哀者胜矣"，兵家祖之。"道冲而用之，或不盈，渊乎似万物之宗。挫其锐，解其纷，和气光，同其尘，湛兮似若存，吾不知谁之子，象帝之先"，庄列祖之。"将欲翕之，必固张之；将欲弱之，必固强之；将欲废之，必固兴之；将欲夺之，必固与之"，申韩祖之。"以正治国，以奇用兵，以无事取天下"，张良祖之。"我无为而民自化，我好静而民自正，我无事而民自富，我无欲而民自朴"，曹参祖之。聃亦豪杰士哉！

……老子著书，在孔未殁之先。①

（8）清魏源论老子：

老子道，太古道；书，太古书也。曷征乎？征诸柱下史也。国史掌三皇五帝之书，故左史在楚，能读坟索；尼山适周，亦问老聃。今考《老子》书谷神不死章，列子引为黄帝书，而或以五千言皆容成氏之书。至经中称古之所谓，称建言有之，称圣人云，称用兵有言，故班固谓道家出古史官，庄周亦谓古之道术有在于是者，关尹老聃闻其风而悦之。斯"述而不作"之明征哉。孔子观周庙而嘉金人铭，其言如出老氏之口。考《皇览》《金匮》，则金人三针铭，即《汉志》黄帝六书之一，为黄老源流所自。

……老子与儒合乎？曰否否。天地之道，一阴一阳。而圣人之道，恒以扶阳抑阴为事，其学无欲则刚。是以乾道纯阳，刚健中正，而后足以纲维三才，主张皇极。老子主柔宾刚，而取牝取雌取母取水之善下，其体用皆出于阴。阴之道虽柔，而其机则杀。故学之而善者，则清净慈祥；不善者，则深刻坚忍。而兵谋权术宗之，虽非其本真，而亦势所必至也。

老子与佛合乎？曰否否。窈冥恍惚中有精有物，即所谓雌与母。在佛家谓之玩弄光景，不离识神，未得归于真寂海，何则？老明生而释明死也，老用世而佛出世也，老中国上古之道而佛六合以外之教也，故近禅者唯列御寇氏，而

---

① 宋濂：《诸子辩》，《文宪集》卷二十七，文渊阁《四库全书》本。

老子固与禅不相入也。①

(9) 章太炎论老子:

章太炎(1869—1936),名炳麟,初名学乘,字枚叔,改名绛,号太炎。浙江余杭人。清末民初民主革命家、思想家、著名学者。著述刊入《章氏丛书》。其中,《国学说略》之始纂文本为1906年所撰《诸子学略说》,论述老子,说:

老子以其权术授之孔子,而征藏故书,亦悉为孔子诈取。孔子之权术,乃有过于老子者。孔学本于老,以儒道之形式有异,不欲崇奉以为本师,而惧老子发其覆也,于是说老子曰:乌鹊孺,鱼傅沫,细要者化,有弟而兄啼②。老子胆怯,不得不曲从其请,逢蒙杀羿之事,又其素所怵惕也。胸有不平,欲一举发,而孔氏之徒遍布东夏,吾言朝出,首领可以夕断。于是西出函谷,知秦地之五儒,而孔氏之无如我何,则始著《道德经》,以发其覆。借令其书早出,则老子必不免于杀身,如少正卯在鲁,与孔子并,孔子之门,三盈三虚,犹以争名致戮,而况老子之凌驾其上者乎?③

章太炎尚论国故,根据《史记·六国年表》和《老子传》所载"老子之子名宗,宗为魏将,封于段干"之文句,评论说:

据《年表》魏文侯斯元年去孔子卒,才五十五年。季宗为将,宜与孔子卒时相近,则老子不在孔后,确然无疑。其以老莱子、太史儋为即老子,本是传疑之言,不为定证。④

(10) 鲁迅论老子:

鲁迅(1881—1936),原名周树人,字豫才,浙江绍兴人。中国现代伟大文学家、思想家、革命家。著作宏富,有《鲁迅全集》传世。

1926年于厦门大学讲授中国文学史课程,编写讲义《中国文学史略》,次年讲授于广州中山大学,改题为《古代汉文学纲要》,1938年以《汉文学史纲要》编入《鲁迅全集》。兹摘录评述老子孔子墨子学术渊源如下:

老子名耳,字聃,姓李氏,楚人,盖生于周灵王初(约西历纪元前570年),尝为守藏室之史,见周之衰,遂去,至关,为关令尹喜著书上下篇,言道德之意,五千余言而去,莫知其所终也。今书又离为八十一章,亦后人妄分,本文实唯杂述思想,颇无条贯;时亦对字协韵,以便记诵,与秦汉人所传

---

① 魏源:《老子本义·论老子》,上海书店1987年10月。

② 章太炎:诸子学说略.《国粹学报》第二卷1906年.第四册。"有弟而兄啼",章氏自注:"见《庄子·天运篇》。意谓已述六经,学皆出于老子,吾书先成,子名将夺,无可如何也。"

③ 章氏造言,全信者盖寡。鲁迅听来,尤其不信。《且介亭杂文末编》就曾直白"但我也并不信为一定的事实"。

④ 《章太炎全集·菿汉微言》,上海人民出版社1986年。

之黄帝《金人铭》、颛顼《丹书》等同。……老子尝为周室守书，博见文典，又闻世变，所识甚多。班固谓"道家者流盖出于史官。历记成败存亡祸福古今之道，然后知秉要执本，清虚以自守，卑弱以自持"者盖以此。然老子之言亦不纯一，戒多言而时有愤辞，尚无为而仍欲治天下。其无为者，以欲"无不为"也。

儒墨二家起老氏之后，而各欲尽人力以救世乱。孔子以周灵王二十一年（公元前551年）生于鲁昌平乡陬邑，年三十余，尝问礼于老聃，然祖述尧舜，欲以治世弊，道不行，则定《诗》《书》，订《礼》《乐》，序《易》，作《春秋》①。既卒（敬王四十一年，公元前479年），门人又相与辑其言行而论纂之，谓之《论语》。墨子亦鲁人，名翟，盖后于孔子百三四十年（约威烈王一至十年生），而尚夏道，兼爱、尚同，非古之礼乐，亦非儒，有书七十一篇，今存者作十五卷。然儒者崇实，墨者尚质，故《论语》《墨子》，其文辞皆略无华饰，取足达意而已。②

针对民国时期的文化疑古思潮，鲁迅先生说：

中国根柢全在道教，此说近颇广行。以此读史，有多种问题可以迎刃而解。③

（11）吕振羽论老子

吕振羽（1900—1980），革命家、历史学家。著作《中国政治思想史》，论述《老子》成书的时代说，我在这里只提出"疑古家"无可置疑的三点来：

Ⅰ．据胡适考证："《史记·孔子世家》和《老子列传》，孔子曾见老子。这事不知在于何年，但据《史记》，孔子与南宫敬叔同适周。孟僖子死于昭公二十四年二月。清人阎若璩因《礼记》曾子问孔子曰：'昔吾从老聃助葬于巷党，及堩，日有食之。'遂推算昭公二十四年夏五月乙未朔巳时日食，恰入食限。阎氏因断定孔子适周见老子在昭公二十四年，当孔子三十四岁。"④

Ⅱ．《论语·述而》篇说："述而不作，信而好古，窃比于我老彭。"如此，老彭至少和孔子同时，或在其前；而且老彭是为孔子所崇敬的思想家或著述家。《论语·宪问》篇说："或曰'以德报怨'，何如？"《老子》六十三章说："大小多少，报怨以德。"《宪问》篇又说："仁者必有勇。"《老子》六十六章说："慈故能勇。"《论语·卫灵公》篇说："无为而治者，其舜也欤？"《老子》说："无为而治。"又，《述而》篇说："圣人吾不得而见之，得见君

---

① 作：述作，删述。

② 鲁迅：《汉文学史纲要·国学三家谈》第219、220页，中国致公出版社2008年版。
　　胡道静主编：《十家论老·吕振羽论老子》第147、148页，上海人民出版社2006年版。

③ 《鲁迅全集·书信·致许寿裳》，第11卷第353页，人民文学出版社1981年版。

④ 胡道静主编：《十家论老·吕振羽论老子》第147、148页，上海人民出版社2006年版。

子者斯可矣……亡而为有，虚而为盈，约而为泰。"传说老子教孔子曰："良贾深藏若虚，君子盛德，容貌若愚。"孔子所述或即以为师承欤?

Ⅲ.《老子》五千文中所说明的社会情况，无论在经济上、政治上或意识形态上，以及其所表现的阶级性，一方面恰合于春秋末期封建兼并的时代背景，另一方面恰合于春秋末期没落贵族的身份言论。若果我们不怀疑人类思想不能离开社会而孤立存在这一真理的话，则对《老子》出世的时代，便不难明白。那班"疑古专家"把人类的思想意识和其实践生活隔离起来，去从事其所谓考古工作，自不能得着若何圆满结果……因而近人唐兰在其《老聃的姓名和时代考》一文中结论说："子、老聃和老子是一人。丑、老聃较在孔子前。寅，《道德经》是老聃的遗言。老子《道德经》除一部分后人搀入错乱以外，我们可以信为是老聃手著的。"唐氏的这个结论基本上是对的。

（12）吕思勉《先秦学术概论》：

《列子·天瑞篇》有《黄帝书》两条，其一同《老子》。又由黄帝之言一条。《力命篇》有《黄帝书》一条，与《老子》亦极相类。《老子》书：一是多三四言韵语；二是所用名词，极为特别，如有雌雄牝牡而无男女字；三是全书之义，女权皆优于男权，足征其时代之古，此必自古口耳相传之说。①

（13）李泰棻论老子：

李泰棻（1897—1972），历史学家、教育家，河北阳原县人。著有《老庄》研究，认为：老子姓李，名耳，字聃，楚苦县厉乡曲仁里人，曾为周室史，孔子曾经问礼于聃。弟子可考者有关尹、杨朱。寿至百龄，约卒于公元前460至前450年，亦即周贞定王九年至十九年之间也。②

李泰棻说：

正当印度出了释迦牟尼的唯心论，希腊出了柏拉图的客观唯心论的时代，我们中国也出了《老子》这一系统严密的客观唯心论，这是很自然的。③

（14）朱谦之《老子史料学》：

今所传《老子》版本，都非汉代旧本，所可称为古本的如严遵与傅奕。严遵本与河上本相接近，傅奕本则为王弼本的发展，这是《老子》旧本的两大系统。……诸刻本中，河上公本，宋刊本，不如《道藏》李道纯《道德会元》所据白字本。王弼本除明和字惠为善本，即黎氏《古逸丛书》集唐字本所据之外，更可参考《道藏》本、范应元引王本，与《道藏》宋张太守汇刻

---

① 吕思勉：《先秦学术概论》上海世界书局1933年，中国大百科全书出版社1985年版，第27页。

② 刘徙：李泰棻和他的老子研究.《十家论老·李泰棻论老子》第199页，上海人民出版社2006年版。

③ 刘徙：李泰棻和他的老子研究.《十家论老·李泰棻论老子》第204页，上海人民出版社2006年版。

四家注本，其余古本如严遵本、傅奕本、范应元本以及夏竦文《四声韵》所引古老子，在考订文字上也都是有用处的。[①]

（15）钱钟书《管锥编·老子王弼注》：

《老子》之"反"，融贯两义，即正、反而合，观"逝日远，远日反"可知。……黑格尔所谓否定之否定，理无二致也。"反者道之动"之"反"字，兼"反"意与"返"，亦即反之反意，一语中包赅反正之动，为反与夫反反之动而合于正为返。……黑格尔曰矛盾乃一切事物之究竟动力与生机，曰辩证法可象以圆形，端末衔接，其往亦即其还，曰道真见诸反复而返复，曰思维运行如圆之旋，数十百言，均《老子》一语之衍义。[②]

（16）丁四新《郭店楚墓竹简思想研究》（摘录）

《郭店楚墓竹简思想研究·引言》：

二十世纪最后二三十年，有关先秦古籍的重要发现，有山东临沂银雀山汉简、河北定县八角廊汉简、安徽阜阳双古堆汉简、长沙马王堆汉墓帛书，以及湖北地区发现的诸种楚简、秦简和汉简，对于人们走出疑古思潮的阴影，对于先秦学术思想史的还原，对于中国文化内在精神与价值的重新肯定，对于唤醒国人的文化良知和精神自觉，都具有极大的历史作用。尤其是近期发现和刊布了释文的郭店楚墓竹简，以及流散于港埠而被上海博物馆购回、即将公布释文的另一批楚简，将在很大程度上改变由疑古派构筑起来的古史、古籍观。[③]

《郭店楚墓竹简思想研究·第一章》翻新唐兰先生《老子》的作者考证，说：

韩非子为先秦老学专家，其书早于《吕览》。《解老》《喻老》两篇研老专文之"老"字，当指《老子》其书。似可由《老子》的书名推知其作者为老子。但老子即是指老聃吗？必须寻找坚不可摧的铁证。《难三》篇引同今传本《老子》之言，一则未指明谁所言者，一则指明为"老子曰"。《内储说·六微》和《六反》篇引同传世本《老子》之言，一作"其说在老聃之言"，一作"老聃有言曰"。参考以上提供的诸种信息，从总体上似可论定老聃即老子，为《老子》一书的作者。但其中仍然似有一线之隔，因此有必要更深入论证。《老子》通行本第三十六章"鱼不可脱于渊，邦之利器不可以示人"句，《喻老》《六微》篇皆释之或称引，唯《六微》直接点明云："其说在老聃之言失鱼也。"由此可以断定相传老聃为《老子》一书的作者应无疑问，而老聃即老子也！……又，韩非子与庄子弟子辈相接，《庄子·胠箧》与《韩非子·喻老》《六微》俱引《老子》第三十六章"鱼不可脱于渊，国之利器，

① 朱谦之：《东北学术演讲录》1964年6月铅印本。
② 钱钟书：《管锥编》第691页，北京三联书店2001年版。
③ 丁四新：《郭店楚墓竹简思想研究》第18、19页，东方出版社2000年版。

不可以示人"句，当可推及庄子时，人们已知老子、老聃、《老子》一书的作者具有同一的关系。其他言老子、老聃者多矣，铁证率真如《天运》篇以老子、老聃交互言之，多次多处将老子、老聃视作一人，足证老聃即老子，何可将二者分拆！①

十四、老子思想　世界共享

（1）20世纪中叶，英国著名学者李约瑟博士（Joseph Needham）在其巨著《中国科学技术史》中写道：

道家对自然界的推究和洞察，完全可与亚里士多德以前的希腊思想相媲美，而且成为整个中国科学的基础。

中国人性格中，有许多最吸引人的因素，都源于道家思想。

说道家思想是宗教的和诗意的，诚然不错；但它至少也同样强烈地是方术的、科学的、民主的，并且同样是革命的。②

（2）英国学者J. M. 霍布森说：

魁奈思想当中有很多概念受惠于中国的政治经济学概念，而其中最重要的是把"无为"概念译成法文的 Laissez-faire（自由放任）。③

（3）美国科学家威尔杜兰（1885—1981）说：

或许除了《道德经》外，我们将要焚毁所有的书籍，而在《道德经》中寻得智慧的摘要。……老子是孔子前最伟大的哲学家。《道德经》出自何人手笔，倒是次要的问题，最重要的乃是它所蕴含的思想，在思想史中，它的确可以称得上是最迷人的一部奇书。④

（4）美国学者迈克尔·哈特说：

假如老子的确是《道德经》的作者，那么他的影响确实很大。这本书虽然不到六千字，却包含着许多精神食粮。在西方，《道德经》比孔子或任何儒家的作品都流行。⑤

（5）托姆说：

在老子的理论中，有很大一部分是关于突变理论的启蒙论述。我相信今天中国许多喜欢这个学说的科学天才，会了解突变理论是如何证实这些发源于中

---

① 《郭店楚墓竹简思想研究》第19页。
② 李约瑟：《中国科学技术史》第2卷，第1页，科学出版社1990年版。
③ 《西方文明的东方来源》
④ 《世界文明历史》
⑤ 《历史上最有影响的100人》

国的古老学说的。①

（6）美国物理学家、诺贝尔奖获得者卡普拉说：

在伟大的诸传统中，据我看，道家提供了最深刻并且最完美的生态智能，它强调在自然的循环过程中，个人社会的一切现象和潜在两者的基本一致。②

（7）美国学者蒲克明预言：

当人类隔阂泯除，四海成为一家时，《道德经》将是一本家传户诵的书。③

（8）俄国大文豪列夫·托尔斯泰1884年3月10日的日记：

做人应该像老子所说的如水一般。没有障碍，它向前流去，遇到堤坝，停下来；堤坝出了缺口，再向前流去。容器是方的，它成方形；容器是圆的，它成圆形。因此它比一切都重要，比一切都强。④

（9）苏联著名汉学家李谢维奇说：

老子是国际的，是属于全人类的。⑤

（10）德国学者克诺斯培说：

解决我们时代的三大问题：发展、裁军和环保，都能从《老子》那里得到启发。⑥

---

① 《转折点》

② （春秋）老子著 曹金洪主编：《道德经》. 北京燕山出版社 2011 年 1 月。

③④⑤⑥ （春秋）老子著 曹金洪主编：《道德经》. 北京燕山出版社 2011 年 1 月。

第九章　当代名家论老子

　　黄老道家文化是我国五千年历史文明上下求索的政治思想哲学学术源泉。研究哲学鼻祖老子活动时代的社会情势以及《老子》书所阐释的道德大义，是学术思想界的先期首要必修课程。

　　1898 年戊戌变法失败与 1901 年辛丑条约签订，唤醒着国人的革命意识，开启了我国历史文化思想认知与中西意识形态论争热潮。

一、胡适论老子

　　胡适（1891—1962），字适之，安徽绩溪人。1917 年完成留美哥伦比亚大学哲学博士论文《中国古代哲学方法之进化史》，归国就任北京大学教授，讲授中国古代哲学史课程，以其践行"大胆的假设，小心的求证"为严谨治学方法，引领中国哲学史科学研究与发展的现代意识。讲稿演绎成《中国哲学史大纲》，为上海商务印书馆 1919 年 2 月出版。《中国哲学史大纲·老子》现已录入《十家论老》，列为首篇。其《诸子不出于王官论》，作于 1917 年 10 月，刊发于《太平洋》第一卷第七号，继之编入《中国哲学史大纲·附录》，后收入《胡适文存》一集二卷。为精深讨论，兹率先征引《诸子不出于王官论》如下：

诸子不出于王官论

　　今之治诸子学者，自章太炎先生以下，皆主九流出于王官之说。此说关于诸子学说之根据，不可以不辨也。此说始见《汉书·艺文志》，盖本于刘歆《七略》，其说曰：

　　儒家者流，盖出于司徒之官。……

　　道家者流，盖出于史官。……

　　阴阳家者流，盖出于羲和之官。……

　　法家者流，盖出于理官。……

　　名家者流，盖出于礼官。……

　　墨家者流，盖出于清庙之守。……

　　纵横家者流，盖出于行人之官。……

杂家者流，盖出于议官。……

农家者流，盖出于农稷之官。……

小说家者流，盖出于稗官。……（本十家，原文有"其可观者九家而已"之语。故但言九流。）

此所说诸家所自出，皆汉儒附会揣测之辞，其言全无凭据，而后之学者乃奉为师法，以为九流果皆出于王官。甚矣先入之言之足以蔽人聪明也。夫言诸家之学说，间有近于王官之所守，如阴阳家之近于占候之官，此犹可说也。即谓古者学在官府，非吏无所得师，亦犹可说也。至谓王官为诸子所自出，甚至以墨家为出于清庙之守，以法家为出于理官，则不独言之无所依据，亦大悖于学术思想兴衰之迹矣。今试论此说之谬。分四端言之：

第一，刘歆以前之论周末诸子学派者，皆无此说也。

甲、《庄子·天下篇》。

乙、《荀子·非十二子篇》。

丙、司马谈《论六家要指》。

丁、《淮南子·要略》。

古之论诸子学说者，莫备于此四书。而此四书皆无出于王官之说。《淮南要略》（自"文王之时，纣为天子"以下）专论诸家学说所自出，以为诸子之学皆起于救世之弊，应时而兴。故有殷周之争，而太公之阴谋生；有周公之遗风，而儒者之学兴；有儒学之弊，礼文之烦扰，而后墨者之教起；有齐国之地势，桓公之霸业，而后管子之书作；有战国之兵祸，而后纵横修短之术出；有韩国之法令"新故相反、前后相缪"，而后申子刑名之书生；有秦孝公之图治，而后商鞅之法兴焉。此所论列，虽间有考之未精，然其大旨以为学术之兴皆本于世变之所急，其说最近理。即此一说，已足摧破九流出于王官之陋说矣。

第二，九流无出于王官之理也。《周官》司徒掌邦教，儒家以六经设教。而论者遂谓儒家为出于司徒之官。不知儒家之六籍，多非司徒之官之所能梦见。此所施教，故非彼所谓教也。此其说已不能成立。其最谬者，莫如以墨家为出于清庙之守。夫以"墨"名家，其为创说更何待言？墨者之学，仪态万方，岂清庙小官所能产生？《七略》之言曰：

茅屋采椽，是以贵俭；养三老五更，是以兼爱；选士大射，是以上贤；宗祀严父，是以右鬼；顺四时而行，是以非命；以孝视天下，是以上同。

此其所言，无一不谬。墨家贵俭，与茅屋采椽何关？茹毛饮血，穴居野处，不更俭耶？又何不谓墨家为出于洪荒之世乎？养三老五更，犹不足以尽兼爱。墨家兼爱，本之其所谓"天志"；其意欲兼而爱人，兼而利人，与陋儒之养老异矣。选士大射，岂属清庙之守？其说已为离本，至谓"宗祀严父，是以右鬼，以孝视天下，是以上同"则更荒谬矣！墨家爱无差等，何得宗祀严父？其上同之说，谓一同天下之义，与儒家之以孝治天下，全无关系也。墨家非命之说，要在使人知祸福由于自召，丰歉有待耕耘。正攻儒家"死生有命，富贵在天"之说；若"顺四时而行"，适成有命之说。更何"非命"之可言？

凡此诸端，皆足征墨家之不出于王官。举此一家，可例其他。如云纵横之术出于行人之官，不知行人自是行人，纵横自是纵横；一是官守，一为政术，二者岂相为渊源耶？《周礼》尝有掌皮之官矣，岂可谓今日制革之术为出于此耶？

第三，《艺文志》所分九流乃汉儒陋说，未得诸家派别之实也。古无九流之目，《艺文志》强为之分别，其说多支离无据。如晏子岂可在儒家？管子岂可在道家？管子既在道家，韩非又安可属法家？至于《伊尹》《太公》《孔甲》《盘盂》，种种伪书皆一律收录。其为昏谬，更不待言。其最谬者，莫如论名家。古无名家之名也；凡一家之学，无不有其为学之方术，此方术即是其"逻辑"。是以老子有无名之说，孔子有正名之论，墨子有三表之法，别墨有《墨辩》之书（即今《墨子》书中之《经》上下、《经说》上下、《大取》《小取》诸篇），荀子有正名之篇，公孙龙有名实之论，尹文子有刑名之论，庄周有齐物之篇，皆其"名学"也。古无"名学"之家，故"名家"不成为一家之言。（此说吾于所著《先秦名学史》中详论之，非数言所能尽也。）惠施、公孙龙，皆墨者也。观《列子·仲尼篇》所称公孙龙之说七事，《庄子·天下篇》所称二十一事，及今所传《公孙龙子》书中《坚白》《通变》《名实》诸篇，无一不尝见于《墨经》（晋人如张湛、鲁腾之徒，颇知此理。至于惠施主兼爱万物，公孙龙主偃兵，尤显见），皆其证也。其后学术散失，汉儒固陋，但知掇拾诸家之伦理政治学说，而不明诸家为学之方术。于是凡"苛察缴绕"（司马谈语）之言，概谓之"名家"。名家之目立，而先秦学术之方法沦亡矣。刘歆、班固，承其谬说，列名家为九流之一，而不知其非也。先秦显学，本只有儒墨道三家，后世所称法家如韩非、管子（管仲本无书，今所传《管子》，乃伪书耳），皆自属道家。任法、任术、任势以为治，皆"道"也。其他如《吕览》之类，皆杂糅不成一家之言。知汉人所立"九流"之名之无征，则其九流出于王官之说不攻而自破矣。

第四，章太炎先生之说亦不能成立。近人说诸子出于王官者，唯太炎先生为最详（其说见《诸子学略说》，此篇今不列于《章氏丛书》），然其言亦颇破碎不完。如引《艺文志》之说而以为"此诸子出于王官之证"，此如惠施所云以弹说弹（见《说苑》），不成论证也。其称老聃为柱下史，为征藏史，以为道家固出于史官。然则孔丘尝为乘田矣，尝为委吏矣，岂可遂谓孔氏之学固出于此耶？又云"墨家先有史佚，为成王师，其后墨翟亦受学于史角"，史佚之书今无所考，其名但见《艺文志》；其书之在墨家，亦犹晏子之在儒家与伊尹太公之在道家耳。若以墨翟之学于史角，为诸子出于王官之证，则孔子所师事者尤众矣。况史佚史角既非清庙之官，则《艺文志》墨家出于清庙之说亦不能成立。又云"其他虽无征验，而大抵出于王官"。然则太炎先生亦知其为无征验矣。

太炎先生又曰："古之学者多出于王官，世卿用事之时，百姓当家则务农商畜牧，无所谓学问也；其欲学者，不得不给事官府，为之胥徒，或乃供洒扫为仆役焉。故《曲礼》云，宦学事师。学字本或作御，所谓宦者，谓为其宦寺也。（适按此说似未必然。郑注云：宦，仕也。《正义》引《左传·宣二年》服虔注云：宦，学也，谓学仕官之事。其说似近是。）所谓御者，谓为其仆御也。（适按原作学本可通。《正义》谓学习六艺是也。即作御，亦是六艺之一。古者事战之世，射御并重，孔子亦有吾执御矣之言，未必是仆役之贱职也。）……《说文》云：'仕，学也。'仕何以得训为学？所谓官于大夫，犹今之学习行走耳，是故非仕无学，非学无仕。"（《诸子学略说》）又曰，"不仕则无所受书"（《订孔上》）。适按此言，古代书册司于官府，故教育之权柄于王官。非仕无所受书，非吏无所得师。此或实有其事亦未可知，然此另是一问题。古者学在王官是一事，诸子之学是否出于王官又是一事。吾意以为，即令此说而信，亦不足证诸子出于王官。盖古代之王官定无学术可言。《周礼》伪书本不足据（无论如何，《周礼》决非周公时之制度），即以《周礼》所言"十有二教"及"乡三物"观之，皆不足以言学术。徒以古代为学皆以求仕，故智能之士或多萃于官府。此如欧洲中世教会柄世政，才秀之士多为祭司神甫，而书籍亦多聚于寺院。以故，其时求学者，皆以祭司为师。故谓教会为握欧洲中古教育之柄可也，然岂可遂谓近世之学术皆出于教会耶？吾意我国古代，或亦如此。当周室盛时，教育之权或尽操于王官。然其所谓教，必不外乎祀典卜筮之文、礼乐射御之末。其所谓"师儒"，亦如近世"训道""教授"之类耳；其视诸子之学术，正如天地之悬绝。诸子之学不但决不能出于王官；果使能与王官并世，亦定不为所容而必为所焚烧坑杀耳。此如欧洲教会尝操中古教育之权，及文艺复兴之后，私家学术隆起，而教会以其不利于己，乃出其全力以抑阻之。哲人如布鲁诺（Bruno）乃遭焚杀之惨。其时科学哲学之书多遭禁毁，笛卡儿至自毁其已著未刊之《天地论》。使教会当时竟得行其志，则欧洲今世之学术文化尚有兴起之望耶？是故教会之失败，欧洲学术之大幸也；王官之废绝、保氏之失守，先秦学术之大幸也。而世之学者，乃更拘守刘歆之谬说，谓诸子之学皆出于王官，亦大昧于学术隆替之迹已。

太炎先生《国故论衡》之论诸子学，其精辟远过其"诸子学略说"矣，然终不废九流出于王官之说。（其说又散见他书，如《孝经用夏法说》，《订孔上》诸篇。）其言曰"是故九流皆出王官，及其发舒，王官所不能与。官人守要，而九流究宣其义，是以滋长"，此亦无征验之言。其言"官人守要而九流究宣其义"，大足贻误后学。夫义之未宣，便何要之能守？学术之兴，由简而繁，由易而颐；其简其易，皆属草创不完之际，非谓其要义已尽具于是也。吾意以为诸子自老聃孔丘至于韩非，皆忧世之乱而思有以拯济之，故其学皆应时而生，与王官无涉。诸家既群起，乃交相为影响，虽明相攻击，而冥冥之中已受所攻击者之薰化。是故孔子攻"报怨以德"之言，而其言无为之治则老聃之影响也。墨子非儒，而其书言曰"义者，正也。必从上之正下，无从下之正上"则同于"政者正也"之说矣。又言必称尧舜古圣王，则亦儒家之流毒也。孟子非墨家功利之说，而其言政无一非功利之事。又非兼爱，而盛称禹稷之行，与不忍人之政，则亦庄生所谓"名实未亏而喜怒为用"者耳。荀子非墨，而其论正名，实大受墨者之影响。诸如此类，不可悉数。其间交互影响之迹，宛然可寻，而皆与王官无涉也。故诸子之学，皆春秋战国之时势世变所产生。其一家之兴，无非应时而起，及时变事异，则向之应世之学翻成无用之文，于是后起之哲人乃张新帜而起。新者已兴而旧者未踣，其是非攻难之力，往往亦能使旧者更新。儒家之有孟荀，墨家之有"别墨"（别墨之名，始见《庄子·天下》篇），其造诣远过孔墨之旧矣。有时一家之言蔽于一曲，坐使妙理晦塞，而其间接之影响，乃更成新学之新基。如庄周之言天地万物进化之理，本为绝世妙论，惜其"蔽于天而不知人"（荀卿之语），遂沦为任天安命达观之说（此说流毒中国最深。《庄子》书中如《大宗师》诸论，皆极有弊），然荀卿韩非受其进化论，而救之以人治胜天之说，遂变出世主义而为救时主义，变乘化待尽之说而为戡天之论，变"法先王"之儒家而为"法后王"之儒家法家。学术之发生兴替，其道固非一端也。明于先秦诸子兴废沿革之迹，乃可以寻知诸家学说意旨所在；知其命意所指，然后可与论其得失之理也。若谓九流皆出于王官，则成周小吏之圣知，定远过于孔丘墨翟。此与谓素王作《春秋》为汉朝立法者，其信古之陋何以异耶？

民国六年四月草于赫真江上寓楼[①]

胡适论老子和评论近人考据老子年代的方法，摘引如下：

老子略传

《史记·孔子世家》和《老子列传》，孔子曾见过老子。这事不知在于何年，但据《史记》，孔子与南宫敬叔同适周。又据《左传》孟僖子将死，命孟懿子与南宫敬叔从孔子学礼（昭七年）。孟僖子死于昭公二十四年二月。清人

① 《古史辨》第四册第 1~8 页。

阎若璩因《礼记·曾子问》孔子曰："昔吾从老聃助葬于巷党，及堩，日有食之。"遂推算昭公二十四年，夏五月，乙未朔，巳时，日食，恰入食限。阎氏因断定孔子适周见老子在昭公二十四年，当孔子三十四岁（《四书释地续》）。这话很像可信，但还有可疑之处：一则《曾子问》是否可信；二则南宫敬叔死了父亲，不到三个月，是否可同孔子适周；三则《曾子问》所说日食，即便可信，难保不是昭公三十一年的日食。但无论如何，孔子适周，终在他三十四岁以后，当西历纪元前518年以后。大概孔子见老子在三十四岁（西历前518年日食）与四十一岁（定五年，西历前511年日食）之间。老子比孔子至多不过大二十岁。老子当生于周灵王初年，当西历前570年左右。

老子死时，不知在于何时。《庄子·养生主》篇明记老聃之死。《庄子》这一段文字决非后人所能假造的，可见古人并无老子"入关仙去""莫知所终"的神话。《史记》中老子活了"百有六十余岁""二百余岁"的话，大概也是后人加入的。老子即享高寿，至多不过活了九十多岁罢了。

《老子》考：

今所传老子的书，分上下两篇，共八十一章。这书原来是一种杂记体的书，没有结构组织。今本所分篇章，决非原本所有。……又，此书中有许多重复的话和许多无理插入的话，大概不免有后人妄加妄改的所在。今日最通行的刻本，有世德堂的河上公章句本、华亭张氏的王弼注本。读者须看王念孙、俞樾、孙诒让诸家校语。章太炎极推崇《韩非子·解老》《喻老》两篇。其实这两篇所说，虽偶有好的，大半多浅陋之言。……但这两篇所据《老子》像是古本，可供我们校勘参考。

革命家之老子

在中国的一方面，最初的哲学思想，全是当时社会政治的现状所唤起的反动。社会的阶级秩序已破坏混乱了，政治的组织不但不能救补维持，并且呈现同样的腐败纷乱。当时的有心人，目睹这种现状，要想寻一个补救的方法，于是有老子的政治思想。但是老子若单有一种革命的政治学说，也还算不得根本上的解决，也还算不得哲学。老子观察政治社会的状态，从根本上着想，要求一个根本的解决，遂为中国哲学的始祖。①

胡适坚持《老子》书早出之说：

《老子》书中论"道"，尚有"吾不知其名，字之曰道，强为之名曰大"的话，是其书早出最强有力之证。这明明说他初得着这个伟大的见解，而没有相当的名字，只好勉强叫他做一种历程，道，或形容他叫做"大"。②

---

① 《十家论老·胡适论老子》第6~10页。
② 《清华周刊》第37卷，1932年；《古史辨》第四册下编，第413页。

评论近人考据老子年代的方法

胡适的哲学讲演，召唤着对话与讨论。梁启超、张煦、冯友兰、黄方刚、唐兰、马叙伦、郭沫若、高亨等历史哲学古文字学名家踊跃参与，撰文抒发见解，胡适与多人在通信中更有过学术方法性讨论，使老子研究，动衷情景，学术争鸣，余韵犹存。1933 年元旦，胡适修撰《评论近人考据老子年代的方法》，摘其大要如下：

近十年来，有好几位我最敬爱的学者很怀疑老子这个人和那部名为《老子》的书的时代。我并不反对这种怀疑的态度，我只盼望怀疑的人能举出充分的证据来，使我们心悦诚服地把老子移后，或把《老子》书移后。但至今日，我还不能承认他们提出了什么充分的证据。

……积累了许多"逻辑上所谓丐辞"，居然可以成为定案的证据，这种考据方法，我不能不替老子和《老子》书喊一声"冤枉"！聚蚊可以成雷，但究竟是蚊不是雷；证人自己承认的"丐辞"，究竟是"丐辞"，不是证据。

……在论理学上，往往有人把尚待证明的结论预先包含在前提之中，只要你承认了那前提，你自然不能不承认那结论了：这种论证叫作丐辞。

冯友兰先生提出了三个证据，没有一个不是这样的丐辞。

（1）"孔子以前无私人著述之事"，所以《老子》书是孔子以后的作品。

（2）"《老子》非问答体，故应在《论语》《孟子》后"。

（3）"《老子》之文为简明之《经》体，可见其为战国时之作品"。

还有许多所谓证据，在逻辑上看来，它们的地位也和上文所引的几条差不多。我现在把它们总括做几个大组。

第一组是从"思想系统"上或"思想线索"上，证明老子之书不能出于春秋时代，应该移在战国晚期，梁启超、钱穆、顾颉刚诸先生都曾有这种论证。这种方法可以说是很有危险性的，是不能免除主观的成见的，是一把两面锋的剑可以两边割的。你的成见偏向东，这个方法可以帮助你向东；你的成见偏向西，这个方法可以帮助你向西。如果没有严格的自觉的批评，这个方法的使用决不会有证据的价值……

第二组是用文字、术语、文体等等来证明《老子》是战国晚期的作品，这个方法自然是很有用的，孔子时代的采桑女子不应该会作七言绝句，关羽不应该会吟七言律诗，这自然是无可疑的。又如《关尹子》里有些语句太像佛经了，决不是佛教输入以前的作品。但这个方法也是很危险的，因为：（1）我们不容易确定某种文体或术语起于何时；（2）一种文体往往经过很长期的历史，而我们也许只知道这历史的某一部分；（3）文体的评判往往不免夹有主观的成见，容易错误。……近年敦煌石窟所藏的古写本书的出现，使我们对于文体的观念起一个根本的变化。有好些俗文体，平常认为后起的，敦煌的写本里都有很早出的铁证。总而言之，同一个时代的作者，有巧拙的不同，有雅俗的不同，有拘谨与豪放的不同，还有地方环境（如方言之类）的不同，决不能由我们单凭个人所见的材料，悬想某一个时代的文体是应该怎样的。

闲话少说，言归老子。冯友兰先生说《老子》的文体是"简明之经体"，应该是战国时作品（说见上）。但顾颉刚先生说："《老子》一书是用赋体写出的，然而赋体固是战国之末的新兴文体呵！"（《中学年报》第四期页二四，参见页一九。）同是一部书，冯先生侧重那些格言式的简明语句，就说他是"经体"；顾先生侧重那些有韵的描写形容的文字，就可以说他是"用赋体写出的"。单看这两种不同的看法，我们就可以明白这种文体标准的危险性了。……文体标准的不可靠，大率如此。这种例证应该可以使我们对于这种例证存一点特别戒惧的态度。至于摭拾一二个名词或术语来做考证年代的标准，那种方法更多漏洞，更多危险。

……最后，我要讨论顾颉刚先生的《从〈吕氏春秋〉推测〈老子〉之成书年代》（《中学年报》四，页一三~四六）的考据方法。……他的方法完全是先构成一个"时代意识"，然后用这"时代意识"来证明《老子》的晚出，这种方法的危险，我在前面两节已讨论过了。

……我总觉得这些怀疑的学者都不曾举出充分的证据。我这篇文字只是讨论他们的证据的价值，并且评论他们的方法的危险性。中古基督教会的神学者，每立一论，必须另请一人提出驳论，要使所立之论因反驳而更完备。这个反驳的人就叫作"魔的辩护士"（Advocatus diabolic）；我今天的责任就是要给我所最敬爱的几个学者做一个"魔的辩护士"。魔高一尺，希望道高一丈。我攻击他们的方法，是希望他们的方法更精密；我批评他们的证据，是希望他们提出更有力的证据来。

至于我自己对于老子年代问题的主张，我今天不能细说了。我只能说：我至今还不曾寻得老子这个人或《老子》这部书有必须移到战国或战国后期的充分证据。在寻得这种证据之前，我们只能延长侦查的时期，展缓判决的日子。

怀疑的态度是值得提倡的，但在证据不充分时肯展缓判断（Suspension of judgment）的气度是更值得提倡的。

一九三三年元旦改稿①

二、梁启超论老子

梁启超《老子哲学·老子的传记》说：
我们根据《史记》和别的书，可怜仅得着几条较为可靠的事实：第一，

---

① 《古史辨》第四册第387~410页。

老子姓李，名耳，亦名聃。第二，他是楚国人，或说是陈国人，但陈国当时已被楚国灭了，或者是他原籍。第三，他在周朝做过"守藏史"的官，用现在的名号翻出来，就是国立图书馆馆长。第四，他和孔子是见过面的，见面不知在哪一年，清儒阎若璩据《礼记·曾子问篇》，说是在鲁昭公二十四年（公元前518年），孔子三十四岁（《四书》释地续）。林春溥据《庄子·天运篇》，说是在鲁定公九年（公元前501年），孔子五十一岁。依我看来，后说较为可信，因为孔子五十岁以后，思想像很变，大概是受了老子的影响。我们为什么研究这些年代呢？因为要知道老子是什么时候的人，孔子五十一岁见老子的话若真，老子若是长孔子二十岁，那时应该七十多岁，若长三十岁，应该八十多岁了，因此可以推定老子的生年，应在周灵王初，约在西历纪元前五百七八十年间了。第五，有一位老莱子，一位太史儋，和他是一人，还是两人三人，连司马迁也闹不清楚，可见古代关于老子的传说很多。第六，他死在中国，《庄子·养生主篇》是明文的，可见后来说什么"西度流沙化胡"咧，"升仙"咧，都是谣言。第七，他有个儿子名宗，曾为魏将，可以知道他离战国时甚近。

在这些材料里头，有两点应特别注意：第一，老子是楚国（或陈国）人，当时算是中国的南部。北方人性质严正、保守，南方人性质活泼、进取，这是历史上普通现象，所以老子学术，纯带革命的色彩；第二，他做"守藏史"，这官极有关系，因为这地位是从前宗教掌故的总汇，《汉志》所谓"史官历记成败存亡祸福古今之道，然后知秉要执本"，可见得这样高深的学术，虽由哲人创造，却也并不是一无凭借哩。[①]

三、张煦论老子

张煦（1893—1983年），字怡荪，四川蓬安人，著名藏学家、语言文字学家。领衔主编《藏汉大辞典》，为民族出版社1985年出版。早在1922年3月22日《晨报》发表其论文：《梁任公提诉〈老子〉时代一案判决书》，兹摘录如下：

张君寄示此篇，考证精覈，极见学者态度。其标题及组织，采用文学的方式，尤有意趣。鄙人对于此案虽未撤回原诉，然极喜老子得此辩才无碍之律师也。梁启超识

查老子至解为九代，孔子至孔安国为十四代。此等地方，不当仅问历世若干，实当并考历年多少。自孔子生年起算，至汉景帝末年，共四百一十年（照《皇极经世》等书推算），老子活几百岁的话，虽不可尽信，总可断定他是享高寿在百岁左右，或竟在百岁以上，就不能说他的子孙不享高寿。又孔子

---

① 《十家论老·梁启超论老子》第43、44页。

之父，年已六十四，始娶孔子生母（见《史记正义》引王肃《家语》），此语纵亦不足信，也不能说古人五六十岁，不能生子。据此，则以寿百岁左右的老子之子孙，历世九代，就不能说他不能历时四百年。古者上寿一百二十岁，中寿百岁，下寿八十岁（见《左传》疏）。《庄子》谓上寿百岁，中寿八十，下寿六十。《淮南子》亦以七十岁仅为中寿。孔子年七十三，其子孙十三代中，只子思年及《庄子》所谓下寿，余或五十余岁，或四十余岁。孔子二十岁生伯鱼（照《索隐》引《家语》及《孔子世家》本文相考），其后十三代皆不永年，定皆早年得子。则这样的传代，何能作为传代的标准比例？复查《经典释文》《叙录》载左邱明作《春秋传》（赵匡陆淳以左邱明为孔子前贤人，郑渔仲、王安石说左氏非左邱明，俱不可信。当从朱竹坨考订左氏左邱明为一，实亦孔子同时人），以授曾申、申传吴起……七传即至汉文帝时之贾谊。以证老子八传至解有何疑问？必欲以孔子十三代相传比，就是想把万姓关站门的长人，和小说上的王矮虎，挪作一般长了，世上哪有此理？退一步说，九代人万不能历四百年，那么，《老子列传》说"宫玄孙假"的玄孙，只《尔雅·释韵》上对曾孙说，下对来孙说，方是第四代孙。若单言玄孙之"玄"，无异"远祖"之"远"。《说文》："玄，幽远也。"《文选·东京赋》注，引《广雅》"玄，远也"。"玄"字、"远"字，义本相同，远祖本是高祖以上的祖，玄孙自然可说是曾孙以下的孙。据此，就不只八传了。[①]

四、冯友兰论老子

冯友兰（1895—1990），著名哲学家，生于河南唐河县。青年时期考入北京大学学习哲学，留美回国，历任清华大学、西南联大、北京大学教授。1948年撰写《中国哲学史》，1978年撰写《中国哲学史新编》，1990年重写《中国哲学史新编》。自谓"三史以释今古，六书以纪贞元"和"阐旧邦以辅新命，极高明而道中庸"。河南人民出版社结集其《三松堂全集》。《十家论老·冯友兰论老子》，兹摘录论"老子其人和《老子》书"如下：

据司马迁在《史记·老子韩非列传》里所记载的，作《老子》的老子是李耳，即老聃，可能是孔丘同时的老莱子，也可能是后孔丘一百二十九年的太史儋。司马迁对于李耳讲得比较多，在《史记》里，《老子韩非列传》排在列传第三，仅次于《管晏列传》，可能他倾向于认为老子是春秋末期的人。可是他又说，老子的儿子"名宗，宗为魏将"，似乎又认为老子是战国时的人。就《老子列传》所收集的材料看，关于春秋末的老子的材料比较渺茫，有些近乎

神话。关于战国时期的老子，则有明确的乡里谱系，还有他的子孙的官职，确有可凭。这也可以说明，作《老子》的老子是战国时期的人。

……《庄子·天下》篇承认《老子》书的体系是老聃的体系，但它并没有说老聃是什么时候的人。《汉书·艺文志》著录《老子邻氏经传》四篇，班固自注说"姓李名耳"，也没有说老子是什么时候的人。如果老聃或李耳的儿子为"魏将"，他还是战国时期的人。

关于老子其人和《老子》其书，我们现在并没有发现司马迁所没有见过的新资料。我们似乎不能解决司马迁所不能明确解决的问题。不过不管老子是谁，从司马迁的记述中，有两点是他肯定地说的：一是这三人中，老聃和太史儋都曾经做过史官。二是这三人中，老莱子本来就是个隐士，李耳后来也成为隐士。司马迁肯定地说："老子，隐君子也。"作《老子》的老子，是一个奴隶主知识分子，或本身就是没落的贵族，这似乎是可以肯定的。断定老子和《老子》书的时代，还有一个方法司马迁没有用，那就是，把《老子》书跟春秋和战国时期的学术发展一般的情况和思想斗争的情况做一比较，看它跟哪个时期的联系比较密切。这样就可以直接帮助决定《老子》书是哪一时期的产物，也可以间接帮助决定作《老子》的老子是什么时期的人。

…… ……

《老子》是老聃作的。但其时代是在慎到以后、庄周以前。有人认为《老子》还出在庄周以后。我觉得这就太晚一些。事实上《庄子》中许多思想是老子体系的一个发展，而且其中有些篇也引用了《老子》的文句。所以本书认为，庄周一派，是老聃的思想向唯心主义的发展。

总起来说，可以得到一个结论，《老子》这部书，虽然很短，统共不过五千来字，但也和大部分的先秦著作一样，是一部总集，而不是某一个人于某一个确定时期的个人专著。

……不必勉强要把《老子》的著作权归于哪一个人。司马迁说了三个人，可是作《老子》的"老子"究竟是其中的哪一个呢？司马迁不能断定，当时的人也不能断定，司马迁只好说"世莫知其然否"。司马迁遇见困难了。其所以遇见困难，就是因为他和以后的人一样，错误地认为《老子》是一部个人的专著，所以必须要在这三个人之中确切指定一个人作为它的作者。如果认识到这部书本来就是一个总集，一个哲学格言汇编，那就没有什么困难了。也许这三个人都对于《老子》这部书有贡献，当时的三种传说都事出有因。

司马迁对于这三个人还是有所侧重的。他在《老子·韩非列传》中开头就说："老子，楚苦县（今安徽亳县）厉乡曲仁里人也，姓李名耳字聃，周守藏室之史也。"到结尾的时候，又明确地说："老子之子名宗，宗为魏将，封于段干。"以下又叙述李宗的子孙的名字，一直到司马迁同时"为胶西王卬太傅"的李解。又总结说："李耳无为自化，清静自正。"可见他对于《老子》与李耳的关系是了解的。他心中是认为《老子》是李耳作的，李耳的后代的情况，他也知道。不过，还有两种传说，他没有证据可以否认，所以也把它们收进去，作为插曲。但他也收了一个传说，说孔丘问礼于老聃。这就和李耳之子"为魏将"有冲突了，他只好说"盖老子百有六十余岁，或言二百余岁"①。

总的看起来，后来所谓《老子》一派的思想有许多部分，有些是出于老莱子，有些出于太史儋，这些思想，都以韵文的形式流传于世。李耳把它们收集起来，再加上他自己的创作，编辑成这部书，题名为《老子》。其所以这样地题名，或许因为书中的材料开始于老莱子。《老子》的这个"老"，就是老莱子的那个"老"。

《老子》书中的材料，是从老莱子到李耳这个长时期内积累起来的，其中有比较早的，也有比较晚的。但是最早不能早于孔丘，因为据说老莱子与孔丘同时。最晚不能晚于李耳。孔丘的生卒年代是有明确的记载的，他的后代的谱系，也是有明确的记载的。李耳的生卒年代虽然不可考，但是他的子孙谱系，司马迁是记载了的。从他的子孙谱系，可以大概推出他的年代。这是《老子》思想的发展、形成在时间上的上限和下限。

《老子》书中可能保存有春秋末期一些隐者的思想，但《老子》书中的中心思想和基本原则，却是战国时代的产物。②

冯友兰意识到论证中的"丐辞"现象。其撰文《老子年代问题》说：

不过我的主要的意思，是要指明一点：就是现在所有的以为老子之书是晚出之诸证据，若只举其一，则皆不免有逻辑上所谓"丐辞"之嫌。但合而观之，则《老子》一书之文体、学说及各方面之旁证，皆可以说《老子》是晚出，此则必非偶然也。③

五、唐兰论老子

当代著名历史学家、考古学家唐兰先生《老子时代新考》，摘引如下：

一、引言

考据的方法，应注重事实，而避免推想，这是一般学者都知道的，但是，往往不能做到。我觉得有许多学者一讲到《老子》书的时代，总是先用推想

---

①　《史记·老子韩非列传》

②　《十家论老·冯友兰论老子》第79~85页。

③　1931年6月8日《大公报》文学副刊第178期《中国哲学史中几个问题——答适之先生及素痴先生》文之一段；《中国哲学史》第一篇第八章第一节. 神州国光社本195页；《古史辨》第4册第421页。

方法，组织成一个系统，然后把事实来附会上去。自然我并不是诋毁推想方法，因为在做哲学史或文学史一类的工作时，是需要推想的——历史所遗留的都是片段的记载，只有用推想方法，才可以组成一个系统，看出一切演变——但是推想出来的材料，决不是历史。历史所记载是死的呆板的事实，只有找出真确的史料，才可以改正旧时的讹误记载。用推想方法，有时虽可提出疑问，但最后的决定，还是需要事实证明。

历史学者用各种史料，互相比勘，找出最近真实的事实来，和哲学家或文学家利用历史来做哲学或文学史，这本是两件事情。历史学者的眼光是客观的，而哲学史或文学史的作者，总是主观的。例如历史学者可以说孔子以采桑女自恃，只要确有这一回事情；而崇拜孔子的哲学家不见得肯赤裸裸地描写。所以我们虽则狠愿意哲学家文学家系统地做出一部哲学史或文学史来，但对于史料的考订，却还需要着史学家的严肃公正的态度和精密谨严的方法。

······ ······

二、《老子》的作者

《老子》的作者是谁呢？

《庄子·天下篇》说：

以本为精，以物为粗，以有积为不足，澹然独与神明居。古之道术有在于是者，关尹、老聃闻其风而悦之。建之以常无有，主之以太一。以濡弱谦下为表，以空虚不毁万物为实。关尹曰："在己无居，形物自著。"其动若水，其静若镜，其应若响。芴乎若亡，寂乎若清。同焉者和，得焉者失。未尝先人而常随人。老聃曰："知其雄，守其雌，为天下溪；知其白，守其辱，为天下谷。"人皆取先，己独取后，曰"受天下之垢"；人皆取实，己独取虚，"无藏也故有余"，岿然而有余。其行身也，徐而不费，无为也而笑巧。人皆求福，己独曲金①，曰"苟免于咎"。以深为根，以约为纪。曰"坚则毁矣，锐则挫矣"。常宽容于物，不削于人。虽未至于极，关尹、老聃乎，古之博大真人哉！

所引老聃的话，在今本《老子》的二十八章。

《韩非子·六反篇》说：

老聃有言曰："知足不辱，知止不殆。"夫以殆辱之故而不求于足之外者，老聃也。今以为足民而可以治，是以民为，皆老聃也。

所引老聃的话，在今本《老子》的四十四章。又《内储说》下《六微》说：

其说在老聃之言"失鱼"也。

势重者，人主之渊也；臣者，势重之鱼也。鱼失于渊而不可复得也，人主失其势重于臣而不可复收也。古之人难正言，故托之于鱼。赏罚者利器也，君

---

① 曲金：原作"曲全"。参见前章校注。

操之以制臣，臣得之以拥主。故君先见所赏则臣鬻之以为德，君先见所罚则臣鬻之以为威。故曰："国之利器，不可以示人。"

所引老聃的话，在今本《老子》的三十六章。

《韩子》里有《解老》和《喻老》，所解所喻的"老"，和今本《老子》大致差不多。《喻老》里有一节文字解释"鱼不可脱于深渊，邦之利器，不可以示人"，和上面所引《内储说》略同。

根据上面的材料，可以知道《天下篇》的作者和《韩子》都是以为《老子》里的话是老聃所说。

《天下篇》的作者是谁，现在虽难断定（我疑是魏牟所作），但总是和庄周、惠施都接近，而文里面又提到公孙龙，可以证明是平原君时代的作品。①

那么，在孔子卒后二百年左右，有一本业已流传的著作和今本《老子》差不多，当时人以为是老聃的语录，这大概是很真确的事实了。

…… ……

七、结论

把上文的要点总结起来是：

（1）据孔子卒后约二百年的《天下篇》和韩子，知道那时已流行的《老子》是老聃的语录。

（2）据《曾子问》《庄子》和《吕氏春秋》，知道老聃和孔子同时。

（3）据《老子》里的文字和《墨子》同，知道《老子》形成的时期，相当于《墨子》形成的时期，即战国早期。

（4）《老子》里所引用的旧说和所反映的社会，都在春秋末年。地的重要

---

①　魏牟与公孙龙，同时期人。《列子·仲尼篇》："中山公子牟者，魏国之贤公子也，悦赵人公孙龙；乐正子舆之徒笑之。公子牟为公孙龙释七辩。"《庄子·外篇·秋水第十七》："公孙龙问于魏牟曰：'龙少学先王之道，长而明仁义之行；合同异，离坚白；然不然，可不可；困百家之知，穷众口之辩；吾自以为至达已。今吾闻庄子之言，茫然异之。不知论之不及与？知之弗若与？今吾无所开吾喙，敢问其方。'公子牟隐机大息，仰天而笑曰：'子独不闻夫埳井之蛙乎？……且夫知不知是非之竟，而犹欲观于庄子之言，是犹使蚊负山，商蚷驰河也，必不胜任矣。且夫知不知论极妙之言，而自适一时之利者，是非埳井之蛙与？……今子不去，将忘子之故，失子之业。'公孙龙口呿而不合，舌举而不下，乃逸而走。"《庄子·杂篇·让王第二十八》："中山公子牟谓詹子曰：'身在江海之上，心居乎魏阙之下，奈何？'詹子曰：'重生。重生则利轻。'中山公子牟曰：'虽知之，未能自胜也。'詹子曰：'不能自胜则从，神无恶乎！不能自胜而强不从者，此之谓重伤。重伤之人，无寿类矣。'魏牟，万乘之公子也。其隐岩穴也，难于于布衣之士，虽未至乎道，可谓有其意矣！"《庄子·杂篇·天下第三十三》："桓团、公孙龙，辩者之徒，饰人之心，易人之意，能胜人之口，不能服人之心，辩者之圃也。"《公孙龙子 卷上·迹府第一》："公孙龙，六国时辩士也。疾名实之散乱，因资材之所长，为守白之论，假物取譬，以守白辩，谓白马为非马也。……公孙龙，赵平原君之客也。"《史记·平原君列传》："平原君厚待公孙龙。公孙龙善为坚白之辩，及邹衍过赵言至道，乃绌公孙龙。"

思想，所谓"道"，实是把春秋时的"道"生展成一个系统。

（5）孔子已受老子学说的影响。老子学说最先衍出杨朱一派，其次衍出慎到、田骈一派，它嚣、魏牟一派。

……从这五点看来，《老子》是记载春秋末老聃学说的语录，它的撰成当在战国早期，而它的内容的构成，却还在春秋末年。所以孔子已受老子学说的影响。

《曾子问》记老聃和孔子论礼，是这个问题中最重要的一点。许多学者想把老聃搬后若干年，但他们并不想提出证据去证明《曾子问》所说的不确，这真是怪事！

……最后，我还是要重复申述我的主张。过去的历史事实，不能把理想去改变的——即使凑合若干条的理想而组成一个系统，也还只是理想而不是事实。如果要修正旧时记载的错误，唯一的方法，是"拿真确的证据来"。①

吕振羽先生评说："唐氏的这个结论基本上是对的。"②

六、马叙伦论老子

马叙伦（1885—1970），当代著名教育家、历史学家、考古学家与书法名家。马叙伦先生于1924年著作《老子覈诂》，卷首有《老子老莱子周太史儋老彭是非一人考》和《老子姓氏名字乡里仕宦生卒考》两篇，"蒐故抒新，论老子之平生，已为详密"③。

未久，马叙伦先生又撰写《辩〈老子〉非战国后期之作品》，刊发于《哲学论丛》第一集（北京大学哲学会.廿二.五）。兹摘录如下：

辩《老子》非战国后期之作品

余于中华民国十三年，曾为《老子覈诂》一书，因而并及《老子》称经，及其篇章；老子与老莱子、周太史儋、老彭是否一人，老子姓氏名字乡里仕宦生卒诸端，皆略为之考订，附在《覈诂》中。虽所见疏陋，或有更塙实之证据未及援引，然大略具矣。乃七八年来，时贤对于老子之疑问日甚。其重要者，谓《老子》乃战国后期之作品。不独国人然，日本人研究《老子》者亦然；国人且每袭日本人之议论而引申之。余因此复为此篇，虽仍未敢自信必当，然从事实上证明者多，理论的推测者少，或亦异乎妄测武断者尔。

---

① 《古史辨》第6册，第597~631页，上海古籍出版社1982年版。
② 《十家论老·吕振羽论老子》第148页。
③ 高亨：《老子正诂·前记》。

《老子》为中国古代哲学家中之较有价值者，今日书且经欧洲人之传译，亦共承认其价值。乃老子时代之疑问，忽大噪于论坛。虽于《老子》本身之价值故无减损，然在哲学史之地位观之，时代之问题，固为一宜先决定之问题。因其影响于学术之各方面，固甚多也。老子之时代如无较为可信之决定，则探衡周季之学术大为周章矣。此又余所以有此篇之作之意也。

北京大学哲学会欲出刊物，赈嘱余为文，许以此稿应之。然以所知时贤之著作尚有待于搜求者，故久而未定。今以哲学会之促，乃先付以未定之草，俟异日更笔削也。

廿一年五月廿四日马叙伦

余于老子即老聃，《道德》五千言即老聃所作，《道德》五千言即今所传《老子》之原则下，为左之考定。

（一）以年代考知《老子》作于战国后期之非是

战国者，昔人于历史上为便于讨论而划定之一时期，且以承接春秋时期者也。故其始为周敬王之四十二年，即鲁哀公十七年，讫东周君七年，即秦襄王元年，东周为秦所灭，为二百三十年。再讫秦王政二十六年灭六国，共为二百五十八年。假定前后期各一百二十九年，则周显王二十年至秦王政二十六年为后期。

周显王二十年距韩赵魏分晋后二十八年，《史记·老子传》言老子之子宗为魏将，似与此正合。……故不足以此致疑而转足以资证明老子之子宗已在战国前期之中时矣。

老子生于周简王之世，无他塙实征校可以否定，则《道德》五千言非战国后期之作品明矣。

（二）以古书引用《老子》之文或学说考知《老子》作于战国后期之非是

古书中引用《老子》之文者，以《庄子》为最多。……《战国策·齐策·颜斶对齐宣王》已明引"《老子》曰：虽贵必以贱为本，虽高必以下为基，是以侯王称孤寡不穀，是其贱之本与"。宣王立于周显王三十七年，正所谓战国后期之初，而颜斶已见《老子》书，则《老子》必不作于战国后期则又明矣。……文子与楚平王同时而师老子，则老子生于春秋之末，而其书不作于战国后期则又明矣。

（三）以《老子》文体及春秋时私人著述已多考知《老子》作于战国后期之非是

或谓老子之书称《道德经》，书以"经"名，战国后始有之。

检《墨子》有"经"。说者以《墨经》为战国时治墨学所为。世谓孔子所述六艺之文为经，而六艺之文初无经名。《庄子·天运篇》始引孔子曰："丘治诗书礼乐易春秋六经。"《天道篇》亦有孔子绌十二经以说老聃之记。书以经名，始于战国者，其言略可信；然《老子》书在汉初尚直名《老子》（见余所为《〈老子〉称经及篇章考》），韩非有《解老》《喻老》，亦以《老》为老子书名，是战国之末《老子》亦无"经"名。是据后世称《老子》为《道德经》而谓老子为战国后期作品者，固无足辩。

以文体言，战国之书，如《墨子》《庄子》《荀子》《韩非》虽不尽同，而大体方式一致，即《孟子》亦未离其宗也，而《老子》独不然。其书本无八十一章之分，独以节明而近于诗歌式之辞，说明义理，大抵一方与《易》之爻辞、《诗》之雅颂为类，一方与《论语》为类。夫古无纸墨可以传写，契于简册，故文贵简；又多以口传，故率有韵。《老子》书文与此二条件皆相符合，则非战国后期之作品易明也。况战国后期之初已有引其文者乎！若谓私文著述始于孔子，以定《老子》必为孔子以后作品，此未详检《汉书·艺文志》者也。《汉志》所录儒家始晏子。晏子与孔子同时，而行辈略先，故亦有孔子见事之说。其书今传者，非《汉志》之旧本，且所载皆为"著其行事及谏诤之言"。即使原书如此，亦历史的性质，不可方伦。然道家老子之前，有始伊尹以讫管子凡五家。墨家首有尹佚，班固自注曰："周臣，在成康时也。"唯伊尹太公辛甲鬻子管子尹佚皆为王者师佐，其书今又不存，无可征据。或疑非空陈理论，不与《老子》为类；然周秦古书所引伊尹之说，如出《伊尹》五十一篇中，则亦与《老子》类矣。名家始邓析，班固自注曰："郑人，与子产并时。"颜师古曰："《左传》昭公二十年，子产卒。定公九年，驷颛杀邓析而用其竹刑。"则析是春秋末人，与子产同时是也。今传《邓析》一篇，亦非《汉志》之原书（详余所为《邓析子校录》），《左传》言，用其竹刑，则析所为书或即《竹刑》，然未可定耳。以韩非言"坚白无厚之词章而宪令之法息"、淮南王言"邓析巧辩而乱法"，则析书自与战国诸子类矣。由此言之，谓私人著述始于春秋时说尚可立；谓始孔子，则邓析年辈不后孔子也。春秋时既开私人著述之风，则老子作品不必后于孔子矣。

余于《老子》文中独其用韵方面而未加考核，不知其与春秋战国之际诸作品，有无同异，可于此发见其必为战国后期作品否耳。①

七、高亨论老子

高亨（1900—1986），字晋生，吉林双阳人，著名教授、古文字学家、先秦文化史研究和古籍校勘考据专家，学术著作宏富，素以博湛精深著称，有《高亨著作集林》十卷。兹录其《〈史记·老子传〉笺证》部分按语如下：

---

① 《古史辨》第六册第526~533页。

《史记·老子传》笺证

老子者，楚苦县厉乡曲仁里人也。

高亨说：

《史记》、河上公说、《神仙传》《玉札》《经典释文》《叙录》皆云"苦县"，《老子铭》云"相县"。《经典释文》《叙录》又云"一曰相人"。是老子之县籍又有二说。《老子铭》又曰："春秋之后，相县虚荒，今属苦。故城犹在，在赖乡之东，涡水处其阳。"然则谓老子为相县人，探古以为言也；谓老子为苦县人，据今以为言也。二说虽异，两地则一。《史记》所记老子乡里，诚详且塙。更以他书证之，张守节《正义》引《括地志》云："苦县在亳州谷阳县界，有老子宅及庙，庙中有九井尚存。"又引晋《太康地记》云："苦县城东有濑乡祠，老子所生地也。"《汉书·地理志》"淮阳国苦县"，颜师古注引晋《太康记》曰"城东有濑乡祠，老子所生也"（与张所引，当是一书，而文小异）。《后汉书·郡国志》"陈国苦，春秋时曰相，有濑乡"，注引伏滔《北征记》曰："有老子庙。"又引《古史考》曰："有曲仁里，老子里也。"《水经注》卷二十三曰："谷水又东，径濑乡故城南，谷水自此东入涡水。涡水又北，径老子庙。"永兴元年（永兴，汉桓帝年号），谯令长沙王阜立碑云："'老子生于曲涡间。'涡水又东，径相县故城南。"是老子乡里，古人皆言之凿凿……谓老子，宋之相人，非陈之相人，其说可不攻而自破也。

亨按：武英殿本《史记》作名耳，字曰聃。

亨按：老子为征藏史，出于《庄子》，殆属可信。

孔子见老聃，究在何地，抑或见非一次，地非一地，仍为疑案也。

亨按：《史记》所载孔子西适周见老聃，与《庄子》所载孔子南之沛见老聃，与《礼记》所载孔子从老聃助葬于巷党，遇日食，均不可并为一谈，而定其年代。因适周、之沛，显然二事，而巷党为何国地，尤不能确定故也。至《庄子》书中，本多寓言，黄氏据以奸起十二君之言，断定孔子周游列国之后又见老子，实不可从。余谓孔子见老子一次或数次，某次在某次时，仍为疑案也。

余故曰，关尹与老子同时，有相见之可能。

关尹为其人之姓名，而非官名者，因为关尹者非一人，如只以关尹二字名其人，又何以别于他人之为关尹者哉？

次论老子所至关为何关。……诸关字亦皆谓函谷关也。然则此关为函谷关，明矣。

又次论老子是否莫知其所终。……老子殆死于秦矣。

又次论《道德经》是否老聃所作。此事论者亦多，莫衷一是。亨按，《道德经》决为老聃所作。……特是《道德经》一书，流传既久，后人附益，良为不尠，虽难别择，然有可以鉴定者，兹不详述。总之，谓《道德经》悉为老聃之言者，是勇于信古；谓《道德经》悉非老聃之言，是勇于疑古；谓《道德经》为战国末年之书，老聃为战国末年之人，是疑其书，因及其人，皆过激之论也。

亨按，老子与老莱子非一人……今试申而证之……足证历代儒生皆以老莱子为别一人也。

次论老莱子之姓名乡籍及其时代。……《史记》《汉书》《列女传》《高士传》《孝子传》，皆曰楚人，殆有所本矣。老莱子之时代尚可论定，《大戴礼》载孔子论老莱子之行。《庄子》载孔子见老莱子。则《史记》《汉书》俱云与孔子同时，殆不虚矣。又，《老莱子》九篇见于《汉志》，今已亡佚，马国翰有辑本，然所得只四节而已。

老子生于何年、卒于何年、享寿若干，今不可考，仅知其年稍长于孔子而已。孔子生于周灵王二十一年，即西历纪元前五百五十一年也。卒于周敬王四十一年，即西历纪元前四百七十九年也。古人寿逾百岁者，往往有之，则老聃寿百余岁，亦可能之事也。

太史儋既后孔子百余年，则欲合老聃与太史儋为一人且以《道德经》为儋所作，必须立下列之前提而后可。一孔子时无老聃，秦献公时始有老聃，即太史儋，作《道德经》者也。二孔子时有老聃，未作书，秦献公时另有老聃，即太史儋，作《道德经》者也。然孔子时有老聃，《道德经》为孔子时之老聃所作，俱既证明，故此二前提皆不能成立。因此知老聃与太史儋决非一人也。①

试谈马王堆汉墓中的帛书《老子》

高亨先生有幸见到长沙马王堆汉墓出土帛书《老子》甲、乙本，遂与池曦朝合撰《试谈马王堆汉墓中的帛书〈老子〉》，摘录如下：

今有帛书证明《老子》原书不分章，我们研究它，就可以打破今本的章界，取消今本的章次了（已有人这样作）。特别是今后注释《老子》，不受章界的拘束，会得到更好的切合原意的理解。

……《老子》一书在战国时代，已经流传很广。《墨子》引《老子》曰："道冲而用之有弗盈。"（《太平御览》卷322"兵部"53引）《庄子》引老聃曰："知其雄，守其雌，为天下谿。知其白，守其辱，为天下谷。"（《天下篇》）《荀子》说："老子有见于诎，无见于信。"（《天论》）这是根据老子书而提出的评论。《韩非子》有《解老》《喻老》两篇，实际上就是《道德

① 《〈史记·老子传〉笺证》，《古史辨》第六册441页。

经》选注。《六微》《难三》《六反》也引过老子话。《吕氏春秋》也暗用老子言。例如："故曰，不出于户而知天下，不窥于牖而知天道，其出弥远者，其知弥少。"（《君守》）《战国策》颜𫍙引《老子》曰："虽贵必以贱为本，虽高必以下为基……"（《齐策》）由此可知，战国时代，《老子》一书已多有传本。现在发现给一个人殉葬的帛书《老子》甲、乙两本文字多歧异，不是一个来源，而现存的河上公本、王弼本、傅奕本等文字也多歧异，不是一个来源。这充分说明老子著作在战国秦汉已经流传很广，影响很大。

　　……用帛书本校勘今本，判别今本的正与误，用帛书本研读今本，审定旧注的是与非，从而给《老子》思想做出正确的评价。现在有帛书《老子》，大有助于我们重读《老子》书，评价《老子》思想，这真是一件值得欣喜的事![①]

八、郭沫若论老子

　　郭沫若（1892—1978），作家、诗人、戏剧家、历史学家、古文字学家、考古学家、社会活动与科技管理专家。四川乐山人。郭沫若于 1934 著作《青铜时代》，发表于 1935 年四月沪上《新文学》杂志；人民出版社 1954 年版本中的《老聃·关尹·环渊》章节，复为《古史辨》第六册录入。兹据《十家论老》摘引如下：

老聃、关尹、环渊

　　细考老子即是老聃，略先于孔子，曾经教导过孔子，在秦、汉以前的人本来是没有问题的。《庄子》《韩非子》《吕氏春秋》是绝好的证据。《庄子·天下篇》里说：

　　以本为精，以物为粗，以有积为不足，澹然独与神明居。古之道术有在于是者，关尹、老聃闻其风而悦之。建之以常无有，主之以太一。以濡弱谦下为表，以空虚不毁万物为实。

　　关尹曰："在己无居，形物自著。"其动若水，其静若镜，其应若响。芴乎若亡，寂乎若清。同焉者和，得焉者失。未尝先人而常随人。老聃曰："知其雄，守其雌，为天下溪；知其白，守其辱，为天下谷。"人皆取先，己独取后，曰"受天下之垢"。人皆取实，己独取虚，"无藏也，故有余"，岿然而有余。其行身也，徐而不费，无为也，而笑巧。人皆求福，己独曲金[②]，曰"苟

---

　　① 《文物》1974 年第 11 期；《马王堆汉墓帛书〈老子〉》第 109～128 页，文物出版社 1976 年版。

　　② 曲金：原作"曲全"。参见前章校注。

免于咎"。以深为根,以约为纪。曰"坚则毁矣,锐则挫矣"。常宽容于物,不削于人。可谓之极,关尹、老聃乎,古之博大真人哉!

这儿所引的老聃的话"知其雄,守其雌"云云,在今存《老子》第二十八章,其他所撮述的大意也散见于《老子》书中,这儿表明着老聃便是老子。而老子和孔子有过师徒的关系则散见于《德充符》《天道》《天运》诸篇。除掉《德充符》之外虽然不尽是庄子的手笔,但都是秦汉以前人的。

《吕氏春秋》一书言老聃者凡五见:

1. 荆人有遗弓者而不肯索,曰:"荆人遗之,荆人得之,又何索焉?"孔子闻之曰:"去其荆而可矣。"老聃闻之曰:"去其人而可矣。"故老聃则至公矣。(《贵公》)

2. 孔子学于老聃、孟苏、夔靖叔。(《当染》)

3. 老聃则得之矣,若植木而立。(《去尤》)

4. 老聃贵柔,孔子贵仁,墨翟贵廉,关尹贵清,子列子贵虚,陈骈贵齐,阳生贵己,孙膑贵势,王廖贵先,儿良贵后。(《不二》)

5. 圣人听于无声,视于无形,詹何、田子方、老耽(即老聃)是也。(《重言》)

由后三则看来,所说的"若植木而立""贵柔""听于无声,视于无形",都是《道德经》中所表现的老子,而由前二则看来,则老子分明与孔子同时,且曾为孔子之师。

《韩非子》有《解老》《喻老》诸篇,所解所喻均和今本《老子》无甚出入。而《六反篇》里说老聃有言曰"知足不辱,知止不殆",见今本《老子》第四十四章。《内储说下·六微》里说:"权势不可以借人。……其说在老聃之言失鱼也。"下面的说明引出"国之利器不可以示人",俱见于今本《老子》第三十六章。《喻老篇》里也有一条同解这一章的文字。可见在韩非子眼中,老聃和老子并不是两人。

……老子这个人的存在和年代,有人说是太史儋,如此则成书之年代与《史记》言老子后人的一节均相合无间。主张这一说的可以罗根泽为代表。有人说老子固是老聃,但老聃年代当在杨朱、宋钘之后,经其学徒们的宣传使之成为孔子师,而《老子》之成书或尚在秦汉间。主张这一说的可以顾颉刚为代表。又有人说老子即是孔子之师老聃,《老子》书是老聃的语录,其成书年代当与《墨子》同时。主张这一说的可以唐兰为代表。

在这儿我不妨先说出我自己所得到的结论。我的见解是以唐说为近是。老子确是孔子之师老聃,《老子》书也确是老聃的语录,就和《论语》是孔子的语录、《墨子》是墨翟的语录一样。特集成《老子》这部语录的是楚人环渊。

……孔子曾以老子为师,除上述《庄子》及《吕氏春秋》之外,在儒家典籍中已是自行承认的。《礼记》的《曾子问》里面有四处引到老聃的话，都是孔子自己说，"吾闻诸老聃"。《论语》的《述而篇》言："述而不作，信而好古，窃比于我老彭。"老彭当是老子与彭祖，而马叙伦更以为一人，谓即老聃。足见孔子及其弟子并不以孔子师事老聃为耻辱，我们用不着采取后儒的狭隘的门户之见，要把老子的存在来抹杀，其实老子做孔子的先生是毫无愧色的，而老子有过孔子那样的一个弟子在秦汉以前也并不见得是怎样的光荣，道家一派用不着冒充，儒家一派也用不着隐讳。

……《老子》书是老子的语录这种说法实在是尽情尽理的。但我要更进一步说《老子》是作成于环渊，也正有我的根据。《史记·孟荀列传》：

自邹衍与齐之稷下先生，如淳于髡、慎到、环渊、接子、田骈、驺奭之徒各著书言治乱之事，以干世主……淳于髡，齐人也，博闻强记，学无所主。……慎到，赵人，田骈、接子，齐人，环渊，楚人，皆学黄老道德之术，因发明序其指意。故慎到著《十二论》，环渊著《上下篇》，而田骈、接子皆有所论焉。

这里把关于环渊的话摘录出来，便是：

环渊楚人，学黄老道德之术，因发明序其旨意，著《上下篇》。

这所著的《上下篇》不就是《道德经》的上下篇吗？太史公所录的这些史事应当是有蓝本的，蓝本应当是齐国的史乘。太史公把它照录了，在他自己显然不曾明白这《上下篇》就是《道德经》，故而他在《老子传》里又另外写出了一笔关于《上下篇》的传说。不嫌重复，再把那一段话摘录在下面：

老子修道德，其学以自隐无名为务。居周久之，见周之衰，乃遂去。至关，关令尹，喜曰："子将隐矣，彊为我著书。"于是老子乃著书上下篇，言道德之意五千余言而去，莫知其所终。

关令尹就是《庄子·天下篇》和吕氏·不二》的关尹。关尹即是环渊。关环尹渊，均一声之转。……其实《史记》的"喜"字是动词，是说"关令尹"欢喜，并非关令尹名喜也。故环渊著《上下篇》是史实，……今更撮述其要点如次：

（1）《老子上下篇》乃环渊所录老聃遗训，唯文经润色，多失真之处，考古者须得加以甄别；

（2）环渊，即关尹、它嚣，因音变与字误而成为数人；

（3）环渊生于楚而游于齐，大率与孟子同时，盖老聃之再传或三传弟子。

一九三四年十二月二十五日①

---

①　胡道静主编：《十家论老·郭沫若论老子》［M］. 第113~121页. 上海人民出版社2006年6月。

1944 年，郭沫若著作《十批判书》，见于人民出版社 1982 年版本中，有《稷下黄老学派的批判》，为老子、《老子》书和黄老学派的继续研究之作，兹摘录如下：

稷下黄老学派的批判

黄老学派，汉时学者称为道家。道家的名称虽不古，但其思想却很有渊源，相传是祖述黄帝、老子的。黄帝的名称，见于《陈侯因次敦》铭文。陈侯因次就是齐威王。铭文：

唯正六月癸未，陈侯因次曰：皇考孝武桓公（陈侯午）恭哉，大谟克成。其唯因次，扬皇考昭统，高祖黄帝，迩嗣桓文，朝问诸侯，合扬厥德。诸侯盍荐吉金，用作孝武桓公祭器敦。以蒸以尝，保有齐邦，世万子孙，永为典常。

（铭文古字或假借字已改为今文）

"高祖黄帝，迩嗣桓文"，是说远则祖述黄帝，近则承继齐桓、晋文之霸业。

黄老之术，事实上是培植于齐，发育于齐，而昌盛于齐。《史记·田齐世家》：

宣王喜文学游说之士，自如驺衍、淳于髡、田骈、接予、慎到、环渊之徒七十六人，皆赐列第为上大夫，不治而议论。是以齐稷下学士复盛，且数百千人。

刘向《别录》："齐有稷门，齐之城西门也。外有学堂，即齐宣王所立学宫也。故称为稷下之学。"（《太平寰宇记》十八《益都》条下所引）徐幹《中论》云："齐桓公立稷下之官，设大夫之号，招致贤人而尊宠之。自孟轲之徒皆游于齐。"（《亡国》）这位"齐桓公"，便是齐威王之父陈侯午，也就是上举《陈侯因次敦》的"孝武桓公"。齐宣王时"稷下学士复盛"，直至襄王时，稷下之学犹存。

《孟荀列传》云：

自邹衍与齐之稷下先生，如淳于髡、慎到、环渊、接子、田骈、驺奭之徒各著书言治乱之事，以干世主……淳于髡，齐人也，博闻强记，学无所主。……慎到，赵人。田骈、接子，齐人。环渊，楚人。皆学黄老道德之术，因发明序其指意。故慎到著《十二论》，环渊著《上下篇》，而田骈、接子皆有所论焉。……于是齐王嘉之。自如淳于髡以下皆命曰列大夫。为开第康庄之衢，高门大屋尊宠之。览天下诸侯宾客，言齐能致天下贤士也。……齐襄王时而荀卿最为老师。齐尚修列大夫之缺，而荀卿三为祭酒焉。

……至于老聃本人，在秦以前是没有发生过问题的，无论《庄子》《吕氏春秋》《韩非子》以至儒家本身，都承认老聃有其人而且曾为孔子的先生，我看这个人的存在是无法否认的。

道家诸派均以"道"为宇宙万物的本体，这个新的观念必然有它的倡导者，诸派中如上述以宋钘年事为较长，然而其他的人并不把他认为总老师。据《天下篇》："田骈学于彭蒙，得不教焉。彭蒙之师曰：'古之道人至于莫之是、莫之非而已矣。'"则彭蒙年辈与宋钘相同，而彭蒙还是老师，也分明是道家。这位"彭蒙之师"应该是墨翟、子思同年辈的人物。然而他也只是彭蒙之师，而不是道家的总老师，可知"彭蒙之师"必然是更有其师的了。如此再推上一二代，便不能不承认有老聃这位人物的存在。

……又在孔子当时已经有不少的隐士，如楚狂接舆、长沮、桀溺、晨门、荷蒉、荷蓧丈人，这些都是出现于《论语》里的人物。还有琴张、牧皮（即《庄子》的孟子反）见于《孟子》与《庄子》。桑雽（即《论语》子桑伯子，《庄子》子桑户）见于《楚辞》。世间既已经有这些"避世之士"，有的可能是由上层零落下来，有的或许是由下层升上去，不能太出风头，而又折回来，高尚其志，求满足其消极的自我尊大的。但他们总当得是一些小有产者，生活上没有忧虑，而又具有相当的知识以作非非之想，那是毫无问题的。传说上的老聃是周室的守藏史，这种闲官而又有书可看的人，和这些"避世之士"生活条件正相一致，超现实的本体观和隐退生活的理论由他倡导了出来，没有什么不合理的理由。

……杨朱在《孟子》又作杨子取，《庄子》作阳子居，居与朱乃琚与珠之省，名珠字子琚，义正相应，取乃假借字。杨子是老聃的弟子，《庄子》里面屡次说到，我们不能认为通是"寓言"。老聃与杨朱的存在如被抹杀，则彭蒙之师、彭蒙、宋钘、环渊、庄周等派别不同的道家便全无归属。所以我的看法，无宁是保守的，老聃仍然有其人，他是形而上的本体观的倡导者，孔子曾经向他请教过。杨朱是他的弟子，大抵略少于孔子而略长于墨子，他主张"全性保真，不以物累"的为我主义，但却不是世俗的利己主义。他说过："行贤而去自贤之心，焉往而不美？"（《韩非·说林上》，《庄子·山木篇》作"行贤而去自贤之行，安往而不爱哉？"）可见他倒是泯却小我的人。所谓"拔一毛而利天下不为"，事实上是"不以天下大利易其胫一毛"，也就是"不以物累形"的夸张的说法。宋荣子"举世而誉之而不加劝，举世而非之而不加"，就是他的这种精神的嫡系了。

……《史记》称环渊"学黄老道德之术，因发明序其旨意……著《上下篇》"。这"《上下篇》"即老子《道德经》。①

郭沫若说：实际上比孔子更深的已经有老聃存在。他不仅否认了上帝，并建立了一种本体说来代替了上帝。他是孔子的先辈，而且曾经做过孔子的先生，这是先秦诸子所一致承认着的。孔子自己也说"窃比于我老彭"，老就是

① 《十家论老·郭沫若论老子》第122~142页。

老聃了。有的朋友因《道德经》晚出，遂并怀疑老聃的存在，或以为由思想发展的程序上看来，老聃的本体说是不应该发生在孔子之先。

这些都仅是形式逻辑的推论而已。在春秋时代普遍地对于上帝怀疑，而在纷争兼并之中又屡有"一匡天下"的那种希望，正是产生老子本体说的绝好的园地。只是他的学说没有群众基础，不仅没有宰制到思想界，就连孔子也没有怎么接受它而已。老子的学说经过间歇之后，直到环渊、庄周又才得到充分的发展，并不是不可能的事。何况庄周之前还有宋钘、彭蒙、彭蒙之师，以及杨朱等人存在呢？①

郭沫若还说："《道德经》是一部政治哲学著作，又是一部兵书。"②

九、叶青论老子

叶青（1896—1990），本名任卓宣，字启彰，笔名叶青。四川南充人。中共中央党报委员会委员兼任黄埔军校政治教官。叶青撰著《从方法上评老子考》，摘录如下：

从方法上评老子考

一般与特殊

两个同时代人世系差五辈，则属常事。乡间宗族，同一父母之子孙常常有差四五辈、五六辈的。例如梁启超和胡适之所自述的即是。按诸实际，孔子的子孙，每辈寿数都短，《史记》有明白的记载。

当然不是假定老子的子孙，则每辈人都高寿。把这个家族的寿数情形证明以今天的遗传学、优生学，并不足怪。倘若以今人寿岁说，则孔子世系为一般，老子世系为特殊。

如以古人寿数说，按诸《左传疏》称古者上寿一百二十岁，中寿百岁，下寿八十岁。《庄子》谓上寿百岁，中寿八十，下寿六十。《淮南子》亦以七十岁为中寿。据这些说法，则老子世系为一般，孔子世系为特殊。张煦引左丘明授《春秋传》七传至汉文帝时之贾谊以证老子八传至解，确是合乎"情理"。

……与老子同时的孔子和后于老子而又好非难的墨子和孟子，其书多丧失，当然不能说残存的篇幅上没有提到老子，遂断为无，而况已存《论语》

① 郭沫若著：《十批判书·孔墨的批判》［M］. 104、105 页. 东方出版社根据人民出版社1982 年版编校再版 1996.3；《十家论孔·郭沫若论孔子》［M］. 197 页. 上海人民出版社 2006.6.

② 《中国史稿·第一回》

在人在学上都有提到呢！

不要因为一般就忽略特殊，特殊和一般并不相反，而是可以统一的。

整齐与参差

因为庄子说道，所以《老子》中的"道可道，非常道"，就是"庄子之说"。

因为公孙龙说名，所以《老子》中的"名可名，非常名"，就是"公孙龙之说"。

如果有违异的，那便是老子"牵合为说"。

这不是把道的思想和名的思想看成庄周和公孙龙的专有物么？而且这种思想是只有后继没有先驱的，更没有散乱的存在于相隔较远之著作中的可能。所谓规律性是刀切斧砍的形式，没有一点参差。

不独"思想线索"如此，"时代术语"亦然。仁义对举，固是孟子的特殊术语，然断不能说他以前就绝对没有人使用过，张煦驳梁启超，曾举出很多例子。"王侯"等词亦然。

……又如顾颉刚的"公"字，认为春秋时没有作道德用的，为战国时的新名词，胡适却指出《论语》中"敏则有功，公则悦"来。譬如"文学"一术语，在现在非常流行，我们不能说《论语》因此一定要移到二千多年以后才对。又如"社会"一术语，虽为今天所专有，然而我们不能否认前人之曾使用，《二程全书》就是使用过了的。所以钱穆的"大""法""自然"等术语，都没有证据的价值。

不独时代术语有参差性，"文字体裁"也是一样的。

……老子文章简练，有类格言，所以出于《庄子》后。殊不知有出在散文后的格言，也有出在散文前的格言，并且也有出在散文中的格言。格言在文字中是最为参差的。把《论语》比之《墨子》《孟子》等，不是简练类格言么？

总之，一切有时代性的东西，不是突然出现的，有其先驱。及其失时代性以后，仍有继承它的残余存在。所以一种东西都有其发生发展和衰灭的过程，执其中端之发展一段而否认其前后之发生和衰落的过程，完全是没有发展观点的机械的物质论态度。所以整齐与参差是统一的。因整齐而拒绝参差，把参差排出整齐之外，都是机械的物质论者的错误。这种人尽管开口事实、闭口事实，而实不知其所谓事实之为口头的事实，并非实际的事实。

……参差并不妨害整齐，参差是就空间性的规律而言。站在发展立场上，参差自身就是规律。同时，历史研究之需要动的逻辑，在这里更显示得非常明了。归纳法是不足了，要辩证法才能予以帮助。

形式与本质

凡比较一种东西，总须从其本质上着眼，而不可斤斤于形式。不然，骤看起来，似乎很有道理，而其实则只是一些浮光掠影之谈，外观似而实质非。

在老子考中，钱穆的"社会情形"，本有高明过人的地方。可是离开本质而谈形式的，亦在所难免。若仔细检查起来，事例非常丰富。

他根据《日知录》，把春秋看成承平的贵族制度时代，以"（1）尊礼重信；（2）宗周；（3）祭祀聘享；（4）宗姓氏族；（5）宴会赋诗"等为特征，《老子》书中的话是针对战国情形的，而不知盗贼多有、法令滋彰、民乱难治、民间尚智好动、游仕成风、尚贤为口头习语之已为春秋事实。

如果不然，照钱穆的逻辑，《论语》中许多话也就不可解了。

（1）季康子患盗，问于孔子。孔子对曰："苟子之不欲，虽赏之不窃。""君子有勇而无义，为乱；小人有勇而无义，为盗。""色厉而内荏，譬诸小人，其无穿窬之盗也与！"

如果春秋不盗贼多有，这些话有什么意义？

（2）"道之以政，齐之以刑，民免而无耻；道之以德，齐之以礼，有耻且格。""片言可以折狱者，其由也与。""听讼吾犹人也，必以使无讼乎。""子为政，焉用杀？""其身正，不令而行；其身不正，虽令不从。"

如果春秋不法令滋彰，这些话有什么意义？提倡德智又有什么意义？

（3）"天下有道，则庶人不议。""民可使由之，不可使知之。""君子学道则爱人，小人学道则易使也。""其为人也孝悌而好犯上者，鲜矣；不好犯上而好作乱者，未之有也。"

如果春秋不民乱难治，民间尚智好动，这些话有什么意义？

（4）"子使漆雕开仕。""子使子羔为费宰。"子曰"由也，千乘之国，可使治其赋也""求也，千室之邑，百乘之家，可使为之宰也""赤也，束带立于朝，可使与宾客言也""学而优则仕""事君能致其身"。

弟子纷纷向政。如果春秋不游仕成风，这些记载和讨论有什么意义？

（5）子游为武城宰，子曰："女得人焉尔乎？""犁牛之子骍且角，虽欲勿用，山川其舍诸。"仲弓为季氏宰，问政，子曰："……举贤才。"曰："焉知贤才而举之？"曰："举尔所知尔所不知，人其舍诸。""举直错诸枉。""贤贤易色。""举善而教不能。"

如果春秋不尚贤，这些话有什么意义？

所以春秋的尊礼重信、宗周、祭祀聘享、宗姓氏族、宴会赋诗，都是表面，实则战争弑乱，不绝于史。司马迁在藏有儒书，犹秉周礼治典国家（鲁）的纪事后说："余闻孔子称曰：'甚矣，鲁道之衰也，洙泗之间断断如也。'观庆父及叔牙闵公之际，何其乱也！隐桓之事，襄仲杀嫡立庶，三家北面为臣，亲攻昭公，昭公以奔。至其揖让之礼则从矣，而行事何其戾也！"[①]

---

① 《史记·世家第三 鲁周公》

实则春秋为封建时代，经济是区域的，政治是割据，国家林立，战争频仍，社会混乱。所以有人把《春秋》称为相斫书，是为这个时代的本质。钱穆不从这里去理解那时的社会情形，而以其形式上的贵族外观来与"老子"书对照，不很错误吗？

在"文字体裁"一方面，冯友兰和顾颉刚都可作把捉形式而忽略本质的代表人。冯友兰以为《老子》文字属于战国时的经体，不知就现有之诸子而论，只是《墨子》才有《墨经》，此外并没有所谓经。而《墨经》体裁与《老子》迥然不同，连类似之迹都没有。这简直是望文生义的说法。顾颉刚把《老子》与《吕氏春秋》相比，无论在文体上和思想上，都不外是断章取义，任意割裂，牵强附会。胡适所指摘，是有道理的。

片面与整体

我以为考证古史，首先要懂得进化法则。所谓进化，不是直线的上升，而应是辩证的上升，以正反合三段式的历程为其轨道。继后是社会法则，即物质论的社会观。要明白社会是如何构成一个相关共变性的系统。再次是社会进化法则，一个具体的社会史型。这是使我们明白社会进化的模式阶段的。最后是哲学进化法则，即哲学史型。考证哲学家老子，必须理解它。

要明白了这些，然后"社会情形"有所确定，"思想线索"不致变为"两面锋的剑"，"时代术语"有精确性，"文字体裁"得以捉摸。而凡是这些方法生出的断章取义之有意周内，牵强附会，反后为前，都不会有。假使我们知道哲学的进化是由宇宙论而人生论而宇宙人生合一论的，那么照钱穆的"思想线索"，老子就可以在孔子前而不必在庄子后。

……胡适知道考证方法的绝对性和片面性之"危险"，而不知道贯注以辩证性之重要；知道错误的一般原则之非，而不知道求得正确的一般原则之必需，反进而否认了一般原则。其实，在考证领域亦如在探究领域，机械的物质论不够用了，哪能以盲目的实证论为方法？此时非采取理论的思维不可。这个理论的思维，是从观念论颠倒过来的黑格尔（Hegel）的理论学——辩证法。只有它才可以克服考证方法的绝对性片面性和形式观点。

结论

十几年来的《老子》考，考证的方法不外乎是牵强附会，割裂断取；而考证的成果，只是外观上有二十几万字罢了，至少半属谬误，一点也不能解决问题。所以勇于疑古的胡适，"觉得这些怀疑的学者都不曾举出充分的证据"来。

我对于老子，仍主张有其人，有其书，并维持其固有的时代。我除已经驳过梁启超、冯友兰、津田左右吉，从"思想线索"上做了积极的论证外，现在略从方法上谈一谈，以后我在有时间时要写一部《老子研究》，从"历史事实""社会情形""思想线索""时代术语""文字体裁"上去论证其人、其书的存在与年代。这虽是维持旧说，却不是简单的维持，而有其进步意义。它是经过分析后的承认。[1]

我觉得由春秋而战国，尤其战国所认识的古史，如由盘古而天皇氏、地皇氏、人皇氏、有巢氏、燧人氏、伏羲氏、神农氏……以至尧舜二帝、夏商周三王——这一个系统，大体上合乎今日社会科学的研究，不能推翻，问题在作确切的和详密的说明。一切怀疑都不过是盖上今日科学印章的准备而已，到头来，我们只有佩服战国时代的古史研究之卓绝勇敢，怀疑它的人，是没有他们的独创精神的。

1934 年 12 月 25 日著者记[2]

十、任继愈论老子

任继愈，1916 年生，山东省平原县人。1934 年就读于北京大学哲学系，四年毕业留校任教，历任北京大学教授、中国社会科学院宗教研究所所长、教授、研究生院博士生导师、北京图书馆馆长、国家图书馆馆长、中国宗教学会会长、中国哲学史学会会长、国务院学位委员会委员、中国无神论学会理事长、西藏佛教研究会会长等职。著作《中国哲学史》《老子全译》《墨子》，主编《中国哲学发展史》《中国道教史》《中国佛教史》《宗教辞典》等。

老子建立了朴素的唯物主义和自发的辩证法思想体系，任继愈说：

春秋末期，随着生产发展，科学水平也有所提高。在天文学方面掌握了冬至、夏至的周期，发现了岁星约十二年一循环的规律，对朔日的推算能做到基本上正确不误，开始打破了对过去以为天道运行高远莫测的迷信思想。关于天道（日月星辰）运行自有它的规律的思想在老子的哲学里有所反映。他形容道体的运动，说"大曰逝，逝曰远，远曰反"（二十五章），就是用描述天体运动的词句来描述道体的。因为天体无限广大，星辰运行到辽远的地方，似乎消逝了，但它们从辽远处又回到原来的地方。老子是周王朝的史官，史官必须通晓天文形象历史文化知识（当时的科学本还夹杂着迷信成分，但在当时已算最先进的科学知识了）。做过史官的老子，具有一定的科学文化知识，并且有反抗奴隶制的愿望。他建立了朴素的唯物主义和自发的辩证法思想体系，这是可以理解的。

---

[1] 《胡适批判》上册，第 35~162 页，辛垦书店 1933 年 10 月。

[2] 《胡适批判》下册，第六部分"在历史或国故方面的胡适"，辛垦书店 1934 年 8 月。《古史辨》第六册第 417~440 页。

《老子》哲理诗是人类认识前进的重要里程碑，任继愈说：

老子哲学思想比孔子、孟子都丰富，对后来的许多哲学流派影响也深远。……老子的哲学，时代较早，老子哲学用的是诗的形式。诗是一种形象思维的表达方式。形象思维并不是不深刻，而是区别于抽象思维的逻辑分析方式，和抽象思维可以具备同样的洞察事物的深度和广度。如果《老子》只是诗，那就简单了，问题它不仅是诗，而且是"哲理诗"。

……我国地域辽阔，民族众多，在他们生活聚居的传统中心所产生的文化，必然带有地区的特点，近代意大利、法国、德国近在比邻，尚且由于民族的、地区的不同而形成各自的文化和哲学。在古代，经济、文化交流的机会远不及近代各民族国家频繁，由地域带给哲学家的烙印是深刻的。以春秋战国为例，当时在中国范围内，至少有四个地区的文化各具特色。有邹鲁文化（孔孟学派），它保持周代的传统最多；有三晋文化（申韩），是法家思想的策源地；有燕齐文化（管子、稷下，五行学说），成为后来黄老、方士的故乡；有荆楚文化（老子、庄子、屈原等思想家），通过形象思维表达深邃的哲理。

……荆楚文化长于以文艺手法讲哲学。老子的著作中不少这种表达方式，如借用水的品质说明柔弱胜刚强的道理、用星辰运行讲天道等等。诗的语言，文约义丰，也是《老子》的特色。这就给后来的研究者带来一种特殊困难，不易掌握解释的分寸。

……从哲学史的发展来衡量老子，看他提出的命题，如无神论的天道观，如强调自然规律必然性，第一次提出"无"作为万物之本的负概念——无的范畴，都是人类认识前进的重要里程碑，这就用不着被唯物主义与唯心主义的长期纷争所困扰而不能前进。

……老子思想的深刻性在于善于从纷乱多样的现象中，概括出"无"这一负概念。其可贵处在于把负概念给予积极肯定的内容。老子的"无为"不是一无所为，而是用"无"的原则去"为"，所以能做到有若无、实若虚，以退为进、以守为攻、以屈为伸，以弱为强，以不争为争，从而丰富了中国古代辩证法思想，建立了中国古代辩证法贵柔的体系，与儒家《易传》尚刚健体系并峙。两大流派优势互补，同样丰富了中华民族的文化宝库。

……老子贵"无"而务"实"，不具有怀疑论色彩。……"无"被揭示出来，纳入认识最高范畴，涵盖范围广大无限，给后来道教神学提供了广阔驰骋的领域。①

---

① 《十家论老》第275~283页。

老子像
《道家文化研究》第三辑封面画像

《中医教育》1987年第3期
笔者论文题图

第十章 《简帛老子》讲析

课时：38（中）

重点：了解老子其人其书，竹简《老子语丛》、帛书《老子》与通行文本《道德经》的版本概况，老聃本人的社会观、方法论和文章风格。

要求：

1. 熟读课文，记住一些典型句子；

2. 了解老子哲学思想，熟悉老子的社会理想、自然观、方法论的辩证逻辑思维；

3. 了解老子其人其书、竹简《老子语丛》著作的时代背景以及汉墓珍藏者简况、楚墓竹简《老子语丛》与马王堆汉墓帛书《老子》以及通行文本《道德经》的版本概况与文献学意义；

4. 写作技巧、排比句式、逻辑特点；

5. 汉语词汇知识；

6. 《老子》文献版本流传知识。

题解：

我国自汉代刘向、刘歆奉王朝之命校书以来的世传《老子》，是一部用韵文写成的哲学典籍，共八十一章，又名《道德经》。分《道经》和《德经》为上下两篇。根据 1973 年底长沙马王堆三号汉墓出土的帛书《老子》写本和《韩非子·解老》来看，《德经》在前，《道经》居后。世传《老子》注本通俗者有西汉河上公章句《老子道德经》，典注者有魏王弼《老子注》；隋末唐初有傅奕本《道德经古本篇》；盛唐玄宗皇帝为《道德经》笺注，命贡举加《老子》策制；明清之际有王夫之的《老子衍》；清朝有魏源《老子本义》、姚鼐《老子章义》；今人马叙伦的《老子覈诂》、高亨的《老子正诂》、朱谦之的《老子校释》、任继愈的《老子全译》以及胡道静辑集的《十家论老》等，可资老子及其著述的文献研究。

这里的简帛《老子》讲析，系统讲析楚简《老子》甲乙丙和帛书《老子》甲乙本以及傅奕《老子道德经古本篇》汇校全本八十一章，分梳缕析，详为讲授。标题取自简帛各章首句，总体排序依次注明傅奕本《老子道德经》

古本篇章序。普惠学子，启迪学习与研究。

作者介绍

司马迁撰《史记·列传第三 老子 庄子 申不害 韩非》：

老子者，楚苦县厉乡曲仁里人也。姓李氏，名耳，字聃，周守藏室之史也。

老子为周王室宗亲，任周守藏室之史，掌管王室档案典籍，职务相当于国家档案馆、图书馆、天文馆馆长。孔子问道于老子，特别是请教"礼"的问题，乃能够得以阅览与翻抄周室珍藏典籍，以致其后来宣传"克己复礼"，非职守所宜而删述六经。

步入新世纪，国际国内学术界，考覈湖北省荆门市《郭店楚墓竹简老子甲、乙丙、太一生水、语丛四》和湖南长沙《马王堆汉墓帛书老子甲、乙本》与《黄帝四经》以及各地出土文献典籍，老子思想及其著作研究，学术一新。科学研究新成果，应当及时总结，并且反馈于高教领域，促进教育改革，创新学科建设，更新教材，刷新课件，启迪学子。

上篇 道经

一、道，可道也，非恒道也

道，可道也，非恒道也；名，可名也，非恒名也。無名，萬物之始也；有名，萬物之母也。故恒無欲也以觀其眇，恒有欲也以觀其所噭。兩者同出，異名同胃，玄之有玄，衆眇之門。

——帛书《老子》甲本　傅奕本第一章

文句讲析：

道①，可道②也，非恒道③也；名④，可名⑤也，非恒名⑥也⑦。

①道：造化之名，实指法则、规律。老子系统提出的指称宇宙本原的概念。老子以"道"为哲学思想体系核心，而且是人生观、社会观、历史观、政治观上升到本体论的高度概括。

②可道：能够解释。道，此处用为动词，说、讲、解释、践行。

③非恒道：不是固定不变的解释。恒：永久，永恒，恒定，凝固。《说文》："恒，常也。"恒、常，本义同指固定不变。《文心雕龙·物色》："然物有恒姿，而思无定检。"《左传·昭公元年》："疆场之邑，一彼一此，何常之有？"

④名：名称、称号。《史记·晋世家》，晋穆侯十年，晋人师服曰："名，自命也；物，自定也。"

⑤可名：能够呼叫，能够说出。名，此处动词义为呼叫，说出。

⑥非恒名：不是固定不变的呼叫。

⑦也：语气词，句中可舒缓语气，句末表肯定，可据以断句。

这两句说：宇宙规律，能够解释，不是固定不变的解释；称号，能够呼叫，不是固定不变的呼叫。

無名①，萬物之始②也；有名③，萬物之母④也。

①無名：没有名号。

②萬物之始：万类事物的原始。始，初。《说文》："女之初也。"

③有名：有了名号。

④萬物之母：万类事物的化生。母：本义母亲。此处用如动词，分析与化合、遗传与变异。

这两句说：没有名号，这是万类事物的原始；有了名号，就是万类事物的化生。

故恒無欲①也以觀②其眇③，恒有欲④也以觀其所噭⑤。

①恒無欲：寻常没有性欲望。恒，寻常、通常。

②觀：细看、审视。《说文》："观，谛视也。"

③眇（miǎo）：小眼睛。

④恒有欲：通常有了性欲望。

⑤所噭（qiào）：外阴。所字结构，表指事，指出动作、行为的对象。

这两句说：正因为寻常没有性欲望，所以审视她的眼睛；通常有了性欲望，就会审视她的外阴。

兩者①同出②，異名③同胃④。

①兩者：指"眇"和"噭"。

②同出：同体长出。

③異名：名号各异。

④同胃：同样是"体窍"的称谓。胃，通"谓"。

这两句说："眇"和"噭"这两种器官，同体长出，名号各异，同样是"体窍"的称谓。

玄①之②有③玄，眾眇之門④。

①玄：深奥。通"悬"，悬挂，悬异，悬虚，悬望。又通"炫"，炫示，炫耀。

②之：结构助词，调整音节。

③有：通"又"。

④眇：通"妙"，精微、奥妙。门：门户。

这句说：深奥而又深奥，才是通向众多奥妙的窍门。

小结：

本章提出宇宙的道本体概念，对于道的解说，不是固定不变的，观察万物，需要观察窍门。

老子"玄之又玄，众眇之门"，开启文化人类学研究先河。现代情商（EQ）、智商（IQ）以及灵商（SQ）等众商意识研究，无不折射出老子大道学说的新时代亮丽光彩。

参考：

（1）王弼《老子指略》："名之不能当，称之不能既。名必有所分，称必有所由。有分则有不兼，有由则有不尽。不兼则大殊其真，不尽则不可以名。"

（2）司马光《道德真经论》："天地，有形之大者也，其始必因于无，故名天地之始曰无。万物以形相生，其生必因于有，故名万物之母曰有。"

（3）程俱《北山集·老子论》："老子著五千之文将以示天下，迪后世，盖非退于道冥而独于己者，故其发言之首，以谓可道之道，可名之名者，五千文之所具也。若夫千圣之所不传者，不可能而言也。"

（4）魏源《老子本义》："道至难言也。使可拟议而指名，则有一定之义，而非无往不在之真常矣。非真常者而执以为道，则言仁而害仁，尚义而害义，袭礼而害礼，煦煦孑孑诈伪之习出，而所谓道者弊，而安可常乎？……盖可道可名者，五千言之所具也。其不可言传者，则在体道者之心得焉耳。"

二、天下皆智敚之爲娸也

天下皆智敚之爲娸也，亜已；皆智善，此亓不善已。又亡之相生也，戁惕之相成也，長耑之相型也，高下之相涅也，音聖之相和也，先遧之相墮也。是以聖人居亡爲之事，行不言之孝，萬勿作而弗忎也，爲而弗忎也，成而弗居。夫唯弗居也，是以弗去也。

——楚简《老子》甲本　傅奕本第二章

文句讲析：

天下皆智①敚之②爲娸也③，亜④已⑤；皆智善，此亓⑥不善已。

①智：知。

②敚（qǐ）：妙，少，美。

③爲娸：是娸。娸（měi）：娸，同"美"，善。

④亜（yà）：恶，丑。简文为古文，龇牙裂齿之形，《说文》："醜，可恶也。"段玉裁注："非真鬼也，以可恶，故从鬼。"与美相对。马王堆帛书《十六经》："夫地有山有泽，有黑有白，有美有亚。"

⑤已：动词，停止。

⑥亓：其。亓，其，为古今字。

这句说：如果天下的人都知道美好的行为是美德，那么，可恶的行为就停止了；都知道善良的行为是善意的，那么不善意的行为就停止了。

又①亡②之相生也③，戁惕④之相成⑤也，長耑⑥之相型⑦也，高下之相涅⑧也，音聖之相和⑨也，先遧之相墮⑩也。

①又：通"有"。

②亡：通"无"。

③生：存在。之，结构助词。也，句中助词。之……也……，舒缓语气。

④戁惕：难易。

⑤成：成就。

⑥耑：通"短"。

⑦型：通"形"，用如动词，显现。

⑧涅：满盈。盈耗，升降，增减。

⑨音聖：音，指单音。聖，通"声"，指和声。和，和谐、协调。《吕氏春秋·适音篇》："夫音亦有适：太钜则志荡，太小则志嫌，太清则志危，太浊则志下。"

⑩堕：通"随"。前后有序地跟从。

这句说：有和无是相互依存的，难和易是相反相成的，长和短是相对显现的，高和低是相对升降的。音和声是互相协和的，前和后是相互连接有序的。

是以①圣人②居亡爲之事③，行不言之孝④，萬物作⑤而⑥弗忌⑦也，爲而弗志⑧也，成而弗居⑨。

①是以：所以、因此。

②聖：形声字。从耳，呈声。甲骨文字形左边是耳朵，右边是口字。即善用耳，又会用口。本义：通达事理。圣人，指道德高尚智能优异的邦群体首领统御人物，如黄帝及其继承者，以其圣哲，特称圣人。

③居亡爲之事：用"无为"来办事。居……事：行……事。亡为：无妄为。

④不言之孝：不用言辞的教化。孝：教，教化。

⑤作：兴起。

⑥而：连词，表转折，却。

⑦弗忌（xǐ）：不为始。忌，喜。

⑧志（zhì）：志，古文。通"恃"（shì）。本义依赖、依靠，这里作持，矜持，即自恃才能，骄矜自负。

⑨居：通"倨"，傲慢。

这句说：因此圣人以无为观念办理事务，实行不用言辞的教化，万物兴起了不必欣喜，有所作为却不骄矜自负，办事成功了却不居功自傲。

夫①唯②弗居③也，是以弗去④也。

①夫：发语词。原简文作"天"，刀笔误划。

②唯：只有。

③弗：不。弗居，不居功自傲。

④去：磨灭、失去。居一去，反义词。

这句说：正因为不自居功，所以建功不失去。

小结：

本章阐述了美丑、善恶等道德行为理念。流畅着"居亡为之事，行不言之教"的社会统御管理思想和"成而弗居"的精神境界与涵养情操。

本章是老子美学、哲学与社会学思想文献。从美学与哲学方面，对立统一的观念形态以其相对性而具辩证法因素；从社会学方面，无为而治的社会统御思想，成为后世国家元首的治国方略。从古汉语方面，排比句式的修辞手法铺张运用，拓展了说理的范围。

实词：始、恃等。虚词：之，而等。

参考：

(1)《风俗通义·声音》："声者，宫、商、角、徵、羽也；音者，土曰埙，匏曰笙，革曰鼓，竹曰管，丝曰絃，石曰磬，金曰钟，木曰柷。《诗》曰：'鹤鸣九皋，声闻于天'。《书》曰：'八音克谐，无相夺伦。'由是言之，声本音末也。"

(2) 王弼《老子注》："美者，人心之所乐进也；恶者，人心之所恶疾也。美恶，犹喜怒也；善不善，犹是非也。喜怒同根，是非同门，故不可得偏举也。此六者，皆陈自然不可偏举之明数也。"

(3) 陆希声《道德真经传》："夫人之所谓美恶，皆生于情，以适情为美，逆情为恶。以至善不善亦然。然所美者未必美，所恶者未必恶，所善者未必善，所不善者未必不善。如此者何？情使然也。夫人之性大同，而其情则异。以殊异之情外感于物，是以好恶相缪，美恶无主。将何以正之哉？在乎复性而已。"

三、不上賢，使民不爭

不上賢，使民不爭。不貴難得之貨，使民不爲盜。不見可欲，使民不亂。是以聲人之治也：虛其心，實其腹，弱其志，強其骨。恒使民無知無欲也，使夫知不敢，弗爲而已，則無不治矣。

——帛书《老子》甲本　傅奕本第三章

文句讲析：

不上①賢，使民不爭。不貴難得之貨，使民不爲盜。不見可欲②，使民不亂。

①上：尚，崇尚。

②見：显露，表现。可欲：蒙动性欲。

这几句说：不崇尚俊贤的名位，使人民不争执。不抬高难得货物的售价，使人民不沦为强盗。不表现可欲的隐秘，使人民不迷乱。

是以聲人①之治也：虛其心，實其腹，弱其志，強其骨。

①聲人：圣人。聲：聲，通"聖"。

这几句说：所以说圣人的政治，使人的心地虚怀，让人的肚腹果实，令人的意志减弱，教人的筋骨坚强。

恒使民無知無欲也，使夫知不敢，弗爲而已，則無不治矣。

这几句说：永远让人民无知识无欲望，即使有知识也不敢生乱，不妄为罢了，也就无不治理了。

小结：

本章具体阐发君人南面之术，统御人民，消弭可欲，不争名利，使智者不敢妄乱，不妄为罢了，社会淳朴，政治安稳。

参考：

(1) 王弼《老子注》："不尚贤能，则民不争；不贵难得之货，则民不为盗；不见可欲，则民心不乱。常使民心无欲无惑，则无弃人矣。"

(2) 司马光《道德真经论》："贤之不可不尚，人皆知之。至其末流之弊，则争名而长乱，故老子矫之，欲人尚其实，不尚其名也。"

(3) 苏辙《老子解》："尚贤，则民耻于不若而至于争；贵难得之货，则民病于无有而至于盗；见可欲，则民患于不得而至于乱。虽然，天下知三者之为患，而欲举而废之，则惑矣。圣人不然，未尝不用贤也，独不尚之耳；未尝弃难得之货也，独不贵之耳；未尝去可欲也，独不见之耳。夫是，以贤者用，而民不争；难得之货，可欲之事，毕效于前，而盗贼祸乱不起。是不亦虚其心而不害腹之实，弱其志而不害骨之强也哉！"

四、道冲而用之

道冲而用之，有弗盈也，淵呵！始萬物之宗。銼亓銳，解亓紛，和亓光，同亓塵。湛呵！佁或存。吾不知誰子也，象帝之先。

——帛书《老子》甲本　傅奕本第四章

文句讲析：

道冲①而用之，有弗盈也②，淵呵！始萬物之宗③。

①冲：通"充"，灌充。

②有：通"犹"。盈：满。

③始：初。宗：祖宗。

这句说：大道灌冲以应用，犹然不满，渊深啊！是万物的始祖。

銼亓銳，解亓紛，和亓光，同亓塵。

这句说：凿掉它的锐角，解除它的纠纷，调和它的光彩，同体它的粉尘。

湛①呵！佁②或③存。吾不知誰子也，象帝④之先⑤。

①湛（dān）：通"媅"，欢乐。

②佁（yǐ）：静怡，深疑。

③或：通"惑"，迷离。

④帝：上帝。

⑤先：祖先。

这两句说：乐乎哉！深傥迷离地存续着。我不知道他是哪家的孩子，好像是上帝的祖先。

小结：

本章阐述大道本体，虚怀深傥，分解化和，物质不灭，前无古人，和光同尘。

参考：

（1）陆希声《道德真经传》："道以真精为体，冲虚为用，天下归之未尝盈满，万物宗之渊深不测。得其用则可以挫俗情之锋锐，解世故之纠纷。得其体则可以上和光而不皦，下同尘而不昧。虽湛兮不可得窥，而绵绵乎若存……吾终不能知其所始，象若先天地而生焉。"

（2）范应元《老子道德经古本集注》："人能用道以挫情欲之锐，解事物之纷，莹心鉴而不炫其明，混浊世而不污其真，则道常湛兮，似乎或在也。"

五、天地不仁，以萬物爲芻狗

天地不仁，以萬物爲芻狗。声人不仁，以百眚爲芻狗。天竺之間，亓猷囝蘿與？虛而不屈，遭而愈出。多聞數穿，不若守於中。

——楚简《老子》甲 帛书《老子》甲本 傅奕本第五章

文句讲析：

天地不仁，以萬物爲芻狗[①]。声人不仁，以百眚爲芻狗。

①芻（chú）狗：结草为狗，祭祀陈设之用。

这句说：大自然无所谓仁，视万物为祭祀狗。圣人无所谓仁，视老百姓为祭祀狗。

天竺之間，亓猷囝蘿[①]與[②]？虛而不屈[③]，遭[④]而愈出。

①囝（niàn）蘿：囝罐。《说文》："囝，下取物缩藏之。从口从又。"蘿（guàn）：通"罐"。

②與：通"歟"。

③屈：渴（gǔ），竭尽。不渴……愈出：渴貌。

④遭（dóng）：走，走动。

这句说：天地之间，大概好像袋子和户钥，空虚却不可竭尽，愈动愈输出。

多聞數[①]穿[②]，不若守於中。

①數：注定。

②穿：穷，穷折腾。

这句说：多方打听注定是穷折腾，不如静守中督。

小结：

大自然不是人格神，无神识意志。自然规律，不以人的意志为转移。社会法则，不当妄为，清静守中，顺应自然。

参考：

（1）《庄子·天运》："夫刍狗之未陈也，盛以箧衍，巾以文绣，尸祝斋戒以将之；及其已陈也，行者践其首脊，苏者取而爨之而已。"郭象注："结刍为狗，巫祝用之。"

（2）王弼《老子注》："天地任自然，无为无造，万物自相治理，故不仁也。仁者，必造立施化，有恩有为。造立施化，则物失其真；有恩有为，则物不具存，则不足以备载矣。"

（3）苏辙《老子解》："天地无私，而听万物之自然。故万物自生自死，死非吾虐之，生非吾仁之也。譬如结刍以为狗，设之于祭祀，尽饰以奉之，夫岂爱之，时适然也。既事而弃之，行者践之，夫岂恶之，亦适然也。"

六、浴神不死，是胃玄牝

浴神不死，是胃玄牝。玄牝之門，是胃天地之根。綿綿呵若存，用之不堇。

——帛书《老子》甲本　傅奕本第六章

文句讲析：

浴神①不死，是胃玄牝②。

①浴神：峡谷主宰之神。浴：峡谷。**按**：浴神，巫山神女即其例。

②玄牝：乾道曰玄，坤道曰牝。

这句说：峡谷山神不曾死亡，是所谓乾坤玄牝永远遗存。

玄牝之門，是胃天地之根。

这句说：玄牝的孔窍，是所谓天地的本根。

綿綿呵若存①，用之不堇②。

①绵绵若：绵韧状。若，形容词词尾，……的样子。

②堇：通"勤"。

这句说：绵韧啊存续，使用它不要过于勤勉。

小结：

本章以生殖崇拜说法，阐明玄牝谷神，大道永恒。

参考：

（1）李商隐《夜雨寄北》："君问归期未有期，巴山夜雨涨秋池。何当共剪西窗烛，却话巴山夜雨时。"

（2）牟钟鉴《老子新说》："老子的哲学，其源头比儒家更早，当生于母系氏族社会的生殖文化，不仅源远流长，而且强调以柔克刚，具有鲜明的女性特色。"

七、天長地久

天長地久。天地之所以能長且久者，以其不自生也，故能長生。是以声人芮其身而身先，外其身而身存。不以其無私與？故能成其私。

——帛书《老子》甲本　傅奕本第七章

文句讲析：

天長地久，天地之所以能長且久者，以其不自生也，故^①能長生。

①之所以……以……故：之所以……是因为……所以。表结果与原因。

这句说：天长地久，天地之所以能够长远而且悠久的原因，凭借它们不是为着自我生存，所以能够长生。

是以声人芮^①其身而^②身先，外其身而身存。

①芮（ruì）：通"退"。

②而：表转折，却。

这句说：所以圣人退身人后却身先于人，纵身物外却身家安全。

不以其無私與^①？故能成其私。

①與：欤：表反诘语气。

这句说：不是由于他无私吗？故而能够成就他的私。

小结：

本章阐述处世权变策略，柔软身手，物外身存，意识管控，长有先机。

参考：

(1)《庄子·天地》："古之畜天下者，无欲而天下足，无为而万物化，渊静而百姓定。"

(2)《庄子·天道》："上必无为而用天下，下必有为天下用。此不易之道也。"

(3) 王弼《老子注》："无私者，无为于身也，身先身成，故曰能成其私也。"

(4) 河上公《老子章句》："先人而后己者也，天下敬之先以为长。"

八、上善治水

上善治水。水善利萬物而有靜。居眾之所惡，故幾於道矣。居善地，心善瀟，予善信，正善治，事善能，蹱善時。夫唯不静，故無尤。

——帛书《老子》甲本　傅奕本第八章

文句讲析：

上^①善^②治^③水。水善利萬物而有^④靜^⑤。

①上：高尚。

②善：道德构建。《国语·晋语》："善，德之建也。"

③洽：通"似"，若、如同。

④有：取，取向。《广雅·释诂》："有，取也。"

⑤静：默静。

这两句说：高尚的道德构建如同水。水的道德构建利于各类事物而取向默静。

居①眾之所惡，故幾②於道矣。

①居：留驻、野处。

②幾：近，接近。

这句说：留驻众人厌恶的地方，因而接近于大道。

居善①地，心善瀟②，予③善信，正④善治，事⑤善能⑥，蹱善時⑦。

①善：美好的。

②瀟（sù）：通"愫"，情愫。

③予：誉，赞誉。意动用法，享誉。

④正：靶心。引申为标准、目标。

⑤事：办事。

⑥能："态"的本字，状态。此处指"效能"。

⑦時：指天时、时机、季节、时刻等。

这句说：安居美好的地利，心境美好的情愫，享誉美好的信用，目标美好的管理，办事美好的效能，举措美好的时机。

夫唯①不静②，故無尤③。

①唯：语气助词，表示肯定。

②静：通"争"，从帛乙。

③尤：通"忧"。

这句说：只因为没有争锋，所以没有担忧。

小结：

本章倡导构建如水之美好道德，实行目标管理，服务于社会。

参考：

（1）帛书《老子》甲、乙本德篇与傅奕本第八十一章末句："故天之道，利而不害；人之道，为而弗争。"

（2）王真《道德经论兵要义述》："水治则润泽万物，通济舟楫。兵理则镇安兆庶，保卫邦家。若理兵能象水之不争，又能居所恶之地，不侵害者，则近于道矣。"

（3）弗·恩格斯《共产主义信条草案》："建立这样的社会：使社会的每一个成员都能完全自由地发展和发挥他的全部才能和力量，并且不会因此而损害这个社会的基本条件。……例如，每个人都追求幸福，个人的幸福和大家的幸福是不可分割的，等等。"①

---

① 马克思、恩格斯《共产主义宣言·附录》. 马克思诞辰 200 周年纪念版 69 页。人民出版社 2018. 3.

九、持而淫之，不不若巳

持而淫之，不不若巳。湍而群之，不可长保也。金玉淫室，莫能獸也。贵福喬，自遗咎也。攻述身退，天之道也。

——楚简《老子》甲本　傅奕本第九章

文句讲析：

持①而淫②之，不不若巳③。

①持：军持，汲水具。《诗·大雅·凫鹥》序："持盈守成。"疏："执而不释谓之持，是手执之也。"持：帛书《老子》甲、乙均作"揕"，音义同。

②淫：盈，通用。

③不不若巳：不若其巳。若：如。巳：休止。不不若巳，楚方言。

这句说：执着不释而又冲满，那个事态不如休止。

湍而群①之，不可长保也。

①湍：激流。群：成群。

这句说：激流成群，不可能长久保持。

金玉淫①室，莫能獸②也。贵福喬③，自遗咎④也。

①淫：通"盈"。

②獸：通"守"。

③喬：通"骄"。

④咎：过失、罪。

这两句说：满屋金玉，没法守护。贵福骄恣，咎由自取。

攻述①身退，天之道也。

①攻述：功述。攻，通"功"。述：述职。

这句说：成功述职全身而退，是自然的道理。

小结：

本章阐述道家人生观：遇事适可而止，贵福不骄，激流无常，功述身退。

参考：

(1) 王真《道德经论兵要义述》："身退者，非谓必使其避位而去也，但欲其功成而不有之耳。"

(2) 李白诗句《古风》第十八："功成身不退，自古多愆尤。"又，《赠韦秘书子春》："终与安社稷，功成去五湖。"

(3) 孙以楷《老子通论》："知足，才能避祸；知损，才能得益；知退，才能与社会一同进步！"

十、戴熒袙抱一，能毋離乎

戴熒袙抱一，能毋離乎？槫氣至柔，能嬰兒乎？脩除玄藍，能毋疵乎？愛民栝國，能毋以知乎？天門啟闔，能爲雌乎？明白四達，能毋以知乎？生之畜之，生而弗有，長而弗宰也，是胃玄德。

——帛书《老子》甲、乙本　傅奕本第十章

文句讲析：

戴①熒②袙③抱一④，能⑤毋⑥離⑦乎？

①戴：加在头、颈、面、肩、胸上。《尔雅》："戴，覆也。"《孝经·援神契》："日抱戴。"注："在上曰戴。"

②熒：荧光。熒，原作营，从北大馆藏汉简《老子》改。

③袙：罗帕，头巾之一种。

④抱一：怀抱专一。

⑤能：通"而"。

⑥毋：不。副词，表否定。

⑦離：脱离。

这句说：怀中抱定头戴荧光罗帕的婴儿而不脱离吗？

槫氣①至柔②，能嬰兒乎？

①槫（tuán）氣：使气息轮转。槫，轮转，用如动词，使动用法。例如："员陈者，所以槫也。"员陈，即"使阵圆"，把阵势围成圆形。

[按] 槫，抄本多作"專"。槫，本义为圆、圆。《字汇》："槫，楚人謂圓爲槫。"屈原《橘颂》："曾枝剡棘，圓果槫兮。"王逸注："槫，圜也。楚人名圜爲槫。"槫，古代无辐的木制车轮。其用在于安轴轮转。專，本义纺锤，其用在于梭织。專，简化字作专（zhuān），释为"专一"，与古义有别。又，有释作"搏"，简化字作"抟"，本义把东西捏聚成团。《说文》："搏，圜也。"《韵会》"搏，以手圜之也。"引申为回旋，例如《庄子·逍遥游》："搏扶摇而上。"槫、搏、專，三字精义有异。

②至柔：到达柔和。

[按] 至，抄本多作"致"。致，本义"送到"，作副词，通"至"，极、尽。

这句说：使气息聚结达到柔和，能够像婴儿那样吗？

脩除①玄藍②，能毋疵乎③？

①脩（xiū）除：根除肉条。脩，干肉。《说文》："脩，脯也。"

②玄藍：深刻观察。藍，通"覽"。

[按] 藍，帛书《老子》乙本作"監"。"監"的本义是借水照形，这里表示看。《方言十二》："監，察也。"又，玄監，犹玄镜。監：古同"鉴"，镜子。

③能毋疵乎：能无毛病吗？疵：本义小毛病。《说文》："疵，病也。"

［**按**］帛书《老子》乙本作"能毋有疵乎"。

这句说：根除肉条深刻观察，能无毛病吗？

爱民栝國①，能毋以知②乎？

①栝國：治国。

［**按**］帛书《老子》甲本二字脱，乙本作"栝"，今从傅奕《道德经古本篇》校订。

②知：通"智"。

这句说：热爱人民治理国家，而不用智慧吗？

天門①啟閩②，能爲雌③乎？明白四達，能毋以知乎？

①天門：天然门户。前文已言玄牝之门，此句遣词，须当避复，故有天门之谓。

②啟閩（hé）：开启。复词偏义，义偏于启。启，开启门户。閩，关闭门户，用如动词。《说文》："閩，门扇也。"

③雌：雌性、阴性，与"雄性""阳性"相对应。

这两句说：天然门户开启，能够变成雌性吗？昌盛纯洁四围发达，而不凭借感知吗？

生之畜①之，生而弗有，長而弗宰②也，是胃③玄④德。

①畜：育，通用，抚育。

②宰：主宰、支配。

③胃：通"谓"。

④玄：远，通用。

这句说：生他养他，生下了他却不占为私有，使他成长却不主宰他的人生历程，这就是所说的远大品德。

小结：

本章说抚婴知爱民，不占为私有。

参考：

司马光《道德真经论》："善爱民者，任其自生，遂而勿伤；善治国者，任物以能，不老而成。"

十一、卅輻同一轂

卅輻同一轂，當其無，有車之用也；燃埴爲器，當其無，有埴器之用也；鑿戶牖，當其無，有室之用也。故有之以爲利，無之以爲用。

——帛书《老子》甲本　傅奕本第十一章

文句讲析：

卅輻①同一轂②，當其無③，有車之用也；

①輻：辐条，车轮构件。

②毂：轮毂，转轴安装辐条的圆圈构件。

③当：介词，正在（那里，那时）。无：空虚。此指轮毂与辐条结合孔。

这句说：三十根辐条共同构合一只轮毂，正在那些结合孔，才具备车辆的功用。

燃埴爲器①，当其无，有埴器之用也；

①埴（zhí）：黄色黏土。器：陶器。

这句说：烧烤黄色黏土制作陶器，正在器皿的内部凹空，才具备器物的功用。

鑿戶牖①，当其无，有室之用也。

①戶、牖：门、窗。

这句说：开凿门洞窗口，正是门窗的空虚，才具备居室的功用。

故有之①以爲②利，无之以爲用。

①有之：实有处。无之：空虚处。

②以为：用作、充当、当作。以、为，介词重叠，加强语气，有表现、发挥、展示等意义。

这句说：故此实有处表现着功利，空虚处展示着功用。

小结：

本章取类比象，阐述具体实物，以有为利；大道本体，以无为用。

参考：

王弼《老子注》："有之所以为利，皆赖无以为用也。"

十二、五色使人之目明

五色使人之目明；五音使人之耳聾；五味使人之口啁；馳騁田臘，使人之心發狂；難得之貨，使人之行方。是以声人之治也，爲腹不爲目。故去罷耳此。

——帛书《老子》甲本　傅奕本第十二章

文句讲析：

五色使人之目明①；五音使人之耳聾；五味使人之口啁②；馳騁田臘③，使人之心發狂；難得之貨④，使人之行方⑤。

①明（méng）：通"萌"，矇，蒙。

②啁（zhāi）：通"桠"，枯。

③臘（zhà）：腊祭畋猎。应劭《风俗通义·祀典》："腊者，言田猎取兽，以祭祀其先祖也。"

④貨：货。

⑤方：通"仿"，模仿。

这几句说：色彩斑斓使人的眼睛蒙眬；音声动听使人的耳朵聋聩；美味佳肴使人的口舌枯坏；野田驰骋围猎，使人的心境发狂；难得的货物，使人的行为模仿。

是以声人之治也，爲腹不爲目。故去罷①耳②此。

①罷（pí）：通"彼"。

②耳：通"取"。

这句说：所以圣人的政治，实腹而不役目。所以去彼取此。

小结：

本章阐述有害生活享乐，导致眼睛蒙眬、耳朵聋聩、口舌枯坏、假货仿真、心境发狂。圣明政治，取舍于物质生活享乐与淳朴心灵净化之间。

此章文字顺序从傅奕本，帛书甲本如下：

五色使人之目明；驰骋田臘，使人之心發狂；難得之貨，使人之行方。五味使人之口唰；五音使人之耳聾；是以声人之治也，爲腹不爲目。故去罷耳此。

参考：

（1）《庄子·天地》："五色乱目，使目不明。"

（2）《淮南子·精神训》："五声哗耳，使耳不听。五味乱口，使口爽伤。"

（3）《淮南子·原道训》："是故圣人内修其本，而不外饰其末，保其精神，偃其智，故漠然无为而无不为也。淡然无治而无不治也。"

（4）王弼注："为腹者以物养己，为目者以物役己，故圣人不为也。"

（5）枚乘《七发》："出舆入辇，命曰蹶痿之机；洞房清宫，命曰寒热之媒；皓齿娥眉，命曰伐性之斧；甘脆肥浓，命曰腐肠之药。"

十三、人寵辱若纓

人寵辱若纓，貴大患若身。可胃寵辱？寵爲下也，得之若纓，遜之若纓，是胃寵辱纓。可胃貴大患若身？虐所以又大患者，爲虐又身。迏虐亡身，或可大患？故貴以身爲天下，若可以厇天下矣；悉以身爲天下，若可以迲天下矣。

——楚简《老子》乙本　傅奕本第十三章

文句讲析：

人寵辱①若纓②，贵③大患④若身⑤。

①寵辱：偏爱。寵，通"宠"。辱：耻辱。

②纓：通"婴"，缠绕。

③贵：以为可贵。意动用法。

④患：灾祸。

⑤身：丧身。

这句说：人们好像被偏爱和耻辱所缠绕，看重大的灾祸如同丧身。

可胃①龐辱？龐爲下也，得之若纓，遂之若纓，是胃龐辱纓。

①可胃：何谓。可，通"何"。胃，通"谓"。

这句说：什么叫作宠辱？宠是下等的事态，得宠好像被缠绕，失宠也好像被缠绕，这就叫作宠辱缠绕。

可胃貴大患若身？虔①所以又②大患者，爲虔又身。返虔亡身，或何大患？

①虔：吾。

②又：通"有"。

这句说：什么叫作看重大灾祸如同丧身？我之所以有大灾祸，因为有身形。比及我没有身形，还有什么大灾祸呢？

故貴以身爲天下，若可以厇①天下矣；

①厇（zhái）：古同"宅"。

这句说：所以看重把自身交给天下，如同能够将天下作为住宅呀。

悥①以身爲天下，若可以迻②天下矣。

①悥（ài）：爱，由愍转化，已为"爱"代替。

②迻（jué）：通"寄"。

这句说：忖度自身与天下的关系，如同天下的寄存品呢。

小结：

本章阐述荣辱观，抛弃患得患失，寄宅天下，自由自在。

参考：

（1）《庄子·在宥》："故君子不得已而临莅天下，莫若无为。无为也，而后安其性命之情。故贵以身为天下，则可以托天下；爱以身于天下，若可以寄天下。"

（2）韩愈《送李愿归盘谷序》："伺候于公卿之门，奔走于形势之途，足将进而趑趄，口将言而嗫嚅，处污秽而不羞，触刑辟而诛戮。"

（3）司马光《道德真经论》："有身斯有患也。然则，既有此身，则当贵之，爱之，循自然之理，以应事物，不纵情欲，俾之无患可也。"

（4）苏辙《老子解》："所谓宠辱非两物也。辱生于宠，而世不悟，以宠为上，而以辱为下者皆是也。若知辱生于宠，则辱固为下矣。"

十四、視之而弗見，名之曰瞵

視之而弗見，名之曰瞵；聽之而弗聞，名之曰希；捪之而弗得，名之曰夷。三者不可至計，故闌而爲一。一者，其上不攸，其下不忽。尋尋呵不可名也，復歸於無物。是胃無狀之狀，無物之象。是胃沕𥊍。隋而不見其後，迎而不見其首。執今之道，以御今之有，以知古始，是胃道紀。

——帛书《老子》甲本 傅奕本第十四章

文句讲析：

視之而弗見，名之曰𦗠①；聽之而弗聞，名之曰希②；揗③之而弗得，名之曰夷④。

①𦗠：微。帛乙作“微”。河上公注：“无形曰微。”

②希：河上公注：“无声曰希。”

③揗（mín）：抚摸。

④夷：《说文》：“夷，平也。”河上公注：“无色曰夷。”

这几句说：看无形，叫作微；听无声，叫作希；摸不着，叫作夷。

三者不可至計①，故園②而爲一。一者，其上不攸③，其下不忽④。

①至計：终极追问。計，通“诘”，追问。

②園（hūn）：通“浑”。

③攸（shōu）：通“悠”。

④忽（wěn）：通“忽”。

这句说：三种情况不能终极追问，故浑而为一。浑一，对上不悠，对下不忽。

尋尋①呵不可名也，復歸於無物。是胃無狀之狀，無物之象②。是胃沕𥊍③。

①尋尋：寻根究底貌。

②無狀之狀，無物之象：没有表现出可见形状，没有表现出物体影像。

③沕（mì、mèi）𥊍：潜意识希望。沕，深潜。贾谊《吊屈原赋》：“沕深潜以自珍。”𥊍，盼，希望。《释名》：“惘也，远视惘惘也。”《诗·邶风》：“瞻望弗及。”

这句说：寻根究底啊不能够命名，回归到空无形物。是所谓没有状态的状态、没有物体的影像。是所谓潜意识希望。

隋①而不見其後，迎而不見其首。

①隋：通“随”，追随。

这句说：追随却看不见他的后部，迎面却看不见他的头部。

執今之道，以御①今之有②，以知古始，是胃道紀③。

①御：统御。

②有：通“域”。

③道紀：大道纲领。纪：端绪。马王堆帛书《四度》：“逆顺同道而异理，审知逆顺，是谓道纪。”

这几句说：把握当今的行道法则，统御当今认识领域，推知原始，这就是所谓大道纲领。

小结：

本章阐述大道无形，影响深远。把握当今，与时俱进，认识原始，是大道纲领。章句描写大道具有无形无象，全体透空的感官微、希、夷三大特性，正言若反，启迪人类潜意识对自身社会发展的暗作用力的无限思考，启迪人类对宇宙时空暗物质的深远企望。

参考：

《荀子·非相》："故曰：欲观千岁则数今日，欲知亿万则审一二，欲知上世则审周道，欲知周道则审其人所贵君子。故曰：以近知远，以一知万，以微知明。此之谓也。"

十五、長古之善爲士者

長古之善爲士者，必非溺玄遣，深不可志。是以爲之頌：夜嘑奴各涉川，猷嘑亓奴愳四叟，戉嘑亓奴客，觀嘑亓奴懌，屯嘑亓奴樸，坉嘑亓奴濁。竺能濁以寂者，酒峹清？竺能庀以迌者，酒峹生？保此衍者，不谷尙呈。

——楚简《老子》甲本　傅奕本第十五章

文句讲析：

長古①之善爲士②者，必非溺③玄遣④，深不可志⑤。

①長古：上古。
②士：守道者。贾谊《新书·道术》："守道者谓之士。"
③非溺：不是排尿。
④玄遣（cào 操）：玉茎施纵。遣，俗字"贪"。
⑤深不可志：深入不能标记。志，志，古文，與誌同，记，标记。
[按] 此即当今性医学所谓G点。

这几句说：上古精于道术修为的道人，一定不是排溺而玉茎施纵，深入不能标记。

是以爲之頌①：夜嘑②奴各③涉川，猷④嘑亓奴愳四叟⑤，戉⑥嘑亓奴客，觀⑦嘑亓奴懌⑧，屯嘑亓奴樸⑨，坉⑩嘑亓奴濁。

①頌：颂，吟诵。
②夜嘑：夜生活啊。嘑，楚方言语气词，同"乎"。
③奴：若。通用。各：冬。
④猷：微猷，悄语貌。《诗·小雅·角弓》："君子有徽猷，小人與属。"郑笺："猷，道也。"
[按] 徽，通"微"；属，通"嘱"。
⑤愳（yú）：郁，忧心，惊惧。叟：邻。通用。
⑥戉：敢的古体字，通"儳"。

⑦觀：涣。觀，《说文》："諦視也。"《正字通》："上視曰觀。"觀，通"涣"。

⑧懌：释。

⑨屯呓亓奴楃：屯，沌，迷糊无知貌；楃，樸，古文。

⑩坉：浑。

这几句说：因此以诗吟诵：夜生活啊好像隆冬跋涉大川；悄悄话啊好像忧心四邻听闻；战敠啊好像宾客；涣然啊好像释放；迷糊啊好像很惇朴；浑出啊好像很混浊。

竺①能濁以寂②者，牰③啥④清？竺能庀⑤以迃⑥者，牰啥生？

①竺：通"孰"，谁。

②寂：安静。《庄子·大宗师》："其容寂。"

③牰：将。

④啥：徐。通用。

⑤庀（pǐ）：具备。《玉篇》："具也。"

⑥迃（yù）：迂，迂曲，迂回。

这几句说：谁能浊液浑出而安静，且徐徐清宁？谁能具有迂曲反应，且徐徐感生？

保此衍者，不谷①嘗呈②。

①谷：欲，通用。

②嘗呈：常盈。

这句说：保持此种道术的人，不想经常充盈。

小结：

本章通过细致的性生理描写，阐明性本能道术修为，透视性崇拜。

参考：

无名氏诗："宽衣解带入罗帏，含羞带笑把灯吹。金针刺破桃花蕊，不敢高声皱蛾眉。"

十六、致虚，亙也；獸中，篤也

致虚，亙也；獸中，篤也。萬勿方作，居以須復也。天道煩煩，各復亓堇。

——楚简《老子》甲本 傅奕本第十六章

曰静，静，是胃復命。復命，常也。知常，明也。不知常，市，市作凶；知常，容，容乃公。公乃王，王乃天，天乃道，道乃久。沕身不怠。

——帛书《老子》甲本 傅奕本第十六章

文句讲析：

致①虚②，亙③也；獸中④，篤⑤也。

①致：升、登临。

②虚：大丘。《诗·鄘风·定之方中》："升彼虚矣，以望楚矣。"《说文》："虚，大丘也。

崐崘丘，謂之崐崘虚。"

③亙：恒，极。楚文字。帛甲、乙与北大汉简写作"极"，当是秦统一之文字。马王堆汉墓帛书《系辞》："是故易有大恒，是生两橤。"通行本《周易》"是故易有太极，是生两仪"，既是避刘恒讳，遂改"大恒"为"太极"，又是沿用秦统一文字之例证。恒的引申义，周徧。《诗·大雅·生民》："恒之秬秠。"《毛传》："恒，徧。"徧，周遍。

④獸中：守中。獸：通"守"，守卫、防守。中：中央、中正。《易·坎》："王公设险，以守其国。"《史记·萧相国世家》："何守关中。"守中二字，还原故书之真。《老子》帛书甲乙本与傅奕古本以及北大汉简本更有"多闻数穷，不若守于中"句式，显然，帛书《老子》是战国秦汉学者讲授春秋楚简《老子》经义之传解发挥。

⑤管：通"督"。帛乙作"督"。北大汉简："至虚极，积正督。"管（dǔ）、都毒切，音笃，通作笃，原也。督（dū），都毒切，并音笃。楚古文管、督二字通。督，有察、率、劝、教督、督战诸义。中央为督，督率两旁，督统中原，守战护国，《老子》微言大义，显而易见。

至虚，亙也；兽中，管也。此为老子语录首篡本语句形态。马王堆帛书《老子》甲："至虚极也，守情表也。"情，通静；表，字体疑似裻（dū）。帛书《老子》乙："至虚，极也；守静，督也。"傅奕《道德经古本篇》："至虚极，守靖笃。"北大汉简《老子》："至虚极，积正督。"春秋战国，地域文字，诸子百家，各行其是，或有所同，抑或歧异。秦政一统，文字划一，但是历时未久，书面文字使用环境，未臻稳定，先师秘本之简帛传抄，文字章句，难得一致，乃至汉初《老子》传世抄本，因为师徒授受而间有异同。情、靖、静，楚古文通用。督、裻、笃，亦通用。兽，通守。《老子》曰："至虚极也，守中督也。"今从简帛与世传古本通校勘定。至虚守中，督统中正，情在中正，静在中正。此正可以校勘刘向校书之后的通行本《老子道德经》"至虚极，守静笃"。

这两句说：登临大丘，观察四周。守卫关中，所以统督。

万勿方作①，居以②须复③也。

①勿：物。方作：并作。方，并，通"旁"，广博。《庄子·逍遥游》："将旁礴万物以为一世蕲乎乱。"旁作，犹"旁礴"。

②居以：居，"踞"的本字，蹲着。以：连词则、就，表示条件关系。

③须复：须，面毛、胡须。复：复返。

这句说：万般事物磅礴发生，蹲在大丘上观察着它们的复返。

天道①煴煴②，各復亓③菫④。

①天道：自然规律。

②煴煴（yún）：苍黄貌。

③亓："其"的古体字。

④菫：根。帛甲缺字，整理者释从帛乙。《说文》："菫，菫草也。根如荠，叶如细柳。蒸食之，甘。"

这句说：大自然万物焕发五光十色，各自返归到它们的根基。

曰静，静，是胃①復命②。復命，常也。

①胃：谓。

②复命：使生命修复。复，使动用法。

这句说：叫作安静。安静，就是说的修复生命。修复生命，是常规。

知常，明也。不知常，市^①，市作凶。

①市：妄。

这句说：懂得规律，明智；不懂规律，妄为，妄为的造作凶险。

知常，容，容乃公。公乃王，王乃天，天乃道，道乃久。沕^①身不怠^②。

①沕（mì）：隐没。

②怠：懈怠。怠，帛乙作"殆"，危险。不怠，会最大限度减少危险。

这句说：懂得规律，容平，容平乃能公正。秉公乃为王道，王道乃能治理社会，社会乃重道德，行道乃能长久。身形隐沕不可懈怠。

小结：

本章论述观察周边环境，维护国家安全。行为规范，珍重生命。

此章当是老子教导与勉励弟子之语录。老子倡导"致虚极"，冷静观察周边事态的盈虚消息；"守中督"，关注枢始，得其环中，督统御侮，管控局势发展，这显然是客观唯物主义的思想认识和纲举目张的统御方法。宋钘、尹文使心地保持"虚一而静"，荀子心的"大清明"，庄子"得其环中，以应无穷"，都是得益于老子思想的启迪领悟与自我认识。至虚极，守中督，原本是上古仙学缘督为经，修持昆仑，以臻长生久视寿域的经验总结。作为国民，生命安危，受到国家安全大环境所支配。老子出于危机控管与防患未然的情愫，以为国家安全与防卫意识的表述。唐·王真《道德经论兵要义述》认为老子五千之言"未尝有一章不属意于兵也"。明末清初，王夫之《宋论》称《老子》为"言兵者师之"。近代，章太炎《訄书·儒道》说老子五千文"约《金版》《六韬》之旨"。这些见解，既中肯，又精辟。

参考：

(1)《庄子·齐物论》："偶，谓之道枢。枢始得其环中，以应无穷。"

(2)《庄子·养生主》："缘督以为经，可以保身，可以全生，可以养亲，可以尽年。"

(3) 王真《道德经论兵要义述》："夫天之道，常清虚太极，无私于覆焘；地之道，常沉静博厚，无私于亭毒。则是阴阳各得其恒，故人与万物俱得尽其生成之理。"

十七、大上下智又之

大上下智又之，亓即親譽之，亓既愄之，亓即奥之。信不足，安又不信？猷乎亓贵言也。成事述工，而百眚曰：我自肰也。

——楚简《老子》丙本　傅奕本第十七章

文句讲析：

大上①下智②又③之，亓即④亲誉⑤之，亓既⑥悇⑦之，亓即叓⑧之。

①大上：太上，太古在上之君。

②下智：下民意识。

③又：有。通用。

④亓即：其次。

⑤亲誉：亲近而赞誉。亲，通"親"。

⑥既：即。

⑦悇（yú）：憂，懼。

⑧叓（yù）：禦，抵挡。

这几句说：太古君在上民在下的下民意识就已经存在，其次亲近而赞誉他，其次畏惧他，其次敌视他。

信不足①，安又不信②？猶乎亓貴言也。

①信不足：美誉不足信。

②安又不信：语序倒装：不信安有？

这句说：美誉不足信，怎么会有不信呢？其贵言犹在。

成事述社①，而百眚②曰：我自肰也③。

①社（shè）：社稷宗庙神位。社，古文。《诗·小雅》："以社为方。"王社神主，大功者配之。

②百眚：百姓。

③自肰：自然。

这句说：事业成就社祭表述，可是老百姓说：我们原本就这样。

小结：

本章阐述人民安于自然，人君取信于民不在亲，不扬威，不贵言，不居功。

参考：

（1）《庄子·应帝王》："游心于淡，合气于漠，顺物自然而无容私焉，而天下治矣。"

（2）范应元《老子道德经古本集注》："太古在上之君，无为无欲，道化流行，不见其迹。下民各得其所，但知有君而已。大朴既散，人伪日生，又其次之，君道之以政，齐之以刑，民免而无耻，虽畏之而亦侮之也。"

（3）王弼注："不能以无为居事，不言为教，立善行施，使下得亲而誉之也。不复能以恩仁令物，而赖威权也。"

（4）野老传诵《击壤歌》："日出而作，日入而息。凿井而饮，耕田而食。帝力何有于我哉！"

十八、故大道愛，安又悹義

古大道愛，安又悹義？六亲不和，安有孝孝？陝家緍亂，安又正臣？

——楚简《老子》丙本　傅奕本第十八章

文句讲析：

古^①大道燮^②，安又息義^③？

①古：故。

②燮（pò）：废。

③息義：仁义。楚简《老子》仅此提及"仁"，而且其与义之存在，有赖于大道基础。

这句说：大道废止，岂有仁义？

六新不和^①，安有孝孚^②？

①六新不和：新，通"親"。六亲不和，泛指家庭成员关系失稳，如父子相仇、兄弟阋墙、夫妇反目。

②孚：慈。

这句说：六亲失和谐，岂有孝慈爱。

陕家^①緍^②亂，安又正臣？

①陕家：联邦国家。陕，联邦，原始部落共同体。邦之称，早于国。联邦大王分封诸侯，封地建筑都城称国。共和之后，邦国混称。家：卿大夫采食之地，后来通用指称家庭。

②緍：昏。

这句说：联邦国家政治昏暗引发动乱，岂有正直忠臣？

小结：

本章阐述大道是社会与家庭全体成员生活关系稳态之基础。

参考：

范应元注："六亲和，则谁非孝慈？国家治，则谁非贞臣？大道不废，则安取仁义？故六亲不和然后有孝慈之名，国家昏乱然后有贞臣之号，亦犹大道废然后有仁义也。"

十九、弜智棄抃，民利百伓

弜智棄抃，民利百伓。弜孜棄利，覤恩亡又。弜愚棄慮，民复季子。三言以爲叟不足，或命之，或嗃昱：見素保酱，少厶募慾。

——楚简《老子》甲本 傅奕本第十九章

文句讲析：

弜智棄抃^①，民利百伓^②。弜孜^③棄利，覤恩^④亡又^⑤。弜愚棄慮^⑥，民復季子^⑦。

①弜智弃抃：绝知弃辩。弜：绝。智：知。抃（biàn）：手势，通"辩"。辩者善抃。

②伓：倍。

③弜孜（yú）：绝进。孜，进，趋前。

④覤恩：盗贼。

⑤亡又：无有。

⑥弜愚棄慮：绝诡弃虞。愚（guì）：诡。慮：通"虞"，义欺诈。《左传》："我无爾詐，爾

275

無我虞。"

⑦季（zì字）子：闺女稚子。

这两句说：断绝知识，放弃争辩，让人民获利百倍。断绝趋前，放弃谋利，没有盗贼。断绝诡谲，放弃虞诈，使人民恢复纯真。

三言以爲叓①不足，或命②之，或嘑昱③：見素保蓄④，少厶暴慾⑤。

①叓：古文"使"字。使，令。《逸周书·諡法》："治民克尽曰使。"使令有规劝用意。

②命：命令。命令为强制执行。

③嘑昱：呼吁。昱，通"吁"。

④蓄（pú）：美，古文，通"樸"。

⑤暴慾：寡欲。暴，寡，少。"少"与"多"相对；"寡"除了与"多"相对外，还与"众"相对。

这句说：如果认为这三句话不足以行使，那么或者命令，或者呼吁：表现素质保持淳朴，减少私心节制欲望。

小结：

本章提倡放弃智谋诡辩、机巧赢利、尔虞我诈，从心灵消除盗贼邪念，使人民恢复童真淳朴。

参考：

（1）《庄子·胠箧》："绝圣弃知，大盗乃止。"

（2）《庄子·在宥》："故曰：'绝圣弃知，而天下大治。'"

（3）王真《道德经论兵要义述》："今欲令绝矫妄之仁，弃诡谲之义，俾亲戚自然和同，则孝慈复矣！又绝淫巧、弃私利，则兵革不兴。兵革不兴，则盗贼不作矣！"

（4）弗·恩格斯《共产主义原理》："由社会全体成员组成的共同联合体来共同地和有计划地利用生产力，把生产发展到能够满足所有人的需要的规模；结束牺牲一些人的利益来满足另一些人的需要的状况，彻底消灭阶级和阶级对立，通过消除旧的分工，通过产业教育、变换工种、所有人共同享受大家创造出来的福利，通过城乡的融合，使社会全体成员的才能得到全面发展。——这就是废除私有制的主要结果。"①

（5）章太炎：《国故论衡·原道上》："老聃所以言术，将以撝前王之隐愚，取之玉版，布之短书，使人人户知其术，则术败。"

二十、幽學亡惪

幽學亡惪。唯與可，相去幾可？岜與亞，相去若？人之所禨，亦不可以不禨。

——楚简《老子》乙本　傅奕本第二十章

---

①　马克思、恩格斯《共产主义宣言·附录》. 马克思诞辰200周年纪念版90页。人民出版社2018年3月。

人謈呵，亓未央。众人熙熙，若鄉於大牢，而春登臺。我泊焉未佻，若嬰兒未咳。纍呵，如無所歸。众人皆有餘，我獨遗。我禺人之心也，蠢蠢呵。鬻人昭昭，我獨若閒呵。鬻人蔡蔡，我獨閔閔呵。忽呵，亓若海。謈呵，亓若無所止。众人皆有以，我獨元以悝。吾欲獨異於人，而貴食母。

——帛书《老子》甲本 傅奕本第二十章

文句讲析：

丝学亡惪①。唯與可②，相去幾可③？

①丝学亡惪：繼學亡憂。丝：繼字初文，繼（xì），通"繫"，绑缚、约束。郭店楚简《老子》乙之继字初文"丝"形体与《老子》甲之绝字初文"幺"形体迥别；整理者混释作"绝"，不确；包山楚简释作"繼"。老子前言"绝知弃辩"，倡导断截知识，扬弃争辩，此言"繫學無憂"，约束学者念头，不罹患得患失通病，使民众保持敦厚淳朴本质，以净化美好心灵，愉悦人际关系，从而稳定社会和谐秩序。

②唯與可：唯，唯唯诺诺。可，通"訶"，呵斥怒吼。《说文》："訶，大言而怒也。"

③可：通"何"。

这两句说：约束学者念头使之无忧患。唯唯诺诺与呵斥怒吼，相互之间的距离是多少？

屰與亚①，相去②可若③？

①屰與亚：美与亚。亚，丑。

②去：离开。

③可若：如何、咋样、怎么样。

这句说：美好与丑恶，相互背离咋样？

人之所禑①，亦不可以不禑。

①禑（xú）：同祦（wú），福祉。

这句说：人们享受的福祉，也是不能够不认为是福祉。

此节阐述约束学者念头，离开患得患失。

人謈呵①，亓未央②。

①人謈：人的希望。謈：望。

②未央：无尽。《楚辞·离骚》："及年岁之未晏兮，时亦犹其未央。"王逸注："央，尽也。"

这句说：人们的希望，大概无尽。

众人熙熙①，若鄉②於大牢③，而春登臺④。

①熙熙：熙熙攘攘。形容人来人往。

②鄉：飨。

③大牢：太牢。祭祀品。《大戴礼记》："诸侯之祭，牲牛，曰太牢；士大夫之祭，牲羊，曰少牢。"

④臺：高坛。

这句说：人群熙熙攘攘，好像享用太牢，于是春天登上高坛。

我泊焉未佻①，若婴儿未咳②。纍③呵，如无所归④。

①泊焉未佻：淡泊地没有启蒙。佻，通"兆"，启蒙。
②婴儿未咳（hái）：新生婴儿六个月开始具有笑的表情，进入幼儿期。咳，婴儿笑。王弼注："言我廓然无形之可名，无兆之可举，如婴儿之未能咳也。"
③纍：累。
④所归：回归处。所字结构，表去向。

这几句说：我泊然无感，体气和平好像未能婴儿笑。累啊，如何无力回归那时节！

众人皆有餘①，我独遗②。我禺③人之心也，惷惷呵。

①有餘：裕余享有。
②独遗：遗世独立。《抱朴子·外篇·博喻》："是以墨翟以重蘭怡颜，箕叟以遗世得意。"
③禺：愚昧。

这两句说：众人都裕余享有，唯我遗世独立。我是愚昧人的脑筋，愚蠢啊。

鬻人①昭昭②，我独若閒③呵。鬻人蔡蔡④，我独閟閟⑤呵。

①鬻人：俗人。
②昭昭：精明貌。
③閒：昏聩，懵懂。
④蔡蔡：察看貌。
⑤閟閟：潜心。

这两句说：世俗人个个精明，唯独我像个懵懂人啊。世俗人察言观色，唯独我体道潜心。

忽①呵，其若海。漻呵，其若无所止。

①忽：恍惚。忽、惚，通用。

这句说：恍惚之间，好像大海，一望无际。

众人皆有以①，我独元以悝②。

①有以：有缘故。
②元以悝：似滚圆的傀儡。元，通"圆"。悝，通"傀"。

这句说：众人的行为都有缘故，唯独我似滚圆的傀儡。

吾欲独異於人，而貴食①母。

①食：饲，反哺。

这句说：我的理想唯独不同于他人，以反哺母亲而重要。
此节提倡自然人生，回归大自然怀抱。

小结：

本章继续前章是老子教育思想文献。此章分作两节。首先倡导教学管理，正向督导，维护教育效益，造福社会。最后提倡自然人生，回归自然。

参考：

（1）河上公注："熙熙，淫放多情欲也。"

（2）诸葛亮《诫子书》："非淡泊无以明志，非宁静无以致远。"

（3）王弼注："众人迷于美进，惑于荣利，欲进心竞。"

（4）王真述："今众人熙熙然大荒乎，嗜慾常如对享太牢之馔，共登阳春之台，纵放其情无央极哉！是以道君曰我独泊然静默，若婴儿之未有所知。"

（5）马克思、恩格斯《共产主义宣言》："要使教育摆脱统治阶级的影响。"①

二十一、孔德之容，唯道是從

孔德之容，唯道是從。道之爲物，唯朢唯忽。忽呵朢呵，中有象分。朢呵忽呵，中有物分。滻呵鳴呵，中有請吧。其請甚真，其中有信。自今及古，其名不去，以順眾仪。吾奚以知眾仪之然哉？以此。

——帛书《老子》甲本　傅奕本第二十一章

文句讲析：

孔德①之容②，唯道是從③。

①孔德：广大高深的道德。德，道的外在表现。

②容：容貌。

③從：跟进、随从。

这句说：广大的高深的道德的容貌，只能是大道的跟进。

道之①爲物，唯朢唯忽②。

①之：结构助词，表示此句不独立，有下句连续。

②唯朢唯忽：恍恍惚惚。朢，通"恍"；忽，通"惚"。唯……唯……，加强语气。

这句说：将道本体认作物质，恍恍惚惚。

忽呵朢呵，中有象①分。朢呵忽呵，中有物②分。

①象：形状，样子。

②物：事物的内容、实质。

这句说：恍恍惚惚之际，驻足事物形状、实质和景象。

滻呵鳴呵①，中有請吧②。其請甚真③，其中有信。

①滻呵鳴呵：幽深冥暗。幽，冥，同义词连用，加强语气。

②中有请吧：其中含有精华。请：通"精"。吧，呵。

---

①　马克思、恩格斯《共产主义宣言》，马克思诞辰200周年纪念版46页。人民出版社2018年版。

③甚真：极其逼真。甚，程度副词，表很、极。真，恰巧对应的是，现代生物学有"真核生物"一词，真核生物细胞核中，染色体基因，携带遗传信息蛋白质密码。

这句说：幽深冥暗，其中携带精华。精华极其逼真，当中富有遗传信息。

自今及古，其名不去①，以顺众仪②。吾奚以知众仪之然哉？以此。

①不去：挥之不去。
②众仪：上古亲属称谓。仪：祖祖辈辈父子系统。

这句说：自当今溯及远古，道德名目挥之不去，依着父子系统顺序传递。我怎么得以认识祖祖辈辈是这样的呢？根据道德学说。

小结：

本章阐述道德信息，遗传密码。

参考：

苏辙《老子解》："道无形也，及其运而为德，则有容矣。故德者道之见也，自是推之，则众有之容，皆道之见于物者也。"

二十二、曲则金

曲则金，枉则定，洼则盈，敝则新，少则得，多则惑。是以声人执一以爲天下牧。不自视故明，不自见故章，不自伐故有功，弗矜故能长。夫唯不争，故莫能与之争。古之所謂曲金者，幾語哉！誠金歸之。

——帛书《老子》甲本　傅奕本第二十二章

文句讲析：

曲①则金②，枉③则定④，洼⑤则盈⑥，敝⑦则新，少则得，多则惑。

①曲：曲范。使动用法，使……曲范。
②金：金属。化学元素，符号Au，原子序数79。《说文》："金，五色金也。黄为之长。久埋不生衣，百炼不轻，从革不违，西方之行，生于土，从土左右。注：象金在土中形。"段注："鉤者，曲金也。"
③枉：矫枉。成语有"矫枉过正"。
④定：正定。
⑤洼（wā）：同"洼"，凹陷。
⑥盈：充满。
⑦敝（bì）：陈旧。

这句说：曲范是黄金，矫枉能正定，凹陷可充盈，推陈使出新，识少可获得，识多犯迷惑。

是以声人执一①以爲天下牧②。不自视③故明④，不自見⑤故章⑥，不自伐⑦故有功，弗矜⑧故能长⑨。

①一：一的法则，即老子所说的"道"。

②牧：统御、治理。《庄子·天道》记老聃质问孔丘之言："若欲使天下无失其牧乎?"《逸周书·命训》："古之明王，奉此六者以牧万民，民用而不失。"

③自视：自我偏见。

④明：明朗。

⑤自見：自我表现。

⑥章：通"彰"，明显、昭彰。

⑦自伐：通"阀"，功劳、功业。自伐，自矜功伐。《史记·项羽本纪》："自矜功伐，奋其私智而不师古。"

⑧矜（jīn）：矜持，自高自大。

⑨長：领导者。

这两句说：所以圣人执持着"一"用作统御天下万民的法则。不自我偏见，所以是非分明；不自我表现，所以成绩明显；不自高自大，所以成为领导。

夫唯不爭，故莫能與之爭。

这句说：只因为不争取，所以天下人没有谁能够与他争锋。

古之所謂曲金者，幾語①哉！誠②金歸③之。

①幾語：机要警语。

②誠：真诚。

③歸：馈赠。

这句说：古代所说的黄金曲范的词语，是机要警语啊！真的是送别馈赠的金玉良言。

小结：

本章警示曲范矫正之理，以明成功之道。

参考：

王真《道德经论兵要义述》："此章所言曲者，谓柔顺屈曲之义也，非谓回邪委曲之徒也。"

二十三、希言自然

希言自然。飄風不冬朝，暴雨不冬日，孰爲此？天地，而弗能久，有兄於人乎？故從事而道者，同於道；德者，同於德；失者，同於失。同於德者，道亦德之；同於失者，道亦失之。

——帛书《老子》甲本　傅奕本第二十三章

文句讲析：

希言自然①，飄風②不冬朝③，暴雨不冬日，孰爲此④？

①希言自然：就大自然气象分析而言。希，通"析"。言，用如动词。

②飙風：狂飙。飙，通"飙"。王淮《老子探义》："飙风以喻暴政之号令天下，宪令法禁是也。"

③冬朝：终朝，整个早晨。冬，通"终"。

④孰爲此：此谁为。孰，表反问，谁，疑问代词作宾语，宾语前置。

这几句说：就大自然气象分析而言，飙风不会一早晨地刮，暴雨不会一整日地下。这是谁指挥的？

天地①，而弗能久，有兄②於人乎③？

①天地：此指大自然风雨状态。

②有兄：又何况。有，通"又"。兄，通"况"。

这句说：自然界风雨尚且不能持久，又何况人呢？

故從事而①道者，同於道；德者，同於德②；失者，同於失。

①而：你的。代词，通"尔"。

②德：得，通用。

这句说：所以沿着你的路子办事的人，道路相同；所获得的，获得相同；所损失的，损失相同。

同於德者，道亦德之；同於失者，道亦失之。

这句说：得相同，同道也得到；失相同，同道也损失。

小结：

本章阐述道的认同论，希言自然，不趋小利，精神超越。

参考：

(1) 王真《道德经论兵要义述》："希言者，无为无事之谓。但使为上者希其言、省其事，即合于自然之道也。又理国、理戎，皆忌于繁促猛暴之政，故举飙风骤雨之谕以明之。"

(2) 苏辙《老子解》："古之圣人，言出于希，行出于夷，皆因其自然，故久而不穷。世或厌之，以为不若诡辩之悦耳，怪世之惊世，不知其不能久也。"

二十四、炊者不立

炊者不立，自視不章，自見者不明，自伐者無功，自矜者不長。其在道，曰：餘食、贅行。物或惡之，故有欲者，弗居。

——帛书《老子》甲本　傅奕本第二十四章

文句讲析：

炊者不立①，自視不章②，自見③者不明，自伐者無功，自矜④者不長⑤。

①炊者不立：吹字诀的行气功夫练习，不做站立。炊，通"吹"，上古仙学太极行功治脏六字诀之一，为冬季行气字诀。《张三丰太极炼丹秘诀·太极行功歌》："心呵顶上叉，

肾吹抱膝骨。"

②章：彰，通用，彰显；表彰。

③见：现，通用，表现。

④矜：骄矜，自高自大。

⑤長：久长。

这句说：吹字诀练功不做站立，自我看重的人不能表彰，自我表现的人不太明智，自行戕伐的人无有全功，自高自大的人好景不长。

其在道，曰：餘食^①、贅行^②。物或惡之^③，故有欲者^④，弗居^⑤。

①餘食：吃余粮。

②贅行：行伍累赘。

③物或惡之：或许是令人恶心的东西。

④有欲者：具有私欲的人。

⑤弗居：不接纳。

这句说：他在道德队伍，可以说：吃余粮、行伍累赘。或许是令人恶心的东西。所以有私欲的人，不奇货可居。

小结：

本章阐述私欲严重，与道相悖。

参考：

(1) 智顗《小止观》："贪欲之人，去道甚远。所以者何？欲为种种恼乱住处。苦心著欲，无由近道。……已舍五欲乐，弃之而不顾。"

(2) 严复《老子道德经评点》："余食者，食而病者也。赘行者，行而累者也。自见、自伐、自矜，皆害其全功，犹画蛇添足，不惟无功，且以失真也。"

二十五、又馗蟲成

又馗蟲成，先天埅生，敓繆蜀立不亥，可以爲天下母。未智亓名，笄之曰道，虖勥爲之名曰大。大曰鼗，鼗曰逊，逊曰反。天大、埅大、道大、王亦大。國中又四大安，王位一安。人，琺埅埅，琺天天，琺道道，琺自肰。

——楚简《老子》甲本　傅奕本第二十五章

文句讲析：

又馗蟲成，先天埅生^①。敓繆蜀立不亥^②，可以爲天下母^③。

①又馗（zǔ）蟲成，先天埅生：有馗乃昆虫进化形成，在天与地形成之前诞生。又，有。馗，晝，商周古文。晝字两读，音义相同。晝（zǔ），徂古切，通"祖"，道祖，太祖，烈祖。此章用之，借物种起源，比况万类生物生成变化之状。此章用之，借以比类万类生物生成变化之状。万类生物，主要指动物。蟲：生殖细胞虫体，雄性精虫，雌性卵虫。动物进化，始于昆虫。例如草履虫乃单细胞，维持原始生物状态。虫成，昆虫繁育，有孤雌生殖和性繁殖多元方

式。虫，传世本作浑或混。王弼注："浑然不可得而知，而万物由之以成，故曰混成也。不知其谁之子，故曰先天地生。"生化情状，玄妙难言。老子释之，著辞新鲜。取类比象，意韵高远。仰观俯察，地貌天颜。另，酱（jiǎng），子两切，大也，通"将"。《诗·商颂·烈祖》："我受命溥将。"朱熹《集传》："将，大也。"《商颂·长髪》："有娀方将，帝立子生商。"毛《传》："将，大也。"

②敛缪蜀立不亥：肃穆自立，恒态不改。敛缪：肃穆。蜀：通"獨"。蜀立，独立。人以高等动物而脱离动物世界。不亥：不改。人类独立，模样恒定。亥：通"改"。王弼注："无物之匹，故曰独立也；返化终始，不失其常，故曰不改也。"

③母：母本，母亲。天下母，傅奕本同。

这句说：所有物祖，如昆虫进化，群体形成，大道在天与地形成之前诞生，庄重独立恒态不改，可以看成天下的母亲。

未智亓名，爹之曰道①，虐劈爲之名曰大②。

①未智亓名，爹之曰道：不知它的称呼，用文字表达它，叫它为道。严复说："其物本不可思议，人谓之道，由字得名。"智，通"知"。亓，其，古今字。爹：字，周古文。

②虐劈（jiàng）爲之名曰大：吾勉强替它取一个名字，就叫作大。劈：犟，通"强"，勉强。

这句说：不知它的称呼，用文字表达它，叫它为道。我勉强替它取一个名字，就叫作大。

大曰甗①，甗曰遨②，遨曰反③。

①甗（xiāo）：消，古文同"嚣"，通"逍"，逍遥。《诗·郑风·清人》："河上乎消摇。"《礼·檀弓》"消摇于门"。注："消摇，又作逍遥。"《庄子》阐释和发挥老子大道哲理，《逍遥游》"逍遥乎寝卧其下"；《大宗师》"逍遥乎无为之业"；《让王》"逍遥乎天地之间"。《庄子》注，黄几复云："道者，消也。如阳动冰消，虽耗也，不竭其本。遥者，摇也，如舟行水摇，虽动也，不伤其内。"《庄子集释》郭庆藩案："逍遥二字，《说文》不收，作消摇者是也。"查《说文》："消，尽也。""摇，动也。""逍，逍遥，犹翱翔也。""遥，逍遥也，又远也。"《说文》逍字下，臣铉等案："《诗》只用消摇；此二字，《字林》所加。"

②遨（shì）：超越。楚文字；魏、邶作"逝（shì）"，见于《诗·风》；晋、赵作"迣（chì）"。

③反：循环往返。反，通"返"。

这句说：大说的是逍遥，逍遥说的是超逾，超逾说的是远返。

天①大、墊②大、道③大、王④亦大。

①天：天宇。

②墊：土地。

③道：自然运动规律。"天大、地大、道大、王亦大"，北大汉简语序同。

④王：王位。君王权位是人类原始部落形成进入原始王国的社会标志。傅奕本作"人亦大"。

这句说：天宇伟大，土地伟大，自然运动规律伟大，君王权位也伟大。

囻①中又四大安②，王位③一安④。

①圅（yòu）：囿，宇宙生物圈。圅，傅奕本作"域"，傅奕所得项羽妾墓本，无疑乃楚简古本。

②安（àn）：䞈。句中语气词，表声气休止，且提示下文，相当于"啊"。

③位：权位。

④一安：第一啊。一，数之始。安（yān），同"焉"。句末语气词，表感叹，相当于"啊"。

这句说：宇宙生物圈中有着这四个方面的伟大称颂，君王位居民众队列第一。

人，䝤①埅埅，䝤天天，䝤道道，䝤自肰②。

①䝤：法，效法，遵循。

②自肰：自然。肰，然，古今字。

这句说：本章阐述道的本体形成、特征、规律、循环往复性、绝对作用力，永恒存续律。王位在于领衔社会联合体成员团队自由发展的有序影响，效法大道。

小结：

本章阐述道的本体形成、特征、规律、循环往复性、绝对作用力，永恒存续律。王位在于领衔社会联合体成员团队自由发展的有序影响，效法大道。

参考：

（1）马王堆帛书《黄帝四经·经法·道法第一》："道生法。法者，引得失以绳，而明曲直者也。故执道者，生法而弗敢犯也，法立而弗敢废也。故能自引以绳，然后见知天下而不惑矣。"

（2）《黄帝四经·称》："诸阳者法天，天之道贵明以正，刚节后吉，过际乃反，此天之度而雄之节也；诸阴者法地，地之德安徐正静，柔节先定，善予不争，此地之度而雌之节也。"

（3）《庄子·大宗师》："夫道，有情有信，无为无形；可传而不可受，可得而不可见；自本自根，未有天地，自古以固存；神鬼神帝，生天生地；在太极之先而不为高，在六极之下而不为深，先天地生而不为久，长于上古而不为老。"

（4）王弼注："法自然者，在方而法方，在圆而法圆，于自然无所违也。"

（5）王真《道德经论兵要义述》：此一章极言道体无状之状、无象之象、无名之名、无物之物，故曰强为之名曰大。

（6）唐李约《老子道德真经新注》："法地地，如地之无私载。法天天，如天之无私覆。法道道，如道之无私成而已。"

（7）高亨《老子正诂》："老子书实王侯之宝典，老子哲学实王侯之哲学也。读《老子》书，宜先明乎此，又按李约读法，义颖而莹，善矣。"

二十六、重爲巠根

重爲巠根，靖爲躁君。是以君子终日行不離其甾重。唯有環官燕處，則昭若若，何萬乘之王，而以身巠於天下？巠則失本，趮則失君。

——帛书《老子》甲本　傅奕本第二十六章

文句讲析：

重爲巠①根，靖爲趮君②。是以君子终日行不離其甾重③。

①巠：通"輕"。

②靖爲趮君：靖，安定，指社会秩序。趮，躁，异体字。

③甾重：辎重，物资。

这句说：轻浮以稳重而扎根，躁动以国君而安定。所以君子整日出行不离他的常用物品。

唯有環官燕處①，則昭若若②，何萬乘③之王，而以身巠④於天下？

①環官燕處：阛馆燕居。阛馆，古时招待所。《说文》："馆，客舍。"《周礼·遗人》："五十里有市，市有候馆。"阛馆营建于瞩目高地。燕居，候鸟栖息。

②昭若若：超超然。昭，通"超"。王弼注："不以经心也。"

③乘：作战马车。人、马、车组编为一乘。大国万乘。

④巠：輕，通用。

这句说：只有高地馆舍候鸟栖息，才超然尘世之外，为什么万乘的大国君王，却把自身轻托给社会呢？

巠則失本，趮①則失君。

①趮：躁。异体字。

这句说：轻飘就会离失根本，动乱就会丧失国君。

小结：

本章引入轻、重对立统一哲理，阐述社会安定需要王位权力，社会动乱也可丧失国王权位，厚实基础，需要稳重。

参考：

(1) 王真《道德经论兵要义述》："古之所谓君子者，通言天子与诸侯也。终日行者，言君子假如终竟一朝一日之行，亦必须崇备法驾，居其辎重之中，以谨其不虞也。辎重者，兵车营卫之具也。又言人君虽有离宫别馆，超然高邈，岂可以万乘之重，自轻于天下？此又深戒其单车匹马，潜服微行之失。是以轻举则失于为君使臣之礼，躁动则失于为臣事君之义，岂可不畏哉！"

(2) 苏辙《老子解》："人主以身任天下，而轻其身，则不足以任天下。"

(3) 李贽《老子解》："有辎重，则虽终日行而不为轻，何也？以重为之根也。常燕处，则虽荣观而不为躁，何也？以静为之君也。故轻则失重根，躁则失静君。"

二十七、善行者無勶跡

善行者無勶跡，善言者無瑕適，善數者不以檮第，善閉者無關鑰而不可啟也，善結者無纆約而不可解也。是以声人恒善，𢘪人而無棄人，物無棄財，是謂怵明。故善人，善人之師；不善人，善人之齎也。不貴其師，不愛其齎，唯知乎大眯，是謂眇要。

——帛书《老子》甲本　傅奕本第二十七章

文句讲析：

善行者無勶跡[1]，善言者無瑕適[2]，善數[3]者不以檮筭[4]，善閉[5]者無關鑰[6]而不可啟也，善結[7]者無繘約[8]而不可解也。

①勶跡：车轮碾过的痕迹。勶：通"辙"。

②瑕適：美玉因为斑点受到指摘。瑕：玉上的斑点。适，通"谪"，有意指摘、责备。

③善數：会测算。

④檮筭：同如筹策，刻有数字的木竹材质筹算器具。

⑤閉：关门。

⑥關鑰：门闩（shuān）。《字书》："横曰关，竖曰键。"《说文》："关，以木横持门户也。"键：又指钥匙。

⑦結：纽结，用绳、线、皮条等绾（wǎn）成的疙瘩。

⑧繘約：绳索。繘、约，同义词。

这句说：善于行路没有车轮痕迹，善于言辞不受瑕疵指摘，善于测算不用檮具计数，善于闭关不用门闩钥匙却又不被他人开启，善于纽结不用绳索却又不可能被他人解散拆开。

是以声人恒善，惈人而無棄人，物無棄財，是謂怑明[1]。

①怑明：引领文明。怑，帛乙作"曳"。曳（yè）明，喻绿光照明。今有绿灯通行，有曳光弹照明。

这两句说：因此圣人时常行善，救助他人而没有遗弃他人，物件没有遗弃的财产。这就是所讲的引领文明。

故善人，善人之師；不善人，善人之齎[1]也。

①齎（jī）：赏助。

这句说：因此善良人，是善良人的教师；不善良人，是善良人的资助。

不貴其師[1]，不愛[2]其齎，唯知乎[3]大眯[4]，是謂眇要[5]。

①不貴其師：不因为老师而高贵。

②愛：通"碍"，妨碍。

③乎：句中语气词，同"于"。

④眯：迷惑。

⑤眇要：妙道精要。

这句说：不因为老师而高贵，不妨碍反面教员的赏助作用，只在对于大迷惑的认知，这就是所讲的妙道精要。

小结：

本章警示文明行为要妙。

参考：

（1）王弼《老子注》："常使民心无欲无惑，则无弃人矣。"

（2）王真《道德经论兵要义述》："无辙迹者，行无行也。无瑕谪者，守中也。不用筹策者，战必胜也。不可开者，守必固也。不可解者，无端绪也。此五善者，皆圣人密谋潜运、不露其才、不扬其己、不显其迹、不呈其形，常欲令戢兵于未动之际、息战于不争之前。是以国无弃人，人无弃物，此皆袭用明圣之妙道以至是乎！又圣人不立德于人，不衒仁于物，但使百姓日用而不知，故亦不尚师资之义。然恐众人不窥至理，以为大迷，深论奥旨，诚为要妙也。"

二十八、知其雄，守其雌

知其雄，守其雌，爲天下溪。爲天下溪，恒德不離。恒德不離，復歸嬰兒。知其白，守其辱，爲天下浴。爲天下浴，恒德乃足。恒德乃足，復歸於樸。知其白，守其黑，爲天下式。爲天下式，恒德不貸。恒德不貸，復歸於無極。樸散則爲器，声人用則爲官長。

——帛书《老子》甲本　傅奕本第二十七章

文句讲析：

知其雄，守其雌，爲天下溪。

这句说：认识与守护雌雄物类，替天下做溪谷。

爲天下溪[1]，恒德不離[2]。恒德不離，復歸嬰兒[3]。

[1]溪：山间小水沟，流水时有无。泛指小河沟。谿、溪，古今字。

[2]恒德不离：大德永恒。

[3]復歸嬰兒：回归婴儿时期天真无邪淳朴状态。

这句说：替天下做溪谷，大德永恒不离散。恒德不离散，回归婴儿时。

知其白[1]，守其辱[2]，爲天下浴[3]。

[1]白：羽白色。

[2]辱：通"黣"。黑而赤色。黣，《康熙字典》："《玉篇》《集韵》并音辱，《玉篇》：'垢墨也。'"

[3]浴：汤浴。

这句说：熟悉那羽白，守护那稚黣，替天下做汤浴。

爲天下浴，恒德乃足。恒德乃足，復歸於樸。

这句说：替天下做汤浴，永恒浴德乃满足，回归到淳朴。

知其白，守其黑[1]，爲天下式[2]。

[1]黑：通"黔"。

[2]式：模式，指浴洁感生模式。

这句说：熟悉那羽白，守护那乌黑，替天下做洁治法式。

爲天下式，恒德不貸①。恒德不貸，復歸於無極②。

①貸（tè）：推卸。

②無極：无欲无动木僵状态。

这句说：替天下做法式，永恒大德责无旁贷。恒德不推卸，恢复到无极。

樸散則爲器①，声人用則②爲官長③。

①樸散則爲器：淳朴离散刑法成为器用。則：刑法。

②用則：制定刑法。

③爲官長：替百官做师长。

这句说：淳朴离散，刑法成为器用，圣人制定刑法，替百官做师长。

小结：

本章阐述道德行为，恒德不贷。淳朴离散，用作刑则。

参考：

（1）《庄子·天运》："夫鹄不日浴而白，乌不日黔而黑。黑白之朴，不足以为辩；名誉之观，不足以为广。"成玄英疏："染缯曰黔。黔，黑也。鹄白乌黑，禀之自然，岂须日日浴染，方得如是！"

（2）《庄子·天下》："老聃曰：'知其雄，守其雌，为天下溪；知其白，守其辱，为天下谷。'"

（3）王真《道德经论兵要义述》："以是道德常足，复归于朴。朴者，元气之质也。故圣人散朴，则为器量；用人，则为官长。"

二十九、夫大制無割

夫大制無割。將欲取天下而爲之，吾見其弗得。夫天下，神器也，非可爲者也。爲者敗之，執者失之。物或行或隨，或炅或噤，或吹或剉，或壞或撝。是以声人去甚、去太、去楮。

——帛书《老子》甲本 傅奕本第二十九章

文句讲析：

夫①大制②無割③。將欲取天下而爲之，吾見其弗得。

①夫：句首语气词，表示要发议论。

②大制：大匠裁制。

③無割：不用刀剪。

这句说：大匠裁制不用刀剪。即将想取天下而裁制，我看他们不能获得。

夫天下，神器①也，非可爲者也。

①神器：神圣的机器，引申为国家政权。

这句说：天下，是神圣的机器，没有可以制作的人。

爲者敗之，執者失之。

这句说：制作者使它毁败，执持者使它失掉。

物或行或随，或炅①或噤②，或吹或剉，或壞或撱③。

①炅（jiǒng）：热，火光。
②噤（jìn）：寒冷哆嗦。
③撱（wěi）：抛弃。

这句说：事物或者行进或者跟随，或者火热或者寒冷，或者吹去或者锉掉，或者损坏或者抛弃。

是以声人人去甚①、去太②、去楮③。

①甚：过分。
②太：失常。
③楮：奢侈。

这句说：所以圣人避去过分、避去失常、避去奢侈。

小结：
本章阐述天下神器自然成就，将欲妄为不达理想。

参考：
(1) 王弼《老子注》："万物以自然为性，故可因而不可为，可通而不可执也。物有常性而造为之，故必败也。物有往来而执之，故必失矣。"

(2) 王真《道德经论兵要义述》："大制者，谓制天下国家也。夫制天下者，岂有细碎割截之事邪？故曰：大制不割。"

(3) 薛蕙《老子集解》："物有固然，不可强为；事有适当，不可复过。此老子之本意也。"

三十、以衍差人宝者

以衍差人宝者，不谷以兵佀於天下。善者，果而已，不以取佀。果而弗雙，果而弗喬，果而弗矜，是胃果而不佀。亓事好還。

—— 楚简《老子》甲本　傅奕本第三十章

師之所居，楚朸生之。善者，果而已矣，毋以取强焉。果而毋驕，果而勿矜，果而弗雙，果而毋得已居，是胃果而不强。物壮而老，是胃之不道。不道蚤已。

—— 帛书《老子》甲乙　傅奕本第三十章

文句讲析：
以衍①差②人宝③者，不欲以兵佀④於天下。

①衍：道。衍，会意字。

②差：通"佐"，辅佐、辅助。

③宝（zhǔ）：古代宗庙藏神主的石函。人宝，指国君。

④欲：原作"谷"，楚通假字。伹：强。

这句说：用道德辅佐国君的人，不凭借兵力逞强于天下。

善者，果而已①，不以取伹②。

①果而已：济事罢了。果：济，取胜。王弼注："果，济也。言善用师者趣以济难而已，不以兵力取强于天下也。"

②伹：勉强。《孙膑兵法·客主人分》："甲坚兵利不得已为强。"

这句说：好东西，只不过是结果罢了，不凭借勇气而索取得很勉强。

果而弗斃①，果而弗乔②，果而弗矜③，是胃果而不伹④，元事好還⑤。

①斃（bān）：班，以刀割剖，瓜分。本字班，斃古文。

②乔：骄。

③矜：矜持，即自夸、自恃。《正字通》："矜，骄矜自负貌。"

④胃：谓。伹：逞强。

⑤元：其。还：回旋。

这句说：取得了好结果可不要瓜分占领地，取得了好结果可不要骄傲，取得了好结果可不要矜持，取得了好结果可不要逞强，那事情的结局好回旋。

師之所居①，楚朸②生之。

①師之所居：军队驻扎之地。

②楚朸：楚朸，荆棘。

这句说：军队驻扎地，荆棘生长。

善者，果而已矣，毋以取強焉。

这句说：优善，只是结果罢了，无须用以取胜逞强。

果而毋驕，果而勿矜，果而弗斃，果而毋得已居①，是胃果而不强。

①已居：移居，移民搬迁。

这句说：取得了好的结果不骄傲，取得了好的结果不矜持，取得了好的结果不要分剖占领地，取得了好的结果无须向军事占领驻地移民搬迁，这就是所谓结果不在逞强。

物壮而老，是胃之不道。不道蚤已①。

①蚤已：过早衰竭。蚤，通"早"。已，衰竭，死亡，结束。

这句说：生物成长随着壮盛也就开始走向衰老，这就是说不再合乎生道，不合乎生道就会过早衰竭。

小结：

本章说，佐人主以道而善果。

参考：

（1）《孙膑兵法·见威王》："然夫乐兵者亡，而利胜者辱，兵非所乐也，而胜非所利也。"

（2）王真《道德经论兵要义述》："此一章特戒将相辅弼之臣也，言以道佐人主，不以兵强于天下。"

（3）范应元注："为人臣者，当以常道辅佐人主，使国泰民安。不可无事生事，而专以兵强天下。盖其伤杀之事，好还报也，但有迟速耳。"

三十一、君子居则貴左

君子居则貴左，甬兵则貴右。古曰：兵者，不祥之器也，不得已而甬之，鋈繲爲上，弗媺也，敔之，是樂殺人。夫樂殺，不可以得志於天下。古吉事上左，喪事上右。是以抃牲軍居左，上牲軍居右，言以喪豊居之也。古殺人眾，则以悕悲位之；戰勝，则以喪豊居之。

——楚简《老子》丙本　傅奕本第三十一章

文句讲析：

君子居①则貴左②，甬兵③则貴右。

①居：座次顺序。居，位，同义词。

②贵左：以左边为尊贵。

③甬兵：用兵。甬，通"用"。

这句说：君子座次以左侧为贵。用兵相对以右为贵。

古曰①：兵者，不祥之器也，不得已而甬之。

①古曰：故曰。古，通"故"。

这句说：所以说：兵，是不吉祥的器具，万不得已才动用。

鋈繲①爲上，弗媺②也，敔③之，是樂殺人④。

①鋈繲（qín xí）：轻袭，轻车掩袭。鋈，通"輕"；繲，通"襲"。楚简"鋈繲"，帛甲作"銛襲"；帛乙作"銛憛"。《周礼》"轻车之萃"郑玄注："轻车，所用驰敌致师之车也。"《孙子兵法》"驰车"梅尧臣注："驰车，轻车也。"《左传·庄公二十九年》："凡师，有鐘鼓曰伐，無曰侵，輕曰襲。"（大凡兴师，钟鼓齐声是伐罪，钟鼓无声是入侵，轻车掩其不备是袭击。）

②弗媺：不美，不是美事。

③敔（hào）之：好之。敔，古文，音义同"孜"，好。敔（hào好），整理者释作"敔（měi美）"，形音义，均未安。许慎《說文》："美与善同意。"又，《說文》："好（hǎo），美也，從女子。"好（hǎo），与"坏"相对。此就美、好二字声气相近而言，义与善意近。然而，就美、好二字声气相异而言，目前所知，敔，仅见于楚简《老子》丙，词义：好（hào），喜悦，热

袠于。《诗·小雅·彤弓》："我有嘉宾，心中好之。"毛《传》："好，说（悦）也。"楚简《老子》丙，语辞"敆之"，实指用兵好战，热衷于轻袭。与传解语词"好之"精义正同，而与"恶（wù）之"相对。孜，见于茮伯簋、石鼓、杕氏壶、义云章、居延简乙、马王堆帛书甲等。帛书甲："夫兵者，不祥之器也，物或恶之……勿美也，若孜之，是乐杀人也。"

④樂殺人：乐于杀人。乐，为动用法。

这句说：轻车掩袭是上策，不是美事，热衷于轻袭，是乐于杀人。

　　夫樂殺，不可以得志於天下。

这句说：乐于杀，不能够在天下得志。

　　古吉事上①左，喪事上右。是以抃牺軍②居左，上牺軍③居右，言以喪豊④居之也。

①上：同"尚"，推崇。

②抃牺军：副职将军。

③上牺军：正职将军。上，同"正"。

④丧豊：丧礼。豊，同"礼"。

这句说：所以说吉祥的事推崇左，办理丧事推崇右。因此副将军排在左侧，正将军排在右侧，是说按照丧事礼仪排定次序的。

　　古殺人眾①，則以恔悲位之②；戰勳，則以喪豊居之。

①眾：多。

②恔悲位之：哀悲泣之。位，通"泣"。

这句说：故杀人多，当对被杀的人哀悲涕泣；胜战，也就按照丧事礼仪排序座位。

小结：

本章阐述和平安定可贵，兵争征战实不得已为之。

参考：

（1）《文子·下德》："夫兵者，凶器也；争者，逆德也。好用凶器治人之乱，逆之至也。"

（2）《逸周书·武顺篇》："吉礼左还，顺天以立本；武礼右还，顺地以利兵。"

（3）范应元注："左，阳也，主生；右，阴也，主杀。是以居常则贵左，用兵则贵右。盖杀伐之事，非以为常也。"

三十二、道亙亡名

　　道亙亡名，楃，唯娍，天陛弗敢臣。侯王女能獸之，萬勿將自宾。

　　天陛相會也，以逾甘零，民莫之命，天自均安。訖斮又名。名亦既又，夫亦牺智止。智止，所以不訖。卑道之才天下也，獻少浴之與江海。

——楚简《老子》甲本　傅奕本第三十二章

文句讲析：

道亙亡名①，樸②，唯媜③，天堃弗敢臣④。

①亙：恒。楚文字。

②樸：樸。通用。樸，树木本生状貌。王充《论衡·量知》："無刀斧之斷者謂知樸。"

③媜（zhēn）：稚。通用，幼小柔嫩。

④天堃弗敢臣：天地弗敢臣。臣：使之称臣，名词用如动词，使动用法。天堃，帛书《老子》甲本、乙本与傅奕古本均作"天下"，义胜可从。

这句说：大道永远没有名称，淳朴，虽然幼小柔嫩，天下人不敢使之称臣。

侯王女①能獸②之，萬勿③将自賨④。

①女：如。通用。

②獸：守。通用。

③勿：物。古今字。

④将自賨：将自宾。将会自行宾服。将，表示行为结果。賨，同"賓"，用如动词，宾服，顺从。

这句说：侯王如果能守成道德的淳朴，万物定将自行宾服。

天堃相㑹①也，以逾②甘霂，民莫之命③，天自均安④。

①㑹：会，古今字。《荀子·礼论》："天地合而万物生，阴阳接而变化起。"

②逾：输。通用。

③莫之命：不至于奔命。之，至于。命，用如动词。

④均安：均等安定。

这句说：天光地气相互交会，输送甘霖雨露。人民不至疲于奔命，天生各自都安稳。

訖斳①又名。名亦既又②，夫亦牺智生。智生③，所以不訖④。

①訖斳：（qí zha）：起制，周古文。秦汉时，词汇音义演变为"始制（shì zhì）"，见诸帛书甲、乙与傅奕本。崔騆《达旨》："阴阳始分，天地初制。皇纲云叙，帝纪乃设。"

②既又：尽有。又，通"有"。

③坒（huàn）：幻，虚幻。《字汇补》："坒，同幻。"虚幻。

④訖：忿，通用。忿，本作疢，痴貌。

这句说：自从制定纲纪有了名分。名分既然尽有了，于是更知其虚幻。知其虚幻，所以不犯痴。

卑①道之②才③天下也，猷④少浴⑤之與江海。

①卑：譬，通用。

②之：虚词，表文句结构。

③才：裁，通假。

④猷：犹。

⑤少浴：小山谷。少，通"小"。浴，通"谷"，谿谷。

这句说：譬如大道裁制天下，好像拿小溪与江海类比。

小结：

本章阐述大道化生天下万物。侯王守道，社会政治，顺乎自然，人民不致疲于奔命，名分形同虚设，知足不犯痴，各自都安稳。

参考：

(1) 王弼注："抱朴无为，不以物累其真，不以欲害其神，则物自宾，而道自得也。……始制，谓朴散始为官长之时也。始制官长，不可不立名分以定尊卑，故始制有名也。"

(2) 范应元注："道常无名，固不可以小大言之。圣人因见其大无不包，故强为之名曰大，复以其细无不入，故曰小也。"

三十三、知人者，知也

知人者，知也。自知者，明也。勝人者，有力也。自勝者，强也。知足者，富也。强行者，有志也。不失其所者，久也。死，不忘者，壽也。

——帛书《老子》甲本　傅奕本第三十三章

文句讲析：

知人者，知①也。自知者，明②也。

①知：通"智"。傅奕本作"智"。

②明：明哲，王弼《老子注》："知人者，智而已矣，未若自知者超智之上也。"

这句说：了解他人的人睿智，认识自我的人明哲。

勝人者，有力也。自勝者，强也。

这句说：战胜他人的人有力量，战胜自我的人最坚强。

知足者，富也。强行者，有志也。

这句说：知道满足的人很富裕，逞强行为的人有志气。

不失其所者，久也。死①，不忘②者，壽。

①死：死机，泛指危机。

②忘：亡。亡，本义为动词，出走。会意字，小篆字从入，从乚。"人"是人字，"乚"是隐蔽，合起来表示人到隐蔽处。此处使动用法，使亡殁。死，不亡：危机降临而不致亡殁。

这两句说：不丢失他的处所的人活得长久，危机降临而不致亡殁的人安享长寿。

小结：

知人，自知，知足，乐土，明智长寿。

此章铺述文化人类学关于人的综合素质研判，涉及智商（IQ）、志商（WQ）、财商（FQ）、心商（MQ）、逆商（AQ）、灵商（SQ）等众商意识讨论。

参考：

（1）王弼注："胜人者，有力而已矣。未若自胜者无物以损其力。用其智于人，未若用其智于己也。用其力于人，未若用其力于己也。明用于己，则物无避焉。力用于己，则物无改矣。"

（2）范应元注："人能虚静，则可以知人，可以自知。知人以智言，非私智也，犹止水之烛物也。自知以明言，乃本明也，犹上水之湛然也。《庄子·天道篇》有曰：水静则明烛须眉，平中准，大匠取法焉。水静犹明，而况精神。圣人之心静乎天地之鉴也，万物之镜也。"

（3）陆游《沁园春》词句："躲尽危机，消残壮志，短艇湖中闲采莼。吾何恨，有渔翁共醉，溪友为邻。"

三十四、道，渢呵，其可左右也

道，渢呵，其可左右也。成功遂事而弗名，有也。萬物歸焉，而弗爲主，則恒無欲也，可名於小。萬物歸焉，而弗爲主，可名於大。是以声人之能成大也，以亓不爲大也，故能成大。

——帛书《老子》甲本　傅奕本第三十四章

文句讲析：

道，渢①呵，其可左右②也。

①渢：风声、水声。拟声词。

②左右：可左可右。引申左右上下，无所不在。王弼注："言道泛滥无所不适，可左右上下周旋而用，则无所不至也。"

这句说：道，风声呼呼，其可左可右。

成功遂事而弗名，有也。

这句说：功业成就事完遂心却不标名，因为名已经享有。

萬物歸焉，而弗爲主①，則恒無欲也，可名於小②。萬物歸焉，而弗爲主，可名於大③。

①主：主宰。

②小：渺小。《说文》："小，物之微也。"

③大：伟大。

这句说：万物归属，却不做主宰，就合乎常无欲望，可以名居于渺小。万物归属，却不做主宰，可以名居于伟大。

是以声人①之能成大也，以亓不爲大也，故能成大。

①声人：圣人。声，通"聖"。

这句说：圣人之所以能取得伟大成就，是因为他不追求伟大，故而能成就伟大。

小结：

本章阐述传道不求名不求利，成就自然。

参考：

(1) 唐玄宗《御定道德经注》："湛然常虚，则似乎小；无物不容，则似乎大。"

(2) 范应元注："是以圣人体道无欲，终不自为大也。故以其终不自为大，万物自然归之，故能成其大矣。一有纤毫之私欲，则物不归之，安能成其大也？"

三十五、執大象，天下往

執大象，天下往。往而不害，安坪大。樂與餌，忻客止。古道之出言：淡可亓糅味也。視之不足見，聖之不足餌，而不可既也。

——楚简《老子》丙本　傅奕本第三十五章

文句讲析：

執大象，天下往。往而不害，安坪大①。

①安坪大：安全平稳最重要。坪，通"平"，坦途。大，最重要。

这句说：牵着大象，天下旅游。旅游无伤害，平安最重要。

樂與餌①，忻客止②。

①餌：饵食。

②忻客止：悦迷旅客留止。忻（háng），恦，悦也。此语揭示悦迷客栈，历史悠久。

这句说：音乐与美食，让悦迷旅客留止。

古道①之出言②：淡可③亓糅④味也。視之不足見⑤，聖⑥之不足餌⑦，而⑧不可既⑨也。

①古道：古貌老道。

②出言：委婉地说。出，通"曲"，曲折。

③可：呵。

④糅：无。糅、无，古今字。据"糅"字的形声义推论，亡、糅、无三字，具有尚古语言文字学研究启示意义。

⑤見：见。

⑥聖：听。

⑦餌：闻。

⑧而：您。上古第二人称代词。

⑨既：济事。

这句说：古貌老道委婉地说：平淡啊其乏滋味，视之不能够清晰地观看，听之不能够清晰地耳闻，您的招揽无济于事。

小结：

本章以执大象天下往，悦速客栈以音乐与美食招揽留驻，引发委婉道言，阐述大道乐生，平安第一。音声滋味，不是行道所追求。

参考：

（1）王真述："王者执持大象，不失其道，则天下之人无不归往，往者又皆以道德安之养之，使其通泰无害，则何异于置饮食宴乐于康衢之上，而悦饱行过之人哉！"

（2）范应元注："张乐设饵，以留过客，过客非不为之止也；然乐饵终则客去矣，岂同夫执大象者，天下自然归之而不离也哉。"

三十六、將欲拾之，必古張之

將欲拾之，必古張之；將欲弱之，必古強之；將欲去之，必古與之；將欲奪之，必古予之。是胃微明。柔弱勝強。魚不脫於瀟，邦利器不可以視人。

——帛书《老子》甲本　傅奕本第三十六章

文句讲析：

將欲拾①之，必古②張③之；將欲弱之，必古強之；將欲去之，必古與④之；將欲奪之，必古予⑤之。是謂微明⑥。柔弱勝強。

①拾：收敛。
②古：通"固"，坚决地。
③張：使……张开。
④與：通"举"，拔高。傅奕本作"兴"，义同。
⑤予：给予。
⑥微明：微弱的光亮。

这几句说：即将要收敛它，必定坚决地使它张开；即将要削弱它，必定坚决地使它增强；即将要废除它，必定坚决地使它拔高；即将要剥夺它，必定坚决地给予它。这就是所讲的微弱的光亮。柔弱制胜刚烈。

魚不脫於瀟①，邦利器不可以視②人。

①瀟（zú）：水深清。《说文》："瀟，深清也。"帛乙本作"渊"，可从。
②視：窥视。使动用法，使窥视。

这句说：鱼类不从渊潭脱离，国家的锐利武器不能被他人窥视。

小结：

本章警示柔弱制胜刚烈，利器不轻展示。

参考：

（1）河上公注："先开张之者，欲极其奢淫。先强大之者，欲使遇祸患。先兴之者，欲使其骄危。先与之者，欲极其贪心。此四事，其道微，其效明也。柔弱者久长，刚强者先亡也。"

（2）范应元注："天下之理，有张必有翕，有强必有弱，有兴必有废，有与必有取，此春生夏长，秋敛冬藏，造化消息盈虚之运固然也。然则张之、强之、兴之、与之之时，已有翕之、弱之、废之、取之几伏在其中矣。几虽幽微，而事已显明也，故曰是谓微明。或者以此数句为权谋之术，非也。圣人见造化消息盈虚之运如此，乃知常性之道是柔弱也。盖物至于壮则老矣。……治国不以道，而以世俗之所谓圣智仁义巧利示天下，而使之乱者，亦犹以利器示人也。……为人主者，不以道德化人，而以利示人，则是鱼之脱于渊也。"

（3）王雱《老子注》："阴阳之情，如循环然。往穷必反，盛极必衰。观乎月满之亏，日中之昃，则万物一致，断可知也。唯圣人深达先机，明乎无朕。故养生则裕于屈伸，处己则适乎消长，莅事则知成败之数，御敌则达擒纵之权。古之人所以酬酢万变，而澹然无事者，以此道也。"

（4）章太炎《国学略说》："《老子》书中有权谋语，'将欲歙之，必固张之；将欲弱之，必固强之；将欲废之，必固兴之；将欲夺之，必固予之'是也。凡此权谋，必不明白告人。而老子笔之于书者，以此种权谋，人所易知故尔。亦有中人权谋而不悟者，故书之以为戒也。"

（5）高亨《老子正诂》："此诸句言天道也。或据此斥老子为阴谋家，非也。老子戒人勿以张为可久，勿以强为可恃，勿以举为可喜，勿以与为可贪耳。故下文曰柔弱胜刚强也。"

三十七、衍互亡爲也

衍互亡爲也，侯王能守之，而萬勿牆自愚。愚而雒作，牆貞之以亡名之夓。夫亦牆智足，智足以寂，萬勿牆自定。

——楚简《老子》甲本　傅奕本第三十七章

文句讲析：

衍①互②亡爲也，侯王能守之，而萬勿③牆④自愚⑤。

①衍：道。

②互：恒。

③勿：物。

④牆：将。

⑤愚：化。

这句说：大道永远无为，侯王能守道，万物定将自我进化。

愚而雒①作，牆貞②之以亡名之夓③。

①雒（luò）：络，通用。

②貞：镇，通用。

③夓（bǔ）：撲，古文，拭也，清理，去势。《晋书·刑法志》："淫者，割其势。"

这句说：如果进化反而使欲妄络绎发作，势将以无名清理使之镇静。

夫亦牆智足①，智足以寂②，萬勿牆自定。

①夫亦牆智足：也还要知道满足。夫：发语词。亦：也。牆：还，且。亦将，副词连用，

表示强调。智：知，自知。足：《廣韻》"滿也，止也"。

②寂：心宁寂静。

这句说：也还要知道满足，知足而寂静，万物自安定。

小结：

本章继第三十二章"道互亡名"，阐述"道互亡为"，申明侯王自净其意，镇欲返璞，守道安稳，社会治理。

参考：

(1)《楚辞·九章·抽思》："愿摇起而横奔兮，览民尤以自镇。"王逸注："镇，止也。"

(2) 河上公注："无名之朴，道也。"

(3) 范应元注："君天下者，至于欲朴之心亦无，则纯于道也，安有妄动哉？无思无为，不动而化，不言而信，垂以拱手，天下不待教令而自平正也。"

下篇　德经

三十八、上德不德

上德不德，是以有德；下德不失德，是以無德。上德無爲而無以爲也。下德爲之而有以爲也。上仁爲之而無以爲也。上義爲之而有以爲也。上禮爲之而莫之應也，則攘臂而乃之。故失道。失道矣而後德，失德而後仁，失仁而後義，失義而後禮。夫禮者，忠信之泊也而亂之首也。前識者，道之華也而愚之首也。是以大丈夫居亓厚而不居亓泊，居亓實不居亓華。故去皮取此。

——帛书《老子》甲本　傅奕本第三十八章

文句讲析：

上德①不德②，是以有德③；下德不失德④，是以無德⑤。

①上德：上品道德。德是道品体现在心理意识、信念行为、恩惠情谊等方面的表样征象。

②不德：不表现德。河上公注："因循自然，养人性命，其德不见。"

③有德：具有道德。

④不失德：不使德离失。林希逸《老子口义》："'不失德'者，执而未化也。"

⑤无德：不实道德。王弼注："下德求而得之，为而成之，则立善以治物，故德名有焉。求而得之，必有失焉。"

这两句说：上品道德不表现德，所以有德；下品道德不离失德，所以无德。

上德無爲而無以爲也①，下德爲之而有以爲也②。

①無以爲也：不存在不可施行为。

②下德爲之而有以爲也：此句帛书《老子》甲、乙本皆无，据严遵本、王弼本、傅奕本校补。有以为：有可能实施行为。

这句说：上品道德无刻意行为却无不可施为，下品道德行为实施却刻意作为。

上仁[①]爲之而無以爲也，上義[②]爲之而有以爲也。

①仁：人际道德观。

②义：社会认可的合宜道理和行为。

这句说：上仁行为无所实施，上义行为刻意为之。

上禮[①]爲之而莫之應[②]也，則攘臂而乃之[③]。故失道。

①礼：与社会体制和习俗相应的礼仪。

②莫之应：没有相与对应性。

③攘臂而乃之：被排斥从而挥动手臂扔掉它。臂，名词活用为动词。乃，通"扔"。

这句说：上等礼仪行为没有相与对应的社会体制和习俗，被人们所排斥从而挥动手臂扔掉它。所以道品质丧失。

失道矣而後德，失德而後仁，失仁而後義，失義而後禮。

这句说：丧失了道品质然后讲德，丧失德之后讲仁，丧失仁之后讲义，丧失义之后讲礼。

夫禮者，忠信之泊[①]也而亂之首也。前識者[②]，道之華也而愚之始也。

①泊：停泊。

②前识者：具有前瞻性的人。

这两句说：礼仪，固然是忠与信停泊的场所却正是社会动乱的首选因素。具有前瞻性的人，重视道的华丽外表者却正是愚昧的始作俑者。

是以大丈夫居亓厚[①]而不居其泊，居亓實而不居其華。故去皮[②]取此。

①居亓厚：置身于敦厚处。亓：其，古今字。河上公注："处其厚者，处身于敦朴。"

②皮：彼，通用。

这句说：所以大丈夫位居那敦厚处可不居那乱泊位，处居那实在处可不居那华丽处。故而去彼取此。

小结：

本章阐述德是道品社会体制在心理意识、信念行为、恩惠情谊等方面的表样征象。丧失了道品质然后讲德，丧失德之后讲仁，丧失仁之后讲义，丧失义之后讲礼，礼是社会动乱的首选因素，道德体用去表象取实在。

参考：

（1）范应元注："前识犹先见也。谓制礼之人。自谓有先见，故为节文，以为人事之仪则也，然使人离质尚文。是以大丈夫处其忠信之厚，而不处其薄，处其道之实，而不处其华，盖知仁义礼其末，必至于乱，不如相忘于道德也。故除彼薄与华，而取此厚与实矣。"

（2）陈柱："礼者，文明之谓也；文明者，人为之效也。文明愈进，则诈伪愈进，故老子以礼为乱首。观吾国文字，为伪二字，古通为一字，其义深矣。"

三十九、昔之得一者

　　昔之得一者，天得一以清，地得一以寧，神得一以霝，浴得一以盈，侯王得一而以爲正。亓致之也，胃天毋已清將恐蓮，胃地毋已寧將恐發，胃神毋已霝將恐歇，胃浴毋已盈將恐渴，胃侯王毋已貴以高將恐欮。故必貴而以賤爲本，必高矣而以下爲亓。夫是以侯王自胃孤寡不穀，此亓賤之本與？非也。故致數與無與。是故不欲禄禄若玉，硌硌若石。

——帛书《老子》甲本　傅奕本第三十九章

文句讲析：

　　昔之得一①者，天得一以清，地得一以寧，神得一以霝②，浴得一以盈，侯王得一而以爲正③。

　　①一：第一。《说文》："一，惟初太极，道立于一，造分天地，化成万物。"《韩非子·扬权》："道无双，故曰一。"王弼《老子注》："一，数之始而物之极也。"

　　②霝：灵，古今字。

　　③正：准正。

　　这句说：往昔获得第一的，高天得第一以致清朗，大地得第一以致宁静，神祇得第一以致灵动，溪谷得第一以致冲盈，侯王得第一而用以做准正。

　　亓致之也①，胃天毋已②清將恐蓮③，胃地毋已寧將恐發④，胃神毋已霝將恐歇⑤，胃浴毋已盈將恐渴⑥，胃侯王毋已貴以高將恐欮⑦。

　　①亓致之也：如果导致危险。其：副词，表示强调与揣测语气。致：使至，此处指导致的危险。之，结构助词，提示注意下文。也，语气停顿，以待下文。

　　②毋已：不可停止。

　　③蓮：莲藕，也叫荷，花即莲花，也称芙蓉。具出污泥而不染特质。帛乙作"蓮"，帛甲字毁夺，傅奕本作"裂"。

　　④發：发生震动。

　　⑤歇：止。

　　⑥渴：涸，通用。

　　⑦欮：蹶扑。欮、蹶，古今字。

　　这句说：如果导致危险，以天来说不可停止清净，莲花恐将污染；以地来说不可停止宁静，地震恐将发生；以神来说不可停止灵明，灵动恐将歇止；以溪谷来说不可停止冲盈，溪水恐将干涸；以侯王来说不可停止尊贵而居高，蹶扑恐将失败。

　　故必貴而以賤爲本，必高矣①而以下爲亓②。

　　①矣：句中舒缓语气。

　　②亓：基础。

这句说：故此必要尊贵就以低贱做根本，必要高耸呢就以下降做基础。

夫是以侯王自胃孤寡^①不榖^②，此其賤之本與^③？非也。故致數與無與^④。

①孤寡：幼而无父曰孤，妇人无夫曰寡。

②不榖：不被收养。

③與：歟，表疑问或反问。

④數與無與：数誉无誉。與，通"譽"。

这两句说：此所以侯王称孤道寡自谦不榖，这是他以卑贱为根本吗？不是！故意邀射多多美誉却没有美誉。

是故不欲祿祿^①若玉，硌硌^②若石。

①祿祿：碌碌，顽石坚确貌。祿，通"碌"。

②硌硌：山石高大无状貌。《韵会》："硌硌，石坚不相貌。"

这句说：所以不想顽石如玉，却坚石无状。

小结：

本章阐述大道普遍存在，失一失道，不可沽名钓誉。

参考：

（1）杜预《春秋左氏经传集解》："孤寡不榖，诸侯谦称。"

（2）范应元注："物有万殊，道惟一本。故昔之得一者：天得之以清，地得之以宁，神得之以灵，谷得之以盈，万物得之以生，侯王得之以为天下贞。是以各由其一，而不自以为德也。"

四十、返也者，道之僮也

返也者，道之僮也；溺也者，道之甬也。天下之勿生於又，生於亡。

——楚简《老子》甲本 傅奕本第四十章

文句讲析：

返^①也者，道之僮也^②；溺^③也者，道之甬^④也。

①返：往返回圈。

②道之僮也：之，据语义补。僮，动。此句在帛书甲、乙与傅奕本皆为"道之动也"。

③溺：弱。

④甬：用

这句说：返，是道的运动；弱，是道的功用。

天下之勿^①生於又^②，生於亡^③。

①勿：物。

②又：有。

③亡：无。

这句说：天下的万事万物可以是有所化生，也可以是无所化生。

小结：

本章阐述道的运动形式和功用，万物在道运动中有无生生。

参考：

王弼注："天下之物，皆以有为生。有之所始，以无为本。将欲全有，必反于无也。"

四十一、上士昏道

上士昏道，堇能行於亓中；中士昏道，若昏若亡；下士昏道，大芺之。弗大芺，不足以爲道矣。是以建言又之：明道女孛，迟道女纇，進道若退，上惪女浴。大白女辱，娃惪女不足，建惪女揄，質真女愉。大方亡禺，大器曼成，大音鼠聖。天象亡坓，道亙亡名，善詫善坓。

——楚简《老子》乙本　傅奕本第四十一章

文句讲析：

上士①昏②道，堇③能行於亓中。中士昏道，若昏若亡④。下士昏道，大芺⑤之。弗大芺，不足以爲道矣。

①士：士子，对读书人的通称。

②昏：闻。

③堇：勤。

④亡：无。

⑤芺：笑，异体字。

这句说：上等士子听到大道，勤勉而且贯彻于行道之中；中等士子听闻大道，好像听得又好像没有；下等士子听到大道，大声地笑着。不大笑，不足以称作道。

是以建言①又②之：明③道女孛④，迟⑤道女纇⑥，進⑦道若退，上惪⑧女浴⑨。

①建言：格言。

②又：通"有"。

③明：光明。使动用法。

④女孛（bèi）：如背。女，通"如"；孛，通"背"。

⑤迟（chí）：迟，通"夷"，平坦。

⑥纇：类，崎岖。据帛甲本补缺。

⑦進：据帛甲本补缺。

⑧上惪：提升品德层级。上，使动用法。

⑨浴：谷，山谷。

这句说：所以有格言说，使大道光明却好像背光而行，大道平坦却好像小路崎岖；循道前进好像走路倒退，品德提升好像坠落深谷。

大白女辱①，𡉹悳②女不足，建悳女揄③，質貞女愉④。

①大白女辱：极其洁白好像垢黷。大，程度副词。女，如，若。辱，黷，黯黑，垢黑。

②𡉹悳（shèng dé）：盛德。《史记·老子韩非列传》：“孔子适周，将问礼于老子。老子曰：‘……吾闻之，良贾深藏若虚，君子盛德，容貌若愚。’”核校严遵本正作“盛德”，可能本于楚简。

③揄：揄，据帛甲补缺。《说文》：“揄，引也。”

④質貞女愉：質、愉二字，据帛甲本补缺。愉：通“渝”。《说文》：“渝，变污也。”

这句说：洁白好像垢黷，普惠好像不够，建立美德好像引诱，质地真洁好像污染。

大方亡禺①，大器曼②成，大音祗聖③。天象亡茔④，道亙亡名，善訖善𡉹⑤。

①禺：通“隅”，棱角。

②曼：通“慢”。

③祗聖（ér shēng）：髵声，声源细微。帛甲道经“视之而弗见名之曰𦗋，听之而弗闻名之曰稀”。帛乙与傅奕本均作“稀声”。祗：髵，颊毛，周古文。

④茔：形。通用。

⑤道亙亡名，善訖善𡉹：楚简《老子》乙本，道字下简文缺损，从上下文本校，帛书《老子》甲、乙本对校，傅奕本参校，补“亙亡名，善訖善𡉹”七字。

这句说：巨大方框没有棱角，高大器具缓慢铸成，音响洪大声源微细。昊天气象变幻无形，道隐无名，好开始好兴盛。

小结：

本章说道隐无名，见智见仁。

参考：

(1)《庄子·寓言》：“阳子居南之沛，老聃西游于秦。邀于郊，至于梁而遇老子……至舍，进盥漱巾栉，脱屦户外，膝行而前，曰：‘向者弟子欲请夫子，夫子行不闲，是以不敢，今闲矣，请问其过。’老子曰：‘而睢睢盱盱，而谁与居！大白若辱，盛德若不足。’阳子居蹴然变容曰：‘敬闻命矣。’”

(2)《庄子·天下》：“老聃曰：‘知其雄，守其雌，为天下溪；知其白，守其辱，为天下谷。’”

(3)王弼注：“听之不闻名曰稀，不可得闻之声也。有声则有分，有分则不宫而商矣。分则不能统众，故有声者，非大声也。有形则有分，有分者不温则炎，不炎则寒，故象而形者非大象。”

(4)王真《道德经论兵要义述》：“夫人君执德谦柔，用晦无为之若此，天下其孰能与之争？既无所争，则兵革自然戢藏也。”

四十二、道生一

道生一，一生二，二生三，三生萬物。萬物負陰而抱陽，中氣以爲和。天下之所恶，唯孤寡不㝏，而王公以自名也。勿或敗之而益，益之而敗。故人之所教，夕議而教人。故强良者不得死，我將以爲學父。

——帛书《老子》甲本　傅奕本第四十二章

文句讲析：

道生一①，一生二②，二生三③，三生萬物④。

①道生一：道派生体系统。《说文》："一，惟初太极，道立于一，造分天地，化成万物。"

②一生二：体系统派生两株子系统。范应元注："一之中，便有动静，动曰阳，静曰阴，故曰一生二也。"

③二生三：两株子系统派生子子系统，株数以独生子起码，连同父母辈，共计三株。

④三生万物：第三代系统建立，派生万类事物。范应元注："自三以往，生生不穷，故曰三生万物也。"

这句说：道派生体系统，体系统派生两株子系统，两株子系统派生第三株或者多株子子系统，第三代系统建立，派生万类事物。

萬物負陰①而抱陽②，中氣③以爲和④。

①負陰：使阴性负重。负，使动用法。

②抱陽：使阳性拥抱。抱，使动用法。

③中氣：冲气，气息冲融。中，通"冲"，冲融。气：息，呼吸。

④和：和蔼、平静。

这两句说：万物交合阴性负重阳性拥抱，气息冲融以致和蔼。

天下之所惡，唯孤寡①不㝏②，而王公③以自名也④。

①孤寡：孤：幼而亡父。寡：少而亡夫。

②不㝏（gǔ）：无赡养。

③王公：天子与诸侯。

④以自名也：把称孤道寡引为自谦名号。

这几句说：天下厌恶的，只是孤独、寡居、无赡养，可是天子与诸侯却把称孤道寡引为自谦荣耀。

勿或敗①之而益，益之而敗。

①敗：同"损"，损毁。

这两句说：因此物品有时损毁反而增益，有时增益反而损毁。

故人之所教①，夕議而教人②。

①所教（jiāo）：传授知识与技能。

②夕議而教人：经过一个晚上忖度便施教他人。议：通"仪"，忖度。

这两句说：人们传授的知识与技能，经过一个晚上忖度便施教他人。

故强良者①不得死②，我将③以爲學父④。

①强良者：强暴专横的人。良：通"梁"。

②不得死：不遭遇早死。

③將：将，且。

④學父（xiào fù）：觉悟开始。学：教。《说文》："敎，觉悟也。学，篆文敎省。"父：通"甫"，开始。

这两句说：因此强暴专横的人如果不遭遇早死，我且认为是他们觉悟的开始。

小结：

本章阐述道的派生观念与名号的虚荣不实。

参考：

河上公注："不得其死者，为天所绝，兵刃所伐，王法所杀，不得以寿命死也。"

四十三、天下之至柔，馳骋於天下之致堅

天下之至柔，馳骋於天下之致堅。無有入於無間。五是以知無爲之有益也。不言之教，無爲之益，天下希能及之矣。

——帛书《老子》甲本 傅奕本第四十三章

文句讲析：

天下之至柔，馳骋①於天下之致②堅。

①馳骋：驰骋，骑马奔驰、漫游。骋，帛书《老子》乙本作"骋"。

②致：同"至"。

这句说：天下最柔软的东西，漫游在天下最坚硬的东西里面。

無有入於無間。五①是以知無爲之有益也。

①五：吾。

这两句说：没有形态的东西出入没有空间的东西。我因此懂得无为所具有的效益。

不言之教，無爲之益，天下希能及之矣。

这句说：没有言辞的教诲，没有作为的效益，普天下的人很少企及呢。

小结：

本章说无为有益。

参考：

（1）王弼注："虚无柔弱，无所不通。无有不可穷，至柔不可折。以此推之，故知无为之有益也。"

（2）范应元注："不言之教，柔弱也；无为之益，虚通也。盖柔弱虚通者，大道不言之教，无为之益也。故人当体之。而天下之人，蔽于物欲好尚，强梁有为，自生障碍，是以罕有及此

道者矣。"

四十四、名與身箮斳

名與身箮斳？身與貨箮多？貨與貨箮病？甚悉必大黌，厚贜必多貨。古智
足不辱，智坒不忢，可以長舊。

——楚简《老子》甲本　傅奕本第四十四章

文句讲析：

名與身箮①斳②？身與貨箮多？貨③與貨④箮病⑤？

①箮（dú）：通"孰"。

②斳："親"，古文，货。

③貨（huò）：偾，古文，货。

④貨（wáng）：亡，失亡。

⑤病（fāng）：厉，房，通"妨"，妨碍。

这句说：名誉与身体谁亲切？身体与货物谁为多？揽货与失亡又何妨？

甚悉①必大黌②，厚贜③必多貨④。

①悉：爱。

②黌（sù）：行不住。通"拂（fú）"，喻费用之广。

③厚贜（hòuzāng）：厚覆赃物。厚，同"厚"。

④貨：亡，亡失。引申为露底、败露。

这句说：过分溺爱必然消费大，赃物覆实必定败露多。

古①智足不辱②，智坒不忢③，可以長舊④。

①古：故。

②智足不辱：知足不辱。辱，被动用法。

③智坒不忢：知止不疚。忢，本字疚，痴貌。

④長舊：长久。

这句说：所以知道满足不至于被人侮辱，知道休止不至于自行犯痴，可以长久。

小结：本章阐述谨慎名利物欲，知足常乐，优势不败。

参考：

（1）河上公注："生多藏于府库，死多藏于府墓。生有攻劫之忧，死有掘冢探柩之患。"

（2）王弼注："甚爱不与物通，多藏不与物散，求之者多，攻之者众，为物所病，古大费厚亡也。"

（3）范应元注："唯知足知止而不贪名货者，则不至污辱危殆，可以长且久也。"

四十五、大成若夬

大成若夬，亓甬不幣。大涅若中，亓用不穿。大攷若仳，大成若詘，大植若屈。

桑勶滄，啨勶然，青清爲天下定。

——楚简《老子》乙本　傅奕本第四十五章

文句讲析：

大成若夬①，亓②甬③不幣④；大涅⑤若中⑥，亓甬不穿⑦。

①夬：通"缺"。
②亓：其。亓、其，古今字。
③甬：通"用"。
④幣：通"敝"，破旧、破损。与"缺"为同义词。
⑤涅：通"盈"，充满。
⑥中：通"冲"，涌动。
⑦穿："窍"的古体字。

这句说：大器晚成好像缺失，它的用处没有破损；盛大充盈好像涌动，它的用处没有穷尽。

大攷①若仳②，大成若詘③，大植④若屈⑤。

①攷（yú）：进。巧。帛书甲、乙与傅奕本均作"巧"，可从。
②仳：通"拙"，笨拙。
③詘：言语迟钝。
④植：通"直"。
⑤屈：曲，通用。弯曲。

这句说：大步奋进好像行动笨拙，擅长辩论好像言语迟钝，最大的挺直好像弯曲。

桑勶滄①，啨②勶然③，青清④爲天下定⑤。

①桑勶滄：躁勝寒。桑：通"趮"，同"躁"，躁动。勶，通"勝"，制胜。滄，凔，寒冷。
②啨：清，通用，清凉。
③然：燃，热。
④青清：清净安静。第二个清字，帛书甲作"靓"，通"静"；傅奕本作"靖"，义同。《说文》："靖，立竫也。"
⑤定：中定，箭靶的中心，即目标。

这句说：躁动制胜寒冷，清凉制胜炎热。清净安静用作天下目标。

小结：

本章说清净安静为天下目标。

参考：

（1）王弼注："大盈冲足，随物而与，无所爱矜，故若冲也。随物而直，直不在一，故若屈也。大巧因自然成器，不造为异端，故若缺也。……静则物全之真，躁则犯物之性，故惟清静乃得如上诸大也。"

（2）范应元注："夫道成功而不处。大成者，无物不成，而不处其功，故若缺也。……夫道，在坑满坑，在谷满谷。大满者，无所不满，而不见其迹，故若虚也，其用是以不尽。……躁极则寒，寒则万物凋零。静极则热，热则万物生长。是知躁动者，死之根；清静者，生之根也。"

四十六、天下有道，卻走馬以糞

天下有道，卻走馬以糞；天下無道，戎馬生於郊。

——帛书《老子》甲本　傅奕本第四十六章

皋莫属唬甚慾，咎莫螽唬谷得，化莫大唬不智足。智足之爲足，此互足矣。

——楚简《老子》甲本　傅奕本第四十六章

文句讲析：

天下有道，卻①走馬②以③糞。

①卻：退却。

②走马：奔腾的战马。

③以：同"而"。

这句说：社会富有道德，奔腾的战马从疆场退却而粪便遗留。

天下無道，戎馬①生於郊②。

①戎马：披甲战马。

②郊：京城城郭外围，是保卫京城之战场。《说文》："郊，距国百里为郊。"

这句说：社会没有道德，披甲战马出生在郊外战场上。

皋①莫属唬②甚慾，咎莫螽③唬谷得④，化⑤莫大唬不智⑥足。

①皋：罪。

②属唬：厚呼。唬，通"乎"，句中语气词，用同"于"。

③螽（xiān）：譣，古文，譣从中起，诉而加诬。与"僭、譖"通用，譣佞，僭谗，蝎谗，奸谗。

④谷得：慾而贪得。谷，通"慾"。得：贪得。

⑤化：祸。

⑥智：知，懂得。

这句说：罪孽深重莫过于欲望剧烈，咎由自取莫甚于僭谗贪得。祸患莫大于不懂得满足。

智足之爲足，此亙足矣。

这句说：懂得满足之所以为满足，这就极其满足了。

小结：

本章阐述天下有道少战事，欲望收敛常满足。

参考：

(1) 桓宽《盐铁论·未通》："闻往者未伐胡越之时，繇赋省而民富足，温衣饱食，藏新食陈，布帛充用，牛马成群，农夫以马耕载，而民莫不骑乘。当此之时，却走马以粪。其后师旅数发，戎马不足，牸牝入阵，故驹犊生于战地，六畜不育于家，五谷不植于野，民不足于糟糠。"

(2)《庄子·杂篇·渔父》："人有八疵，事有四患，不可不察也。非其事而事之，谓之摠；莫之顾而进之，谓之佞；希意道言，谓之谄；不择是非而言，谓之谀；好言人之恶，谓之谗；析交离亲，谓之贼；称誉诈伪以败恶人，谓之慝；不择善否，两容颊适，偷拔其所欲，谓之险。此八疵者，外以乱人，内以伤身，君子不友，明君不臣。所谓四患者：好经大事，变更易常，以挂功名，谓之叨；专知擅事，侵人自用，谓之贪；见过不更，闻谏愈甚，谓之很；人同于己则可，不同于己，虽善不善，谓之矜。此四患也。能去八疵，无行四患，而始可教已。"

四十七、不出於戶，以知天下

不出於戶，以知天下；不規於牖，以知天道。亓出也彌遠，亓知彌少。是以声人不行而知，不見而名，弗爲而成。

——帛书《老子》甲本　傅奕本第四十七章

文句讲析：

不出於戶，以知天下；不規①於牖②，以知天道。

①規：窥，从小缝隙窃视。扬雄《方言》："凡相窃视，南楚谓之窥。"《说文》："窥，小视也。"

②牖：窗。《说文》："穿壁以木为交窗也。"

这句说：不出门庭，能知天下；不看窗外，能知自然。

亓①出也彌②遠，亓知彌少。

①亓：其。表揣测。

②彌：愈，更加。

这句说：大致外出愈远，知道愈少。

是以声人不行而知，不見而名，弗爲而成。

这句说：所以圣人不出行却知道，不表现却著名，没作为却成功。

小结：

本章阐述大道不在远，无名又无为。

参考：

（1）王弼注："道有大常，理有大致。执古之道，可以御今，虽处于今，可以知古始，故不出户不窥牖而可知也。无在于一，而求之于众也，道视之不可见，听之不可闻，抟之不可得。如其知之，不须出户；若其不知，出愈远，愈迷也。"

（2）成克巩《御定道德经注》："天地不可以形尽，足之所至，见其形耳。虽远，岂能尽乎！"

（3）王真《道德经论兵要义述》："夫人君则天、效地、恭己、正南面，无为于上，垂拱而已；无不为于下，各有司存自然，百度惟贞，万物咸若，何必行而后知，见而后名，为而后成也！"

四十八、爲學者日益，爲道者日煩

爲學者日益，爲道者日煩。煩之或煩，以至亡爲也。亡爲而亡不爲。
將欲取天下也，恒無事。及其有事也，又不足以取天下矣。

——楚简《老子》乙本　帛书《老子》甲本　傅奕本第四十八章

文句讲析：

爲學者日益，爲道者日煩①。煩之或煩②，以至亡爲③也。亡爲而亡不爲④。

①爲學者日益，爲道者日煩（yún）：治学大致天天受益，治道大致日日煩黄。爲：治，从事，研究。楚简《老子》乙夺，参照诸本补，以对称声气。学：指仁、义、信、礼的政教学业。者：助词，表揣测。煩：黄貌，用如动词，黄变。《汉书·礼乐志·郊祀歌·天门》："照紫幄，珠煩黄。"颜师古注："如淳曰：'煩音隕，黄貌也。'师古曰：'言光照紫幄，故其珠色煩然而黄也。'"煩，诸本作"损"，属通用。

②煩之或煩：煩黄了又煩黄。之：结构助词，提示后续。或：副词，表揣测。

③亡为：妄为消失。亡：消失。为：妄为。

④亡不为：不欲为忘失。

这句说：治学大致日日受益，治道大致日日煩黄。煩黄了又煩黄，以至于妄为消亡。妄为消亡而不欲为意识也就随着消亡。

將欲取天下也，恒無事。及其有事也，又不足以取天下矣。

这两句说：行将夺取社会政治权位，常若无其事。比及实有其事，又不可能满意地夺取天下了。

小结：

本章阐述感性知识不足取，大道无为天下治。

参考：

范应元注："心虚则道通，以道化民，则无事矣。虽不取天下，而人心自然归之。及其政令苛，刑法严，则虽欲取天下，而人心不归之矣。"

四十九、聖人無恒心

聖人無恒心，以百姓之心爲心。善者善之，不善者亦善之，德善也；信者信之，不信者亦信之，德信也。聖人之在天下，翕翕焉，爲天下渾心。百姓皆屬耳目焉，聖人皆晐之。

——帛书《老子》甲本　傅奕本第四十九章

文句讲析：

聖人無恒心[①]，以百姓之心爲心。

①恒心：持久心理意识。

这句说：圣人没有持久心理意识，以百姓心理意识为自己的心理意识。

善者善之，不善者亦善之，德善也；

这句说：对善良的人友善，对不善良的人也友善，品德善良啊。

信者信之，不信者亦信之，德信也。

这句说：取信于可信的人，也取信于不可信的人，品德诚信啊。

聖人之在天下，翕翕[①]焉，爲天下渾心[②]。

①翕翕（xī xī）：歙歙，呼吸状貌。

②浑心：统一理想。

这句说：圣人居有天下，呼吸与共，统一理想。

百姓皆屬[①]耳目焉，聖人皆晐[②]之。

①屬（zhù）：注。《国语·晋语》："若先，则恐国人之属耳目于我矣。"

②晐：賅，通用。《玉篇》："備也。"

这句说：百姓耳目皆关注，圣人信善都完备。

小结：

本章阐述居天下，道德信善，当与百姓理想一致，呼吸与共。

参考：

《孙子兵法·计篇》："道者，令民与上同意也。故可以与之生，可以与之死，而不畏危。"

五十、出生入死

出生入死。生之徒十有三，死之徒十有三，而民生生，勤皆之死地之十有三。夫何故也？以亓生生也。蓋聞善執生者，陵行不辟矢虎，入軍不被甲兵。

矢無所椯亓角，虎無所昔亓蚤，兵無所容亓刃。夫何故也？以亓無死地焉。

——帛书《老子》甲本　傅奕本第五十章

文句讲析：

出生入死。生^①之徒十有三，死之徒十有三，而民生生，勤^②皆之死地之十有三。

①生：存活。
②勤：动。

这句说：出生入死。存活的徒众仅有十分之三，死去的徒众亦占十分之三，然而人民为了生存讨生计，活动皆在死亡线的达十分之三。

夫何故也？以亓生生也。

这句说：是何种缘故呢？因为他们为了生存讨生计。

盖^①聞善執生^②者，陵^③行不辟^④矢虎^⑤，入軍不被甲兵^⑥。

①盖：句首语气词。
②执生：摄生。
③陵：山陵。
④辟：避，通用，躲开。
⑤矢虎：兕与虎。矢，通"兕"，犀牛。
⑥被甲兵：披甲执兵。被，通"披"，披挂。甲，盔甲。兵，兵器。

这句说：听说善摄生的人，山陵行走不躲开兕虎，进入军阵不披盔甲执持兵器。

矢無所椯^①亓角，虎無所昔^②亓蚤^③，兵無所容亓刃^④。

①椯：揣，通用。
②昔：措，通用。
③蚤：爪，通用。
④容亓刃：放纵其利刃。容，容与，双声连绵字，放纵。刃，刀矛枪箭锋刃。

这句说：兕无法用其角揣，虎无法用其爪抓，敌兵无法放纵其利刃。

夫何故也？以亓無死地焉。

这句说：这是何种缘故？因为没有致其死亡的境地。

小结：

本章阐述大道生命观，生命危险多，摄生无死地。

参考：

（1）王弼注："善摄生者，无以生为生，故无死地也。"
（2）程俱《老子论》："万物之变，莫大乎死生。人之为道，超然于死生之际，则无余事耳。……吾之生也，前不知其所起，后不知其所断，贯万古而常存者湛然也。然后晓然知我之未尝生未尝死也，将以奚为死地哉？"

五十一、道生之而德畜之

道生之而德畜之，物刑之而器成之。是以萬物尊道而貴德。道之尊，德之貴也。夫莫之时而恒自然也。道生之，畜之，長之，遂之，亭之，毒之，養之，覆之。生而弗有也，爲而弗寺也，長而勿宰也，此之謂玄德。

——帛书《老子》甲本 傅奕本第五十一章

文句讲析：

道生①之而德畜②之，物刑③之而器成④之。

①生：存在。

②畜：蓄，通用。

③刑：形，通用。

④成：成就。

这句说：道本存在是以德的储蓄为表象，物质形态是以器具功能所成就。

是以萬物尊道①而貴德②。

①尊道：遵守道。尊，通"遵"。

②贵德：以德贵。

这句说：所以万物遵循道却以德为贵。

道之①尊，德之貴也，夫莫之时②而恒自然也。

①之：结构助词，提示下文。

②时：爵，爵位。

这句说：遵道，贵德，并非因为爵位而具有恒久自然特性。

道生之，畜之，長之，遂之，亭之，毒之，養之，覆之。

这句说：道具备可诞生、可抚育、可成长、可顺遂、可亭立、可毒险、可豢养、可覆盖等共性。

生而弗有也，爲而弗寺也①，長而勿宰也②，此之謂玄德③。

①为而弗寺：维护却无令奉候。为：通"维"，维护。寺：通"侍"，侍奉，使动用法。

②宰：主宰。

③玄：远，通用。

这句说：诞生但不可占有，维护却无令侍奉，成长但不得主宰，这就是所说的远大品德。

小结：

本章阐述道德属性，自然造化。

参考：

（1）《上篇 道经·第十章》："生之畜之，生而弗有，长而弗宰也，是谓玄德。"

（2）苏辙《老子解》："道者万物之母。故生万物者道也。及其运而为德，牧养群众而不辞，故畜万物者德也。然而道德则不能自形，因物而后形见。物则不能自成，远近相取，刚柔相交，积而为势，而后兴亡治乱之变成矣。形虽由物，成虽由势，而非道不生，非德不畜，是以尊道而贵德。尊如父兄，贵于侯王。道无位而德有名故也。恃爵而后尊贵者，非实尊贵也。"

五十二、天下有始，以爲天下母

天下有始，以爲天下母。既得亓母，以知其子。復守亓母，沒身不殆。

——帛书《老子》甲本　傅奕本第五十二章

閔亓門，賽亓逆，終身不惄；啟亓逆，賽亓事，終身不赹。

——楚简《老子》乙本　傅奕本第五十二章

塞亓閔，閉亓門，終身不堇。啟亓閔，濟亓事，終身不棘。
見小曰明，守柔曰強。用亓光，復歸亓明。毋道身央，是胃襲常。

——帛书《老子》甲本　傅奕本第五十二章

文句讲析：

天下有始，以爲天下母。既得亓母，以知亓子。復守亓母①，沒身不殆②。

①復守亓母：报答与遵守母德。

②沒身不殆：终身不懈怠。殆，通"怠"。

这句说：天下万有始生，因为天下的母德。既然得知其母，可以熟悉其子。报答与遵守母德，终身不懈怠 。

閔亓門①，賽亓逆②，終身不惄③；啟④亓逆，賽亓事⑤，終身不赹⑥。

①閔亓門：闩其门。閔，门闩，用如动词，插上门闩。

②賽亓逆：赛其兑。赛，《康熙字典》："《长笺》：'今俗报祭曰赛神，借相誇胜曰赛。'又，《韵会》：通作塞。"逆，通"兑"，游说。兑，《康熙字典》："《说文》：兑，说也。又《集韵》：俞芮切，音睿。"

③惄：督，通用。

④啟：开。

⑤賽亓事：夸其事。

⑥赹（shào）：少，阔少，恶少。

这句说：闩闭其门户，堵塞其游说，终身不昏督；开启其游说，相夸其胜事，终身不阔少。

塞亓閔①，閉亓門②，終身不堇③。

①閔（hūn）：閽，宫墙小门。通"聞"，听闻。

②闭亓門：同上述楚简"閔亓門"。門，正门。

③不堇（jǐn）：无须医药。堇，乌头之类毒药。《庄子·徐无鬼》："药也，其实堇也。"泛指毒药治病。

这句说：堵塞其视听，闩闭其正门，无须毒药伴终身。

啟亓閔①，濟亓事，終身不棘②。

①啓亓閔（man）：开导其烦闷。启，开发，疏导。閔，懑，烦闷。

②濟亓事，終身不棘：成全其难事，终身无须负荆请罪。濟，救济，賙救，周济。《周易·系辞》："知周乎万物而道济天下。"棘，荆棘，荆条。

这句说：开导其烦闷，成全其难事，无须负荆责终身。

見小曰明，守柔曰強。

这句说：小东西能看清楚叫作明察，持守柔弱状态叫作强韧。

用亓光，復歸亓明。毋道身央①，是胃②襲常③

①毋道身央：不要在往来的道途遭遇灾祸殃伤身体。央，通"殃"。

②胃：谓。

③襲常：突袭常态。

这句说：采用大道辉光，使光明返照。不要在往来的道途遭遇灾祸殃伤身体。这就是说的保持预防突袭常态。

小结：

本章阐述遵循大道母德，谨慎结交，注意安全，爱惜生命。

参考：

（1）王弼注："为治之功不在大，见大不明，见小乃明。守强不强，守柔乃强也。"

（2）范应元注："道本无始，此言有始者，谓万物由是始也。母谓道也。道者有而无形，无而有精，变化不测，通神达生，故谓之母。在人之身则为神明，不可以言传口授而得之也。静而无欲，道自居矣。非天下之至神，不能得之。既得乎此，则以是而知其子。子者一也，虚而无形，以万物同得，此所以谓之一也。非天下之至明，不能知之，知此则天地人物与我同出而异名也。"

五十三、使我掣有知也

使我掣有知也，行於大道，唯施是畏。大道甚夷，民甚好解。朝甚除，田甚蕪，倉甚虛。服文采，帶利劍，猒食，貨財有餘，是謂盜夸。盜夸，非道也！

——帛书《老子》甲本 傅奕本第五十三章

文句讲析：

使我掣①有知也，行於大道，唯施②是畏③。

①摞（jié）：絜。《玉篇》："絜，清也。"
②施：旗貌。旗帜面柔，下人以色，故不耐仰视。施，字从傅奕本补。
③畏：通"威"。
这句说：假如我絜然有所察知，行走在大道上，只有旗帜彰显威严。

　大道甚夷①，民甚好解②。

①夷：平坦。
②解：懈，宽松。
这句说：大道很平坦，人民非常爱好宽松。

　朝甚除①，田甚蕪②，倉甚虛③。

①朝甚除：朝向高坛。朝：面对。除：高坛。
②田甚蕪：田野很荒芜。
③仓甚虚：仓库很空虚。
这句说：朝向着高坛，田野很荒芜，仓库很空虚。

　服文采①，帶利劍，猒食②，貨財有餘，是謂盜夸③。盜夸，非道也！

①服：衣着。用如动词。文采：纹彩。
②猒（yàn）食：厌食。猒，厭，古今字。厭，后作"饜"，饱食。成语"贪得无厌"。
③盗夸：暗杀活动据点。盗：从事暗杀活动的人。夸：通"跨"，跨有，占据。
这两句说：衣着华丽，佩带利剑，吃得饱饱，货物钱财多有剩余，是所说的盗贼据点。盗贼据点，不是大道。

小结：

本章素描社会现实，深刻揭示恐怖活动根源，以史资政，可以励人。

参考：

陆希声《道德真经传》："入其国，其政教可知也。观朝阙甚修除，墙宇甚雕峻，则知其君好土木之功，多嬉游之娱矣。观田野甚荒芜，则知其君好力役，夺民时矣。观仓廪甚空虚，则知其君好末作，废本业矣。观衣服多文采，则知其君好淫巧，蠹女工矣。观佩带皆利剑，则知其君好武勇，生国患矣。观饮食常饜饮，则知其君好醉饱，忘民事矣。观资货常有余，则知其君好聚敛，困民财矣。凡此数者，皆资用民力以为夸毗，故谓之盗夸。"

五十四、善建者不拔

　善建者不拔，善抔者不兑，子子孫孫以亓祭祀不屯。攸之身，亓惪乃貞。攸之豪，亓惪又呻。攸之向，亓惪乃長。攸之邽，亓惪乃奉。攸之天下，亓惪乃溥。以豪觀豪，以向觀向，以邽觀邽，以天下觀天下。虗可以智天下肰？以此。

——楚简《老子》乙本　傅奕本第五十四章

文句讲析：

善建者不拔①，善祊②者不兑③，子子孙孙以亓祭祀不屯④。

①拔：拔起，被动用法。

②祊（bēng）：同"搒"，牵挽。

③兑：脱，被动用法。

④屯：顿。停顿。

这句说：好的建筑物桩基不能被拔起，好的牵挽者不可被挣脱；子子孙孙继续祭祀祖辈不停顿。

攸①之身，亓德乃贞②。攸之豪，亓德又啥③。攸之向④，亓德乃長。攸之陕，亓德乃奉⑤。攸之天下，亓德乃溥⑥。

①攸：修。

②贞：贞洁。

③又：有。啥：餘。通用。

④向：乡。其德更长远。

⑤奉：丰。

⑥溥（pǔ）：广普。

这句说：自身修养，德操贞洁。全家修养，德行裕余。乡里修养，建德悠长。邦国修养，硕德丰沛。天下修养，厚德普惠。

以豪觀豪，以向觀向，以陕觀陕，以天下觀天下。

这句说：家看家，乡看乡，邦看邦，天下看天下。

虘可①以智②天下朕？以此。

①虘可：吾何。

②智：知。

这句说：我为何能知天下的这个式样？凭着此德修养。

小结：

本章阐述敬业修德，普惠天下。

参考：

（1）王弼注："固其根而后营木，故不拔也；不贪于多，齐其所能，故不脱也。"

（2）范应元注："修者，去私欲而不使为德之害也。自修之身，其德乃真。而至于家之有余，乡之长久，邦之丰盛，天下周普，此皆建德无为之效也。……不过以此一身之清静无欲而推之，则天下浑然可知耳。"

（3）吕惠卿《道德真经传》："庄周以为道之真以治身，其绪余以为国家，其土苴以治天下，其说出于此也。"

五十五、韵悳之尾者，比於赤子

韵悳之尾者，比於赤子。蚰蠆蠚它弗蟄，攫鳥戝獸弗扣，骨溺菫柔而捉固，未智牝戊之禽夯蓉，精之至也。終日嗁而不惡，和之至也。和曰常，智和曰昀，賹生曰祥，心叓燳曰勥。勿壯則老。是胃不道。

——楚简《老子》甲本　傅奕本第五十五章

文句讲析：

韵悳①之尾者，比於②赤子③。

①韵悳：韵德。韵，简甲字体清晰，整理者释作"畲"，注字"含"，值得商榷。韵，《康熙字典》引《集韵》：與韻同。又引《说文》：和也。韵悳二字，帛甲缺损，帛乙作"含德"，傅奕本作"含德"。或者因为韵与蕴通，义为"含蕴"，故传抄改作"含德"。帛甲残缺二字，不当从后世传抄本补入，宜其仍之，以存古义。姑以简甲"韵德"二字补缺，旨在提供研究。

②比于：比之于。

③赤子：新生的婴儿。

这句说：和德的丰厚者，比之于新生的婴儿。

蚰蠆蠚它①弗蟄②，攫③鳥戝獸④不扣⑤。骨溺⑥菫⑦柔而捉固⑧。

①蚰蚤蠚它（huì chai tà tuō）：蚰：古同"虺（huǐ）"，两头蛇。蚤：犍尾类昆虫，如全蝎、蜻蜓。蠆：挞虫，俗名痒挞子。它，大蛇。

②蟄（shì）：刺、咬、螯足钳夹。

③攫（jué）：执，利爪抓取。

④戝獸（wó shóu）：戝犬猛兽。

⑤扣：按捺。

⑥溺：通"弱"。

⑦菫：同"筋"。

⑧捉固：抓握牢固。

这句说：蛇蝎毒虫不螯刺，禽鸟猛兽不抓捺。骨骼弱小肌腱柔软可是抓握牢固。

未智牝戊之禽①夯蓉②，精之至也。終日嗁③而不惡④，和⑤之至⑥也。

①牝戊（pìn mǔ）之禽：雌雄交会。牝：雌性鸟兽。《说文》："牝，畜母也。"牡：雄性鸟兽。《说文》："牡，畜父也。"禽：会，禽为古文。

②夯蓉：势怒。指竖阳，阴茎勃起。夯蓉二字，周古文，帛甲夺，帛乙作"朘怒"，傅奕本"朘作"。

③嗁：哭叫。

④惡：通"嗄"。气逆。《玉篇·口部》："嗄，《老子》曰：'終日號而嗌，不嗄。'嗄，气逆也。"《康熙字典》"按：今本《老子》作嗄。"

⑤和：和调。

⑥至：恰当。

这句说：不懂得雌雄交会然而阴茎勃起，是精气通达。整天哭叫却不气逆，是气息和调得恰当。

　　和曰常[①]，智和曰昀[②]，赠生[③]曰羕[④]。

①常：正常。

②昀（yún）：匀畅。

③赠（ài）生：寄生，即生命寄托。赠，《康熙字典》："赠，寄人物也。"又，赠（yì），通"艗"，同鹢、鷁，水鸟。古人画其像于龙舟之首，以示浮游吉祥。《淮南子·水经训》："龙舟鹢首，浮吹以娱。"

④羕（yàng）：水流悠长。《说文》："羕，水长也。"

这句说：气息平和叫作正常，懂得平和叫作匀畅，生命寄托叫作水流悠长。

　　心叓爅[①]曰劳[②]，勿壥[③]则老，是胃不道。

①心叓爅（lóng）：心意火热。

②劳（jiàng）：犟。倔强。

③壥：通"壮"。

这句说：心意火热叫作倔强。生物壮盛就将衰老，应当说这种行为不合于大道。

小结：

本章说心气和谐，明哲赠生。

参考：

（1）《庄子·杂篇·庚桑楚》："终日嗥而嗌，不嘎，和之至也。"

（2）《颜氏家训·勉学》："吾初读《庄子》'蝋二首'，《韩非子》曰：'虫有蝋者，一身两口，争食相龁，遂相杀也。' 茫然不识此字何音……后见《古今字诂》，此亦古之虺字，积年凝滞，豁然雾解。"（**按**：今本《庄子》无，《韩非子》作虺。颜之推所见《庄子》《韩非子》，乃彼时之古本流传。）

（3）苏辙《老子解》："老子之言道德，每以婴儿况之者，皆言其体而已，未及其用也。夫婴儿泊然无欲，其体则至矣。然而物来而不知应，故未可以言用也。道无形体，物莫得而见也，况可得而伤之乎？人之所以至于有形者，由其有心也。故有心而后有形，有形而后有敌，故立而伤之者至矣。无心之人，物无与敌者，而曷由伤之？夫赤子所以至此者，唯无心也。"

五十六、智之者弗言

　　智之者弗言，言之者弗智。閉亓兌，賽亓門，和亓光，迵亓呻，斱卹亓頯，解亓紛，是胃玄同。古不可得而斱，亦不可得而定；不可得而利，亦不可得而害；不可得而貴，亦不可得而戔。故爲天下貴。

——楚简《老子》甲本　傅奕本第五十六章

文句讲析：

智之者弗言，言之者弗智。

这句说：知者不言，言者不知。

閟亓说[1]，赛亓門[2]，和亓光[3]，迵亓斷[4]，斷剐亓齈[5]，解亓紛[6]，是胃玄同[7]。

①閟亓说：闭其说。

②赛亓門：塞其门。

③和亓光：和其光。

④迵亓斷：迭其枕。迵，迭。斷，通"枕"。帛甲作"塑"。斷，又通"慎"，见下一字和简丙"斷終若訖"。

⑤斷剐亓齈（shan guǒ qí zhēng）：慎割其症。斷，通"慎"。剐，割。齈，俗字"挸"。挸，通"症"，症结。

⑥解亓紛：懈其忿。解，通"懈"，解释、宽懈，使动用法。

⑦是胃玄同：这就是所谓殊途同归。胃，通"谓"。玄，通"悬"，悬异。同，共同。古代汉语单音词，现代汉语双音词。

[按] 前言孔德、广德、上德、下德、玄德、韵德，此言玄同，悬异共同；后更言重积德，德交归。邦国德治，万殊一本，归之于道。

这句说：屏避游说，堵塞门户，柔和光照，枕卧荐首，谨慎割除症结，宽懈忧忿，这就是所谓悬异共同。

古[1]不可得而斳[2]，亦不可得而疋[3]；不可得而利，亦不可得而害；

①古：故。

②斳：亲。

③疋：疏。

这句说：故而不能因为有得就亲近，也不能没有得就疏远；不能因为既得就让利，也不能无得就互相伤害。

不可得而貴，亦不可得而戔[1]。故爲天下貴。

①戔：贱。

这句说：不能因为获得就此高贵，也不能无获就卑贱。所以天下最为尊贵。

小结：

本章阐述屏蔽声闻利益亲疏纷扰，体道为贵。

参考：

(1) 王真《道德经论兵要义述》："夫以道用兵，则知者必不言其机也，言者必不知其要也。故曰知者不言，言者不知。塞其兑，闭其门者，兵之深机也；挫锐解纷，和光同尘者，兵之至要也。并不可得而言也，是以谓之玄同。故圣人之师，以战则胜，以守则固，非天下之所敢也。然而不敢轻天下之敌，是以远近者不可得而亲疏，惠怨者不可得而利害，等夷者不可得而贵贱，故为天下之所贵重也。”

（2）林希逸《老子口义》：“言其超出亲疏利害贵贱之外也。”

五十七、以正之陟

以正之陟，以戟甬兵，以亡事取天下。虐何以智亓肰也？夫天下多异韋，而民爾畔。民多利器，而陟慈昏。人多智而戉勿慈记，珐勿慈章，覜恳多又。是以聖人之言曰：“我龏事而民自福，我亡爲而民自蠡，我好青而民自正，我谷不谷而民自樸。”

——楚简《老子》甲本　傅奕本第五十七章

文句讲析：

以正之陟[①]，以戟甬兵[②]，以亡[③]事取[④]天下。

①以正之陟：用正准管理联邦。正：揆平取正。之：通“治”，管理。

②以戟甬兵：以奇正虚实用兵。戟（qí）：奇正。《孙子兵法·兵势第五》：“三军之众，可使必受敌而无败者，奇正是也。”此处为复词偏义，偏于“奇”，即“奇异”。甬：通“用”。

③亡：通“无”。

④取：索取、收受。

这句说：实行目标管理联邦，用奇计指挥军队，凭借不发生事端受理天下。

虐可以智亓肰[①]也？夫天下[②]多异韋[③]，而民爾畔[④]。民多利器而陟慈[⑤]昏。人多智而戉勿慈记[⑥]，珐勿[⑦]慈章[⑧]覜恳[⑨]多又[⑩]。

①虐可以智亓肰：吾何以知其然。

②下：原脱，从帛甲乙傅奕本补入。

③异韋：期韦，忌讳。

④爾畔：彌叛。

⑤慈：通“滋”，滋长。

⑥戉勿慈记：舟商贸易渐渐兴起。戉勿（gě wù）：舟杙泊物。记：同“起”。

⑦珐（fǎ）：法。效法、仿制。

⑧章：彰。显著、显露。

⑨覜恳：盗贼，通用字。

⑩又：有。

这句说：我凭借什么知道这样呢？天下多忌讳则人民越发叛离。人民多办利器，邦国滋长昏庸；人们多智巧于是舟商贸易滋生发展，物件仿制愈加显露，更多盗贼产生。

是以聖人之言，曰：“我龏[①]事而民自福，我亡爲而民自蠡[②]，我好青[③]而民自正，我谷不谷[④]而民自樸。”

①龏：无。

②蠡（gūi）：蝸，通“撝（hūi）”，同“挥”。《朱子本义》释“发挥也”。

③青：静。

④谷：欲。谷不谷：欲不欲，复词偏义，偏重不欲。

这句说：所以圣人的话语，说"我没有事务，可是人民自立富裕；我没有作为，可是人民自行教化；我爱好清静，可是人民的行为自主校正；我没有欲望，可是人民自行淳朴。"

小结：

本章指示君人南面统御之术，阐述"以正之陕，以戟甬兵，以亡事取天下"的邦群体道治思想，针对社会状态观察，以圣人之言"我槑事而民自福，我亡爲而民自蟲，我好青而民自正，我谷不谷而民自檔"，概括治邦理政、目标管理经验，指示民生大道自然发展方向。章句昭明君王圣哲，发挥黄帝大邦道治，民生大道，灿烂辉煌。

参考：

(1)《孙子·九地》："将军之事，静以幽，正以治，能愚士卒之耳目，使之无知。"

(2)《论语·泰伯》："子曰：民可使由之，不可使知之。"郑玄注引《春秋繁露》："民，暝也。"

(3)《尹文子·大道下》："老子曰：'以政治国，以奇用兵，以无事取天下。'政者，名法是也。以名法治国，万物所不能乱。奇者，权术是也。以权术用兵，万物所不能敌。"

(4)王弼《老子注》："民多智慧，则巧伪生。巧伪生，则邪事起。"

(5)《庄子·杂篇·渔父》："天子、诸侯、大夫、庶人，此四者自正，治之美也；四者离位，而乱莫大焉。官治其职，人忧其事，乃无所陵。故田荒室露，衣食不足，征赋不属，妻妾不和，长少无序，庶人之忧也。能不胜任，官事不治，行不清白，群下荒怠，功美不有，爵禄不持，大夫之忧也；廷无忠臣，国家昏乱，工技不巧，贡职不美，春秋后伦，不顺天子，诸侯之忧也；阴阳不和，寒暑不时，以伤庶物，诸侯暴乱，擅相攘伐，以残人民，礼乐不节，财用穷匮，人伦不饬，百姓淫乱，天子有司之忧也。"

五十八、亓正閔閔，亓民屯屯

亓正閔閔，亓民屯屯；亓正察察，亓邦夬夬。禍，福之所倚；福，禍之所伏。孰知亓極？亓無正也，正復爲畸，善復爲妖。人之迷也，亓日固久矣。是以方而不割，兼而不刺，直而不絏，光而不眺。

——帛书《老子》甲本　傅奕本第五十八章

文句讲析：

亓正①閔閔②，亓民屯屯③；亓正察察④，亓邦夬夬⑤。

①正：政，用如动词。

②閔閔：忞忞，勉力貌。

③屯屯：沌沌，糊涂貌。

④察察：精审貌。

⑤夬夬：蹶蹶，不振貌。

这句说：理政勉力，人民糊涂；理政精审，联邦不振。

旤，福之所倚①；福，祸之所伏②。

①旤：祸。倚：依靠。

②祸：依帛书《老子》甲本释文，与前字"旤"，原有古今之别。伏：伏藏。

这句说：祸，福的依靠；福，祸的伏藏。

孰知亓極？亓無正也，正復爲畸①，善復爲妖②。

①畸：畸形。

②妖：妖媚。

这句说：如何认识极点？如果不正常，正态转变为畸形，善美转变为妖媚。

人之迷也，亓日固久矣。

这句说：人们认识的误区，大概本来就很日久。

是以方而不割①，兼②而不刺③，直而不絏④，光而不眺⑤。

①割：切割。

②兼：尖，通用。

③刺：扎刺。

④絏：拽，通用。

⑤眺：耀，通用。

这句说：所以方正却不可切割，尖锐却不扎刺，挺直却不可拉拽，光明却不耀眼。

小结：

本章阐述认识误区，辩证理政。

参考：

（1）王弼《老子注》："言善治政者，无形无名，无事无政可举，闷闷然，卒至于大治，故曰其政闷闷也。其民无所争竞，宽大淳淳，故曰其民淳淳也。立刑名，明赏罚，以检奸伪，故曰察察也。殊类分析，民怀争竞，故曰其民缺缺。"

（2）苏辙《老子解》："天地之大，世俗之见有所眩而不知也。盖福倚于祸，祸伏于福。譬如老稚生死之相继，未始有止，而迷者不知也。夫唯圣人出于万物之表，而揽其终始，得其大全，而遗其小察。视之闷闷，若无所明，而其民淳淳，各全其性矣。若夫世人不知道之全体，以耳目之所知为至，彼方且自以为福，而不知祸之伏于后。方且自以为善，而不知妖之兴于中。区区以察为明，至于察甚伤物，而不悟其非也，可不哀哉！知小察之不能尽物，是以虽能方能廉能直能光，而不用其能，恐其陷于一偏而不反也。此则世俗所谓闷闷也。"

（3）孙以楷《老子通论》："老子的'无为'绝不是消极的无所作为，而是顺自然而为，是无私，是无己、无名、无功之为，因而结果是无不为。老子的'不争'也不是软弱无力的表现，而是内质强大的一种高度自信。"

五十九、給人事天莫若嗇

給人事天莫若嗇。夫唯嗇，是以早，是以早備，是謂重積德。重積德則亡不克。亡不克則莫智亓亙。莫知亓亙，可以又陾。又陾之母，可以長舊，是謂深根寧極而待，長生舊見之道也。

——楚简《老子》乙本　傅奕本第五十九章

文句讲析：

給①人事②天莫若嗇③。夫唯嗇，是以早，是以早備，是謂重積德。

①給（jí）：供给。

②事：事奉。

③莫若嗇：莫如稼穡。种谷曰稼，谷可收曰穡。

这句说：供给人事奉天莫如稼穡。只因为稼穡，所以早从事，所以早准备，这就是所说的重视积德。

重積德則亡不克，亡不克則莫知亓亙①。

①亙：极，通用。

这句说：重视积德，也就攻无不克，攻无不克则莫能预知其极致。

莫知亓亙，可以又陾①。又陾之母，可以長舊，是謂深根寧極而待②，長生舊見③之道也。

①又陾：有陾。陾，國，古今字。陾，师衷簋铭文刻勒此字，亦可证楚简《老子》乙，著作于公元前488年度关之时，结合楚简《老子》甲、丙几见"陕"字，是楚简《老子》全书乃春秋周古文，明矣。

②待：俟。

③舊見：久视。舊，通"久"。見，通"现"，视之义在其中。

这句说：不能预知其极致，就能够富有国家。富有大德的国母，天寿长久，这就是所说的深扎根极宁静动而待时，长生久视的道理。

小结：

本章阐述稼穡积德是富国强兵的基础，是天寿年丰长生久视的道理。

参考：

(1) 王弼《老子注》："国之所以安，谓之母。重积德，是唯图其根，然后营末，乃得其终也。"

(2) 隋·杨上善《黄帝内经太素·上古天真论》："中古之时，有至人者，淳德全道，和于阴阳，调于四时，去世离俗，积精全神，游行天地之间，视听八达之外，此盖益其寿命而强者也，亦归于真人。注：积精全神，能至于德，故称至人。"

六十、治大國若亨小鮮

治大國若亨小鮮。以道立天下，亓鬼不神。非亓鬼不神也，亓神不傷人也；非亓申不傷人也，聖人亦弗傷也。夫兩不相傷，故德交歸焉。

——帛书《老子》甲本　傅奕本第六十章

文句讲析：

治大國若亨①小鮮②。

①亨：烹，通用。

②鮮：鲜鱼。

这句说：治理大国如同烹饪小鲜鱼。

以道立①天下，亓鬼②不神③。

①立：行立。《广韵》："立，行立。"《韩非子》作"莅"。

②鬼：归。《说文》："人所归为鬼。"《尔雅·释训》："鬼之为言，归也。"鬼，引申为诡秘。《韩非子·八经》："故明主之行制也天，其用人也鬼。"

③神：古文禮。造物主，即天地万物的创造者、主宰者和引领者。《说文》："神，天神，引出万物者也。"王弼云："神也者，变化之极，妙万物而为言，不可以形诘。"甲骨文作"申"。徐铉："申即引也。天主降气以感万物，故言引出万物。"

这句说：以大道行立于普天之下，鬼魅无神通。

非亓鬼不神也，亓神不傷人也；非亓申①不傷人也，聖人亦弗傷也。

①申：魁。《说文》："魁，神也，从鬼，申声。"

这句说：不是鬼无神通，就是神灵也不伤害人；不是鬼神不能伤害人，圣人也不会因为矫枉过正导致殃伤。

夫兩不相傷，故德交歸①焉。

①交歸：交往遗赠。歸，通"馈"。

这句说：君民两不相伤，所以德行交通品物馈赠。

小结：

本章阐述道无鬼神，道立天下，大德互通。

参考：

（1）王弼注："躁则多害，静则全真。故其国弥大，而其主弥静，然后乃能得众心矣。……道洽则圣人亦不伤人。"

（2）范应元注："治大国譬如烹小鳞。夫烹小鳞者不可扰，扰之则鱼烂。治大国者，当无为，为之则伤民。盖天下神器，不可为也。"

（3）王道《老子亿》："圣人以道临天下，则公道昭明，人心纯正，善恶祸福，悉听于人。而妖诞之说，阴邪之气，举不得存乎其间，故其鬼不神。"

（4）高延第《老子证义》："有道之君御天下，上下安于性命之情，不邀福，不稔祸，祈祷事绝，妖祥不兴，故其鬼不神。"

六十一、大邦者，下流也

大邦者，下流也，天下之牝也，天下之郊也。牝恒以靓勝牡。爲其靓也，故宜爲下。大邦以下小邦，则取小邦；小邦以下大邦，则取於大邦。故或下以取，或下而取。故大邦者不過欲兼畜人，小邦者不過欲入事人。夫皆得其欲，则大邦者宜爲下。

——帛书《老子》甲本　傅奕本第六十一章

文句讲析：

大邦者，下流也，天下之牝①也，天下之郊②也。

①牝（pìn）：喻鸟兽雌性与溪谷。汉·东方朔《神异记》："男露其牡，女张其牝。"
②郊：交。通用。
这句说：大邦的德行，下降交流，如普天下的溪谷，普天下的溪水交汇。

牝恒以靓①勝牡②。爲其靓也，故宜爲下③。

①靓（jǐng）：淑静。
②牡（mǔ）：喻鸟兽雄性与丘陵。
③爲下：处下。
这句说：牝常以淑静制胜牡。正是因为淑静，故而适宜处下。

大邦以下小邦，则取小邦；小邦以下大邦，则取於大邦。

这句说：大邦以小邦下趋，就可以使小邦接受；小邦以大邦趋下，就可以向大邦获取。

故或下以取，或下而取。

这句说：故此或者是趋下被接受，或者是处下而获取。

故大邦者不過欲兼①畜人②，小邦者不過欲入事人③。

①兼：兼并。
②畜人：使人群容入。畜，通"蓄"，收容。
③事人：使人被统治。事，通"治"，统治。
这句说：故而大邦君王不逾越企图兼并小邦使人群容入，小邦侯王不逾越企图入主大邦使人群被统治。

夫皆得其欲，則大邦者宜爲下。

这句说：要实现欲望全获得，大邦君王适宜处下。

小结：

本章以性别交仪起兴阐述邦国关系原则，无兼并与无统治欲望，是实现和平共处国际关系基础。

参考：

王弼注："江海居大而处下，则百川流之；大国居大而处下，则天下流之。故曰大国下流也。……以其静，复能为下，故物归之也。"

六十二、道者，萬物之注也

道者，萬物之注也，善人之葆也，不善人之所葆也。美言可以市，尊行可以賀人。人之不善也，何棄也之有？故立天子，置三卿，雖有共之璧以先四馬，不若坐而進此；古之所以貴此者，何也？不胃求以得，有罪以免輿？故爲天下貴。

——帛书《老子》甲本 傅奕本第六十二章

文句讲析：

道者，萬物之注也①，善人之葆②也，不善人之所葆也。

①注：主，通用。

②葆：宝。通用。

这句说：大道，是万物的主宰，是善人的法宝，是不善人所欲获得的宝器。

美言可以市①，尊行可以賀②人。

①市：集市。

②賀：恭贺。

这句说：美好的言辞能入集市，尊贵的举止能被人恭贺。

人之①不善也，何棄也②之有？

①之：结构助词，取消独立性，引发下文。

②也：句中语气词，表稍顿。

这句说：不善之人，何弃之有？

故立天子，置三卿①，雖有共②之璧以先四馬③，不若④坐而進此。

①三卿：太师、太傅、太保，泛指公卿幕僚。

②共：拱。通用。

③四马：战乘用马。《正字通》："驷者，一乘四马，两服两骖是也。"

④若：帛书《老子》甲本释文"善"而注〈若〉；帛乙作"若"，与傅奕本"如"，义蕴正同。

这句说：所以位立天子，设置公卿，即便有拱璧在战乘之前，不若危坐而进道。

古之所以贵此者，何也？

这句说：古人之所以视此为贵重，原因为何？

不胃求以得，有罪以免舆？故爲天下贵。

这句说：不明说恳求而得以宽恕，是因为犯罪能赦免吗？所以危坐进道被天下看重。

小结：

本章阐述道主宰万物，主宰社会秩序。道不远人，危坐进道，罪犯也可转化为善人。

参考：

(1) 王弼《老子注》："以求则得求，以免则得免，无所而不施，故为天下贵也。"

(2) 苏辙《老子解》："凡物之见于外者，皆其门堂也。道之在物，譬如其奥，物皆有之，而人莫之见耳。夫唯贤者得而有之，故曰善人之宝。愚者虽不能有，然而非道则不能安也，故曰不善人之所宝。盖道不远人，而人则远之。"

六十三、爲亡爲，事亡事

爲亡爲，事亡事，未亡未。大，少之。多惕必多壤。是以聖人猷壤之，故終亡壤。

——楚简《老子》甲本　傅奕本《道经古本篇》第六十三章

爲無爲，事無事，味無未。大小多少，報怨以德。圖難乎亓易也，爲大乎亓細也。天下之難作於易，天下之大作於細。是以聖人冬不爲大，故能成其大。夫輕若必募信，多易必多壤，是以聖人猷難之，故終無難。

——帛书《老子》甲本　傅奕本《道经古本篇》第六十三章

文句讲析：

爲①亡爲②，事亡事，未亡未③。大，少之④。多惕⑤，必多壤⑥。

①爲：为，做、创造、成就、治理等，词义宽泛。

②亡爲：无为。

③未：同"味"。

④少：通"小"，帛甲正作"小"。

⑤多惕：多易。多，程度副词，很、极、最。惕，通"易"。

⑥壤：难。

这句说：为无妄为，事无枉事，原汁原味不削品味。大事，化成小事。最容易的事情必定最难办。

　　是以①聖人猷②戁之③，故終亡戁。

①是以……故：因为……所以。

②猷：通"犹"。副词，尚且。

③戁之：难之。难，意动用法，以之为难。

这句说：因此圣人尤其看重难办的事情，所以最终处理并不困难。

　　爲無爲，事無事，味無未①。大小多少，報②怨以③德。

①未：味。

②報：回报。

③以：用。

这句说：为无妄为，事无枉事，原汁原味不削调味。大事化小，多事化少，用德教回报怨恨。

　　圖難乎①亓②易也，爲③大乎亓細也。天下之難作於易，天下之大作於細。

①圖：动词，会意字，从囗，从啚。囗，表示范围。啚，"鄙"的本字，表示艰难。合起来表示规划一件事，须慎重考虑，相当不容易。本义：谋划，反复考虑。乎：句中语气词，表语气停顿与舒缓。

②亓：帛甲字损毁，理校补，帛乙作"其"。

③爲：词义宽泛，做、创造、成就、治理等。

这句说：谋划难事从它的容易处考虑，创造大业从它的细微处着手。社会上难办的事情一定从容易处实做，社会上伟大的事业一定在细微处做实。

　　是以聖人冬①不爲大，故能成其大②。

①冬：通"终"，始终。

②成其大：成就其大业。

这句说：因此圣人始终不大处办事，所以能够成就其伟大事业。

　　夫輕若①必募②信。多惕③必多戁。是以聖人猷難之，故終無難。

①若：通"诺"，许诺。

②募：寡，程度副词，少。

③多惕：多易。多，程度副词，很、极、最。惕，通"易"。

这句说：轻易地许诺必定缺少信用。最容易的事情必定最难办。因此圣人尤其看重难办的事情，所以最终处理并不困难。

　　小结：

　　本章解说为无妄为、事无枉事和图难于易、为大于细的道理，阐明繁难的认识，可以简易地表达；细小的积累，可以成为宏大事业的开端，务实精神体现在积淀的始终。

本章语句楚简帛书异等，帛甲错简脱漏严重，今从帛乙与傅奕本补足，庶几大义理顺。

参考：

(1) 王真《道德经论兵要义述》："是以，圣人防微以至于著，积小以成其大，若于已著已大而后为之，则不及已，故曰：终不为大，故能成其大。若夫轻诺，必寡信；多易，必多难。理固然矣！又简易之道，则易从也；慢易之失，则难生也。是以，圣人犹难之者，重慎之至，然后能于万事万机竟无所难。故曰：终无难。"

(2) 范应元注："天地之大，人犹有所憾者，以天地有形迹，故得以憾其风雨寒暑大小多少之或不时，然天地未尝以人有憾而辍其生成之德。圣人之大，人亦有所怨者，以圣人有言为，故得以怨其恩泽赏罚大小多少之或不齐，而圣人亦岂可以人有怨而辍吾教化之德？故曰报怨以德。虽然，知一涉言为，一有形迹，终不免于怨憾，故常当为无为，事无事，味无味，以辅万物之自然也。……夫轻若许于人者必少信实，固当谨乎言也。多轻易于事者必多艰难，固当谨乎为也。"

六十四、亓安也，易扯也

亓安也，易扯也。亓未菮也，易悔也。亓霍也，易畔也。亓幾也，易俴也。爲之於亓亡又也，絧之於亓未亂也。倉抱之木，生於毫末；九成之臺，作於累土；百仞之高，訖於足下。

——楚简《老子》甲本 傅奕本第六十四章

爲之者敗之，執之者遠之。聖人棶爲，古棶敗也；棶執，古棶遂也。臨事之紀，斳終女怠，則棶敗事矣。人之敗也，互於亓韰成也敗之。是以聖人慾不慾，不貴戁得之貨；學不學，復眾之所訹。是以能桷萬勿之自肰，而弗戁爲。

——楚简《老子》甲（从丙校定） 傅奕本第六十四章

文句讲析：

亓①安也，易扯②也。亓未菮③也，易悔④也。亓霍⑤也，易畔⑥也。亓幾⑦也，易俴⑧也。

①亓安：假如偏安。示其，表测度，假如。安，偏安，苟安，佚乐。

②扯：牵扯、撕裂。

③菮（zhào）：兆卜，古文。通垗。凡莹界皆曰垗。未菮：未卜宅垗。通作兆。

④悔（wù）："侮"的古体字，凌侮。此处被动用法，被凌侮。或作"务"，通"雾"，见下文。

⑤霍（cuì）：脆，古文，同"脆"。

⑥畔：判，剖析。

⑦幾：几微。

⑧後（jiàn）：践，通用，踩踏。

这几句说：假如偏安，易于被牵扯。假如未卜宅垗，易于被凌侮。假如脆弱，易于被剖析，假如几微，易于被踩踏。

爲之於亓亡又也，絧①之於亓未亂也。

①絧：治。

这句说：对它施加作为，在它没有形成气候；对它进行治理，在它没有达到动乱状态。

㑹抱之木，生於亳①末；九成之臺，作於累土；百仞之高，訖於②足下。

①㑹：会，㑹为古文。㑹下六字"抱之木生于亳"，简文损毁，据帛甲乙傅奕本汇校补入。

②於累土，百仞之高，訖於：九字简文损毁，今校补。仞：古代度量单位。周制一仞为八尺，汉为七尺。訖，起，始。

这句说：两人拥抱的大树，是从细小的苗末开始生长的；高高耸立的楼台，建造在土堆上；登高百仞，从脚下开始。

爲之者敗①之，執之者遠②之。

①敗：败，

②遠：远离

这句说：操办的事失败了，执持的人物脱手离开了。

聖人槑爲①，古槑敗②也；槑執，古槑遉③也。臨事之紀，訢終女忌④，則槑敗事矣。

①聖人槑爲：圣人无为。简甲原文作"是以圣人亡为"，兹从简丙校订。是以，表判断与解释。

②古槑敗：故无败。

③遉：脱离，丢失。

④訢終女忌：(shèn zhōng rú qì)：慎终如起。訢：慎，慎思貌。周先民遇事重视吉凶占卜，希望得到天神"司慎"指示，圣王尤为谨慎。徐锴曰："真心为慎，不鲁莽也。"訢，秦晋作"慎"。终：始终。女：如。忌：起，起始，起訖。简甲"訢冬女忌"，简丙作"瞽終若訖"；帛甲作"慎终若始"；帛乙作"慎冬若始"。简诸本语义相同而古文字递经周秦汉历时性演变，灿然可观。简甲"聖人亡爲，故亡敗；亡執，故亡遉。臨事之紀，訢冬女忌，此亡敗事矣。聖人慾不慾，不貴難得之貨；孝不孝，復眾之所趀。是古聖人能尃萬勿之自肰，而弗能爲"，简丙作"聖人槑爲，古槑敗也；槑執，古槑遉也。終若訖，則槑敗事喜。人之敗也，互於亓叡成也敗之。是以聖人慾不慾，不貴戁得之貨；學不學，復眾之所趀。是以能補萬勿之自肰，而弗戠爲。"据太史公《史记》，老子度关，应关令尹之请，"乃著书上下篇"。简丙继简乙而同为度关时上下篇之著作也；简甲则早于乙丙而为去周之前著作编简，亦朗然昭彰矣。

这句说：圣人无妄为，故而无失败；无执着，故而无失手。临事之际，慎终如始，也就无办事失败。

人之敗也，互^①於亓歔^②成也敗之。

①互：恒，常。

②歔：取。

这句说：人之从事失败，常常在其事即将办成之时而失败了。

是已聖人慾不慾，不貴戁^①得之貨；學不學，復眾之所趀^②。

①戁：难。

②趀：从。《说文》："随行也。"《正字通》："同从"。

这句说：所以圣人欲念始兴即以不欲镇止，不认为难得的货物贵重，欲学却不学，回复到众人从事伊始。

是以能楠萬^①勿之自肰^②，而弗战^③爲。

①楠：辅。

②自肰：自然。

③战：掂。

这句说：所以能够辅助万物到达自然状态，而不必掂量其作为。

小结：

本章阐述防微杜渐，治未乱，注重践行。慎终如始，任物自然。

参考：

(1)《战国策·楚策》苏秦说楚威王曰："臣闻治之其未乱，为之其未有也。患至而后忧之，则无及矣。"

(2) 吕惠卿《道德真经传》："其安易持，危而持之则难矣；其未兆易谋，已动而谋之则难矣。其脆易破，则不可使至于坚；其微易散，则不可使至于著。物皆然心为甚，通诸其心，则于天下国家无难矣。"

六十五、爲道者，非以明民也

故曰：爲道者，非以明民也，將以愚之也。民之難治也，以其知也。故以知知邦，邦之賊也；以不知知邦，邦之德也。恒知此兩者，亦稽式也。恒知稽式，此胃玄德。玄德，深矣，遠矣，與物反矣，乃至大順。

————帛书《老子》甲本　傅奕本第六十五章

文句讲析：

故曰：爲道者，非以明民也，將以愚之也。民之難治也，以其知也。

这句说：行道的人士，并非以道使民众精明，行将使他们愚蠢。民众难管理，因为他们有知。

故以知知邦，邦之賊也；以不知知邦，邦之德也。

这句说：故而用知识的眼光认识联邦，是联邦的窃贼；不以知识的眼光认识联邦，是联邦的德行。

恒知此两者①，亦稽式②也。恒知稽式，此胃玄德③。

①两者：知邦与不知邦两种人。
②稽式：稽考效法模式。傅奕注："稽式，今古之所同式也。"
③玄德：悬殊大德。

这句说：熟悉知邦与不知邦两种人，也是稽考效法模式。掌握稽考效法模式，这叫作悬殊大德。

玄德，深矣，远矣，与物反矣，乃至大顺。

这句说：玄德，精深啊，远大啊，伴和着事物返圜，乃至于动乱的社会秩序获得最大限度上的理顺。

小结：
本章阐述社会动乱治理需要矫枉过正，稽古模式玄德深邃。

参考：
（1）范应元注："圣人之道，大而化之，故古之善为道以化民者，非以明之，将以愚之，使淳朴不散，智诈不生也。所谓愚之者，非欺也，但因其自然，不以穿凿私意导之也。"

（2）苏辙《老子解》："古之所谓智者，知道之大全，而览于物之终始，故足贵也。凡民不足以知此，而溺于小智，以察为明，则智之害多矣。故圣人以道治民，非以明之，将以愚之耳。盖使之无知无欲，而听上之所为，则虽有过，亦小矣。苟以智御人，人亦以智应之，则上下交相贼耳。吾之所贵者德也，物之所贵者智也。德与智固相反，然智之所顺者小，而德之所顺者也大。"

（3）孙以楷《老子通论》："老子看到了'智'的负面作用，看到了知识的进步对人性异化的催化作用，他想克服这种负面作用以消除人性异化，这才提出了'愚之'的真朴境界。"

六十六、江海所以爲百浴王

江海所以爲百浴王，以亓能爲百浴下，是以能爲百浴王。聖人之才民前也，以身後之；亓才民上也，以言下之。亓才民上也，民弗尾也；亓才民前也，民弗販也。天下樂進而弗詁，以亓不靜也，古天下莫能與之靜。

——楚简《老子》甲本 傅奕本第六十六章

文句讲析：
江海①所以爲百浴王②，以亓③能爲百浴下，是以能爲百浴王。

①江海：江海。
②百浴王：百川溪谷的王者。浴，溪谷。王，《说文》："王，天下所归往也。"
③亓：其。

这句说：江海之所以成为百川溪谷的王者，因为容纳百川溪谷冲下的水量，所以能够誉为百川溪谷的王者。

聖人之才①民前也，以身後②之；亓才民上也，以言下之。

①才：通"在"。

②後：异体字"後"，简体字"后"。

这句说：圣人在民前，是因为自身利益在民后；其位居民上，因为言卑处下。

亓才民上也，民弗尾①也；亓才民前也，民弗販②也。

①尾：同"厚"。

②販：反目。

这句说：其在民上，民众并不夸其厚德；其在民前，民众并不反目。

天下樂進而弗詀①。以亓不靜②也，古天下莫能與之靜。

①詀：掂。

②不靜：无争。

这句说：普天下乐于进取而不掂量。因其无争，故而天下人没有谁能够争胜他。

小结：

本章阐述人君度量，海纳百川，不与民争利，得到人民信任。

参考：

(1)《文子·道原篇》："故圣人不以事滑天，不以欲乱情，不谋而当，不言而信，不虑而得，不为而成，是以处上而民不重，居前而民不害，天下归之，奸邪畏之，以其无争于万物也，故莫敢与之争。"

(2) 范应元注："圣人卑辞退己，非欲上民先民，而民自尊让之也。"

六十七、天下皆胃我大不宵

天下皆胃我大不宵。夫唯大，故不宵。若宵，細久矣。我恒有三葆，之一曰兹，二曰檢，三曰不敢爲天下先。夫兹，故能勇；檢，故能廣；不敢爲天下先，故能爲成事長。今舍亓兹且勇，舍亓後且先，則必死矣。夫兹以戰則勝，以守則固。天將建之，女以兹垣之。

——帛书《老子》甲本　傅奕本第六十七章

文句讲析：

天下皆胃我大不宵①。夫唯大，故不宵。若宵，細久②矣。

①大不宵：太不上像。大，同"太"。宵，通"肖"，肖像。

②细久：细小古朴。

这句说：天下人都说我太不上像。只因为道大，故不上像。如果上像，道貌细小古朴呢。

我恒有三葆[1]，之一曰兹[2]，二曰检[3]，三曰不敢为天下先。

①葆：宝。

②兹：慈。

③检：检点。[按] 既有检点，俭、朴、谨慎，皆在其中。

这句说：我有永恒的三件宝，第一叫慈，二叫检，三叫不敢为天下先。

夫兹，故能勇；检，故能广；不敢为天下先，故能为成事长[1]。

①成事长：城防与军政事务令长。成，通"城"。[按] 城事长，关尹雄踞函谷，肖像英武，犹在关前！

这句说：慈，故而能勇敢；检点，故而能广蓄；不敢为天下先，故而能担任城防与军政事务令长。

今舍亓[1]兹且勇，舍亓后且先，则必死矣。

①亓：其，代词，她的。

这句说：现在舍弃她的既慈又勇，舍弃她的处后且敢为天下先，那必定死。

夫兹以战则胜，以守则固。天将[1]建之，女以兹[2]垣之[3]。

①天将：天兵天将。

②兹：磁，通用，磁石。

③垣：围墙。

这句说：慈用于攻战则胜利，用于防守则坚固。都城乃天兵天将构建，如同用磁石垒筑的围墙。

小结：

本章阐述大道基本原则，彰明慈、检、不敢为天下先三宝的军事战略意义。

参考：

王真《道德经论兵要义述》："此章欲明三宝之要。先举我大之文，夫大者，道之体也。下士不知，故谓似不肖。此欲其人君深详三宝之义，保而持之，故先开用舍之端，以明慈俭之德也。……圣人常不敢为天下先，而终为天下先矣！"

六十八、善为士者不武

善为士者不武，善战者不怒，善胜敌者弗与，善用人者为之下。是胃不诤之德，是胃用人之力，是胃天古之极也。

——帛书《老子》甲本　傅奕本第六十八章

文句讲析：

善爲士者不武①，善戰者不怒，善勝敵者弗與②，善用人者爲之下。

①武：武力。

②與：给予。

这句说：勇士好自为之的人不做孔武，善于战斗的人不发脾气，善于克敌制胜的人不把力量给予对方，善于用人的人把自己放在人下。

是胃不静①之德，是胃用人之力，是胃天古之極②也。

①静：通"争"，争夺、争论。帛书《老子》乙本作"争"。

②天古之極：太极。

[**按**] 天古之极，《老子道德经·配天第六十八》作"配天古之极"，帛书《老子》乙本作"肥天古之极"。肥，通"配"，媲美。

这句说：这就是所讲的没有竞争的德行，就是所讲的借用他人的力量，就是所讲的太极。

小结：

本章阐述为士不武，借人之力，就是太极。

参考：

王真《道德经论兵要义述》："夫王者节用而爱人，使民以时，故用辅弼之臣则比之股肱心膂，用将帅之臣则跪而受钺，行而推毂，此必先得其心，后用其力者也。故曰'善用人者为之下'，是谓不争之德。不争之德，可以配天立极。"

六十九、不敢爲主而爲客

用兵有言曰：吾不敢爲主而爲客，吾不進寸而芮尺。是胃行無行，襄無臂，執無兵，乃無敵矣。禍莫大於無適，無適，斤亡吾葆矣。故稱兵相若，則哀者勝矣。

——帛书《老子》甲本　傅奕本第六十九章

文句讲析：

用兵有言曰：吾不敢爲主①而爲客②，吾不進寸而芮③尺。

①爲主：主攻。

②爲客：客守。

③芮：退。通用。

这句说：用兵有名言说：我不敢为主攻而为客守，我不趋进一寸反而撤退一尺。

是胃行無行，襄①無臂，執無兵，乃無敵矣。

①襄：攘，通用。

这句说：是说可行却不急于成行，排斥却无须挥动手臂，执掌军权却兵无躁动，是无敌将军。

　　旤莫大於無適[1]，無適，斤亡[2]吾葆[3]矣。

①無適：无所适从。

②斤亡：近乎丧失。斤，通"近"。

③葆：宝，即前述慈、检、不敢为天下先。

　　这句说：灾祸没有比无所适从更大，无所适从，几乎丧失我的法宝。

　　故稱兵[1]相若，則哀者勝矣。

①称兵：兵力对称。

　　这句说：所以兵力对称，哀兵获胜。

小结：

本章阐述忍、后、哀三原则，继续兵争讨论，彰显无为思想。

参考：

　　王真《道德经论兵要义述》："夫兵者，必以先举者为主，后应者为客也。且圣人之兵常为不得已而用之，故应敌而后起。应敌而后起者，所以常为客也。……夫有道之君，纵有凶暴之寇妄动而来，我师告之以文词，舞之以干羽，彼必闻义而退，自然无敌。……凡言哀者，慈爱发于衷诚之谓也。若上存慈爱之心，不失使臣之礼；下输忠勇之节，尽得事君之义，即何向而不胜哉！"

七十、吾言甚易知也

　　吾言甚易知也，甚易行也，而人莫之能知也，而莫之能行也。言有君，事有宗，亓唯無知也，是以不我知。知我者希，則我貴矣。是以聖人被褐而裹玉。

——帛书《老子》甲本　傅奕本第七十章

文句讲析：

吾言甚易知也，甚易行也，而人莫之能知也，而莫之能行也。

　　这句说：我的话很容易理解，很容易践行，可是没有被人所理解，从而没能践行。

　　言有君，事有宗，亓唯無知也，是以不我知[1]。

①不我知：不知我。宾语前置。

　　这句说：言谈有君主，行事有祖宗，岂止是不理解？是因为人们不知我。

　　知我者希[1]，則我[2]貴矣。是以聖人被褐[3]而裹玉[4]。

①希：稀。通用。

②则我：效法我。

③被褐：披着黄黑色粗布外衣。被，通"披"，穿着、覆盖。

④裹玉：怀戴玉佩。裹，通"懷"。

这句说：知我的人稀少，效法我的人可贵。所以圣人虽然披着黄黑色粗布外衣却怀戴玉佩。

小结：

本章阐述大道少人理解与践行，圣人自我清高。

参考：

(1) 王弼注："可不出户窥牖而知，故曰甚易知也。无为而行，故曰甚易行也。惑于躁欲，故曰莫之能知；迷于荣利，故曰莫之能行也。"

(2) 王真《道德经论兵要义述》："今既不能见知于我，又不能法则于我，即是道德不行。道德不行，是以圣人见闇于外，藏明于内，处而不出之义也。故曰被褐怀玉。"

(3) 孙以楷《老子通论》："老子理论的最高根据就是自然之道，它是客观的本原本体及其规律。它也是人类言行的最终的依据。这就是'言有君，事有宗'。人们只要认识客观世界的本质及其规律，也就懂得了老子。老子提出的这种探本溯源的理论，其实并不难理解，也容易实行。但是许多人就是不能理解老子，更不愿实行。原因何在？因为人们过于自以为是，过于谋私利，过于求一己之名。正如和氏璧的内在价值不能为浅薄的荆王认识一样，世俗之人也难以认识老子理论的伟大价值。"

七十一、知不知，尚矣

知不知，尚矣；不知不知，病矣。是以聖人之不病，以其病病，是以不病。

——帛书《老子》甲本　傅奕本第七十一章

文句讲析：

知不知，尚①矣；不知不知，病②矣。

①尚：同"上"。

②病：生病。

这句说：深知却不表现知，上智；不确知不理解，病了。

是以聖人之不病，以其病病①，是以不病。

①病病：以病为病。

这句说：圣人之所以不罹患疾病，是其以人民的疾病为自身的疾病而防患未然，所以身心无病。

小结：

本章阐述求知思维的心理意识，大道推行，身心健康。

参考：

(1) 王真《道德经论兵要义述》："夫有知其所知，而不言其所知，此人之上也。盖有不知其所知，而强言其所知者，是人之病也。故知此妄知为病，则不病也。至于用兵之机，尤在于此。唯圣与贤乃能知之也。"

（2）范应元注："圣人之所以不病者，以其病彼天下有妄知之病，是以知止其所不知，而不吾病也。"

七十二、民之不畏，畏，则大畏将至矣

民之不畏，畏，则大畏将至矣。毋闸亓所居，毋猒亓所生。夫唯弗猒，是以不猒。是以圣人自知而不自见也，自爱而不自贵也。故去彼取此。

——帛书《老子》甲本 傅奕本第七十二章

文句讲析：

民之不畏①，畏②，则大畏③将至矣。

①不畏：不表达威力。畏：通"威"。

②畏：威，威力展现。

③大畏：大威，巨大威力。

这句说：人民不表达威力，如若威力展现，那么巨大威胁就将到来。

毋闸①亓所居，毋猒②亓所生。

①闸：闸门，库水控流建筑。

②猒（yàn）：厌。

这句说：不要像水库闸门那样控制人民的居住地，不要厌弃人民的繁衍生息。

夫唯弗猒，是以不猒。

这句说：只有不厌弃人民，也就不被人民所厌弃。

是以圣人自知而不自见也，自爱而不自贵也。故去彼取此。

这两句说：所以圣人自知却不自我表现，自爱却不唯我独尊，故而抹去自我取信于民。

小结：

本章阐述重视人民生存权，取信于民。

参考：

（1）朱元璋《老子注》："言君天下者，以暴加天下，初则民若畏，既久不畏，既不畏方生，则国之大祸至矣，莫可释。"

（2）孙以楷《老子通论》："宽松，是合乎自然的。宽松，是人生的需要。宽松，是生命充分发展所需之空间。"

七十三、勇於敢者則殺

勇於敢者則殺，勇於不敢者則栝。知此兩者，或利或害。天之所亞，孰知亓故？天之道，不單而善朕，不言而善應，不召而自來，彈而善謀。天罔猌猌，疏而不失。

——帛书《老子》甲本（据乙本对校） 傅奕本第七十三章

文句讲析：

勇於①敢者則②殺③，勇於不敢者則栝④。

①於：句中语气词，通"乎"。

②則：连词，表选择对比。

③殺：攻杀，激战。

④栝：箭栝。用如动词，通"挂"。

这句说：勇于敢者选择正面拼杀，勇于不敢者选择计算机栝。

知此兩者，或利或害①。

①此两者，或利或害：王弼注："俱勇而所施者異，利害不同，故曰'或利或害'也。"

这句说：须知这两种人，或者胜利或者遇害。

天之所亞①，孰知亓故？

①亞：优亚，优质与劣质。《汉书·东方朔传》："伊优亚者，辞未定也。"

这句说：人的先天素质优劣异同，谁知道其中原因？

天之道①，不單②而善朕③，不言④而善應⑤，不召而自來，彈⑥而善謀。

①天之道：普天下的规律。

②單：单一。

③朕：通"勝"。

④言：誓言。

⑤應：响应。

⑥彈：飞弹，泛指远程攻防武器。《吴越春秋》："故做弹以守之。"李尤《弹铭》："昔之造弹，起意弦木，以弹为矢，合竹为朴。"[按] 物竞天择，适者生存。防卫御侮，勇敢与机智齐命，善战共谋攻不殆。

这句说：普天下的规律，不仅仅是单一模式而有良好胜利，不仅仅是誓言而有良好响应，不待征召而主动报到，发射飞弹就是善于谋算的例证。

天罔猌猌①，疏而不失②。

①猌猌：浩大貌。帛甲字损毁，从帛乙补。猌（guài 怪）：大。猌猌，傅奕作"恢恢"，音义同。

②疏而不失：即使是网孔稀疏也不至漏失。

这句说：布置天罗地网等待入侵者，疏而不漏。

小结：

本章通过守战勇敢与计谋两者利度细致分析，申明先天素质优亚，可选择不同体道模式，自然发挥。

参考：

王真《道德经论兵要义述》："恢恢之网，人君象法也，宥过无大，非疏而何！刑故无小，非不失而何？又《书》曰：'天作孽，犹可违；自作孽，不可逭。'亦同此义也。"

七十四、若民恒且不畏，死，奈何以殺思之也

若民恒且不畏，死，奈何以殺思之也？若民恒是死则而爲者，吾将得而殺之，夫孰敢矣！若民恒且必威死则，恒有司殺者。夫伐，司殺者殺，是伐，大匠斲也。夫伐，大匠斲者，则希不傷亓手矣。

——帛书《老子》甲本 傅奕本第七十四章

文句讲析：

若民恒且不畏①，死，奈何以殺思②之也？

①恒且不畏：通常不威。且，连词，表并列。畏：通"威"。

②思：惧，使动用法。

这句说：如果人民通常不展示威力，却被杀死，奈何用杀戮使人民畏惧呢？

若民恒是①死则②而爲者，吾将得而殺之，夫孰敢矣！

①恒是：经常是。是，表的确。

②死则：死罪法。

这句说：如果有人经常触犯死罪法，我们就只能将其逮捕砍杀，谁敢再犯！

若民恒且必①威死则，恒有司②殺者。

①必：一定。

②有司：司法部门。

这句说：如果有人常常定要对死罪法示威，通常由司法部门杀决处理。

夫伐①，司殺者殺，是伐②，大匠斲③也。

①伐：罚。伐，通"罚"。

②是伐：这是惩罚。

③斲（zhuó）：同"斫"，斧斤，用如动词。

这句说：处罚，由司法部门死杀罪刑判决而砍杀，这是惩罚，娴熟刽子手举起刀

斧砍杀。

夫伐，大匠斲者，希不自傷其手矣。

这句说：惩罚，娴熟刽子手执行斧决，这是君王希望被杀者不在自己手底伤亡。

小结：

本章阐述大道司法，维护民生。

参考：

（1）《尹文子·大道下》："《老子》曰：'民不畏死，如何以死惧之？'凡民之不畏死，由刑罚过；刑罚过，则民不赖其生；生无所赖，视君之咸末如也。刑罚中，则民畏死，畏死，由生之可乐也。知生之可乐，故可以死惧之。此人君之所宜执，臣下之所宜慎。"

（2）王真《道德经论兵要义述》："若人君以道德化之，则人必怀生而畏死，自然有耻且格。既有耻且格，而复有凶恶之徒忽为奇者，即吾得执而杀之，此谓用兵之徒作奇巧诈伪而乱人惑众者也，则吾得执持而诛杀之。然以其是天之所恶，犹不得自专，故曰'孰敢'。常有司杀者，司杀者谓天网也。且王者万方有罪，当自责躬以俟天神自行诛殛也，岂可寄情迁怒，滥罚无辜？故曰'代大匠斫，希有不伤其手者矣。'"

七十五、人之饑也，以亓取食说之多也

人之饑也，以亓取食说之多也，是以饑。百姓之不治也，以亓上有以爲也，是以不治。民之至死，以亓求生之厚也，是以至死。夫唯無以生爲者，是賢貴生。

——帛书《老子》甲本　傅奕本第七十五章

文句讲析：

人之饑①也，以亓取②食说③之多也，是以饑。

①饑：饥饿。
②取：索取，征收。
③食说：采食税。

这句说：人民饥饿，是因为他们被征收的采食税太多，所以饥饿。

百姓之不治也，以亓上有以爲也，是以不治。

这句说：人民之所以不容易被统治，是因为他们的高高在上的君主为所欲为，于是不接受统治。

民之至①死，以亓求生之厚②也，是以至死。夫唯無以生爲者，是賢③贵生④。

①至：轻。用如动词，意动用法。
②厚：希望厚重。

③贤：通"现"，眼前。

④贵生：生存可贵。

这句说：人民之所以把死看得轻，因为他们繁衍生息的希望厚重，于是把死看得轻。只因为无以为生，眼前被看重的是维持生存。

小结：

本章阐述警示统治者苛捐杂税，民不聊生，民无以生，铤而走险进行反抗以求生存。消除剥削，缓和社会基本对立动因，维持联邦制联合体稳定。

参考：

（1）王真《道德经论兵要义述》："夫人之轻死者，为君上营求之过厚，使下之人无聊，是以轻死。故叹曰'夫唯无以生为者，是贤于贵生'。贤犹善也。此谓好积财以贵其生者也，非保道以养其生者也。"

（2）范应元注："在上者或取之于民太多，是夺民之食，而使之饥也。然则上之库藏，民之怨府也。"

七十六、人之生也柔弱，其死也蓷仞賢強

人之生也柔弱，其死也蓷仞賢強；萬物草木之生也柔脆，亓死也棟藁。故曰：堅強者，死之徒也；柔弱微細，生之徒也。兵強則不勝，木強則恒。強大居下，柔弱微細居上。

——帛书《老子》甲本 傅奕本第七十六章

文句讲析：

人之生也柔弱，其死也蓷仞賢強①；萬物草木之生也柔脆，亓死也棟藁②。

①蓷仞賢強：梗挺坚彊。

②棟藁：枯槁。

这两句说：人始生身体柔弱，死亡身体梗挺坚彊。万物草木始生质地柔脆，其死枯槁。

故曰：堅強者，死之徒也；柔弱微細，生之徒也。

这句说：所以说，坚强者，亡命之徒；柔弱微细者，生存之徒。

兵強則不勝，木強則恒①。強大居②下，柔弱微細居上。

①恒：通"硬"。

②居：同"趋"。

这两句说：兵强不一定取胜，木强肯定彊硬。强大趋下，柔弱趋上。

小结：

本章阐述柔弱而生命活力充沛的道理。

参考：

王真《道德经论兵要义述》："此章又极言柔弱之用，指陈生死之徒。……稽其深意，都在于兵强则不胜之义。……夫兵者，所谓凶险之器、斗争之具，所触之境与敌对者也。故兵强则主不忧，主不忧则将骄，将骄则卒暴。夫以不忧之君御骄将，以骄将临暴卒，且败覆之不暇，何胜敌之有哉？……兵者求胜非难，持胜其难，唯有道之君然后能持胜。"

七十七、天下之道，酉張弓者也

天下之道，酉張弓者也。高者印之，下者舉之，有餘者敗之，不足者補之。故天之道，敗有餘而益不足；人之道則不然，敗不足而奉有餘。孰能有餘而有以取奉於天者乎？唯有道者。是以聖人爲而弗有，成功而弗居也。若此，亓不欲見賢也。

——帛书《老子》甲本　傅奕本第七十七章

文句讲析：

天下①之②道③，酉④張弓⑤者也。

①天下：大自然。

②之：结构助词"的"。

③道：最高法则。

④酉：通"犹"，好像、如同。

⑤張弓：把弦安装弓上。《说文》："张，施弓弦也。"

这句说：大自然的最高法则，好像设置弓弦一样。

高①者②印③之④，下⑤者舉⑥之，有餘者⑦敗⑧之，不足者⑨補⑩之。

①高：指位置高。

②者：特指代词。

③印：通"抑"，压下。

④之：他称代词。

⑤下：位置低下。

⑥舉：升高。

⑦有餘：指强劲太过，张力过度。

⑧敗：同"损"，减弱、损毁。

⑨不足：指张力过缓。

⑩補：增强。

这句说：位置高了就将它下压，位置低了就将它升高。张力过度的，就减弱它；张力过缓的，就增强它。

故天之道，敗有餘而①益不足；人之道②則③不然④，敗不足而⑤奉⑥有餘。

①而：并列连词。

②人之道：指人类社会的法则。

③则：转折连词，"却"。

④不然：不是这样。

⑤而：反而。

⑥奉：供给、供养。

这句说：大自然的法则，减少有余和补充不足；人世间的法则却不是这样，减少不足反而供给有余。

孰①能②有餘而有以取奉於天③者乎？唯④有道者⑤。

①孰：疑问代词。孰、谁分辨："谁"专指人；"孰"可指人，也可指物。

②能：能够。

③有餘而有以取奉於天：即"以有余奉天下"，意思是拿出富裕占有供给天下人共享。

④唯：只、仅。

⑤有道者：有道德修养的人。

这句说：谁能够拿出富裕占有供给天下人共享？只有道德修养高深的人才能够做到。

是以聖人爲而弗有①，功成而弗居②也。若此，亓③不欲見④賢⑤也！

①有：占有。

②居：通"倨"，傲慢。《说文》："倨，不逊也。"

③亓：其。副词，大概。

④見：现，表现。

⑤賢：聪明才智。

这两句说：因此道德高深的人办事不图占有，办成了也不居功自傲。像这样，大概不愿表现自己的聪明才智吧！

小结：

本章从人道与天道乖违的现实对比出发，强调利益均沾的社会道德修养。

社会法则损不足以奉有余，揭示出剥削现象的社会存在。所谓有余，说的就是剩余价值。此章反映老子反对剥削，提倡利益均沾的平等普惠思想，凸显老子社会观、道德观和价值观的深刻内涵。

从古汉语角度，比喻手法的运用，排比句式，古朴而简洁。

文言虚词：之、其、者、以、而、邪等。通假字：见—现，邪—耶。

参考：

王真《道德经论兵要义述》："此一章所引张弓之谕者，正在于损益之道尔。言侯王若能知此损益利害之要，则天下将自均平矣！"

七十八、天下莫柔弱於水

天下莫柔弱於水，而攻堅強者莫之能先也，以亓無以易也。柔之勝剛，弱之勝強。天下莫弗知也，而莫行也。故聖人之言云，曰：受邦之詢，是胃社稷之主；受邦之不祥，是胃天下之王。正言若反。

——帛书《老子》甲本　傅奕本第七十八章

文句讲析：

天下莫柔弱於水，而攻堅強①者莫之能先也，以亓無以易②也。

①堅強：牢固强硬。

②易：异变。

这句说：自然界的物质柔弱性无过于水，可是向牢固强硬进攻没能超越水的先锋趋势，因为水的柔弱性特质没有异变。

柔之勝剛，弱之勝強。天下莫弗知也，而莫行也。

这句说：柔胜刚，弱胜强，普天下无人不知，无人践行。

故聖人之言云，曰：受邦之詢①，是胃社稷②之主；受邦之不祥，是胃天下之王。正言若反③。

①詢（jù）：通"主"。詢，同"垢"。顾炎武《音学五书》："古音句。"《太玄·释次七》："震震不侮，濯漱其垢。"注："虽见詢怒，善自解释，如濯去垢秽也。"

②社稷：尚古帝王祭祀的土神与谷神，后指代国家。《白虎通·社稷》："王者所以有社稷何？为天下求福报功。人非土不立，非谷不食。"土，爵位分封之地，以代国有土地；稷，百谷之长，以代百谷。

③正言若反：正话反说。

这句说：故而圣人的解释，说：受任联邦君主，是所谓社稷主宰。接收邦国并不吉祥，是所谓称王于天下。正话反说。

小结：

本章阐述守柔攻坚和忍辱负重的道德治邦思想。

参考：

王真《道德经论兵要义述》："此一章又特引水柔弱能攻坚强者也。……受国之垢与其不祥，此所谓'百姓有过，在余一人；万方有罪，罪在朕躬'。王者之心诚兼此义，言之有似反倒，故曰正言若反。"

七十九、和大怨，必有餘怨

和大怨，必有餘怨，焉可以爲善？是以聖右介而不以責於人。故有德司介，無德司勶。夫天道無親，恒與善人。

——帛书《老子》甲本　傅奕本第七十九章

文句讲析：

和①大怨，必有餘怨，焉可以爲善？

①和：和解。

这句说：和解了大怨，一定遗留余怨，怎么能称善举？

是以聖右介①而不以責②於人。

①圣右介：圣人执右介。介：芥的省笔字。通"契"，契约。早先为草芥制作，左右对称，合而为一，分之为二，各执一方，以为信诺。古以右为上，系由侯王保管。

②責：责取。《战国策·韩策三》言成安君："操右契而为公责德于秦魏之主。"鲍彪注："左契待合而已，右契可以责取。"

这句说：圣人执持右介契约而对方不得责取。

故有德司①介，無德司勶②。夫天道無親③，恒與④善人。

①司：管理。

②勶（chè）：同"彻"，赋税。

③無親：无亲疏。

④與：同"予"。

这句说：所以有德管理兵符，无德管理赋税。天道对人无亲疏，通常予人为善。

小结：

本章阐述道德统御，与民为善。

参考：

（1）陆贾《新语·至德》："是以君子之为治，块然若无事，寂然若无声，官府若无吏，亭落若无民。闾里不讼于巷，老幼不愁于庭。适者无所议，远者无所听，邮驿无夜行之卒，乡闾无夜召之征。犬不夜吠，鸟不夜鸣。"

（2）王真《道德经论兵要义述》："夫天生蒸人，而大欲各存于心。争胜逐利，背正为邪。大者相雠，小者相怨。天既愍之，树君以理，令其革弊，乃有余弊生焉，岂得为善也！故曰'安可以为善'。是以圣人持德信之心，行不易之教，加恩于九月，恕罪于万方。"

八十、小邦寡民

小邦寡民。使十百人之器毋用，使民重死而遠送。有車周無所乘之，有甲兵無所陳之，使民復結繩而用之。甘亓食，美亓服，樂亓俗，安亓居。鄰邦相瞛，雞狗之聲相聞，民至老死不相往來。

——帛书《老子》甲本　傅奕本第八十章

文句讲析：

小邦①募民②。

①邦：国。邦之义，早于国，后为国的国家之义所取代。邦，上古氏族部落活动区域。《尚书·尧典》"协和万邦"。《尚书·盘庚》迁于殷"安定厥邦"。《诗·大雅·文王》："周虽旧邦，其命维新。"春秋时期，周王朝施行王国邦治的联邦分封制度，诸侯封邦建国，都城所在地称"国"，"国"的字义扩展，邦国同称，乃至双音词"国家"见诸《尚书》，《金縢》记成王之语"我国家礼亦宜之"，《立政》载周公之言"相我国家"。

②募民（bān méng）：移民。原指东周之初，来自西夷犬戎之无业游民，经教化，得田，赐之移民，其相貌特征在鬓。募：《说文》"鬓也"。民：《广雅》"氓也"。杨慎《经说》："氓，从亡从民，流亡之民也。"朱骏声《说文通训定声·壮部》："自彼来此之民曰氓，从民，从亡，会意。"募民，后来音变，词义演为寡民（guǎ máng），以至寡民（guǎ mín）。寡，少。

这句说：邦国小，移民少。

使①十百人之器②毋用，使民重死③而④远⑤送⑥。

①使：使令。

②十百人之器：言器物效用高。十百人，指十倍百倍超越于人。

③使民重死：要让人民懂得爱惜生命。民：庶人，以生民，即井田正方原住民，计以畸零民甿，同为居民主体，乃邦之本。其中，准入外来移民，称之氓，经教化，获得零田，转化为甿。另外，周初征伐，虏敌囚盲左目，使为奴隶，转化为新甿。重，看重、器重，使动用法。死：死生。

④而：并列连词。

⑤远：关系疏远，指血统关系。《诗·小雅·伐木》："笾豆有践，兄弟无远。"孔颖达疏："兄弟亲戚，无有疏远，皆使召之而与之燕也。"

⑥送：送别，特指送亲。《诗·邶风·燕燕》："之子于归，远送于野。"

这两句说：要让人民懂得即使有十倍百倍功效的器物也派不上用场，要爱惜生命，看重生离死别。

有車①周②無所乘之③，有甲兵④無所陳⑤之，使民復⑥結繩⑦而⑧用之。

①车：车舆。

②周：通"舟"，船舶。

③无所乘之：没有乘用的必要。所，代词，放在动词前面，组成名词性词组，表示"……的事物""……的地方""……的人"等等。之，语气助词，补足一个音节。

④甲兵：身着防护服的军队。甲，铠甲、甲胄。

⑤陈："陣"的本字，指战阵。用如动词，作战。

⑥复：重新。

⑦结绳：相传在文字出现以前，人们用结绳来记事。河图洛书，是结绳记事的图式。"使十百人之器毋用……使民复结绳而用之"，极言教化人民归本淳朴之至。

⑧而：连词，表顺承关系。

这几句说：即使有车辆和船舶，也没有乘用的必要；即使有装备精良的军队，也没有作战的地方；让人民重新用结绳的办法来记事。

甘①亓②食，美亓服，樂亓俗，安亓居。

①甘：香甜。意动用法，以……为甘。以下"美""乐""安"用法同。

②亓：代词。

这句说：使人民以自己的食品为香甜，以自己的衣着为华美，以自己的习俗为怡乐，以自己的居地为安适。

邻邦相瞿，雞狗之聲相聞，民至老死不相往來。

这句说：毗邻的国家可以互相看到，鸡犬的叫声可以互相听到，人民到老死都不互相往来。

小结：

本章反映老子民生大道理想社会发展观念：设计理想世界邦国，人民安居乐俗。

今天看来，老子这种国家概念设计思想，很容易被误解为原始共产主义，是消极的、倒退的，甚至是反方向驱动，以希望回复到原始公社联合体。然而，老子的社会理想，是来复民风淳朴的邦国模式，消除剥削，消除侵略战争，减少流动难民，实现国际和平、人际和谐。自由发展，财富共享。《老子》披露回归大自然的敦朴情愫之际，却预示着人类社会发展趋势不在射线直前走向，规避抛物线失落趋向，督定螺旋线推进方向。理想世界的国家目标，在于邦国人民和美生活圈点的安居乐俗，最终国家机器消失，联邦制联合体名同虚设，人类社会唯有伟大道德，神圣永恒。显然，老子呼唤民生大道幽灵，最早在中华大地神州空天游荡。老子致力于社会科学研究，强调邦国联合体社会成员自上而下的道德行为规范，上无妄为而王自清净，下无妄为而民有以为，社会规范，各自均安，维系民生大道理想世界非平衡适度稳态网状调节系统。

从古汉语角度，实词：十、百、周、陈等。虚词：而、之等。还有词性的意动用法。

讨论：

《小邦寡民》一章，老子认识到人民是国家定位的主体，军队是国家存在的标志，和平共处是维系良好国际关系的准则。《老子》是上古伦理、政治、哲学基本纲领性社会科学经典文献，而且具有《大百科全书》色彩。其思想统绪整齐划一，微言大义之间，既发挥着清静无为和与世无争的理念，又说明创业需要务实的道理，还说明剥削是人类社会存在的现象，实现剩余价值的普惠奉献，关键在于人的道德修养，消除占有欲望。

魏·王弼《老子注》说："国既小，民又寡，尚可使反古，况国大民众乎！故举小国而言也。"

唐·王真《道德经论兵要义述》：此章言为君之道，虽处大国之强，亦常须自为卑小；虽有众庶之力，亦常须自示寡弱。夫自为卑小者且无矜大之过，不失谦柔之道；自示寡弱者且无恃赖之尤，不失隄防之备。

《老子》全书实乃民生大道宣言。其民生大道国家学说，透视着博大智慧的精深认识与辩证思维的理性特征。古今中外，国家观念与理想社会，历代研究者甚众，屈原的《天问》、鲍敬言的《无君论》、陶渊明的《桃花源记》，古希腊柏拉图的《理想国》、英国莫尔的《乌托邦》，还有巴枯宁、鲍特金的无政府主义以及宗教天国等，就连战国晚期儒家的《大同》，历史倒退描述可谓"直迈三代而媲美唐虞矣"①。但是，究其大同与小康社会构想的深浅度，又岂能与《老子》邦国大道民生共和高尚道德标准与圈退乐进实现理想世界的远大目标同日而语！

参考：

（1）《史记·货殖列传》：

《老子》曰："至治之极，邻国相望，鸡狗之声相闻，民各甘其食，美其服，安其俗，乐其业，至老死不相往来。"

按司马迁所据《老子》传本，文字是否为后人妄改，尚待确考；而前人援引《史记》文字语序，与中华书局 1959 年 9 月版本，也多有不同之处。

（2）《礼记·礼运·大同》：

昔者仲尼与于蜡宾，事毕，出游于观之上，喟然而叹。仲尼之叹，盖叹鲁也。言偃在侧曰："君子何叹？"孔子曰："大道之行也，与三代之英，丘未之逮也，而有志焉。

"大道之行也，天下为公。选贤与能，讲信修睦。故人不独亲其亲，不独子其子，使老有所终，壮有所用，幼有所长，矜、寡、孤、独、废疾者皆有所养，男有分，女有归。货恶其弃于地也，不必藏于己；力恶其不出于身也，不必为己。是故谋闭而不兴，盗窃乱贼而不作，故外户不闭，是谓大同。

"今大道既隐，天下为家；各亲其亲，各子其子，货力为己；大人世及以为礼，城郭沟池以为固，礼义以为纪；以正君臣，以笃父子，以睦兄弟，以和夫妇，以设制度，以立田里，以贤勇知，以功为己。故谋用是作，而兵由此起。禹、汤、文、武、成王、周公，由此其选也。此六君子者，未有不谨于礼者也。以著其义，以考其信，著有过，刑仁讲让，示民有常。如有不由此者，在势者去，众以为殃，是为小康。"

（3）《庄子·外篇·马蹄第九》：

吾意善治天下者不然，彼民有常性，织而衣，耕而食，是谓同德；一而不党，命曰天放。故至德之世，其行填填，其视颠颠。当是时也，山无蹊隧，泽无舟梁；万物群生，连属其乡；禽兽成群，草木遂长。是故禽兽可系羁而游，鸟鹊之巢可攀援而窥。夫至德之世，同与禽兽居，族与万物并，恶乎知君子小人哉！同乎无知，其德不离；同乎无欲，是谓素朴，素朴而民性得矣。

（4）《庄子·外篇·胠箧第十》：

子独不知至德之时乎？昔者容成氏、大庭氏、伯皇氏、中央氏、栗陆氏、骊畜氏、轩辕氏、赫胥氏、尊卢氏、祝融氏、伏羲氏、神农氏，当是时也，民结绳而用之。甘其食，美其服，乐其俗，安其居，邻国相望，鸡狗之音相闻，民至老死而不相往来。若此之时，则至治已。

（5）《庄子·外篇·天地第十二》：

至德之世，不尚贤，不使能，上如标枝，民如野鹿，端正而不知以为义，相爱而不知以为

---

① 达三：《宋学渊源记序》。

仁，实而不知以为忠，当而不知以为信，蠢动而相使，不以为赐。是故行而无迹，事而无传。

（6）《庄子·外篇·秋水第十七》：

以趣观之，因其所然而然之，万物莫不然；因其所非而非之，则万物莫不非。知尧桀之自然而相非，则趣操睹矣。昔者尧舜让而帝，之哙让而绝；汤武争而王，白公争而灭。由此观之，争让之礼，尧桀之行，贵贱有时，未可以为常也。……帝王殊禅，三代殊继。差其时，逆其俗者，谓之篡夫；当其时，顺其俗者，谓之义之徒。

（7）马克思、恩格斯《共产主义宣言》：

当阶级差别在发展进程中已经消失而全部生产集中在联合起来的个人的手里的时候，公共权力就失去政治性质。原来意义上的政治权力，是一个阶级用以压迫另一个阶级的有组织的暴力。如果说无产阶级在反对资产阶级的斗争中一定要联合为阶级，通过革命使自己成为统治阶级，并以统治阶级的资格用暴力消灭旧的生产关系，那么它在消灭这种生产关系的同时，也就消灭了阶级对立的存在条件，消灭了阶级本身的存在条件，从而消灭了它自己这个阶级的统治。代替那存在着阶级和阶级对立的资产阶级旧社会的，将是这样一个联合体，在那里，每个人的自由发展是一切人的自由发展的条件。①

（8）康有为《大同书·辛部 去乱界治太平·刑挫》：

大同无邦国故无有军法之重律；无君主则无有犯上作乱之悖事；无夫妇则无有色欲之争，奸淫之防，禁制、责望、怨怒、离异、刑杀之祸；无宗亲兄弟则无有望养、责善、争分之狱；无爵位则无有恃威、怙力、强霸、利夺、钻营、佞谄之事；无私产则无有田宅、工商、产业之讼；无尸葬则无有墓地之讼；无税役关津则无有逃匿、欺吞之罪；无名分则无欺凌、压制、干犯、反攻之事。②

康有为《大同书》，梁启超《清代学术概论·二十四》，概括其内容如下：

1. 无国家，全世界置一总政府，分若干区域；2. 总政府及区政府皆由民选；3. 无家族，男女同栖不得逾一年，届期须易人；4. 妇女有身者入胎教院，儿童出胎者入育婴院；5. 儿童按年

---

① 《共产主义宣言》，是共产主义者同盟 1847 年 11 月 29 日至 12 月 8 日在伦敦秘密召开的无产阶级第一次国际性代表大会审查通过《共产主义者同盟章程》，委托马克思和恩格斯起草一个准备公布的详细的理论和实践的纲领。"1848 年 1 月出现的《共产主义宣言》"，"文本题名为《共产主义宣言》"，乃恩格斯 1847 年 11 月 23—24 日致马克思信所建议采用，马克思赞同且以恩格斯受同盟巴黎区部委托所拟纲领草案《共产主义原理》为基础，仔细修订，完成合著，单册付印，面世公开。德文初版，伦敦首发，国际传播，争迅翻译。1872 年莱比锡德文新版和 1883 年与 1890 年德文版，均名书《共产主义宣言》。1882 年俄文版《共产主义宣言》，由普列汉诺夫翻译，刊出马克思和恩格斯 1882 年 1 月 21 日于伦敦合写的序言，强调"《共产主义宣言》的任务，是宣告现代资产阶级所有制必然灭亡"。20 世纪之初日译本译介文字，理论肤浅而片面，表述失真而艰涩，转译中文，讹而又误。1920 年 8 月出版的陈望道中译本，书名《共党产宣言》，署"马格斯安格尔斯合著"，殆马克思预言"播植龙种而收获跳蚤"。后来，人民出版社刊版书名校为《共产党宣言》，马克思诞辰 200 周年纪念版沿袭之。而"一个至今还完全适用的原则性的和策略的纲领——《共产主义宣言》"，书名定义，自以理想为胜，德文为准。

② 康有为《大同书》10 部 30 卷，1884 年始作，成于 1901 至 1902 年；1913 年《不忍杂志》发表两卷。1935 年中华书局出版钱定安整理本。1956 年北京古籍出版社据康氏家族抄本参校，初刊全本。今以《康有为学术著作选·大同书》，中华书局 2012 年 7 月第二版为准。

入蒙养院及各级学校；6. 成年后由政府指派分任农工等生产事业；7. 病则入养病院，老则入养老院；8. 胎教、育婴、蒙养、养病、养老诸院，为各区最高之设备，入者得最高之享乐；9. 成年男女，例须以若干年服役于此诸院，若今世之兵役然；10. 设公共宿舍、公共食堂，有等差，各以其劳作所入自由享用；11. 警惰为最严之刑罚；12. 学术上有新发明者及在胎教等五院有特别劳绩者，得殊奖；13. 死则火葬，火葬场比邻为肥料工厂。

梁启超评介："《大同书》之条理略如是，全书数十万言，于人生苦乐之根源，善恶之标准，言之极详辨，然后说明其立法之由。其最关键，在毁灭家族。有为谓佛法出家，求脱苦地，不如使其无家可出；谓私有财产为争乱之源，无家族则谁复乐有私产；若夫国家，则又随家族而消灭者也。有为悬此鹄为人类造化之极轨，至其当由何道乃能致此，则未尝言。其第一眼目所谓男女同栖当立期限者，是否适于人性，则亦未甚能自完其说。虽然，有为著此书时，固一无依旁，一无剿袭，在三十年前，而其理想与今世所谓世界主义、社会主义者多合符契，而陈义之高且过之。呜呼！真可谓豪杰之士也！"①

(9) 郭沫若《十批判书·儒家八派批判》：

大同小康之说，其实也并不怎样深远，那只是从原始公社和奴隶制所反映出来的一些不十分正确的史影而已。

［按］据《韩非子·显学》，战国儒家传学，有八派之分。言偃，字子游。大同小康之说，传出其门。郭店楚简《唐虞之道》和上博楚简《子羔》篇，记载孔子口述三代禅让故事和爱亲尊贤传说，可趣观之。

(10) 冯友兰《中国哲学史》：

此即《老子》之理想的社会也。此非只是原始社会之野蛮境界，此乃包含有野蛮之文明境界也。非无舟舆也，有而无所乘之而已；非无甲兵也，有而无所陈之而已。"甘其食，美其服"，岂原始社会中所能有者？可套《老子》之言曰："大文明若野蛮。"野蛮的文明，乃最能持久之文明也。②

(11) 任继愈主编《中国哲学史》：

老子离开周王朝后，背离了他原来的阶级，不再循循守礼，反而转过来激烈地抨击当时周礼的虚伪。他说"礼者忠信之薄而乱之首"（三十八章）。从精通周礼的老子，转变为菲薄周礼的老子，在社会大变动时代，阶级地位的转变影响到思想的转变，是不难理解的。③

八十一、信言不美，美言不信

信言不美，美言不信；知者不博，博者不知；善者不多，多者不善。圣人无积，既以为人，己俞有；既以予人，己俞多。故天之道，利而不害；人之道，为而弗争。

——帛书《老子》甲、乙本　傅奕本第八十一章

---

①　梁启超：《清代学术概论》，中国致公出版社 2008 年 10 月版。
②　《中国哲学史》第八章第 146 页，华东师范大学出版社 2001 年 8 月。
③　《十家论老·任继愈论老子》第 271 页。

文句讲析：

信言不美，美言不信。

这句说：可信的言语不必华美，华美的言语未必可信。

知者不博，博者不知。

这句说：熟知的不必广博，广博的未必熟知。

善者不多，多者不善。

这句说：善的不在乎众多，众多的未必皆善。

聖人無積，既以[①]爲人，己俞[②]有；既以予人，己俞多。

①既：尽。

②俞：通"愈"。

这句说：圣人不积储。尽数用以为着他人，然而自己愈发拥有；尽数给予他人，自己的积储愈发增多。

故天之道，利而不害；人之道，爲而弗爭。

这句说：大自然的法则，利益而不在于伤害；人生的法则，行为而不在于争夺。

小结：

本章阐述信言不在于华美，认知不在于广博，财货不在于积储，行为不在于争夺。

参考：

（1）《荀子·大略》："口能言之，身能行之，国宝也；口不能言，身能行之，国器也；口能言之，身不能行，国用也；口言善，身行恶，国妖也。治国者敬其宝，爱其器，任其用，除其妖。"

（2）王真《道德经论兵要义述》："此一章道君自以为亲著五千之文，将传亿万之代，明彰日月，德合乾坤，弘大道先天而生，表圣人法地而理，定德仁之优劣，论礼义之重轻，去彼薄华，居斯厚实。是以重标三节，将明两端，此盖同出而异途，言行之深戒者也。夫诚信者，不务诡谀，不矜捷给，无甘巧之说，绝诡饰之词，安得而美哉！夫善德善言，天之道也。圣人奉而行之，岂容辩伪生乎其间！……夫一家不争，即斗讼息矣！一国不争，即战阵息矣！天下不争，则征伐息矣！夫斗讼息于家，战阵息于国，征伐息于天下，此圣人之理也，故曰'圣人之道，为而不争'，其此之谓欤！"

（3）范应元注："信实之言多朴直，故不美。甘美之言多华饰，故不信。嘉善之言止于理，故不辩。辩口利辞乱于理，故不善。"

《简帛老子》八十一章句古文今译与章义

《简帛老子》八十一章句古文译文章义对照表

古 文	译 文	章 义
道 篇 第一章 　道，可道也，非恒道也；名，可名也，非恒名也。無名，萬物之始也；有名，萬物之母也。故恒無欲也以觀其眇，恒有欲也以觀其所噭。兩者同出，異名同胃，玄之有玄，衆眇之門。	宇宙规律，能够解释，不是固定不变的解释；称号，能够呼叫，不是固定不变的呼叫。没有名号，这是万类事物的原始；有了名号，就是万类事物的化生。正因为寻常没有性欲望，所以审视她的眼睛；通常有了性欲望，就会审视她的外阴。"眇"和"噭"这两种器官，同体长出，名号各异，同样是"体窍"的称谓。深奥而又深奥，才是通向众多奥妙的窍门。	本章提出宇宙的道本体概念，对于道的解说，不是固定不变的，观察万物，需要观察窍门。
第二章 　天下皆智旄之爲媺也，亞已；皆智善，此亓不善已。又亡之相生也，戁惕之相成也，長耑之相型也，高下之相涅也，音聖之相和也，先逡之相墮也。是以聖人居亡爲之事，行不言之季，萬勿作而弗忽也，爲而弗恃也，成而弗居。夫唯弗居也，是以弗去也。	如果天下的人都知道美好的行为是美德，那么，可恶的行为就停止了；都知道善良的行为是善意的，那么不善意的行为就停止了。有和无是相互依存的，难和易是相反相成的，长和短是相对显现的，高和低是相对升降的。音和声是互相协和的，前和后是相互连接有序的。因此圣人以无为观念办理事务，实行不用言辞的教化，万物兴起了不必欣喜，有所作为却不骄矜自负，办事成功了却不居功自傲。正因为不自居功，所以建功不失去。	本章阐述了美丑、善恶等道德行为理念。流畅着"居亡为之事，行不言之教"的社会统御管理思想和"成而弗居"的精神境界与涵养情操。

古　　文	译　　文	章　　义
第三章 　　不上賢，使民不爭。不貴難得之貨，使民不爲盜。不見可欲，使民不乱。是以声人之治也：虛其心，實其腹，弱其志，強其骨。恒使民無知無欲也，使夫知不敢，弗爲而已，則無不治矣。	不崇尚俊贤的名位，使人民不争执。不抬高难得货物的售价，使人民不沦为强盗。不表现可欲的隐秘，使人民不迷乱。所以说圣人的政治，使人的心地虚怀，让人的肚腹果实，令人的意志减弱，教人的筋骨坚强。永远让人民无知识无欲望，即使有知识也不敢生乱，不妄为罢了，也就无不治理了。	本章具体阐发君人南面之术，统御人民，消弭可欲，不争名利，使智者不敢妄乱，不妄为罢了，社会淳朴，政治安稳。
第四章 　　道沖而用之，有弗盈也，淵呵！始萬物之宗。銼亓銳，解亓紛，和亓光，同亓墼。湛呵！佁或存。吾不知誰子也，象帝之先。	大道灌冲以应用，犹然不满，渊深啊！是万物的始祖。凿掉它的锐角，解除它的纠纷，调和它的光彩，同体它的粉尘。乐乎哉！深儗迷离地存续着。我不知道他是哪家的孩子，好像是上帝的祖先。	本章阐述大道本体，虚怀深儗，分解化和，物质不灭，前无古人，和光同尘。
第五章 　　天地不仁，以萬物爲芻狗。声人不仁，以百姓爲芻狗。天埊之間，亓猶㯪蘥與？虛而不屈，蹱而愈出。多聞數穿，不若守於中。	大自然无所谓仁，视万物为祭祀狗。圣人无所谓仁，视老百姓为祭祀狗。天地之间，大概好像袋子和户钥，空虚却不可竭尽，愈动愈输出。多方打听注定是穷折腾，不如静守中督。	大自然无意识。自然规律，不以人的意志为转移。社会法则，不当妄为，清静守中，顺应自然。
第六章 　　浴神不死，是胃玄牝。玄牝之門，是胃天地之根。綿綿呵若存，用之不堇。	峡谷山神不曾死亡，是所谓乾坤玄牝永远遗存。玄牝的孔窍，是所谓天地的本根。绵韧啊存续，使用它不要过于勤勉。	本章以生殖崇拜说法，阐明玄牝谷神，大道永恒。

古　文	译　文	章　义
第七章 　天長地久。天地之所以能長且久者，以其不自生也，故能長生。是以声人芮其身而身先，外其身而身存。不以其無私與？故能成其私。	天长地久，天地之所以能够长远而且悠久的原因，凭借它们不是为着自我生存，所以能够长生。所以圣人退身人后却身先于人，纵身物外却身家安全。不是由于他无私吗？故而能够成就他的私。	本章阐述处世权变策略，柔软身手，物外身存，意识管控，长有先机。
第八章 　上善治水。水善利萬物而有靜。居眾之所惡，故幾於道矣。居善地，心善瀟，予善信，正善治，事善能，蹕善時。夫唯不靜，故無尤。	高尚的道德构建如同水。水的道德构建利于各类事物而取向默静。留驻众人厌恶的地方，因而接近于大道。安居美好的地利，心境美好的情愫，享誉美好的信用，目标美好的管理，办事美好的效能，举措美好的时机。只因为没有争锋，所以没有担忧。	本章倡导构建如水之美好道德，实行目标管理，服务于社会。
第九章 　持而涅之，不不若巳。湍而群之，不可長保也。金玉涅室，莫能獸也。貴福喬，自遺咎也。攻述身退，天之道也。	执着不释而又冲满，那个事态不如休止。激流成群，不可能长久保持。满屋金玉，没法守护。贵福骄恣，咎由自取。成功述职全身而退，是自然的道理。	本章阐述道家人生观：遇事适可而止，贵福不骄，激流无常，功述身退。
第十章 　戴焭袙抱一，能毋離乎？槫氣至柔，能嬰兒乎？脩除玄藍，能毋疵乎？愛民栝國，能毋以知乎？天門啟闔，能爲雌乎？明白四達，能毋以知	怀中抱定头戴荧光罗帕的婴儿而不脱离吗？使气息聚结达到柔和，能够像婴儿那样吗？根除肉条深刻观察，能无毛病吗？热爱人民治理国家，而不用智慧吗？天然门户开启，能够变成雌性吗？昌盛纯洁四围发达，而不凭借感知吗？生他养他，生下了他却	本章说抚婴知爱民，不占为私有。

古　文	译　文	章　义
乎？生之畜之，生而弗有，长而弗宰也，是胃玄德。	不占为私有，使他成长却不主宰他的人生历程，这就是所说的远大品德。	
第十一章 卅辐同一毂，当其无，有车之用也；燃埴爲器，当其无，有埴器之用也；凿户牖，当其无，有室之用也。故有之以爲利，无之以爲用。	三十根辐条共同构合一只轮毂，正在那些结合孔，才具备车辆的功用。烧烤黄色黏土制作陶器，正在器皿的内部凹空，才具备器物的功用。开凿门洞窗口，正是门窗的空虚，才具备居室的功用。故此实有处表现着功利，空虚处展示着功用。	本章取类比象，阐述具体实物，以有为利；大道本体，以无为用。
第十二章 五色使人之目明；五音使人之耳聋；五味使人之口啩；驰骋田臘，使人之心发狂；难得之货，使人之行方。是以声人之治也，爲腹不爲目。故去罢耳此。	色彩斑斓使人的眼睛蒙眬；音声动听使人的耳朵聋聩；美味佳肴使人的口舌枯坏；野田驰骋围猎，使人的心境发狂；难得的货物，使人的行为模仿。所以圣人的政治，实腹而不役目。所以去彼取此。	本章阐述有害生活享乐，导致眼睛蒙眬、耳朵聋聩、口舌枯坏、假货仿真、心境发狂。圣明政治，取舍于物质生活享乐与淳朴心灵净化之间。
第十三章 人蘥辱若缨，贵大患若身。可胃蘥辱？蘥爲下也，得之若缨，遴之若缨，是胃蘥辱缨。可胃贵大患若身？虐所以又大患者，爲虐又身。迨虐亡身，或可大患？故贵以身爲天下，若可以厇天下矣；恶以身	人们好像被偏爱和耻辱所缠绕，看重大的灾祸如同丧身。什么叫作宠辱？宠是下等的事态，得宠好像被缠绕，失宠也好像被缠绕，这就叫作宠辱缠绕。什么叫作看重大灾祸如同丧身？我之所以有大灾祸，因为有身形。比及我没有身形，还有什么大灾祸呢？所以看重把自身交给天下，如同能够将天下作为住宅呀；忖度自身与天下的关系，如同天下的寄存品呢。	本章阐述荣辱观，抛弃患得患失，寄宅天下，自由自在。

古　文	译　文	章　义
爲天下，若可以逕天下矣。 **第十四章** 　視之而弗見，名之曰瞵；聽之而弗聞，名之曰希；捪之而弗得，名之曰夷。三者不可至計，故闌而爲一。一者，其上不做，其下不伤。尋尋呵不可名也，復歸於無物。是胃無狀之狀，無物之象。是胃沕擎。隋而不見其後，迎而不見其首。執今之道，以御今之有，以知古始，是胃道紀。	看无形，叫作微；听无声，叫作希；摸不着，叫作夷。三种情况不能终极追问，故浑而为一。浑一，对上不悠对下不忽。寻根究底啊不能够命名，回归到空无形物。是所谓没有状态的状态，没有物体的影像。是所谓潜意识希望。追随却看不见他的后部，迎面却看不见他的头部。把握当今的行道法则，统御当今认识领域，推知原始，这就是所谓大道纲领。	本章阐述大道无形，影响深远。把握当今，与时俱进，认识原始，是大道纲领。章句描写大道具有无形无象，全体透空的感官微、希、夷三大特性，正言若反，启迪人类潜意识对自身社会发展的暗作用力的无限思考，启迪人类对宇宙时空暗物质的深远企望。
第十五章 　長古之善爲士者，必非溺玄達，深不可志。是以爲之頌：夜嘄奴各涉川，猷嘄亓奴悬四叟，战嘄亓奴客，觀嘄亓奴懌，屯嘄亓奴楃，坉嘄亓奴濁。竺能濁以寂者，牺俆清？竺能庀以迢者，牺俆生？保此衍者，不谷嘗呈。	上古精于道术修为的道人，一定不是排溺而玉茎施纵，深入不能标记。因此以诗吟诵：夜生活啊好像隆冬跋涉大川，悄悄话啊好像害怕四邻听闻，战兢啊好像宾客，涣然啊好像释放，迷糊啊好像很惇朴，浑出啊好像很混浊。谁能浊液浑出而安静，且徐徐清宁？谁能具有迂曲反应，且徐徐感生？保持此种道术的人，不想经常充盈。	本章通过细致的性生理描写，阐明性本能道术修为，透视性崇拜。

古　文	译　文	章　义
第十六章 　致虚，亙也；獸中，篤也。萬勿方作，居以須復也。天道煲煲，各復亓堇。 　曰静，静，是胃復命。復命，常也。知常，明也。不知常，茫，茫作凶；知常，容，容乃公。公乃王，王乃天，天乃道，道乃久。沕身不怠。	登临大丘，观察四周。守卫关中，所以统督。万般事物磅礴发生，蹲在大丘上观察着它们的复返。大自然万物焕发五光十色，各自返归到它们的根基。 　叫作安静。安静，就是说的修复生命。修复生命，是常规。懂得规律，明智。不懂规律，妄为，妄为的造作凶险。懂得规律，容平，容平乃能公正。秉公乃为王道，王道乃能治理社会，社会乃重道德，行道乃能长久。身形隐沕不可懈怠。	本章论述观察周边环境，维护国家安全。行为规范，珍重生命。
第十七章 　大上下智又之，亓即斳譽之，亓既悷之，亓即怈之。信不足，安又不信？猶乎亓貴言也。成事述扣，而百眚曰：我自肰也。	太古君在上民在下的下民意识就已经存在，其次亲近而赞誉他，其次畏惧他，其次轻视他。美誉不足信，怎么会有不信呢？其贵言犹在。事业成就社祭表述，可是老百姓说：我们原本就这样。	本章阐述人民安于自然，人君取信于民不在亲，不扬威，不贵言，不居功。
第十八章 　古大道嬖，安又悫義？六斳不和，安有孝慈？邦豪緒亂，安又正臣？	大道废止，岂有仁义？六亲失和谐，岂有孝慈爱？联邦国家政治昏暗引发动乱，岂有正直忠臣？	本章阐述大道是社会与家庭全体成员生活关系稳态之基础。
第十九章 　㐫智棄扑，民利百伓。㐫攷棄利，覜惎亡又。㐫愚棄慮，民復季子。三言以爲叓不足，或命之，或嘑	断绝知识，放弃争辩，让人民获利百倍。断绝趋前，放弃谋利，没有盗贼。断绝诡谲，放弃虞诈，使人民恢复纯真。如果认为这三句话不足以行使，那么或者命令，或者呼吁：表现	本章提倡放弃智谋诡辩、机巧赢利、尔虞我诈，从心灵消除盗贼邪念，使人

古 文	译 文	章 义
昱：見素保㝡，少厶 募㥁。	素质保持淳朴，减少私心节制欲望。	民恢复童真淳朴。
第二十章 　　幽學亡㥁。唯與 可，相去幾可？㫖與 亞，相去可若？人之 所禱，亦不可以不禱。 　　人䮾呵，其未央。 眾人熙熙，若鄉於大 牢，而春登臺。我泊 焉未佻，若嬰兒未咳。 纍呵，如無所歸。眾 人皆有餘，我獨遺。 我禺人之心也，惷惷 呵。鬻人昭昭，我獨 若䎹呵。鬻人蔡蔡， 我獨閩閩呵。㪍呵， 其若海。䮾呵，其若 無所止。眾人皆有以， 我獨元以悝。吾欲獨 異於人，而貴食母。	约束学者念头使之无忧患。唯唯诺诺与呵斥怒吼，相互之间的距离是多少？美好与丑恶，相互背离咋样？人们享受的福祉，也是不能够不认为是福祉。 　　人们的希望，大概无尽。人群熙熙攘攘，好像享用太牢，于是春天登上高坛。我泊然无感，体气和平好像未能婴儿笑。累啊，如何无力回归那时节！众人都裕余享有，唯我遗世独立。我是愚昧人的脑筋，愚蠢啊。世俗人个个精明，唯独我像个懵懂人啊。世俗人察言观色，唯独我体道潜心。恍惚之间，好像大海，一望无际。众人的行为都有缘故，唯独我似滚圆的傀儡。我的理想唯独不同于他人，以反哺母亲而重要。	本章继续前章是老子教育思想文献。此章分作两节。首先倡导教学管理，正向督导，维护教育效益，造福社会。最后提倡自然人生，回归自然。
第二十一章 　　孔德之容，唯道是 從。道之爲物，唯䮾 唯㪍。㪍呵䮾呵，中 有象兮。䮾呵㪍呵， 中有物兮。㵎呵鳴 呵，中有請吔。其請 甚真，其中有信。自 今及古，其名不去， 以順眾仪。吾奚以知 眾仪之然哉？以此。	广大的高深的道德的容貌，只能是大道的跟进。将道本体认作物质，恍恍惚惚。恍恍惚惚之际，驻足事物形状、实质和景象。幽深冥暗，其中携带精华。精华极其逼真，当中富有遗传信息。自当今溯及远古，道德名目挥之不去，依着父子系统顺序传递。我怎么得以认识祖祖辈辈是这样的呢？根据道德学说。	本章阐述道德信息，遗传密码。

古　　文	译　　文	章　　义
第二十二章 曲则金，枉则定，窪则盈，敝则新，少则得，多则惑。是以声人執一以爲天下牧。不自視故明，不自見故章，不自伐故有功，弗矜故能長。夫唯不爭，故莫能與之爭。古之所謂曲金者，幾語哉！誠金歸之。	曲范是黄金，矫枉能正定，凹陷可充盈，推陈使出新，识少可获得，识多犯迷惑。所以圣人执持着"一"用作统御天下万民的法则。不自我偏见，所以是非分明；不自我表现，所以成绩明显；不自高自大，所以成为领导。只因为不争取，所以天下人没有谁能够与他争锋。古代所说的黄金曲范的词语，是机要警语啊！真的是送别馈赠的金玉良言。	本章警示曲范矫正之理，以明成功之道。
第二十三章 希言自然。飄風不冬朝，暴雨不冬日，孰爲此？天地，而弗能久，有兄於人乎？故從事而道者，同於道；德者，同於德；失者，同於失。同於德者，道亦德之；同於失者，道亦失之。	就大自然气象分析而言，飙风不会一早晨地刮，暴雨不会一整日地下。这是谁指挥的？自然界风雨尚且不能持久，又何况人呢？所以沿着你的路子办事的人，道路相同；所获得的，获得相同；所损失的，损失相同。得相同，同道也得到；失相同，同道也损失。	本章阐述道的认同论，希言自然，不趋小利，精神超越。
第二十四章 炊者不立，自視不章，自見者不明，自伐者無功，自矜者不長。其在道，曰：餘食、贅行。物或惡之，故有欲者，弗居。	吹字诀练功不做站立，自我看重的人不能表彰，自我表现的人不太明智，自行戕伐的人无有全功，自高自大的人好景不长。他在道德队伍，可以说：吃余粮、行伍累赘。或许是令人恶心的东西。所以有私欲的人，不奇货可居。	本章阐述私欲严重，与道相悖。

古　文	译　文	章　义
第二十五章 　又牆蟲成，先天墾生，敓纔蜀立不亥，可以爲天下母。未智元名，糸之曰道，虖勞爲之名曰大。大曰氊，氊曰遝，遝曰反。天大、墾大、道大，王亦大。囩中又四大安，王位一安。人，琺墾墾，琺天天，琺道道，琺自肰。	所有物祖，如昆虫进化，群体形成，大道在天与地形成之前诞生，庄重独立恒态不改，可以看成天下的母亲。不知它的称呼，用文字表达它，叫它为道。我勉强替它取一个名字，就叫作大。大说的是逍遥，逍遥说的是超逾，超逾说的是远返。天宇伟大，土地伟大，自然运动规律伟大，君王权位也伟大。宇宙生物圈之中有着这四个方面的伟大称颂，君王位居民众队列第一。人世间，遵循大地的地理运动法则，遵循高天的天体运动法则，遵循大道的社会道德法则，遵循宇宙的大自然规律。	本章阐述道的本体形成、特征、规律、循环往复性、绝对作用力、永恒存续律。王位在于领衔社会联合体成员团队自由发展的有序影响，效法大道。
第二十六章 　重爲巠根，靖爲躁君。是以君子终日行不離其甾重。唯有環官燕處，則昭若若，何萬乘之王，而以身巠於天下？巠則失本，趡則失君。	轻浮以稳重而扎根，躁动以国君而安定。所以君子整日出行不离他的常用物品。只有高地馆舍候鸟栖息，才超然尘世之外，为什么万乘的大国君王，却把自身轻托给社会呢？轻飘就会离失根本，动乱就会丧失国君。	本章引入轻、重对立统一哲理，阐述社会安定需要王位权力，社会动乱也可丧失国王权位，厚实基础，需要稳重。
第二十七章 　善行者無爵跡，善言者無瑕適，善數者不以檮筭，善閉者無關鑰而不可啟也，善結者無繆約而不可解也。是以声人恒善，㥽人而無棄人，物無棄財，是謂伸明。故	善于行路没有车轮痕迹，善于言辞不受瑕疵指摘，善于测算不用檮具计数，善于闭关不用门闩钥匙却又不被他人开启，善于纽结不用绳索却又不可能被他人解散拆开。因此圣人时常行善，救助他人而没有遗弃他人，物件没有遗弃的财产。这就是所讲的引领文明。因此善良人，是善良人的教师；不善良人，是	本章警示文明行为要妙。

古　文	译　文	章　义
善人，善人之師；不善人，善人之齎也。不貴其師，不愛其齎，唯知乎大眯，是謂眇要。	善良人的资助。不因为老师而高贵，不妨碍反面教员的赍助作用，只在对于大迷惑的认知，这就是所讲的妙道精要。	
第二十八章 　知其雄，守其雌，爲天下溪。爲天下溪，恒德不離。恒德不離，復歸嬰兒。知其白，守其辱，爲天下浴。爲天下浴，恒德乃足。恒德乃足，復歸於樸。知其白，守其黑，爲天下式。爲天下式，恒德不貸。恒德不貸，復歸於無極。樸散則爲器，声人用則爲官長。	认识与守护雌雄物类，替天下做溪谷。替天下做溪谷，大德永恒不离散。恒德不离散，回归婴儿时。熟悉那羽白，守护那稚黳，替天下做汤浴。替天下做汤浴，永恒浴德乃满足，回到淳朴。熟悉那羽白，守护那乌黑，替天下做洁治法式。替天下做法式，永恒大德责无旁贷。恒德不推卸，恢复到无极。淳朴离散，刑法成为器用，圣人制定刑法，替百官做师长。	本章阐述道德行为，恒德不贷。淳朴离散，用作刑则。
第二十九章 　夫大制無割。將欲取天下而爲之，吾見其弗得。夫天下，神器也，非可爲者也。爲者敗之，執者失之。物或行或隨，或炅或嘿，或吹或刲，或壞或撌。是以声人去甚、去太、去奢。	大匠裁制不用刀剪。即将想取天下而裁制，我看他们不能获得。天下，是神圣的机器，没有可以制作的人。制作者使它毁败，执持者使它失掉。事物或者行进或者跟随，或者火热或者寒冷，或者吹去或者锉掉，或者损坏或者抛弃。所以圣人避去过分、避去失常、避去奢侈。	本章阐述天下神器自然成就，将欲妄为不达理想。

古　文	译　文	章　义
第三十章 　　以衍差人宝者，不谷以兵伹於天下。善者，果而已，不以取伹。果而弗燮，果而弗喬，果而弗矜，是胃果而不伹。亓事好還。 　　師之所居，楚朸生之。善者，果而已矣，毋以取強焉。果而毋驕，果而勿矜，果而弗燮，果而毋得已居，是胃果而不強。物壯而老，是胃之不道。不道蚤已。	用道德辅佐国君的人，不凭借兵力逞强于天下。好东西，只不过是结果罢了，不凭借勇气而索取得很勉强。取得了好结果可不要瓜分占领地，取得了好结果可不要骄傲，取得了好结果可不要矜持，取得了好结果可不要逞强，那事情的结局好回旋。 　　军队驻扎地，荆棘生长。优善，只是结果罢了，无须用以取胜逞强。取得了好的结果不骄傲，取得了好的结果不矜持，取得了好的结果不要分剖占领地，取得了好的结果无须向军事占领驻地移民搬迁，这就是所谓结果不在逞强。生物成长随着壮盛也就开始走向衰老，这就是说不再合乎生道，不合乎生道就会过早衰竭。	本章说，佐人主以道，不以军事占领而善果。
第三十一章 　　君子居側貴左，甬兵側貴右。古曰：兵者，不祥之器也，不得已而甬之，鎬纏爲上，弗媺也，敀之，是樂殺人。夫樂殺，不可以得志於天下。古吉事上左，喪事上右。是以抃酒軍居左，上酒軍居右，言以喪豊居之也。古殺人眾，則以恢悲位之；戰勑，則以喪豊居之。	君子座次以左侧为贵。用兵相对以右为贵。所以说：兵，是不吉祥的器具。万不得已才动用。轻车掩袭是上策，不是美事，热衷于轻袭，是乐于杀人。乐于杀，不能够在天下得志。所以说吉祥的事推崇左，办理丧事推崇右。因此副将军排在左侧，正将军排在右侧，是说按照丧事礼仪排定次序的。故杀人多，当对被杀的人哀悲涕泣；胜战，也就按照丧事礼仪排序座位。	本章阐述和平安定可贵，兵争征战实不得已为之。

续表

古　文	译　文	章　义
第三十二章 道亘亡名，樸，唯媆，天壂弗敢臣。侯王女能獸之，萬勿將自宾。天壂相會也，以逾甘雾，民莫之命，天自均安。訖巿又名。名亦既又，夫亦酒智生。智生，所以不訖。卑道之才天下也，獣少浴之與江海。	大道永远没有名称，淳朴，虽然幼小柔嫩，天下人不敢使之称臣。侯王如果能守成道德的淳朴，万物定将自行宾服。天光地气相互交会，输送甘霖雨露。人民不至疲于奔命，天生各自都安稳。自从制定纲纪有了名分。名分既然尽有了，于是更知其虚幻。知其虚幻，所以不犯痴。譬如大道裁制天下，好像拿小溪与江海类比。	本章阐述大道化生天下万物。侯王守道，社会政治，顺乎自然，人民不至疲于奔命，知足不殆，各自都安稳。
第三十三章 知人者，知也。自知者，明也。勝人者，有力也。自勝者，強也。知足者，富也。強行者，有志也。不失其所者，久也。死，不忘者，壽也。	了解他人的人睿智，认识自我的人明哲。战胜他人的人有力量，战胜自我的人最坚强。知道满足的人很富裕，逞强行为的人有志气。不丢失他的处所的人活得长久，危机降临而不致亡殁的人安享长寿。	此章铺述文化人类学关于人的综合素质研判，涉及智商(IQ)、志商（WQ）、财商(FQ)、心商(MQ)、逆商（AQ）、灵商(SQ)等众商意识讨论。知人，自知，知足，乐土，明智长寿。
第三十四章 道，渢呵，其可左右也。成功遂事而弗名，有也。萬物歸焉，而弗爲主，則恒無欲也，可名於小。萬物歸焉，而弗爲主，可名於大。是以声人之能成大也，以亓不爲大也，故能成大。	道，风声呼呼，其可左可右。功业成就事完遂心却不标名，因为名已经享有。万物归属，却不做主宰，就合乎常无欲望，可以名居于渺小。万物归属，却不做主宰，可以名居于伟大。圣人之所以能取得伟大成就，是因为他不追求伟大，故而能成就伟大。	本章阐述传道不求名不求利，成就自然。

古　　文	译　　文	章　义
第三十五章 　執大象，天下往。往而不害，安坪大。樂與餌，怎客止。古道之出言：淡可亓無味也。視之不足見，聖之不足齟，而不可既也。	牵着大象，天下旅游。旅游无伤害，平安最重要。音乐与美食，让悦逑旅客留止。古貌老道委婉地说：平淡啊其乏滋味，视之不能够清晰地观看，听之不能够清晰地耳闻，您的招揽无济于事。	本章以执大象天下往，悦逑客栈以音乐与美食招揽留驻，引发委婉道言，阐述大道乐生，平安第一。音声滋味，不是行道所追求。
第三十六章 　將欲拾之，必古張之；將欲弱之，必古強之；將欲去之，必古與之；將欲奪之，必古予之。是胃微明。柔弱勝強。魚不脫於瀟，邦利器不可以視人。	即将要收敛它，必定坚决地使它张开；即将要削弱它，必定坚决地使它增强；即将要废除它，必定坚决地使它拔高；即将要剥夺它，必定坚决地给予它。这就是所讲的微弱的光亮。柔弱制胜刚烈。鱼类不从渊潭脱离，国家的锐利武器不能被他人窥视。	本章警示柔弱制胜刚烈，利器不轻展示。
第三十七章 　衍互亡爲也，侯王能守之，而萬勿牆自愙。愙而雒作，牆貞之以亡名之蔓。夫亦牆智足，智足以寂，萬勿牆自定。	大道永远无为，侯王能守道，万物定将自我进化。如果进化反而使欲妄络绎发作，势将以无名清理使之镇静。必须自知而止足，知足而寂静，万物自安定。	本章继第三十二章"道互亡名"，阐述"道互亡为"，申明侯王自净其意，镇欲返璞，守道安稳，社会治理。
第三十八章 　上德不德，是以有德；下德不失德，是以無德。上德無爲而無以爲也。下德爲之	上品道德不表现德，所以有德；下品道德不离失德，所以无德。上品道德无刻意行为却无不可施为，下品道德行为实施却刻意作为。上仁行为无	本章阐述德是道品社会体制在心理意识、信念行为、恩惠情谊

古　文	译　文	章　义
而有以爲也。上仁爲之而無以爲也。上義爲之而有以爲也。上禮爲之而莫之應也，則攘臂而乃之。故失道。失道矣而後德，失德而後仁，失仁而後義，失義而後禮。夫禮者，忠信之泊也而亂之首也。前識者，道之華也而愚之首也。是以大丈夫居亓厚而不居亓泊，居其實不居亓華。故去皮取此。	所实施，上义行为刻意为之。上等礼仪行为没有相与对应的社会体制和习俗，被人们所排斥从而挥动手臂扔掉它。所以道品质丧失。丧失了道品质然后讲德，丧失德之后讲仁，丧失仁之后讲义，丧失义之后讲礼。礼仪，固然是忠与信停泊的场所却正是社会动乱的首选因素。具有前瞻性的人，重视道的华丽外表者却正是愚昧的始作俑者。所以大丈夫位居那敦厚处可不居那乱泊位，处居那实在处可不居那华丽处。故而去彼取此。	等方面的表样征象。丧失了道品质然后讲德，丧失德之后讲仁，丧失仁之后讲义，丧失义之后讲礼，礼是社会动乱的首选因素，道德体用去表象取实在。
第三十九章 　昔之得一者，天得一以清，地得一以寧，神得一以霝，浴得一以盈，侯王得一而以爲正。其致之也，胃天毋已清將恐蓮，胃地毋已寧將恐發，胃神毋已霝將恐歇，胃浴毋已盈將恐渴，胃侯王毋已貴以高將恐欨。故必貴而以賤爲本，必高矣而以下爲至。夫是以侯王自胃孤寡不穀，此其賤之本與？非也。故致數與無與。是故不欲祿祿若玉，硌硌若石。	往昔获得第一的，高天得第一以致清朗，大地得第一以致宁静，神祇得第一以致灵动，溪谷得第一以致冲盈，侯王得第一而用以做准正。如果导致危险，以天来说不可停止清净，莲花恐将污染；以地来说不可停止宁静，地震恐将发生；以神来说不可停止灵明，灵动恐将歇止；以溪谷来说不可停止冲盈，溪水恐将干涸；以侯王来说不可停止尊贵而居高，蹶扑恐将失败。故此必要尊贵就以低贱做根本，必要高耸呢就以下降做基础。此所以侯王称孤道寡自谦不穀，这是他以卑贱为根本吗？不是！故意邀射多多美誉却没有美誉。所以不想顽石如玉，却坚石无状。	本章阐述大道普遍存在，失一失道，不可沽名钓誉。

古　　文	译　　文	章　　义
第四十章 　返也者，道之僮也；溺也者，道之甬也。天下之勿生於又，生於亡。	返，是道的运动；弱，是道的功用。天下的万事万物可以是有所化生，也可以是无所化生。	本章阐述道的运动形式和功用，万物在道运动中有无生生。
第四十一章 　上士昏道，董能行於亓中；中士昏道，若昏若亡；下士昏道，大芺之。弗大芺，不足以爲道矣。是以建言又之：明道女孛，迟道女類，進道若退，上惠女浴。大白女辱，坒惠女不足，建惠女揄，質真女愉。大方亡禺，大器曼成，大音鼻聖。天象亡坓，道亙亡名，善訖善坒。	上等士子听到大道，勤勉而且贯彻于行道之中；中等士子听闻大道，好像听得又好像没有；下等士子听到大道，大声地笑着。不大笑，不足以称作道。所以有格言说：使大道光明却好像背光而行，大道平坦却好像小路崎岖；循道前进好像走路倒退，品德提升好像坠落深谷。洁白好像垢黯，普惠好像不够，建立美德好像引诱，质地真洁好像污染。巨大方框没有棱角，高大器具很晚铸成，洪大音响罕有声律。昊天气象没有形态，大道常常没有名声，好开始好成就。	本章说道隐无名，见智见仁。
第四十二章 　道生一，一生二，二生三，三生萬物。萬物負陰而抱陽，中氣以爲和。天下之所惡，唯孤寡不橐，而王公以自名也。勿或敓之而益，益之而敓。故人之所教，夕議而教人。故强良者不得死，我將以爲學父。	道派生体系，体系统派生两株子系统，两株子系统派生第三株或者多株子子系统，第三株代系统建立，派生万类事物。万物交合阴性负重阳性拥抱，气息冲融以致和蔼。天下厌恶的，只是孤独、寡居、无赡养，可是天子与诸侯却把称孤道寡引为自谦荣耀。因此物品有时损毁反而增益，有时增益反而损毁。人们传授的知识与技能，经过一个晚上忖度便施教他人。因此强暴专横的人如果不遭遇早死，我且认为是他们觉悟的开始。	本章阐述道的派生观念与名号的虚荣不实。

古　文	译　文	章　义
第四十三章 　天下之至柔，馳騁於天下之致堅。無有入於無間。五是以知無爲之有益也。不言之教，無爲之益，天下希能及之矣。	天下最柔软的东西，漫游在天下最坚硬的东西里面。没有形态的东西出入没有空间的东西。我因此懂得无为所具有的效益。没有言辞的教诲，没有作为的效益，普天下的人很少企及呢。	本章说无为有益。
第四十四章 　名與身管新？身與貨管多？貴與貧管痀？甚悉必大䪻，厚贓必多貧。古智足不辱，智生不怠，可以長舊。	名誉与身体谁亲切？身体与货物谁为多？揽货与失亡又何妨？过分溺爱必然消费大，赃物覆实必定败露多。所以知道满足不至于被人侮辱，知道休止不至于自行犯痴，可以长久。	本章阐述谨慎名利物欲，知足常乐，优势不败。
第四十五章 　大成若央，元甬不幣。大涅若中，元用不穿。大孜若仳，大成若詘，大植若屈。臬剩潜，晴剩燃，青清爲天下定。	大器晚成好像缺失，它的用处没有破损；盛大充盈好像涌动，它的用处没有穷尽。大步奋进好像行动笨拙，擅长辩论好像言语迟钝，最大的挺直好像弯曲。躁动制胜寒冷，清凉制胜炎热。清净安静用作天下目标。	本章说清净安静为天下目标。
第四十六章 　天下有道，卻走馬以糞；天下無道，戎馬生於郊。皋莫尾唬甚慾，咎莫䁖唬谷得，化莫大唬不智足。智足之爲足，此互足矣。	社会富有道德，奔腾的战马从疆场退却而粪便遗留；社会没有道德，披甲战马出生在郊外战场上。罪孽深重莫过于欲望剧烈，咎由自取莫甚于愍谗贪得。祸患莫大于不懂得满足。懂得满足之所以为满足，这就极其满足了。	本章阐述天下有道少战事，欲望收敛常满足。

古　文	译　文	章　义
第四十七章 　　不出於戶，以知天下；不規於牖，以知天道。亓出也彌遠，亓知彌少。是以声人不行而知，不見而名，弗爲而成。	不出门庭，能知天下；不看窗外，能知自然。大致外出愈远，知道愈少。所以圣人不出行却知道，不表现却著名，没作为却成功。	本章阐述大道不在远，无名又无为。
第四十八章 　　爲學者日益，爲道者日煏。煏之或煏，以至亡爲也。亡爲而亡不爲。	治学大致日日收益，治道大致日日煏黄。煏黄了又煏黄，以至于妄为消亡。妄为消亡而不欲为意识也就随着消亡。	本章阐述感性知识不足取，大道无为天下治。
將欲取天下也，恒無事。及其有事也，又不足以取天下矣。	行将夺取社会政治权位，常若无其事。比及实有其事，又不可能满意地夺取天下了。	
第四十九章 　　聖人無恒心，以百姓之心爲心。善者善之，不善者亦善之，德善也；信者信之，不信者亦信之，德信也。聖人之在天下，翕翕焉，爲天下渾心。百姓皆屬耳目焉，聖人皆咳之。	圣人没有持久心理意识，以百姓心理意识为自己的心理意识。对善良的人友善，对不善良的人也友善，品德善良啊。取信于可信的人，也取信于不可信的人。品德诚信啊。圣人居有天下，呼吸与共，统一理想。百姓耳目皆关注，圣人信善都完备。	本章阐述居天下，道德信善，当与百姓理想一致，呼吸与共。
第五十章 　　出生入死。生之徒十有三，死之徒十有三，而民生生，勤皆之死地之十有三。夫何故也？以亓生生也。	出生入死。存活的徒众仅有十分之三，死去的徒众亦占十分之三，然而人民为了生存讨生计，活动皆在死亡线的达十分之三。听说善摄生的人，山陵行走不躲开兕虎，进入军阵不披	本章阐述大道生命观，生命危险多，摄生无死地。

古　　文	译　　文	章　义
葢聞善執生者，陵行不辟矢虎，入軍不被甲兵。矢無所楇亓角，虎無所昔亓蚤，兵無所容亓刃。夫何故也? 以亓無死地焉。	盔甲执持兵器。兕无法用其角揣，虎无法用其爪抓，敌兵无法放纵其利刃。这是何种缘故? 因为没有致其死亡的境地。	
第五十一章 道生之而德畜之，物刑之而器成之。是以萬物尊道而貴德。道之尊，德之貴也。夫莫之時而恒自然也。道生之，畜之，長之，遂之，亭之，毒之，養之，覆之。生而弗有也，爲而弗寺也，長而勿宰也，此之謂玄德。	道本存在是以德的储蓄为表象，物质形态是以器具功能所成就。所以万物遵循道却以德为贵。遵道，贵德，并非因为爵位而具有恒久自然特性。道具备可诞生、可抚育、可成长、可顺遂、可亭立、可毒险、可豢养、可覆盖等共性。诞生但不可占有，维护却无令侍奉，成长但不得主宰，这就是所说的远大品德。	本章阐述道德属性、自然造化。
第五十二章 天下有始，以爲天下母。既得亓母，以知其子。復守亓母，沒身不殆。 閟亓門，賽亓逆，終身不怒; 啟亓逆，賽亓事，終身不趍。 塞亓悶，閉亓門，終身不堇。啟亓悶，濟亓事，終身不棘。見小曰明，守柔曰强。用亓光，復歸亓明。毋道身央，是胃襲常。	天下万有始生，因为天下的母德。既然得知其母，可以熟悉其子。报答与遵守母德，终身不懈怠。 闩闭其门户，堵塞其游说，终身不昏瞀; 开启其游说，相夸其胜事，终身不阔少。 堵塞其视听，闩闭其正门，无须毒药伴终身。开导其烦闷，成全其难事，无须负荆责终身。小东西能看清楚叫作明察，持守柔弱状态叫作强韧。采用大道辉光，使光明返照。不要在往来的道途遭遇灾祸殃伤身体。这就是说的保持预防突袭常态。	本章阐述遵循大道母德，谨慎结交，注意安全，爱惜生命。

古　文	译　文	章　义
第五十三章 　　使我挈有知也，行於大道，唯施是畏。大道甚夷，民甚好解。朝甚除，田甚蕪，倉甚虛。服文采，帶利劍，猒食，貨財有餘，是謂盜夸。盜夸，非道也！	假如我絜然有所察知，行走在大道上，只有旗帜彰显威严。大道很平坦，人民非常爱好宽松。朝向着高坛，田野很荒芜，仓库很空虚。衣着华丽，佩带利剑，吃得饱饱，货物钱财多有剩余，是所说的盗贼据点。盗贼据点，不是大道。	本章素描社会现实，深刻揭示恐怖活动根源，以史资政，可以励人。
第五十四章 　　善建者不拔，善抱者不兑，子子孫孫以亓祭祀不屯。攸之身，亓惪乃貞。攸之豪，亓惪又唫。攸之向，亓惪乃長。攸之陲，亓惪乃奉。攸之天下，亓惪乃溥。以豪觀豪，以向觀向，以陲觀陲，以天下觀天下。虞可以智天下肰？以此。	好的建筑物桩基不能被拔起，好的牵挽者不可被挣脱；子子孙孙继续着祭祀祖辈不停顿。自身修养，德操贞洁。全家修养，德行裕余。乡里修养，建德悠长。邦国修养，硕德丰沛。天下修养，厚德普惠。家看家，乡看乡，邦看邦，天下看天下。我为何能知天下的这个式样？凭着此德修养。	本章阐述敬业修德，普惠天下。
第五十五章 　　韵惪之尾者，比於赤子。蟲蠆蠚蛇弗蟄，攫鳥獸獸弗扣，骨弱菫柔而捉固，未智牝牡之合㝫蒸，精之至也。終日唬而不嚘，和之至也。和曰常，智和曰昀，賹生曰㺢，心吏燺曰勥。勿壯則老。是胃不道。	和德的丰厚者，比之于新生的婴儿。蛇蝎毒虫不螫刺，禽鸟猛兽不抓捺。骨骼溺小肌腱柔软可是抓握牢固。不懂得雌雄交会然而阴茎勃起，是精气通达。整天哭叫却不气逆，是气息和调得恰当。气息平和叫作正常，懂得平和叫作匀畅，生命寄托叫作水流悠长。心意火热叫作倔强。生物壮盛就将衰老，应当说这种行为不合于大道。	本章说心气和谐，明哲赆生。

古　文	译　文	章　义
第五十六章 　智之者弗言，言之者弗智。閟亓逗，賽亓門，和亓光，逈亓訢，訢劏亓諂，解亓紛，是胃玄同。古不可得而斬，亦不可得而疋；不可得而利，亦不可得而害；不可得而貴，亦不可得而戔。故爲天下貴。	知者不言，言者不知。屏避游说，堵塞门户，柔和光照，枕卧荐首，谨慎割除症结，宽懈忧忿，这就是所谓悬异共同。故而不能因为有得就亲近，也不能没有得就疏远；不能因为既得就让利，也不能无得就互相伤害。不能因为获得就此高贵，也不能无获就卑贱。所以天下最为尊贵。	本章阐述屏蔽声闻利益亲疏纷扰，体道为贵。
第五十七章 　以正之陕，以皶甬兵，以亡事取天下。虗何以智亓肰也？夫天下多晃韋，而民爾畔。民多利器，而陕慈昏。人多智而哦勿慈記，琺勿慈章，覦息多又。是以聖人之言曰："我槑事而民自福，我亡爲而民自蠡，我好青而民自正，我谷不谷而民自橙。"	实行目标管理联邦，用奇计指挥军队，凭借不发生事端受理天下。我凭借什么知道这样呢？天下多忌讳则人民愈发叛离。人民多办利器，邦国滋长昏庸；人们多智巧于是舟商贸易滋生发展，物件仿制愈加显露，更多盗贼产生。所以圣人的话语说："我没有事务，可是人民自立富裕；我没有作为，可是人民自行教化；我爱好清静，可是人民的行为自主校正；我没有欲望，可是人民自行淳朴。"	本章指示君人南面统御之术。以圣人之言"我槑事而民自福，我亡为而民自蠡，我好青而民自正，我谷不谷而民自朴"，概括治邦理政、目标管理经验，指示民生大道自然发展方向。
第五十八章 　亓正閔閔，亓民屯屯；亓正察察，亓邦夬夬。蠱，福之所倚；福，禍之所伏。孰知亓極？亓無正也，正復爲畸，善復爲妖。人之迷也，亓日固久	理政勉力，人民糊涂；理政精审，联邦不振。祸，福的依靠；福，祸的伏藏。如何认识极点？如果不正常，正态转变为畸形，善美转变为妖媚。人们认识的误区，大概本来就很日久。所以方正却不可切割，尖锐却不扎刺，挺直却不可拉拽，光明却不耀眼。	本章阐述认识误区，辩证理政。

古　文	译　文	章　义
矣。是以方而不割，兼而不刺，直而不絏，光而不眺。		
第五十九章 給人事天莫若嗇。夫唯嗇，是以早，是以早備，是謂重積德。重積德則亡不克。亡不克則莫智亓亙。莫知亓亙，可以又陳。又陳之母，可以長舊，是謂深根寧極而待，長生舊見之道也。	供给人事奉天莫如稼穑。只因为稼穑，所以早从事，所以早准备，这就是所说的重视积德。重视积德，也就攻无不克，攻无不克则莫能预知其极致。不能预知其极致，就能够富有国家。富有大德的国母，天寿长久，这就是所说的深扎根极宁静动而待时，长生久视的道理。	本章阐述稼穑积德是富国强兵的基础，是天寿年丰长生久视的道理。
第六十章 治大國若亨小鮮。以道立天下，亓鬼不神。非亓鬼不神也，亓神不傷人也；非亓申不傷人也，声人亦弗傷也。夫兩不相傷，故德交歸焉。	治理大国如同烹饪小鲜鱼。以大道行立于普天之下，鬼魅无神通。不是鬼无神通，就是神灵也不伤害人；不是鬼神不能伤害人，圣人也不会因为矫枉过正导致殃伤。君民两不相伤，所以德行交通品物馈赠。	本章阐述道无鬼神，道立天下，大德互通。
第六十一章 大邦者，下流也，天下之牝也，天下之郊也。牝恒以靓勝牡。爲其靓也，故宜爲下。大邦以下小邦，則取小邦；小邦以下大邦，則取於大邦。故或下以取，或下而取。故大邦者不過欲兼畜人，	大邦的德行，下降交流，如普天下的溪谷，普天下的溪水交汇。牝常以淑静制胜牡。正是因为淑静，故而适宜处下。大邦以小邦下趋，就可以使小邦接受；小邦以大邦趋下，就可以向大邦获取。故此或者是趋下被接受，或者是处下而获取。故而大邦君王不逾越企图兼并小邦使人群容入，小邦侯王不逾越企图入主大邦使人群被统	本章以性别交仪起兴阐述邦国关系原则，无兼并与无统治欲望，是实现和平共处国际关系的基础。

古　文	译　文	章　义
小邦者不過欲入事人。夫皆得其欲，則大邦者宜爲下。	治。要实现欲望全获得，大邦君王适宜处下。	
第六十二章		
道者，萬物之注也，善人之葆，不善人之所葆也。美言可以市，尊行可以賀人。人之不善也，何棄也之有？故立天子，置三卿，雖有共之璧，以先四馬，不若坐而進此；古之所以貴此者，何也？不胃求以得，有罪以免輿？故爲天下貴。	大道，是万物的主宰，是善人的法宝，是不善人所欲获得的宝器。美好的言辞能入集市，尊贵的举止能被人恭贺。不善之人，何弃之有？所以位立天子，设置公卿，即便有拱璧在战乘之前，不若危坐而进道，古人之所以视此为贵重，原因为何？不明说恳求而得以宽恕，是因为犯罪能赦免吗？所以危坐进道被天下看重。	本章阐述道主宰万物，主宰社会秩序。道不远人，危坐进道，罪犯也可转化为善人。
第六十三章		
爲亡爲，事亡事，未亡未。大，少之。多惕必多壩。是以聖人猷壩之，古終亡壩。	为无妄为，事无枉事，原汁原味不削品味。大事，化成小事。最容易的事情必定最难办。因此圣人尤其看重难办的事情，所以最终处理并不困难。	本章解说为无妄为、事无枉事和图难于易、为大于细的道理，阐明繁难的认识，可以简易地表达；细小的积累，可以成为宏大事业的开端，务实精神体现在积淀的始终。
爲無爲，事無事，味無未。大小多少，報怨以德。圖難乎亓易也，爲大乎亓細也。天下之難作於易，天下之大作於細。是以聖人冬不爲大，故能成其大。夫輕若必募信，多易必多難，是以聖人猷難之，故終無難。	为无妄为，事无枉事，原汁原味不削调味。大事化小，多事化少，用德教回报怨恨。谋划难事从它的容易处考虑，创造大业从它的细微处着手。社会上难办的事情一定从容易处实做，社会上伟大的事业一定在细微处做实。因此圣人始终不大处办事，所以能够成就其伟大事业。轻易地许诺必定缺少信用。最容易的事情必定最难办。因此圣人尤其看重难办的事情，所以最终处理并不困难。	

古　文	译　文	章　义
（本章语句，楚简帛书异等，帛甲错简脱漏严重，今从帛乙与傅奕本补足，庶几大义理顺。） **第六十四章** 　亓安也，易扯也。亓未菜也，易悔也。亓霭也，易畔也。亓幾也，易後也。爲之於亓亡又也，絧之於亓未亂也。倉抱之木，生於毫末；九成之臺，作於累土；百仞之高，訖於足下。 　爲之者敗之，執之者遠之。是以聖人鎀爲，古鎀敗也；鎀執，古鎀邋也。臨事之紀，斳終女怠，則鎀敗事矣。人之敗也，互於亓虝成也敗之。是以聖人慾不慾，不貴戁得之貨；學不學，復衆之所趰。是以能桷萬勿之自胅，而弗战爲。	假如偏安，易于被牵扯。假如未卜宅垗，易于被凌侮。假如脆弱，易于被剖析，假如几微，易于被踩踏。对它施加作为，在它没有形成气候；对它进行治理，在它没有达到动乱状态。两人拥抱的大树，是从细小的苗末开始生长的；高高耸立的楼台，建造在土堆上；登高百仞，从脚下开始。 　操办的事失败了，执持的人物脱手离开了。圣人无妄为，故而无失败，无执着，故而无失手。临事之际，慎终如始，也就无办事失败。人之从事失败，常常在其事即将成功之时而失败了。所以圣人欲念始兴即以不欲镇止，不认为难得的货物贵重，欲学却不学，回复到众人从事伊始。所以能够辅助万物到达自然状态，而不必掂量其作为。	本章阐述防微杜渐，治未乱，注重践行。慎终如始，任物自然。
第六十五章 　故曰：爲道者，非以明民也，將以愚之也。民之難治也，以其知也。故以知知邦，邦之賊也；以不	行道的人士，并非以道使民众精明，行将使他们愚蠢。民众难管理，因为他们有知。故而用知识的眼光认识联邦，是联邦的窃贼；不以知识的眼光认识联邦，是联邦的德行。熟悉知邦	本章阐述社会动乱治理需要矫枉过正，稽古模式玄德深邃。

古　文	译　文	章　义
知知邦，邦之德也。恒知此兩者，亦稽式也。恒知稽式，此胃玄德。玄德，深矣，遠矣，與物反矣，乃至大順。	与不知邦两种人，也是稽考效法模式。掌握稽考效法模式，这叫作悬殊大德。玄德，精深啊，远大啊，伴和着事物返圜，乃至于动乱的社会秩序获得最大限度上的理顺。	
第六十六章 　江海所以爲百浴王，以亓能爲百浴下，是以能爲百浴王。聖人之才民前也，以身逡之；亓才民上也，以言下之。亓才民上也，民弗尾也；亓才民前也，民弗販也。天下樂進而弗詀，以亓不靜也，古天下莫能與之靜。	江海之所以成为百川溪谷的王者，因为容纳百川溪谷冲下的水量，所以能够被誉为百川溪谷的王者。圣人在民前，是因为自身利益在民后；其位居民上，因为言卑处下。其在民上，民众并不夸其厚德；其在民前，民众并不反目。普天下乐于进取而不掂量。因其无争，故而天下人没有谁能够争胜他。	本章阐述人君度量，海纳百川，不与民争利，得到人民信任。
第六十七章 　天下皆胃我大不宵。夫唯大，故不宵。若宵，細久矣。我恒有三葆，之一曰茲，二曰檢，三曰不敢爲天下先。夫茲，故能勇；檢，故能廣；不敢爲天下先，故能爲成事長。今舍亓茲且勇，舍亓後且先，則必死矣。夫茲以戰則勝，以守則固。天將建之，女以茲垣之。	天下人都说我太不上像。只因为道大，故不上像。如果上像，道貌细小古朴呢。我有永恒的三件宝，第一叫慈，二叫检，三叫不敢为天下先。慈，故而能勇敢；检点，故而能广蓄；不敢为天下先，故而能担任城防与军政事务令长。现在舍弃她的既慈又勇，舍弃她的处后且敢为天下先，那必定死。慈用于攻战则胜利，用于防守则坚固。都城乃天兵天将构建，如同用磁石垒筑的围墙。	本章阐述大道基本原则，彰明慈、检、不敢为天下先三宝的军事战略意义。

古　文	译　文	章　义
第六十八章 　善爲士者不武，善戰者不怒，善勝敵者弗與，善用人者爲之下。是胃不諍之德，是胃用人之力，是胃天古之極也。	勇士好自为之的人不做孔武，善于战斗的人不发脾气，善于克敌制胜的人不把力量给予对方，善于用人的人把自己放在人下。这就是所讲的没有竞争的德行，就是所讲的借用他人的力量，就是所讲的太极。	本章阐述为士不武，借人之力，就是太极。
第六十九章 　用兵有言曰：吾不敢爲主而爲客，吾不進寸而芮尺。是胃行無行，襄無臂，執無兵，乃無敵矣。飍莫大於無適，無適斤亡吾葆矣。故稱兵相若，則哀者勝矣。	用兵有名言说：我不敢为主攻而为客守，我不趋进一寸反而撤退一尺。是说可行却不急于成行，排斥却无须挥动手臂，执掌军权却兵无躁动，是无敌将军。灾祸没有比无所适从更大，无所适从几乎丧失我的法宝。所以兵力对称，哀兵获胜。	本章阐述忍、后、哀三原则，继续兵争讨论，彰显无为思想。
第七十章 　吾言甚易知也，甚易行也，而人莫之能知也，而莫之能行也。言有君，事有宗，亓唯無知也，是以不我知。知我者希，則我貴矣。是以聖人被褐而襄玉。	我的话很容易理解，很容易践行，可是没有被人所理解，从而没能践行。言谈有君主，行事有祖宗，岂止是不理解？是因为人们不知我。知我的人稀少，效法我的人可贵。所以圣人虽然披着黄黑色粗布外衣却怀戴玉佩。	本章阐述大道少人理解与践行，圣人自我清高。
第七十一章 　知不知，尚矣；不知不知，病矣。是以聖人之不病，以其病病，是以不病。	深知却不表现知，上智；不确知不理解，病了。圣人之所以不罹患疾病，是其以人民的疾病为自身的疾病而防患于不相染易，所以身心无病。	本章阐述求知思维的心理意识，大道推行，身心健康。

古　文	译　文	章　义
第七十二章 民之不畏，畏，则大畏将至矣。毋闸亓所居，毋猒亓所生。夫唯弗猒，是以不猒。是以圣人自知而不自见也，自爱而不自贵也。故去彼取此。	人民不表达威力，如若威力展现，那么巨大威胁就将到来。不要像水库闸门那样控制人民的居住地，不要厌弃人民的繁衍生息。只有不厌弃人民，也就不被人民所厌弃。所以圣人自知却不自我表现，自爱却不唯我独尊，故而抹去自我取信于民。	本章阐述重视人民生存权，取信于民。
第七十三章 勇於敢者则杀，勇於不敢者则栝。知此两者，或利或害。天之所亞，孰知亓故？天之道，不單而善朕，不言而善應，不召而自來，彈而善謀。天罔祣祣，疏而不失。	勇于敢者选择正面拼杀，勇于不敢者选择计算机栝。须知这两种人，或者胜利或者遇害。人的先天素质优劣异同，谁知道其中原因？普天下的规律，不仅仅是单一模式而有良好胜利，不仅仅是誓言而有良好响应，不待征召而主动报到，发射飞弹就是善于谋算的例证。布置天罗地网等待入侵者，疏而不漏。	本章通过守战勇敢与计谋两者利度细致分析，申明先天素质优亚，可选择不同体道模式，自然发挥。
第七十四章 若民恒且不畏，死，奈何以殺思之也？若民恒是死则而爲者，吾將得而殺之，夫孰敢矣！若民恒且必威死则，恒有司殺者。夫伐，司殺者殺，是伐，大匠斲也。夫伐，大匠斲者，则希不傷亓手矣。	如果人民通常不展示威力，却被杀死，奈何用杀戮使人民畏惧呢？如果有人经常触犯死罪法，我们就只能将其逮捕砍杀，谁敢再犯！如果有人常常定要对死罪法示威，通常由司法部门杀决处理。处罚，由司法部门死杀罪刑判决而砍杀，这是惩罚，娴熟刽子手举起刀斧砍杀。惩罚，娴熟刽子手执行斧决，这是君王希望被杀者不在自己手底伤亡。	本章阐述大道司法，维护民生。

古　文	译　文	章　义
第七十五章 　人之饑也，以亓取食税之多也，是以饑。百姓之不治也，以亓上有以為也，是以不治。民之巠死，以亓求生之厚也，是以巠死。夫唯無以生為者，是賢貴生。	人民饥饿，是因为他们被征收的采食税太多，所以饥饿。人民之所以不容易被统治，是因为他们的高高在上的君主为所欲为，于是不接受统治。人民之所以把死看得轻，因为他们繁衍生息的希望厚重，于是把死看得轻。只因为无以为生，眼前被看重的是维持生存。	本章阐述警示统治者苛捐杂税，民不聊生，民无以生，铤而走险进行反抗以求生存。消除剥削，缓和社会基本对立动因，维持联邦制联合体稳定。
第七十六章 　人之生也柔弱，其死也薝仞賢強；萬物草木之生也柔脆，亓死也棖熏。故曰：堅強者，死之徒也；柔弱微細，生之徒也。兵強則不勝，木強則恒。強大居下，柔弱微細居上。	人始生身体柔弱，死亡身体梗挺坚彊。万物草木始生质地柔脆，其死枯槁。所以说：坚强者，亡命之徒；柔弱微细者，生存之徒。兵强不一定取胜，木强肯定彊硬。强大趋下，柔弱趋上。	本章阐述柔弱而生命活力充沛的道理。
第七十七章 　天下之道，酉張弓者也。高者印之，下者舉之，有餘者敗之，不足者補之。故天之道，敗有餘而益不足；人之道則不然，敗不足而奉有餘。孰能有餘而有以取奉於天者乎？唯有道者。是以聖人為而弗有，成功而弗居也。若此，亓不欲見賢也。	大自然的最高法则，好像设置弓弦一样。位置高了就将它下压，位置低了就将它升高。张力过度的，就减弱它；张力过缓的，就增强它。大自然的法则，减少有余和补充不足；人世间的法则却不是这样，减少不足反而供给有余。谁能够拿出富裕占有供给天下人共享？只有道德修养高深的人才能够做得到。因此道德高深的人办事不图占有，办成了也不居功自傲。像这样，大概不愿表现自己的聪明才智吧！	本章从人道与天道乖违的现实对比出发，强调利益均沾的社会道德修养。社会法则损不足以奉有余，揭示出剥削现象的社会存在。所谓有余，说的就是剩余价值。反对剥削，提倡利益均沾的

古　文	译　文	章　义
		平等普惠思想，凸显老子社会观、道德观和价值观的深刻内涵。
第七十八章 　天下莫柔弱於水，而攻堅強者莫之能先也，以亓無以易也。柔之勝剛，弱之勝強。天下莫弗知也，而莫行也。故聖人之言云，曰：受邦之訽，是胃社稷之主；受邦之不祥，是胃天下之王。正言若反。	自然界的物质柔弱性无过于水，可是向牢固强硬进攻没能超越水的先锋趋势，因为水的柔弱性特质没有异变。柔胜刚，弱胜强，普天下无人不知，无人践行。故而圣人的解释，说：受任联邦君主，是所谓社稷主宰。接收邦国并不吉祥，是所谓称王于天下。正话反说。	本章阐述守柔攻坚和忍辱负重的道德治邦思想。
第七十九章 　和大怨，必有餘怨，焉可以爲善？是以聖右介而不以責於人。故有德司介，無德司斂。夫天道無親，恒與善人。	和解了大怨，一定遗留余怨，怎么能称善举？圣人执持右介契约而对方不得责取。所以有德管理兵符，无德管理赋税。天道对人无亲疏，通常予人为善。	本章阐述道德统御，与民为善。
第八十章 　小邦募民。使十百人之器毋用，使民重死而遠送。有車周無所乘之，有甲兵無所陳之，使民復結繩而用之。甘亓食，美亓服，樂亓俗，安亓居。瓤邦相彗，雞狗	邦国小，移民少。要让人民懂得即使有十倍百倍功效的器物也派不上用场，要爱惜生命，看重生离死别。即使有车辆和船舶，也没有乘用的必要；即使有装备精良的军队，也没有作战的地方；让人民重新用结绳的办法来记事。使人民以自己的食品为香甜，以自己的衣着为华美，以自己的习俗为怡乐，以自己	本章反映老子民生大道理想社会发展观念：设计理想世界邦国，人民安居乐俗。《老子》全书实乃民生大道宣言，其国家学说，民

古　文	译　文	章　义
之聲相聞，民至老死不相往來。	的居地为安适。毗邻的国家可以互相看到，鸡犬的叫声可以互相听到，人民到老死都不互相往来。	生共和高尚道德标准与圈退乐进实现理想世界的远大目标，永远折射着绚丽光彩。
第八十一章 　信言不美，美言不信；知者不博，博者不知；善者不多，多者不善。聖人無積，既以爲人，己俞有；既以予人，己俞多。故天之道，利而不害；人之道，爲而弗爭。	可信的言语不必华美，华美的言语未必可信。熟知的不必广博，广博的未必熟知。善的不在乎众多，众多的未必皆善。圣人不积储。尽数用以为着他人，然而自己愈发拥有；尽数给予他人，自己的积储愈发增多。大自然的法则，利益而不在于伤害；人生的法则，行为而不在于争夺。	本章阐述信言不在于华美，认知不在于广博，财货不在于积储，行为不在于争夺。

研究与思考：

（1）老子姓名、籍地、活动年代、历史背景、著作大概；

（2）孔子问礼于老子的历史背景分析；

（3）楚简《老子》甲乙丙古文字学分析；

（4）帛书《老子》甲乙本与《道德经》傅奕古本篇以及北大汉简文字学分析；

（5）简帛《老子》语法现象研究与分析；

（6）《庄子》《韩非子》诠释《老子》例析；

（7）老子道德哲学思想研究与分析；

（8）老子民生大道理想国家学说与邦国模式设计理念研究与分析；

（9）老子军事思想研究与分析；

（10）老子自然观、社会观的现实意义研究与分析。

后 叙 诗

　　1976年夏，医疗教学科研之际，于怀宁县新华书店购得文物出版社出版新书马王堆汉墓帛书《老子》，欣喜不已，夜读不倦，遂兴笔书写"磨墨擴充知識海，脩筆補畫學術峰"联句一帧，悬挂书室，卧薪尝胆。1985年秋，于《黄帝内经》《医古文》教研之余，手书联句"光燈吐輝詠太素，華幔長垂讃玄虚"，以志节衣缩食购书读书之乐。2003年春，书肆兴游，于合肥市科教书店之旁，一家私人书店，发现《简帛书法选》编辑组，在荆门市博物馆《郭店楚墓竹简》的基础上，精心编订《郭店楚墓竹简·老子 甲本》和《郭店楚墓竹简·老子 乙、丙本》，文物出版社于2002年10月出版，新华书店经销。欣喜购得，爱不释手，借助字典，研究不懈。数十年来，教学科研之余、《大学语文》授课之暇，对简帛《老子》的认读与研究，启迪着校勘与讲析的著作情怀，2012年冬，撰著工作启动；2015年夏，形成《简帛〈老子〉通校》书稿，联系中国文史出版社，商定出版。2016年3月，新书印刷。现经修订，更名《老子大学》，列序《李滨文集》八卷第一。《老子大学》是老子学术研究世界，神圣严谨的高屋建瓴崭新著作。高尚其事，传之将来。当年联句豪情，而今功述身退，聊叙诗以申志。诗曰：

　　　　　　文章千古事，得失寸心知。
　　　　　　老子楚简帛，字典清康熙。

　　　　　　文章在修订，华彩出神明。
　　　　　　通校楚简帛，远返古周秦。

　　　　　　造句含旧典，用语泊新情。
　　　　　　眉峉道德意，耳曼风骨灵。

　　　　　　研读复检索，输入又敲击。
　　　　　　全稿齐清定，刊版谢编辑。

　　　　　　大义共欣赏，微言相与析。
　　　　　　祝贺出版界，发行好书籍。

　　　　　　　　　　　　　　李滨　丁酉大寒